Finanzmanagement im öffentlichen Sektor
Budgets, Produkte, Ziele

von

Dr. Hansjürgen Bals
Universität Potsdam

und

Professor Edmund Fischer
Hochschule für öffentliche Verwaltung, Kehl

3., aktualisierte und erweiterte Auflage 2014

::jehle

Finanzmanagement im öffentlichen Sektor
Dr. Hansjürgen Bals, Prof. Edmund Fischer

Bibliografische Information der Deutschen Bibliothek

Die Deutsche Bibliothek verzeichnet diese Publikation in der Deutschen Nationalbibliografie; detaillierte bibliografische Daten sind im Internet über http://dnb.d-nb.de abrufbar.

Bei der Herstellung des Buches haben wir uns zukunftsbewusst für umweltverträgliche und wieder verwertbare Materialien entschieden. Der Inhalt ist auf elementar chlorfreiem Papier gedruckt.

ISBN 978-3-7825-0539-0
Verlagsgruppe Hüthig Jehle Rehm GmbH
Heidelberg/München/Landsberg/Frechen/Hamburg
Satz: TypoScript GmbH, München
Druck und Bindung: CPI Clausen & Bosse, Leck

Bals/Fischer
Finanzmanagement im öffentlichen Sektor

Vorwort

Dieses Buch erschien in der ersten und zweiten Auflage mit dem Titel „Neues kommunales Finanz- und Produktmanagement – erfolgreich steuern und budgetieren". Die Frage: „Wie steuere ich erfolgreich den Haushalt einer Kommune" stand im Mittelpunkt des Interesses des Autors Hansjürgen Bals. Behandelt wurde die Frage im Lichte des zu Beginn der 1990er-Jahre von der Kommunalen Gemeinschaftsstelle für Verwaltungsmanagement (KGSt) initiierten und in seinen wesentlichen Grundzügen entwickelten „Neuen Steuerungsmodells" für die Kommunen.

In der Tat nahmen die mit dem Neuen Steuerungsmodell verbundenen Reformprozesse ihren Anfang im kommunalen Bereich. Längst jedoch haben die Reformen zum Thema Neue Steuerung und Neues Haushalts- und Rechnungswesen auch andere Bereiche des öffentlichen Sektors erreicht. Man ist geneigt zu sagen, fast alle Bereiche des öffentlichen Sektors.

Bund und Länder führen, wenn auch in unterschiedlichen Intensitäten und Ausprägungen, seit Jahren neue Verfahren der Finanz- und Haushaltssteuerung ein. Auch etwa die Kirchen in Deutschland sind seit Jahren mit der Neuausrichtung auf diesem Feld beschäftigt. Es kann festgestellt werden, dass die Reformaktivitäten auf allen genannten Ebenen – trotz unterschiedlicher Organisations- und Arbeitsstrukturen – im Kern identisch sind. Stets geht es in der Praxis der Reform rund um den Haushalt und das Rechnungswesen um die folgenden Modernisierungsfelder:

- Einführung neuer Verfahren der Budgetierung zur Schaffung dezentraler Finanzverantwortung unter konsequenter Einbeziehung der internen Leistungsverrechnung
- Einbeziehung der Output-, Produkt- oder Leistungsseite in die Budgetierung zum Zwecke der Zusammenführung von dezentraler Finanz- und Produktverantwortung
- Um- und Ausbau der Systeme des Rechnungswesens auf der Grundlage des Ressourcenverbrauchskonzeptes zum Erhalt geeigneter Steuerungsinformationen
- Zielgerichteter Auf- und Ausbau der Kosten- und Leistungsrechnung und Entwicklung geeigneter Controllinginstrumente und -verfahren.

Alle Modernisierungsfelder hängen eng zusammen und bedingen einander. Für den Erfolg der Reform kommt es in besonderer Weise auf die „richtige Komposition" der Modernisierungsfelder an. Der Weg vom klas-

Vorwort

sischen kameralen Haushalt zum neuen ehrlichen Haushalt erfolgt über eine enge Verzahnung der einzelnen Modernisierungsfelder. Dies soll Abbildung 1 andeuten.

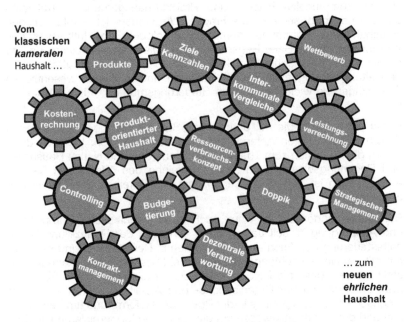

Abb. 1: Modernisierungsfelder im Haushalts- und Rechnungswesen

Aufgrund der Identität der Modernisierungsfelder im gesamten öffentlichen Sektor und weitgehend vergleichbarer Umsetzungs- und Ausgestaltungsfragen erscheint die Ausweitung der Blickrichtung dieses Buches über den Kreis der Kommunen notwendig und sinnvoll.

Im vorliegenden Buch werden die oben genannten Modernisierungsfelder in einem einheitlichen Steuerungskontext beschrieben. Steuerungs- oder Managementfragen stehen somit im Vordergrund. Dabei geht es nicht nur um die Steuerung der Finanzseite, sondern in besonderer Weise um die Produkt- oder Leistungsseite. Erst durch die Verknüpfung dieser beiden Seiten entstehen steuerungsgeeignete Budgets auf der Grundlage klar vereinbarter Ziele und intendierter Wirkungen. Aus dieser Sichtweise resultiert der Titel dieses Buches: „Finanzmanagement im öffentlichen Sektor – Budgets, Produkte, Ziele".

Es gibt mindestens so viele Gemeinsamkeiten wie Unterschiede in den einzelnen Bereichen des öffentlichen Sektors, wenn es um das Thema Steuerung geht. Dies belegen zahlreiche Einblicke in einzelne Reformprozesse auf allen Ebenen über viele Jahre. Selbstverständlich gibt es eine nicht unbeachtliche Anzahl von Spezialitäten. In diesem Buch wird der Versuch unternommen, die Gemeinsamkeiten zum Gegenstand der Betrachtungen zu wählen. Hierdurch ergeben sich Synergieeffekte für die Reformprozesse, die genutzt werden sollen und die in den vergangenen Jahren auch genutzt wurden. Nukleus dieses Buches bleiben die Kommunen. Hier haben die Reformen ihren Anfang genommen. Unter **www.rehmnetz.de/finanzmanagement** finden Sie interessante örtliche Materialien zu den Themen des Buches aus allen Bereichen des öffentlichen Sektors. Nutzen Sie diese gezielt, um Ihre Reformprozesse effektiv und effizient zu gestalten.

Dieses Buch handelt also von Finanz- und Produktsteuerung auf der Basis konkret formulierter Ziele. Es empfiehlt die Zusammenführung dieser Elemente im Haushalt, der damit zum Hauptkontrakt zwischen Politik und Verwaltung wird. Wie dieser sog. Produkthaushalt aufgebaut wird und wie er mit Budgetierung, Leistungsverrechnung und Wettbewerb gesteuert wird, ist Kern der Ausführungen. Ein Blick auf das neue Haushalts- und Rechnungswesen, die Kosten- und Leistungsrechnung, Berichtswesen und Controlling sowie Strategisches Management rundet die Darstellung ab. Dabei geht es hier um den Steuerungsnutzen dieser Instrumente und Verfahren.

Dieses Buch richtet sich an Entscheidungsträger und Mitarbeiter, die Verantwortung für die neue Steuerung in ihrer Verwaltung tragen. Angesprochen sind die Verantwortlichen aus allen Bereichen der Verwaltung. Ausdrücklich nicht nur aus dem Finanzressort (Haushalt/Rechnungswesen), sondern auch aus den einzelnen Fachbereichen, die (zukünftig) neben der Fach- auch die Finanzverantwortung tragen. Nur die Mitwirkung aller führt die Neuausrichtung des Finanzmanagements zum Erfolg.

Bei der Modernisierung des Haushalts- und Rechnungswesens geht es nicht zuletzt um bessere Planungs- und Entscheidungsgrundlagen für die Politiker, die hier ebenfalls eine – hoffentlich verständliche – Hilfe im Umgang mit den Neuerungen im Haushalt finden. Im Mittelpunkt steht dabei stets, dass alles Verwaltungshandeln dem Gemeinwohl und den wohlverstandenen Interessen der Bürger dienen soll. Auch wenn es beim Finanz- und Produktmanagement zunächst um Probleme der Binnensteuerung der Verwaltung geht, so ist Orientierungspunkt doch stets der Bürger – als Souverän, aber auch konkret als Adressat und Empfänger

Vorwort

öffentlicher Leistungen, als Nachfrager und Kunde und zunehmend auch als Akteur und Mitproduzent.

Für Studierende in einschlägigen Master- oder Bachelorstudiengängen bietet dieses inzwischen gut eingeführte Buch Orientierung auf dem kaum noch zu überblickenden Feld der Neuen Steuerung und des Neuen Finanzmanagements öffentlicher Institutionen. Es bietet Hilfestellung, ein Gesamtverständnis der Reform zu festigen, ohne sich in den Details der vielen Managementtechniken und -instrumente zu verlieren. Es soll damit auch helfen, die Wirkung einzelner Instrumente im Kontext der Gesamtreform einschätzen zu können.

Inhaltsverzeichnis

Seite

Vorwort V
Abbildungsverzeichnis XVII

1 Das Steuerungskonzept 1
  1.1 Produktorientierte Steuerung in der Kernverwaltung 1
      1.1.1 Ergebnisorientierte Steuerung braucht neue
           Verwaltungsstrukturen 2
      1.1.2 Ergebnisorientierte Steuerung braucht adäquate
           Politikstrukturen 5
  1.2 Ergebnisorientierte Steuerung der Beteiligungen 6

2 Der Haushaltsplan als zentrales Steuerungsinstrument 9
  2.1 Der Haushalt als Hauptkontrakt 9
  2.2 Die organische Haushaltsgliederung 11
      2.2.1 Organische Gliederung steht im Vordergrund 12
      2.2.2 Produktorientierte Gliederung folgt der
           organischen Gliederung 15
      2.2.3 Wie die Anforderungen der Finanzstatistik erfüllt
           werden können 16

3 Die Budgetierung als zentrales Steuerungsverfahren 19
  3.1 Das Budget als Finanzvorgabe 19
  3.2 Anreize und Funktionsweise der Budgetierung 21
  3.3 Veranschlagungsregeln bei Budgetierung 25
  3.4 Budgetgliederung und Budgethierarchie 26
      3.4.1 „Allgemeine Finanzwirtschaft" und Fachbudgets:
           ein System kommunizierender Röhren 26
      3.4.2 Gliederung der Fachbudgets entsprechend der
           Verwaltungsgliederung 28
      3.4.3 Der Haushalt als umfassendes
           Informationssystem 30
      3.4.4 Adressatengerechte Gestaltung des
           „Produkthaushalts" 31
      3.4.5 Haushalts- und Produktgliederung aus einem
           Guss 33
      3.4.6 Wie groß sollte ein Budget mindestens sein? 35

Inhaltsverzeichnis

		Seite
3.5	Budgetierung: von oben oder von unten?	36
3.5.1	Steuern mit Budgets oder mit Produkten?	36
3.5.2	Produktbasierte Kalkulation als Basis der neuen Haushaltsplanung?	41
3.5.3	Fazit: Haushaltsplanaufstellung im Gegenstromverfahren	42
3.6	Wie wird der budgetierte Haushalt aufgestellt?	44
3.6.1	Phase 1: Aufstellung des Budgets „Allgemeine Finanzwirtschaft"	45
3.6.2	Phase 2: Rahmenplanung für die Budgetbereiche	45
3.6.3	Phase 3: Eckwertebeschluss	49
3.6.4	Phase 4: Erstellung der (Fachbereichs-)Teilhaushalte	51
3.6.5	Phasen 5 und 6: Aufstellung und Verabschiedung des Gesamtetats	51
3.7	Wie wird der budgetierte Haushalt bewirtschaftet?	52
3.7.1	Erfüllung der Leistungsvorgaben	52
3.7.2	Budgetverantwortung	52
3.7.3	Weitere Untergliederung von Budgets	53
3.7.4	Deckungsfähigkeit der Aufwendungen innerhalb der Budgets	53
3.7.5	Ausgleich von Mindererträgen und Mehraufwendungen	55
3.7.6	Unterscheidung zwischen „managementbedingten" und „nicht managementbedingten" Abweichungen	56
3.7.7	Managementbedingte Mehrerträge	57
3.7.8	Nicht managementbedingte Mehrerträge	58
3.7.9	Managementbedingte Minderaufwendungen	58
3.7.10	Nicht managementbedingte Minderaufwendungen	58
3.7.11	Umschichtung für Investitionszwecke	59
3.7.12	Übertragung von Verbesserungen ins nächste Jahr	59
3.7.13	Nachsparen bei Budgetüberschreitungen	60

			Seite
3.8	Einbeziehung der Personalaufwendungen in die Budgetierung		60
	3.8.1	Zielsetzungen	60
	3.8.2	Umfang der dezentralen Verantwortung für Personalaufwendungen	62
	3.8.3	Zentral bewirtschaftete Personalaufwendungen	64
	3.8.4	Erstmalige Ermittlung der Ansätze für Personalaufwendungen	64
	3.8.5	Ermittlung und Ansätze der Personalaufwendungen in den Folgejahren	66
	3.8.6	Grundregel für die Einbeziehung der Personalaufwendungen in die gegenseitige Deckungsfähigkeit	67
	3.8.7	Wie werden die Fachbereiche für Senkungen der Personalaufwendungen belohnt?	67
	3.8.8	Einstellungsstopp und interne Wiederbesetzung	68
	3.8.9	Berücksichtigung von Refinanzierungen	68
	3.8.10	Übertragung von „Resten"	68
	3.8.11	Anpassung des Stellenplans?	69
	3.8.12	Überschreitungen des Ansatzes für Personalaufwendungen in einem Budget	69
	3.8.13	Bewirtschaftung der Personalaufwendungen	70
	3.8.14	Berichtswesen	72
	3.8.15	Dienstanweisung	72
3.9	Budgetierung und Investitionstätigkeit		72
3.10	Budgetierung und Haushaltskonsolidierung		73
3.11	Budgetierung und Verwaltungsmodernisierung: ein Gegensatz?		75
3.12	Budgetierung für alle und für immer?		76
4	**Vom (klassischen) kameralen Haushalt zum Produkthaushalt**		**79**
	4.1	Produktorientierung im Neuen Steuerungsmodell: Ausgangspunkt Produktpläne	79
	4.2	Von Produktplänen zum Produkthaushalt	80
	4.3	Integration von Finanz- und Produktsteuerung im Haushalt	82

Inhaltsverzeichnis

Seite

- 4.4 Kongruenz von Haushalts-, Produkt- und Organisationsstruktur ... 83
- 4.5 Inhalt und Format der Leistungsinformationen im Haushalt ... 87
  - 4.5.1 Worüber soll informiert werden? ... 87
  - 4.5.2 Darstellungsebenen ... 88
  - 4.5.3 Inhalt und Umfang der Informationen ... 91
- 4.6 Von der Produktinformation zu Zielvereinbarungen und Leistungskontrakten ... 97
- 4.7 Bessere politische Steuerung mit dem Produkthaushalt ... 98

5 Steuerung der Vorleistungen und der Gemeinkosten ... 101

- 5.1 Das Problem ... 101
- 5.2 Verrechnung der internen Dienstleistungen als Grundlage einer pretialen Steuerung ... 105
  - 5.2.1 Was sind interne Dienstleistungen? ... 105
  - 5.2.2 Steuerung durch Angebot und Nachfrage ... 108
  - 5.2.3 Warum Verrechnung der internen Dienstleistungen? ... 109
  - 5.2.4 Warum alle Leistungsverrechnungen im Haushalt veranschlagt werden müssen ... 110
  - 5.2.5 Bei welchen Leistungen lohnt sich die Verrechnung? ... 112
  - 5.2.6 Wie werden die Verrechnungspreise gebildet? ... 117
  - 5.2.7 Wie gehen Sie haushalts- und abrechnungstechnisch am besten vor? ... 121
  - 5.2.8 Ergebnisorientierte Steuerung der internen Dienstleister durch interne Leistungsverrechnung ... 124
- 5.3 Wie können die Gemeinkosten beeinflusst werden? ... 125
  - 5.3.1 Gemeinkosten sichtbar machen ... 125
  - 5.3.2 Outputorientierte Gestaltung der Gemeinkostenbereiche ... 126
  - 5.3.3 Weiterverrechnung der Gemeinkosten? ... 127
  - 5.3.4 Sammelnachweise gehören der Vergangenheit an! ... 130

		Seite
5.4	Warum die ILV in die Budgetierung einbezogen werden muss	131
	5.4.1 Wie aus Verrechnungsgeld Hartgeld wird	131
	5.4.2 Internes Kontraktsystem verhindert Leerkosten ...	133
	5.4.3 Marktpreisgebundener Kontrahierungszwang sorgt für effiziente Ergebniszuweisung	135
	5.4.4 Einbeziehung der Gemeinkostenerstattungen in die Budgetierung	136
6	**Wie durch Wettbewerb die Haushaltssteuerung verbessert werden kann**	**139**
	6.1 Ein typischer Fall	139
	6.2 Konkurrenz belebt das Steuerungsgeschäft	140
	6.3 Welche Bereiche sollen dem Wettbewerb ausgesetzt werden?	143
	6.4 Organisatorische Voraussetzungen für Wettbewerb	146
	6.4.1 Auftraggeber-Auftragnehmer-Trennung	146
	6.4.2 Ausgestaltung der Auftraggeber- und der Auftragnehmerfunktionen	147
	6.5 Wie kann der Wettbewerb organisiert werden?	149
	6.5.1 Beteiligung der internen Anbieter an förmlichen Vergabeverfahren?	149
	6.5.2 Preisabfragen	150
	6.5.3 Ausschreibung und Vergabe von Teilleistungen ...	151
	6.6 Wie gehen wir mit vergleichsstörenden Faktoren um? ...	153
	6.7 Wie lässt sich die Wettbewerbsfähigkeit der eigenen Anbieter fördern?	155
	6.7.1 Übernahme von Aufträgen anderer öffentlicher Stellen	155
	6.7.2 Übernahme von Aufträgen privater Haushalte und Unternehmen	156
	6.7.3 Mehr Wettbewerbsorientierung durch Verselbstständigung?	157
	6.8 Quasi-Wettbewerb durch Benchmarking	158

Seite

7 Warum moderne Haushaltssteuerung ein neues Rechnungskonzept erfordert ... 161

7.1 Das Problem – oder: Warum hat kamerales Denken und Handeln ausgedient? ... 161
7.2 Das Ressourcenverbrauchskonzept als neue Grundlage ... 164
7.3 Welche Veränderungen bringt das Ressourcenverbrauchskonzept? ... 165
7.4 Mit Abschreibungen und (kalkulatorischen) Zinsen steuern ... 166
    7.4.1 Entscheidungsorientierte Ermittlung von Abschreibungen – ein Bewertungsproblem ... 169
    7.4.2 Veranschlagung kalkulatorischer Zinsen: Fehlanzeige ... 171
7.5 Mit Rückstellungen steuern ... 172
    7.5.1 Rückstellungen: die finanzwirtschaftliche Dimension ... 174
    7.5.2 Rückstellungen: die Risikodimension ... 175
7.6 Die Bilanz – Wertespeicher und „wertmäßiges Gedächtnis" ... 176
    7.6.1 Erstellung der Bilanz ... 179
    7.6.2 Analyse der Bilanz ... 180
7.7 Bilanz, Ergebnis- und Finanzhaushalt im Rechnungsverbund ... 181
7.8 Mit neuen Deckungsregeln zu einem ehrlicheren Haushalt ... 182
7.9 Mit Zielen steuern ... 185
7.10 Die Doppik hat sich – mindestens bei den Kommunen – durchgesetzt ... 186
7.11 Das HGB als Referenzmodell für das öffentliche Rechnungswesen?! ... 188
7.12 Gesamtabschluss: Informations- und Steuerungsnutzen ... 191

Seite

8 Die Stellung der Kosten- und Leistungsrechnung im neuen Haushalts- und Rechnungswesen 195

8.1 Stellung und Nutzung der Kostenrechnung in der öffentlichen Verwaltung 195

8.2 Neues Haushalts- und Rechnungswesen und Kostenrechnung: eine Symbiose 198

    8.2.1 Einheitlichkeit von Budgetbereich und Kostenrechnungsbereich 201

    8.2.2 Einheitlicher Rechnungsstoff in Haushalt und Kostenrechnung 202

    8.2.3 Feinjustierung und Entfeinerung der Kostenrechnung 204

8.3 Die Leistungsrechnung als Pendant der Kostenrechnung 208

9 Controlling und Berichtswesen 213

9.1 Begriff und Funktionen des Controllings 213

9.2 Controlling braucht Ziele 214

9.3 Controlling braucht Kennzahlen 216

9.4 Organisation von Controlling 217

9.5 Zeithorizonte und Inhalte von Controlling 218

9.6 Leistungs- und Finanzcontrolling zur Steuerung des budgetierten, outputorientierten Haushalts 220

9.7 Haushaltsberichtswesen 221

10 Mit dem neuen Produkthaushalt zu strategischer Steuerung 225

10.1 Integration der mittelfristigen Ergebnis- und Finanzplanung in den Haushalt 226

10.2 Mittelfristige Zuschussplafonierung 226

10.3 Von linearen Sparmaßnahmen zu Strategischem Sparen 227

10.4 Methoden der Produktkritik 229

10.5 Strategisches Management 230

    10.5.1 Die Zieldiskussionen werden durch die Bildung von Zielfeldern geordnet 231

Inhaltsverzeichnis

	Seite
10.5.2 Die Anzahl der Planungsstufen wird begrenzt	231
10.5.3 Die strategische Planung wird mit dem Produkthaushalt verknüpft	233

Anlagen 237
Literaturverzeichnis 287
Autorenverzeichnis 301
Stichwortverzeichnis 303

Abbildungsverzeichnis

		Seite
1	Modernisierungsfelder im Haushalts- und Rechnungswesen	VI
2	Steuerungsebenen	1
3	Strukturmodell	4
4	Organische Gesamtstruktur des Steuerungssystems	6
5	Durchgängige Kontrakthierarchie	11
6	Organische Gliederung eines kommunalen Haushalts	14
7	Organische und produktorientierte Gestaltung des Haushalts	15
8	Logische Struktur des budgetierten Haushalts (Haushaltseckwerte)	27
9	Budgetierungsebenen	28
10	Informationshierarchie im Haushalts- und Rechnungswesen	30
11	Produkt- und Haushaltsstruktur bei drei Budgetebenen	33
12	Produkt- und Haushaltsstruktur bei vier Budgetebenen	34
13	Alternative Steuerungsansätze	38
14	Haushaltsaufstellung im Gegenstromverfahren	43
15	Haushaltsaufstellungsverfahren	44/45
16	Kongruenz von Haushalts-, Produkt- und Organisationsstruktur	84
17	Harmonisierung der Ordnungssysteme	87
18	Teilhaushalt – Aufbau des Informationssystems	90
19	Zielfelder des Strategischen Managements (nach KGSt)	96
20	Der Produkthaushalt	98
21	Hauptgruppen verwaltungsinterner Leistungsbeziehungen	103
22	Arten interner Dienstleistungen	107
23	Flächendeckendes Konkurrenzmodell	144

Abbildungsverzeichnis

		Seite
24	Die Bilanz	177
25	Pensionslastfinanzierungsquote	180
26	Haushalt und Rechnungsverbund	181
27	Reformstand in den Kommunen	186/187
28	Nutzungsarten der KLR	197
29	Einführung der einheitlichen KLR	200
30	KLR im organisch gegliederten Haushalt	202
31	Abstimmung von Informationsbedarf, -nachfrage und -angebot für die KLR-Gestaltung	207
32	Controlling-Regelkreis	214
33	Zielfelder des strategischen Managements	215
34	Organisation des Controllings – dezentral und zentral	218
35	Zeithorizonte des Controllings	220
36	Sparstrategien	227
37	Zielfelder und Leitfragen des strategischen Managements	231
38	Strategischer Managementprozess	233
39	Produkthaushalt Landkreis Lörrach	235
Anl. 1	Muster, Richtlinien [Dienstanweisung] zur Aufstellung und Ausführung des Haushalts [der Gemeinde/der Stadt/des Kreises ...] (Haushaltsrichtlinien)	237
Anl. 2	Muster, Richtlinien [Dienstanweisung] für die Personalkostenbudgetierung [der Gemeinde/der Stadt/des Kreises ...]	249
Anl. 3	Aufgaben und Organisation des Baubetriebshofes, Dienstanweisung Baubetriebshof, örtliches Beispiel	259
Anl. 4	Eckpunkte für die Grundsätze ordnungsmäßiger Buchführung im öffentlichen Haushalts- und Rechnungswesen auf Basis der Integrierten Verbundrechnung (IVR)	267
Anl. 5	Erfolgsfaktoren für die Gestaltung von Reformprojekten	275

1 Das Steuerungskonzept

Leitfragen zu Kapitel 1
- Was bedeutet „ergebnisorientierte Steuerung" in der Verwaltung?
- Welche Struktur prägt die moderne Verwaltung?
- Welche Veränderungen ergeben sich in der Verwaltungs- und Politikstruktur?
- Wie kann das Ungleichgewicht zwischen „Übersteuerung" der Kernverwaltung und „Untersteuerung" der Beteiligungen beseitigt werden?

1.1 Produktorientierte Steuerung in der Kernverwaltung

Die politisch-administrative Steuerung von Verwaltungen ist äußerst komplex. Wenn hier von produktorientierter Steuerung oder Finanz- und Produktsteuerung gesprochen wird, so ist das nur der „harte Kern" eines umfassenderen Systems, wie es Abbildung 2 andeutet.

Abb. 2: Steuerungsebenen

Alle Bemühungen der Verwaltungsmodernisierung haben sich daran auszurichten, die Leistungen für die Bürger eines Gemeinwesens oder die Mitglieder einer Organisation in einer bestimmten Art und Qualität darzubringen. Die Anforderungen dieser Zielgruppen an die öffentlichen Leis-

1 Das Steuerungskonzept

tungen sind in Einklang mit den zur Verfügung stehenden Mitteln zu bringen. Dies erfordert bei knappen Finanzmitteln einen wirtschaftlichen Umgang mit den vorhandenen Ressourcen. Bei knapper werdenden Finanzmitteln und notwendig werdenden Leistungskürzungen oder Einnahmenerhöhungen durch Steuern, Gebühren, Beiträge und Entgelte erfordert dies in einer erkennbar kritischen Bürgerschaft eine erhöhte Transparenz. Politische Entscheidungen müssen nachvollziehbar sein. Die Bürger eines Gemeinwesens oder die Mitglieder einer öffentlichen Organisation fordern dies zunehmend ein. Es geht damit um „gute Regierungsarbeit". So könnte man „Good Governance" frei übersetzen. Politische Entscheidungsträger sind in diesem Kontext vermehrt gefordert, über die „Entscheidungen des Tagesgeschäftes" langfristige Entwicklungsziele zu formulieren, in die sich aktuelle Entscheidungen „einordnen lassen". Strategische Ziele müssen erkennbar sein. Die sich hieraus ergebenden (veränderten) politischen Rationalitäten müssen durch den „harten Kern", den produktorientierten Haushalt abgebildet werden. Produktorientierte Steuerung ist deshalb kein Selbstzweck. Sie steht im Dienste einer verbesserten politischen Steuerung.

Modernes Verwaltungsmanagement bedient sich deshalb richtigerweise privatwirtschaftlicher Steuerungsinstrumente und -methoden. Dem entspricht die Steuerungsphilosophie. Sie ist stark betriebswirtschaftlich geprägt und muss zwingend den politisch-administrativen Erfordernissen angepasst werden. An die Stelle zentraler Steuerung tritt damit prinzipiell dezentrale Steuerungsverantwortung. Diese wird flankiert durch die Vereinbarung oder Vorgabe von Finanz- und Leistungszielen (Kontraktmanagement). Wo das möglich und sinnvoll ist, wird auch auf marktähnliche Koordination durch Wettbewerb gesetzt.

1.1.1 Ergebnisorientierte Steuerung braucht neue Verwaltungsstrukturen

 WICHTIG!

Kurz gefasst ließe sich das moderne Steuerungskonzept als „Ergebnisorientierte Steuerung von Geschäftseinheiten" beschreiben.

Deutlich werden muss jedoch, dass es nicht alleine um „Finanzergebnisse" (Überschüsse und Fehlbeträge) geht. Gleichzeitig geht es um „Leistungsergebnisse". Es geht um die Art, Menge und Qualität der bereitgestellten Leistungen/Produkte und letztendlich um die damit erzielten Wirkungen.

Das Steuerungskonzept 1

„Geschäftseinheiten" sind die Fachbereiche, Abteilungen oder die Dezernate, Ämter usw.[1] Mit der organisatorischen Struktur werden die *Verantwortlichkeiten* in der Verwaltung festgelegt. Und auf sie kommt es in jedem Führungs- oder Steuerungssystem entscheidend an. Die Geschäftseinheiten sind deshalb die primären Anknüpfungspunkte aller Steuerungsmaßnahmen.

Für die Konkretisierung der Steuerungsphilosophie ist es hilfreich, zumindest vier Typen von Geschäftseinheiten zu unterscheiden:

- Geschäftseinheiten mit externer Leistungsabgabe als die eigentlichen Träger der Aufgabenerfüllung gegenüber den Bürgern.

- Geschäftseinheiten mit interner Leistungsabgabe bei Vorliegen einer konkreten Auftraggeber-/Auftragnehmerbeziehung (Interne Dienstleister oder Serviceeinrichtungen) wie Baubetriebshof oder Grundstücks- und Gebäudewirtschaft, evtl. auch Rechtsabteilung oder Personalabteilung.

- Geschäftseinheiten mit interner Leistungsabgabe *ohne* Vorliegen einer konkreten Auftraggeber-/Auftragnehmerbeziehung (Gemeinsame Einrichtungen) wie Personalrat oder Betriebsärztlicher Dienst.

- Organe und Geschäftseinheiten, die Planungs-, Steuerungs- und Kontrollleistungen ohne Vorliegen einer Auftraggeber-/Auftragnehmerbeziehung erbringen, wie Verwaltungsführung oder Rechnungsprüfungsamt.

Abbildung 3 veranschaulicht die Verwaltungsstruktur.

---

[1] Zur Betonung der neuen Sichtweise der Organisationseinheiten als Ergebnis- oder Kostenzentren haben sich die meisten Verwaltungen von den traditionellen Bezeichnungen (Dezernat und Amt) abgewandt. Vereinzelt wurden unternehmensnahe Begriffe wie Geschäftsbereich oder Leistungszentrum eingeführt. Besonders häufig ist die Bildung von Fachbereichen durch Zusammenfassung mehrerer Ämter unter Fortfall einer Führungsebene (Dezernats- oder Ämterebene). Entsprechend wird im Folgenden davon ausgegangen, dass die Verwaltungen in Fachbereiche (2. Hierarchieebene), diese in Abteilungen (3. Ebene) und diese wiederum in Sachgebiete bzw. Einrichtungen gegliedert sind.

1 Das Steuerungskonzept

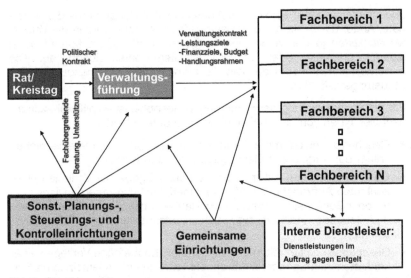

Abb. 3: Strukturmodell

Die Steuerungsverfahren für die einzelnen Typen von Geschäftseinheiten sind unterschiedlich. Und in Abhängigkeit von der Steuerungsmethode werden die unterschiedlichen Typen von Organisationseinheiten im Haushalts- und Rechnungswesen unterschiedlich behandelt. Etwas vereinfachend können die Unterschiede wie folgt gekennzeichnet werden.

- Die Fachbereiche mit externer Leistungsabgabe werden politisch-administrativ über „Budgetierung" gesteuert, wie es in den folgenden Kapiteln 3 und 4 dargestellt wird. Die hier nicht mögliche oder nicht gewollte marktliche Steuerung kann – in bescheidenem Maße – durch Kosten- und Leistungsvergleiche („Quasi-Wettbewerb") ersetzt werden (siehe 6.8).
- Auch für die Gemeinsamen Einrichtungen und vor allem die Planungs-, Steuerungs- und Kontrolleinrichtungen („Konzerneinrichtungen") ist die Steuerung im Wesentlichen nur über (bedarfsgerechte) Budgetierung und das damit verbundene Controlling möglich. Wegen des in öffentlichen Verwaltungen großen Umfangs dieser Gemeinkosten ist ihrer Steuerung besondere Aufmerksamkeit zu widmen (siehe 5.3).
- Die internen Dienstleister dagegen können über Leistungskontrakte verbunden mit Leistungsverrechnung gesteuert werden. Sie erhalten zwar auch Leistungs- und Finanzvorgaben in Form von Budgets. Aber

Das Steuerungskonzept 1

die entscheidende Steuerungsvorgabe ist von dem Typ: „Erbringe die und die Leistungen und decke die Kosten zu x % durch (interne) Leistungsentgelte!" Zusätzlich können die internen Dienstleister unter Wettbewerbsdruck gestellt werden. Einzelheiten werden in den Kapiteln 5 und 6 behandelt.

- Nur sporadisch gibt es bisher Ansätze, auch für die Geschäftseinheiten mit externer Leistungsabgabe marktnähere Steuerungselemente einzuführen. Dafür wird zwischen der eigentlichen Funktion als Aufgabenträger oder Gewährleister einerseits und der Durchführungs- oder Ausführungsfunktion andererseits unterschieden. Letztere soll dem Wettbewerb ausgesetzt werden. Näheres dazu in Kapitel 6.

Das Steuerungskonzept ist maßgeblich für die Ausgestaltung aller Strukturen und Prozesse.

Beispiel: Immobilienmanagement

Wie beispielsweise im Bereich der Grundstücks- und Gebäudewirtschaft die Produkte beschrieben und systematisiert, welche Budgets gebildet oder wie die Arbeitsabläufe organisiert werden sollten, ist abhängig davon, wie und von wem diese Bereiche gesteuert werden sollen, ob z. B. ein zentrales Immobilienmanagement als interner Dienstleister eingerichtet wird oder ob z. B. für die Schulgebäude die Eigentümerfunktion und das Management bei der Schulverwaltung liegen sollen.

 TIPP!

Klären Sie erst die örtliche Steuerungsstruktur, bevor Sie mit dem Umbau der Verwaltungsorganisation und des Haushalts beginnen. Je konsequenter Sie in Ihrer Verwaltungsorganisation die verschiedenen Typen trennen, umso wirkungsvoller können Sie mit den jeweils adäquaten Managementinstrumenten ansetzen.

Wer ohne klares Steuerungskonzept mit der Einführung betriebswirtschaftlicher Instrumente (etwa der Kosten- und Leistungsrechnung oder der internen Leistungsverrechnung oder der Produktbildung ... und all den anderen schönen Instrumenten des Neuen Steuerungsmodells) beginnt, zäumt das Pferd von hinten auf. Teures Lehrgeld und große Investitionsruinen sind der Preis (siehe hierzu auch Anlage 5).

1.1.2 Ergebnisorientierte Steuerung braucht adäquate Politikstrukturen

Mit der organisatorischen Gliederung der Verwaltung in Fachbereiche, Abteilungen usw. werden die Verantwortlichkeiten für Budgets, Ressourcen und Leistungen definiert. Insgesamt ergibt sich damit eine divisionale

1 Das Steuerungskonzept

Führungsstruktur des „Verwaltungskonzerns" mit Ergebniszentren sowohl in der Kernverwaltung als auch im Unternehmensbereich. Diesen Konzernstrukturen müssen die politischen Entscheidungsstrukturen entsprechen.

 WICHTIG!

Die Verantwortlichkeiten in Verwaltung und Politik müssen sich überschneidungsfrei decken.

Insbesondere die Ausschüsse sollten kongruent zu den Fachbereichen und den Fachbereichsbudgets gebildet werden. Im Idealfall gilt: ein Budget, ein Budgetverantwortlicher, ein verantwortlicher Fachausschuss (siehe die folgende Abbildung 4).

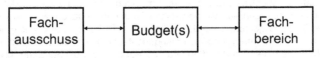

Abb. 4: Organische Gesamtstruktur des Steuerungssystems

 TIPP!

Die Anpassung der Ausschussstruktur an die Verwaltungsstruktur kann meist zu einer Verringerung der Zahl der Ausschüsse genutzt werden.

In Verbindung mit sog. Eckwertebeschlüssen durch die politische Vertretung ermöglicht diese Struktur auch eine Entlastung der *zentralen* politischen Steuerungsgremien zu Gunsten größerer dezentraler Gestaltungsspielräume auf der Ebene der Fachausschüsse und -bereiche (siehe 3.6.3).

1.2 Ergebnisorientierte Steuerung der Beteiligungen

Das neue Steuerungskonzept kann Politik und Verwaltungsführung auch bessere Voraussetzungen für die Steuerung der Beteiligungen bieten. Für beide Bereiche sollte grundsätzlich das gleiche Prinzip ergebnisorientierter Steuerung mit Leistungs- und Finanzvorgaben gelten. An die Stelle des bisherigen Wirtschaftsplanes träte dann etwa ein produktorientierter Wirtschaftsplan, der von Inhalt und Aufbau dem produktorientierten Haushaltsplan für die Kernverwaltung entspräche.

Das Steuerungskonzept 1

 WICHTIG!

Insgesamt könnte so das viel beklagte Ungleichgewicht zwischen Übersteuerung im Kernbereich und Untersteuerung bei den Beteiligungen beseitigt werden.

Eingebettet in einen örtlich entwickelten „Public-Corporate-Governance"-Kodex zwischen der Politik und den Beteiligungsgesellschaften, so wie er in manchen Städten bereits vorliegt, können hier Ansatzpunkte für eine verbesserte Steuerung der Beteiligungsunternehmen gesehen werden. Auch dies kann als ein wichtiger Schritt in Richtung „Good Governance" gewertet werden.

 AUS DER LITERATUR

Plazek, Michael/Weber, David/Schuster, Ferdinand*

„Fehlentwicklungen in öffentlichen Unternehmen erfahren große Aufmerksamkeit und bedeuten nicht nur ein politisches Risiko für die Verantwortungsträger, sondern können auch erhebliche negative Auswirkungen auf den Kernhaushalt der Gebietskörperschaft haben. Hierbei wird zunehmend die Frage nach der persönlichen Haftung der Aufsichts- und Verwaltungsräte aufgeworfen. Immer mehr Städte setzen vor diesem Hintergrund einen Public Corporate Governance Kodex als Regelwerk zur Steuerung und Kontrolle der eigenen Unternehmen ein."

* Plazek, Michael/Weber, David/Schuster, Ferdinand (2012) S. 6; vgl. auch www.publicgovernance.de

Fazit zu Kapitel 1

- Ergebnisorientierte Steuerung basiert auf der Dezentralisierung der Steuerungsverantwortung. Grundlage hierfür ist die Vereinbarung von Finanz- und Leistungszielen im Rahmen von Kontrakten zwischen Verwaltungsführung und dezentralen Einheiten.
- Die Verwaltung ist geprägt durch eine divisionale Führungsstruktur. Fach- und Servicebereiche übernehmen Fach- *und* Ressourcenverantwortung.
- Fachbereichsstrukturen sollten kongruent sein mit der politischen Ausschussstruktur.
- Angestrebt werden sollte eine Steuerung „aus einem Guss", die das Ungleichgewicht zwischen „Übersteuerung" der Kernverwaltung und „Untersteuerung" der Beteiligungen beseitigen hilft. Produktorientierte Wirtschaftspläne sowie ein umfassendes Public-Corporate-Governance-Konzept könnten hierbei helfen.

1 Das Steuerungskonzept

Literatur zu Kapitel 1

Bals, Hansjürgen/Hack, Hans (2002)
Hille, Dietmar (2003)
KGSt (1993b)
KGSt (1999)
Osner, Andreas/Markus, Wolfram (2008)
Plazek, Michael/Weber, David/Schuster, Ferdinand (2012)
Ruter, Rudolf X./Sahr, Karin/Waldersee, Georg Graf (2005)
Schwarting, Gunnar (2005)

2 Der Haushaltsplan als zentrales Steuerungsinstrument

Leitfragen zu Kapitel 2
- Weshalb gilt der Haushalt als „Hauptkontrakt" im Rahmen des modernen „Kontraktmanagements"?
- Weshalb sollte der Haushalt „organisch" aufgebaut sein?
- Gibt es einen Widerspruch zwischen dem organischen und dem produktorientierten Aufbau des Haushalts?
- Wieso sind finanzstatistische Anforderungen nicht prägend für die Gestaltung des Haushalts?

2.1 Der Haushalt als Hauptkontrakt

Der Haushalt ist der Nerv des Staates. Dieser Satz von Richelieu gilt im Neuen Steuerungsmodell in ganz besonderer Weise. Von keinem anderen Instrument gehen solch starke Auswirkungen auf die Entscheidungen und das Verhalten sowohl der Politiker als auch der Führungskräfte und der Beschäftigten in der Verwaltung aus. Die gesamte Führungs- und Organisationsstruktur jeder öffentlichen Verwaltung wird maßgeblich durch die Finanzorganisation geprägt. So ist beispielsweise die Dezentralisierung von Zuständigkeiten in der Personalwirtschaft nur gleichzeitig mit dezentraler Finanzverantwortung wirksam. Deshalb gilt: Im modernen Verwaltungsmanagement ist der Haushalt weit mehr als die buchhalterische Darstellung der geplanten und realisierten Ausgaben und Einnahmen.

 WICHTIG!

Im modernen Verwaltungsmanagement ist der Haushalt das zentrale Steuerungsinstrument.

Für die Ausgestaltung eines modernen Haushalts- und Rechnungswesens hat dies durchgreifende Konsequenzen: Im Haushalt müssen die Informationen dargeboten werden, die für die Planungen, Entscheidungen und Kontrollen in der jeweiligen Verwaltung wichtig sind. Verhaltens- oder entscheidungsorientierte Informationen in einem steuerungsorientierten Haushalts- und Rechnungswesen sind die relevanten Aspekte. Die klassischen Anforderungen der Finanzstatistik und auch der Wunsch nach möglichst großer Vergleichbarkeit mit anderen gleichartigen Verwaltungen (auf der Ebene des Haushalts) müssen zunächst hinter die genannten Aspekte zurücktreten.

2 Der Haushaltsplan als zentrales Steuerungsinstrument

Ein solcher steuerungsorientierter Haushalt unterscheidet sich vom traditionellen kameralen Haushalt in wesentlichen Punkten:

- Er bildet die jeweilige Verantwortungsstruktur, d. h. die Verwaltungsorganisation ab.
- Er definiert die Finanzziele für die Geschäftseinheiten i. d. R. in Form von Zuschuss- bzw. Überschussbudgets als Grundlage für eine ergebnisorientierte Steuerung.
- Er enthält neben den Finanzzielen auch die Leistungs- oder Produktziele und bietet so die Grundlage für eine Integration von Finanz- und Produktmanagement.
- Er weist auf der Finanzseite das gesamte Ressourcenaufkommen und den gesamten Ressourcenverbrauch aus. Politik und Verwaltungsführung entscheiden mithin auf der Grundlage vollständiger Informationen zum Ressourcenverbrauch. Nicht nur die aus den Entscheidungen resultierenden Einnahmen und Ausgaben des Haushaltsjahres werden transparent. Auch der Ressourcenverbrauch aus der Nutzung öffentlichen Vermögens (Abschreibungen und Kapitalkosten) oder der Eingehung von Verpflichtungen in zukünftigen Jahren (Pensionsverpflichtungen) werden so sichtbar.
- Er bildet die internen Leistungsverrechnungen ab, die zur Steuerung insbesondere der internen Dienstleister erforderlich sind.

Damit wird der Haushalt zum Hauptkontrakt. Als solcher ist er Kern und Grundlage für das gesamte Kontraktmanagement. Dabei sind mehrere Ebenen und entsprechend viele Kontraktpartner zu unterscheiden. An der Spitze der „Kontraktkaskade" steht der Kontrakt zwischen Politik (Rat, Kreistag und Verwaltung bzw. Parlament und Regierung), der gelegentlich auch als politischer Primärkontrakt bezeichnet wird.

 WICHTIG!

Die Kontrakthierarchie muss der Budgethierarchie entsprechen, weil die Budgets Kern der Vereinbarungen über Ressourcen und Produkte bzw. Leistungen sind (siehe Abbildung 5).

Für ein funktionsfähiges und wirksames Kontraktmanagement in der gesamten Verwaltung ist die Ausgestaltung des Haushaltes als Hauptkontrakt von zentraler Bedeutung. Auf den unterschiedlichen Ebenen der Verwaltung geschlossene Kontrakte bleiben ohne Anbindung an den Haushalt und damit an die politischen Ziele wirkungslos und können schlimmstenfalls atomisierend wirken. Ihnen fehlt eine klare Orientierung an gemeinsamen Zielvorgaben.

Der Haushaltsplan als zentrales Steuerungsinstrument 2

Die Kontrakthierarchie beginnt im Haushalt!

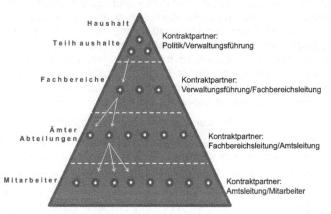

Abb. 5: *Durchgängige Kontrakthierarchie*

Auch das Zustandekommen der Kontrakte richtet sich nach dem örtlichen Budgetierungsverfahren. Geht der Haushaltsplanung beispielsweise ein Eckwertebeschluss voraus, so stellt dieser einen Kontraktrahmen dar, innerhalb dessen dann die Fachausschüsse mit den Fachbereichen die Detailkontrakte vereinbaren (zu weiteren Fragen zum Kontraktmanagement vgl. Fischer, Johannes/Unger, Walter [2001], S. 117 ff.).

Zu einem Steuerungssystem, in dessen Mittelpunkt der Haushalt steht, gehören weitere Elemente, und zwar vor allem die unterjährigen Berichte und die mittelfristige Leistungs-, Finanz- und Investitionsplanung. Sie sind die zentralen Instrumente der kurz- und mittelfristigen Steuerung und des Controllings.

 TIPP!

Stellen Sie bei Modernisierungsmaßnahmen in Ihrer Verwaltung das Finanzmanagementsystem und die Aufbauorganisation in den Mittelpunkt. Beginnen Sie also mit diesen beiden „harten" Elementen und behandeln Sie die übrigen, meist „weichen" Instrumente als – notwendige – Nebenbedingungen.

2.2 Die organische Haushaltsgliederung

Eine öffentliche Verwaltung ist eine komplexe Organisation. Die Produktpalette ist vielfältiger als bei den meisten privaten Unternehmen und hinsichtlich des Finanzvolumens oder der Zahl der Beschäftigten reichen

2 Der Haushaltsplan als zentrales Steuerungsinstrument

bereits mittlere und größere Kommunen an mittlere und große Unternehmen der Privatwirtschaft heran. Für Politik und Verwaltungsführung ergibt sich daraus die Frage, wie diese Komplexität am besten in den Griff zu bekommen ist. Will man den Haushalt in das Zentrum der Ressourcen- und Produktsteuerung stellen, so muss man zunächst nach der zweckmäßigen horizontalen Gliederung fragen. Es geht darum, den Teil der öffentlichen Verwaltung, der im Haushalt abgebildet wird, so zu gliedern, dass der Informationsbedarf der politischen Entscheidungsträger für Steuerungsentscheidungen befriedigt werden kann.

Hier stehen grundsätzlich zwei Konzepte zur Verfügung:

- die Gliederung des Haushalts nach der spezifischen Struktur der jeweiligen Körperschaft (organische Haushaltsgliederung) und
- die Gliederung nach (normierten) Produkten (Produktgliederung).

Um es vorwegzunehmen: Es handelt sich nicht um konkurrierende Konzepte. Vielmehr führt deren Verknüpfung zu einer unter Managementaspekten passenden Gliederung. Das wird im Folgenden konkretisiert.

2.2.1 Organische Gliederung steht im Vordergrund

Nach überkommenen Vorschriften zur Gliederung öffentlicher Haushalte waren (und sind es zum Teil bis heute noch) kommunale Haushaltspläne und auch die Haushaltspläne der Länder und des Bundes nach einheitlichen Prinzipien zu gliedern. Das erleichterte etwa der Kommunalaufsicht die Arbeit und unterstützte die überörtliche Finanzstatistik. Daneben, so wurde angeführt, war damit ein gewisses Maß an interkommunaler Vergleichbarkeit gegeben. Man arrangierte sich mit dieser Art Gliederung: Wo die Haushaltsgliederung nicht der politischen (Ausschuss-)Struktur entsprach (oder entspricht), wurden (und werden) in den Haushaltsberatungen die Unterabschnitte und Haushaltsstellen (Titel) für die Ausschüsse in besonderen Listen zusammengestellt. Und der Inkongruenz zwischen Haushaltsgliederung und Verwaltungsorganisation wurde Rechnung getragen, indem bei jeder Haushaltsstelle das bewirtschaftende Amt vermerkt wurde.

Diese Perspektive hat sich im Zuge der Reformaktivitäten im öffentlichen Bereich verändert: Heute steht die Managementperspektive im Vordergrund. In erster Linie soll der Haushalt Grundlage für die Planung, Steuerung und Kontrolle *der jeweiligen Verwaltung* durch Politik und Verwaltungsführung sein. Dafür muss er den Politikern und den Managern ein möglichst transparentes Bild *ihrer* Verwaltung und ihrer Produkte/Leistungen bieten. So kommt ein wichtiger Aspekt der modernen Rechnungswesenstandards zum Tragen: der sog. „Management Approach". Er ist u. a.

Der Haushaltsplan als zentrales Steuerungsinstrument 2

prägend für die nach § 297 HGB vorgesehene sog. „Segmentberichterstattung". Sie soll es ermöglichen, bei diversifizierten Unternehmen Einblick in die wirtschaftliche Lage der einzelnen Geschäftsbereiche (Segmente) zu geben. Für den öffentlichen Sektor bedeutet das: Der Haushalt (das Rechnungswesen) muss die einzelnen Geschäftsbereiche der Verwaltung und damit die Verantwortungsstrukturen der Verwaltung (des Unternehmens) abbilden. Das heißt:

 WICHTIG!

Als zentraler Geschäftsplan muss der Haushalt entsprechend der jeweiligen spezifischen Verwaltungsorganisation gegliedert werden.

Es ist also nur konsequent, dass fast alle Gemeindehaushaltsverordnungen die Gliederung nach Verantwortungsbereichen vorsehen (meist optional zur produktorientierten Gliederung). Auch zahlreiche Reformverwaltungen haben bei der Einführung der Budgetierung ihre Haushaltsgliederung an die eigene Organisationsstruktur angepasst. Nur bei einer Übereinstimmung von Budgetbereichen und Organisationseinheiten lassen sich eindeutige politische und administrative Abgrenzungen für die Fach- und Ressourcenverantwortung schaffen. Im Idealfall führt dies auch dazu, dass gleichzeitig die Verwaltungsstruktur im Sinne des Neuen Steuerungsmodells umorganisiert wird. Die Haushaltsstruktur wird so mit der Organisations- und Verantwortungsstruktur in Übereinstimmung gebracht. Der Haushalt wird also nicht mehr nach Einzelplänen und Abschnitten entsprechend den haushaltsrechtlichen Gliederungsvorschriften gegliedert, sondern je nach der spezifischen Verwaltungsorganisation z. B. nach Fachbereichen oder Dezernaten/Referaten oder Abteilungen. In Abhängigkeit von der jeweiligen Verwaltungsstruktur und dem angestrebten Grad der Dezentralisierung werden die Budgets weiter unterteilt, z. B. Fachbereichsbudgets in Abteilungsbudgets bzw. Dezernatsbudgets in Ämterbudgets.

Die folgende Abbildung 6 illustriert dies.

2 Der Haushaltsplan als zentrales Steuerungsinstrument

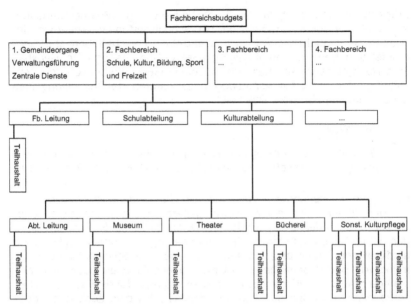

Abb. 6: *Organische Gliederung eines kommunalen Haushalts*

Weil die neue Haushaltsstruktur mit der jeweiligen spezifischen Verwaltungsorganisation übereinstimmt, nennen wir sie *organische* Haushaltsgliederung. Auf der Basis des organisch gegliederten Haushalts erfolgen sowohl die Aufstellung, Beratung und Beschlussfassung als auch die Bewirtschaftung des Haushaltsplanes.

 WICHTIG!

Machen Sie den Haushalt durch organische Gliederung zu Ihrem Geschäftsplan. Bei der Umstellung kommen automatisch alle ungelösten Fragen der Organisation und des Steuerungssystems auf den Tisch!

Gegen die organische Gliederung des Haushalts wird gelegentlich eingewandt,

- dass Organisationsänderungen, z. B. nach Wahlen, gleichzeitig zu Änderungen der Haushaltsgliederung zwingen würden. Aber: Änderungen der Organisation, aus welchen Gründen sie auch immer erfolgen, führen zu Veränderungen der Verantwortlichkeiten für Leistungen und Ressourcen. Und daran muss ein Haushalt, der den Prinzipien

Der Haushaltsplan als zentrales Steuerungsinstrument 2

eines Geschäftsplanes folgt und mit dem gesteuert werden soll, sich anpassen.
- dass die Vergleichbarkeit hierunter leide. Aber: Vergleichen auf der Ebene des Haushalts kamen und kommt eine eher untergeordnete Bedeutung zu. Erkenntnisse zu Effizienz- und Effektivitätsaspekten, die etwa bei interkommunalen Vergleichen im Vordergrund stehen, bedingen ohnehin differenzierte Betrachtungen auf der Ebene von einzelnen Produkten oder Leistungen.

So bietet der organisch gegliederte Haushalt die natürliche Grundlage für das Kontraktmanagement. Er weist den Organisationseinheiten nicht nur Budgets (Ressourcen) zu, sondern nennt auch die damit zu erzeugenden Produkte, die angestrebten Ziele (und im Idealfall) die beabsichtigten Wirkungen. Näheres dazu enthalten Kapitel 3 und 4.

2.2.2 Produktorientierte Gliederung folgt der organischen Gliederung

Die Gliederung in Teilhaushalte entsprechend der örtlichen Organisationsstruktur sollte mithin zum Regelfall in der praktischen Umsetzung werden. Dass dieses Gestaltungsprinzip nicht im Widerspruch zu der produktorientierten Gestaltung steht, soll folgende Abbildung 7 verdeutlichen:

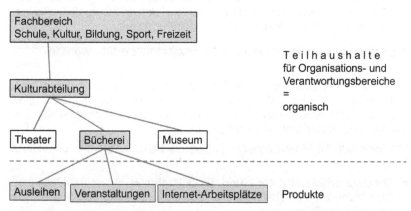

Abb. 7: Organische und produktorientierte Gestaltung des Haushalts

Auch der primär organisch, d. h. nach der jeweiligen Verwaltungsstruktur gegliederte Haushalt ist somit letztendlich ein Produkthaushalt. Dies bedeutet, er informiert auch über die in den einzelnen Geschäftsberei-

2 Der Haushaltsplan als zentrales Steuerungsinstrument

chen verfolgten Ziele, die Produkte, die damit beabsichtigten Wirkungen usw. Um diese Produktorientierung zu betonen und die Darstellung zu erleichtern, entwickeln viele Verwaltungen eine Produktsystematik, bei der sich Produktbereiche, Produktgruppen und Produkte flächendeckend eins zu eins mit den örtlichen Organisationsstrukturen decken. In dem Fall ist es Geschmacksache, ob beim Haushalt von einer Gliederung nach Fachbereichen oder nach Produktbereichen gesprochen wird: Beide sind identisch, beide sind organisch in dem hier empfohlenen Sinne gegliedert.

Beispiel: Identität von Haushalts- und Produktstruktur

> So wird beispielsweise aus dem Kulturdezernat einer Großstadt der Produktbereich „Kulturmanagement" mit den Produktgruppen „Volkshochschule", „Musikschule", „Archiv" usw.

Eine Haushaltsgliederung nach Produktbereichen usw. ist also unproblematisch, wenn ein verwaltungsspezifischer Produktplan zugrunde gelegt ist, bei dem der Zuschnitt der Produktbereiche, Produktgruppen und Produkte der örtlichen Organisationsstruktur entspricht. Im Einzelnen wird dazu auf 3.4.5 verwiesen.

 WICHTIG!

Für die örtliche Steuerung ungeeignet ist also nur die Gliederung des Haushalts nach überörtlich normierten, der örtlichen Verwaltungsstruktur nicht entsprechenden Produktbereichen.

2.2.3 Wie die Anforderungen der Finanzstatistik erfüllt werden können

Unbestritten ist, dass die für die Finanzstatistik notwendigen Daten nach einheitlichen Zuordnungskriterien geliefert werden müssen. Dafür sind z. B. für die Kommunen die vom jeweiligen Land vorgegebenen Kontenrahmen und Produktrahmen maßgeblich.

Mit Blick auf die Finanzstatistik gibt es bis heute zahlreiche ungeklärte Fragen:

- Unterschiedliche Konten- und Produktrahmen in unterschiedlichen Bundesländern erschweren die Zusammenführung der Daten auf kommunaler Ebene.
- Unterschiedliche Regelungen zwischen Kommunen und Ländern (hier „doppische" Konten- und Produktrahmen, dort „kamerale" Gliederungs- und Gruppierungsvorschriften) erschweren die Zusammenführung von kommunalen und Landesdaten.

Der Haushaltsplan als zentrales Steuerungsinstrument 2

Die Befassung mit diesen Problemen kann nicht Gegenstand dieses Buches sein. Dennoch: nicht nur unter finanzstatischen Aspekten ist eine bundesweite Harmonisierung ebenso wünschenswert wie derzeit voneinander entfernt.

Eines sollte jedoch deutlich werden: Die organische Gestaltung des örtlichen Haushalts ist losgelöst von den statistischen Anforderungen zu sehen. Statistische Anforderungen werden auf Grundlage der Grundinformationen des Rechnungswesens generiert. Davon unabhängig ist die Gestaltung der Haushaltspläne aus eben den Informationen des Rechnungswesens sowie eines Produktinformationssystems mit Informationen zu Zielen und Kennzahlen zu generieren. Die Gestaltung der Haushaltspläne steht nicht (mehr) unter dem Primat finanzstatistischer Anforderungen.

Fazit zu Kapitel 2

- Der Haushalt wird durch die Verknüpfung von Finanz- und Produktinformationen mit Zielen und Kennzahlen zum Hauptkontrakt zwischen Politik und Verwaltung. Er stellt in einem durchgängigen System von Verwaltungskontrakten die oberste Kontraktebene dar.
- In dieser Rolle muss der Haushaltsplan die Verantwortungsbereiche in der Verwaltung abbilden. Er spiegelt mithin die Verwaltungs*organisation* wider. Wir nennen dies „organische" Haushaltsgliederung.
- Die organische Haushaltsgliederung schließt die produktorientierte Gliederung mit ein. Je Organisationseinheit werden die dort verantworteten Produktgruppen oder Produkte im Haushalt dargestellt.
- Die Gliederung des Haushalts wird aus den Informationen des Rechnungswesens generiert. Für Zwecke der Finanzstatistik gelten regelmäßig abweichende Gliederungsprinzipien. Mit moderner Finanzwesen-Software können die Informationen des Rechnungswesens auch für diese Zwecke generiert werden. Die organische Gliederung ist mithin losgelöst von statistischen Anforderungen zu sehen.

Literatur zu Kapitel 2

Bals, Hansjürgen (1998)
Bals, Hansjürgen (2003)
Dott, Beatrice (2003)
Fischer, Edmund (1999)
Fischer, Edmund (2001)
Fischer, Edmund (2009)
Vernau, Katrin (2000)

3 Die Budgetierung als zentrales Steuerungsverfahren

Leitfragen zu Kapitel 3
- Was bedeutet Budgetierung? Welche Formen gibt es?
- Welche Anreizwirkungen gehen von der Budgetierung aus?
- Budgetierung „top-down" oder „bottom-up"?
- Wie wird der budgetierte Haushalt bewirtschaftet?
- Wie werden die Personalkosten in die Budgets einbezogen?
- Lässt sich mit Budgetierung die Haushaltskonsolidierung unterstützen?

3.1 Das Budget als Finanzvorgabe

Das Steuerungsprinzip wurde weiter oben als „ergebnisorientierte Steuerung der Geschäftseinheiten mit Leistungs- und Finanzvorgaben" beschrieben. Die Finanzvorgaben erfolgen grundsätzlich in Form von Budgets. Welcher Gestaltungsspielraum den Organisationseinheiten innerhalb ihrer Budgets gegeben wird, ist abhängig von der örtlichen Steuerungsphilosophie und dem Stand des Dezentralisierungsprozesses:

- Bei der klassischen Form der „Budgetierung" machen Politik und Verwaltungsführung innerhalb der Budgets *haushaltsstellenscharfe Vorgaben*. Einzelne Ausgaben- und Einnahmepositionen bzw. Aufwands- und Ertragspositionen werden auf diese Weise konkret vorgegeben. Von Budgetierung im engeren Sinne kann hier noch nicht die Rede sein.
- Modernere Formen der Budgetierung fassen mehr oder weniger große Gruppen von Ertrags- und Aufwandspositionen innerhalb eines Budgets zusammen. Solche „Budgets" können wenige Haushaltsstellen umfassen – z. B. die Sachaufwandshaushaltsstellen einer Schule – oder *sämtliche* Aufwendungen und Erträge eines Budgets. Im letzteren Fall sind nur die *Summe* der Erträge und die *Summe* der Aufwendungen für die budgetierte Organisationseinheit verbindlich (**„Ertrags- und Aufwandsbudgetierung oder Summenbudgetierung"**).
- Noch stärker ergebnisorientiert arbeitet die Budgetierung, wenn sie als Finanzvorgabe für eine Organisationseinheit lediglich den Zuschussbetrag festlegt, der nicht überschritten werden darf bzw. den Überschussbetrag, der mindestens erzielt werden muss (**Ergebnisbudgetierung**). Die meisten Organisationseinheiten sind auf Zuschüsse an-

3 Die Budgetierung als zentrales Steuerungsverfahren

gewiesen, sodass die Zuschussbudgetierung der Regelfall ist. Bei einigen Einrichtungen (z. B. bei vollkostendeckenden Gebührenhaushalten und internen Dienstleistern) lautet die Budgetierungsvorgabe, die Aufwendungen vollständig durch eigene Erträge zu decken. Und in einigen Fällen kann bzw. sollte ein bestimmter Überschuss als Finanzziel vorgegeben werden, z. B. bei der Beteiligung an einem Elektrizitätsversorgungsunternehmen.

Vor allem die Ergebnisbudgetierung wird auch als Globalsummenbudgetierung bezeichnet.

Die Übergänge zwischen der Vorgabe einzelner Positionen (haushaltsstellenscharfer Detailsteuerung) und Ergebnisbudgetierung sind fließend. Bei der Ertrags- und Aufwandsbudgetierung wird jeweils die Summe der Erträge und der Aufwendungen festgeschrieben. Es bedarf dann einer Sonderregelung, wenn Mehrerträge zu Mehraufwendungen berechtigen, bzw. Mindererträge eine Kürzung der Aufwandsermächtigungen nach sich ziehen sollen, was wegen der Anreiz- bzw. Sanktionswirkungen in der Regel gewünscht ist. Ergebnisbudgetierung schließt diese Regelungen automatisch ein. Sie schafft deshalb (zunächst) die größten Managementspielräume.

 WICHTIG!

Budgetierung sollte deshalb im Grundsatz als Ergebnisbudgetierung konzipiert werden, also als Zuschuss- bzw. Überschussbudgetierung.

Von diesem Verständnis von Budgetierung wird im Folgenden ausgegangen. Um Missverständnissen vorzubeugen, muss aber auch gleich auf einige Einschränkungen dieses Prinzips hingewiesen werden:

- Auch wenn als Grundlage der Steuerung für eine Organisationseinheit lediglich der Zuschuss bzw. der Überschuss festgelegt wird, bleibt die Organisationseinheit selbstverständlich an alle allgemein geltenden Regelungen, wie das Tarifrecht oder die Vergabegrundsätze gebunden. Ortsspezifische Regelungen werden zweckmäßigerweise in sog. Rahmenregeln festgelegt (zu Einzelheiten s. KGSt [2000b]).
- Politik und Verwaltungsführung können und sollten auch innerhalb solcher Budgets bei Bedarf Einzelvorgaben treffen.

Beispiele für Einzelvorgaben innerhalb der Budgets

„Die für die Substanzerhaltung der Gebäude vorgesehenen Bauunterhaltungsmittel dürfen nicht anderweitig verwendet werden. Sie werden deshalb nicht in die sonst innerhalb der Budgets übliche gegenseitige Deckungsfähigkeit einbezogen."

Die Budgetierung als zentrales Steuerungsverfahren 3

„Für Aus- und Fortbildung ist ein bestimmter Mindestbetrag oder -anteil des Budgets zu verwenden."

„Die für die Beauftragung des eigenen Baubetriebshofs vorgesehenen Mittel dürfen nicht zur Beauftragung Dritter verwandt werden, solange Bestandsschutz/Kontrahierungszwang für den eigenen Baubetriebshof besteht."

- Darüber hinaus sind weitere begleitende Regelungen für das Planungs- und Aufstellungsverfahren und insbesondere die Bewirtschaftung erforderlich, mit denen die Budgetverantwortlichen gesteuert werden.

Durch Global- oder Ergebnisbudgetierung sollen Politik und Verwaltungsführung nicht in ihrem Einfluss beschnitten werden. Vielmehr sollen sie befähigt werden, *besser* zu steuern. Und die Tendenz der Fachbereiche zur Verselbständigung soll nicht verstärkt werden. Vielmehr sollen die Bestrebungen zur organisatorischen oder gar rechtlichen Ausgliederung abgeschwächt werden, indem die gewünschten unternehmerischen Freiheiten auch innerhalb des Haushalts und der Kernverwaltung eingeräumt werden. Aber so wie es bei den Beteiligungen nicht ausreicht, nur auf das Unternehmens*ergebnis* zu sehen, können und sollten sich Politik und Verwaltungsführung auch innerhalb der Kernverwaltung nicht damit begnügen, lediglich die Einhaltung vorgegebener Zuschuss- oder Überschussbeträge zahlenmäßig zu überwachen. Um eine ausreichende politische Einwirkung sicherzustellen und um finanzielle Sonder- oder gar Fehlentwicklungen innerhalb des Budgets rechtzeitig erkennen und Fehlentwicklungen im Gesamtinteresse verhindern zu können, sind intelligente Regeln für die Aufstellung und die Bewirtschaftung/Ausführung des Haushalts erforderlich.

Anlage 1 enthält dazu ein Muster, für das in den folgenden Abschnitten die fachlichen Grundlagen dargestellt werden. Dabei wird – wie gesagt – von dem Grundsatz der Zuschuss- bzw. Überschussbudgetierung ausgegangen; wenn örtlich die Summe der Erträge und die Summe der Aufwendungen budgetiert werden (Ertrags- und Aufwandsbudgetierung), wie dies von einigen Gemeindehaushaltsverordnungen, Landeshaushaltsordnungen oder sonstigen Budgetierungsregeln vorgesehen ist, sind die Regeln (geringfügig) anzupassen.

3.2 Anreize und Funktionsweise der Budgetierung

*Ergebnis*budgetierung oder Globalbudgetierung ist eines der wichtigsten und mächtigsten Instrumente zur Zusammenführung von Fach- und Ressourcenverantwortung in den Organisationseinheiten und zur Gewährung ausreichender Managementspielräume **(dezentrale flexible Fach- und**

3 Die Budgetierung als zentrales Steuerungsverfahren

Ressourcenverantwortung). Bei zweckmäßiger Ausgestaltung und Anwendung schafft die Budgetierung für die Budgetverantwortlichen starke Anreize zu effektivem und effizientem Handeln:

- Die Zusammenführung von Fach- und Ressourcenverantwortung stärkt die Kompetenz der Akteure in den Fachbereichen.
- Die Verlagerung der Entscheidungen nach vorne schafft gegenüber den Bürgern, der Wirtschaft usw. eindeutigere Verantwortlichkeiten und erlaubt eine flexiblere Anpassung an veränderte Problem- oder Bedarfslagen.
- Die Einbeziehung *aller* durch eine Organisationseinheit verursachten Aufwendungen in das Budget stärkt das Kostenbewusstsein und verhindert das Wirtschaften zu Lasten fremder Budgets („Töpfe").
- Die Zuständigkeit für *alle* Positionen des Budgets bricht mit der Antragsmentalität und der „organisierten Unverantwortlichkeit".
- Die Einräumung weitgehender gegenseitiger Deckungsfähigkeit schafft einen starken Anreiz zur Hebung von Effizienzreserven im eigenen Budget.
- Mehreinnahmen/Mehrerträge, die durch eigene Anstrengungen (z. B. die Einwerbung von Spenden) oder Entscheidungen (z. B. eine Gebührenerhöhung) erzielt werden, verbleiben ganz oder teilweise dem jeweiligen Budget. Das fördert das dezentrale Interesse, bestehende Einnahme-/Ertragserhöhungsspielräume auszuschöpfen und die Bereitschaft, das der eigenen Klientel zu erklären.
- Im Ergebnishaushalt eingesparte Aufwendungen können auch für Investitionen (z. B. zur Beschaffung von Informationstechnik) im eigenen Verantwortungsbereich verwendet werden. Das ist oft ein starker „Sparanreiz".
- Aufwendungen, die durch gute Wirtschaftsführung („managementbedingt") eingespart wurden, dürfen je nach Haushaltslage ganz oder teilweise (z. B. zur Hälfte) ins nächste Jahr übertragen werden („Effizienzdividende"). Manche Verwaltungen haben hierfür Budgetrücklagen eingerichtet. Das verstärkt die Anreize zu wirtschaftlichem Handeln und dämpft das Dezemberfieber.
- Die notwendige Kehrseite solcher Bonus-Regelungen sind Malus-Regelungen, wonach managementbedingte Überschreitungen des Budgets im nächsten Jahr erwirtschaftet („nachgespart") werden müssen.

In welcher Weise sich Kämmerer und Fachbereiche die Effizienzdividenden teilen, ist von der jeweiligen Situation abhängig.

Die Budgetierung als zentrales Steuerungsverfahren 3

 TIPP!

Auch bei defizitärem Haushalt sollten die Anteile der Fachbereiche an der Effizienzdividende mindestens 50 % betragen, damit genügend große Anreize bleiben.

Geachtet werden muss auch auf Konsistenz der Regelungen, d. h. darauf, dass sich Effekte nicht konterkarieren.

 TIPP!

Werden in den Budgets erzielte Überschüsse am Ende des Jahres vom Kämmerer zu stark abgeschöpft, führt dies zur Ausschöpfung aller Flexibilitätsspielräume durch die Fachbereiche während des Jahres.

Naturgemäß können die größten Effizienzreserven bei der *Einführung* der Budgetierung gehoben werden. Dies kann bereits bei der *Aufstellung* des ersten budgetierten Haushalts berücksichtigt werden.

Beispiel: Effizienzdividende bei Einführung der Budgetierung

Die Einführung der Budgetierung erfolgt häufig nach der Devise: Du erhältst einen geringeren Zuschuss, aber mehr Freiheit. Die (vermutete) Effizienzreserve wird in der Weise gehoben, dass die Aufwendungen oder der Zuschuss der entsprechenden Organisationseinheit bei Einräumung des Budgets pauschal um z. B. 1,5 % gekürzt werden.

Die Bonus-Malus-Regelungen machen den Kontraktcharakter der Budgetierung deutlich. Budgetierung stellt das Verhältnis zwischen Politik, Verwaltungsführung und dezentralen Geschäftseinheiten auf eine neue Basis. Die Einräumung größerer Freiheitsspielräume für die jeweils nachgelagerte Ebene ist (sollte!) mit einem Vertrauensvorschuss verbunden (sein). Die Anreiz- und Sanktionsmechanismen sollen dafür sorgen, dass die Freiheitsräume nicht ressortegoistisch, sondern im Sinne des Ganzen genutzt werden. Die Mechanismen reichen aber nicht aus, auch wenn in der Dienstanweisung versucht wird, alle Wechselfälle der Budgetierung zu regeln.

 TIPP!

Erfahrene Budgetierer setzen eher auf weitmaschige Regelungen und klären Zweifelsfragen in bilateralen Gesprächen.

Zwar gilt auch für das Budgetierungssystem der eherne Grundsatz der Organisation, fallweise durch generelle Regelungen zu ersetzen. Aber die mit der Budgetierung intendierten Anreiz- und Sanktionswirkungen lassen es doch geraten erscheinen, in einem größeren Umfang situationsabhän-

3 Die Budgetierung als zentrales Steuerungsverfahren

gig vorzugehen, d. h. die Fälle „in die Hand zu nehmen" und auf der Grundlage von Verhandlungslösungen zu entscheiden. Wichtig ist dabei gegenseitiges Vertrauen. Der Kämmerer muss darauf vertrauen können, dass er nicht ständig hinters Licht geführt wird. Und die dezentralen Einheiten müssen darauf vertrauen können, dass – auch bei defizitärem Haushalt – nicht jeder Spielraum abgeschöpft wird und dass über die Abgrenzung managementbedingter von nicht managementbedingten Verbesserungen oder Verschlechterungen, über Interessenquoten bei der Teilung der Effizienzdividenden usw. fair verhandelt und entschieden wird. Auch die Vermeidung der Vergeblichkeitsfalle gehört dazu (siehe 3.11).

Beispiel: Belohnung trotz Budgetüberschreitung

Auch ein Budget, das negativ abschließt (Verschlechterung des Ergebnisses gegenüber dem Ansatz) sollte – evtl. auf Antrag des Budgetverantwortlichen – im vorstehenden Sinne in die Hand genommen werden; es könnten managementbedingte Verbesserungen durch exogene Verschlechterungen überdeckt werden.

Damit rückt ein weiterer Aspekt ins Blickfeld: Die Akzeptanz der Regelungen leidet, wenn die Budgetvorgaben als ungerecht empfunden werden.

Beispiel: Bädereinnahmen

Das Risiko wetterbedingt schlechterer Erträge muss gerecht zwischen Haushalt und Bädern aufgeteilt werden, z. B. durch einen auch von den Bädern als gerecht akzeptierten mittleren Ansatz.

Budgetierung heißt, dass von oben weniger steuernde Eingriffe erfolgen. Aber es wird nicht weniger gesteuert, sondern anders: ergebnisorientiert, auf Abstand. Das setzt voraus, dass die Führung stets ausreichend informiert ist. Berichtspflichten sind das notwendige Korrelat zur größeren Freiheit der Geschäftsbereiche. Berichtswesen und Controlling werden für das System überlebenswichtig (siehe Kapitel 9).

Was aber ist, wenn ein Budgetverantwortlicher trotz allem sein Budget überschreitet?

Ein Patentrezept dagegen gibt es nicht, wohl aber ein paar Vorkehrungen:

- Die Budgetierung muss von der Verwaltungsführung und der Politik vorbehaltlos mitgetragen werden.
- Auch die Politik muss sich an die Budgetierungsspielregeln halten, auch über das jeweilige Jahr hinaus, und z. B. die Überschreitung des Kulturetats mit einer entsprechenden Kürzung im folgenden Jahr sanktionieren.

Die Budgetierung als zentrales Steuerungsverfahren 3

- Für die Besetzung von Führungspositionen muss Budgettreue ein wichtiges, wenn nicht sogar ein K.-o.-Kriterium werden. Die Politik muss „politischen" Beamten, die Ihre Budgets nicht einhalten, glaubhaft mit Nichtwiederwahl drohen.

Im Übrigen müssen trotz allem vorkommende Budgetüberschreitungen im o. g. Kontraktsinne besprochen und im Notfall auch verwaltungsintern sanktioniert werden.

Beispiel: Interner Staatskommissar

> Bereichen, die ihr Budget überschreiten, wird Bewirtschaftung durch die Finanzsteuerung angedroht (Stadt mit 550.000 Einwohnern).

3.3 Veranschlagungsregeln bei Budgetierung

Die Budgetierung entfaltet ihre vollen Wirkungen nur, wenn die Strukturen und Abläufe insgesamt im Sinne des Neuen Steuerungsmodells gestaltet werden. Zwei Bedingungen sind besonders wichtig:

- Alle durch die Leistungserstellung in einer Organisationseinheit verursachten Ressourcenverbräuche und -erträge müssen im Budget dieser Organisationseinheit veranschlagt werden und
- der Leiter der Organisationseinheit muss für alle dem Budget zurechenbaren Aufwendungen und Erträge verantwortlich sein und über sie disponieren dürfen, also auch über die Personalkosten, den Materialverbrauch, die Gebäudenutzungskosten usw.

In einem solchen Budget haben Positionen, die von anderen Dienststellen bewirtschaftet werden, nichts zu suchen. Das ist im alten System mit Recht als „organisierte Unverantwortlichkeit" (Gerhard Banner) kritisiert worden.

Beispiel: Deckungsring oder Sammelnachweis Bauunterhaltung

> Budgetübergreifende Deckungsringe (oder Sammelnachweise) für Bauunterhaltung, auf die mehr oder weniger nach dem Windhundverfahren zugegriffen werden kann, widersprechen dem Prinzip der Verantwortung.

An die Stelle von Sammelnachweisen und horizontalen Deckungsringen treten **Einzelveranschlagung** oder **interne Leistungsverrechnung** (zu Einzelheiten siehe 5.2). Auch die Personalkosten müssen in die Budgetierung einbezogen werden, wenn auch gerade hier besondere Vorsicht geboten ist (zu Einzelheiten siehe 3.8).

Dagegen ist das Einbeziehen von Kosten übergeordneter Planungs-, Steuerungs- und Kontrolleinrichtungen sowie von sog. Gemeinsamen

3 Die Budgetierung als zentrales Steuerungsverfahren

Einrichtungen in die Fachbudgets problematisch. Der Fachbereich kann diese nicht beeinflussen, wäre damit also für einen Teil seines Budgets nicht verantwortlich (zu Einzelheiten siehe 5.3.3).

Auch auf der Ertragsseite ist nach dem Prinzip der direkten Zurechnung zu verfahren: Alle im Zusammenhang mit den Leistungen der jeweiligen Organisationseinheit entstehenden Erträge sind dem entsprechenden Budget zuzuordnen. Das sollte selbstverständlich immer dann gelten, wenn die Organisationseinheit einen (gewissen) Einfluss auf die Höhe der Erträge hat, auch wenn rechtlich keine Zweckbindung vorliegt (Beispiel: Erträge einer Schule aus der Vermietung von Schulräumen). Das sollte aber auch gelten, wenn die Erträge nicht im engeren Sinne management-verursacht sind (Beispiel: Wahlkostenerstattungen).

3.4 Budgetgliederung und Budgethierarchie

3.4.1 „Allgemeine Finanzwirtschaft" und Fachbudgets: ein System kommunizierender Röhren

Bei der Gliederung des Haushalts empfiehlt es sich zunächst, zwischen dem Budget „Allgemeine Finanzwirtschaft" und den Fachbudgets zu unterscheiden. Zu Letzteren gehören auch die Budgets für die politischen Gremien, die Verwaltungsführung usw. (Gemeinkostenbudgets). Diese Unterscheidung folgt aus der Logik der Budgetierung: Am Anfang steht der „Kassensturz". Sein Ergebnis ist der Überschuss des Budgets „Allgemeine Finanzwirtschaft". Das ist genau der Betrag, der für die Fachbudgets zur Verfügung steht. Übersteigen die Zuschüsse der Fachbudgets insgesamt den Überschuss des Budgets Allgemeine Finanzwirtschaft, so gibt es einen Fehlbedarf im Gesamthaushalt. Soll der Zuschuss in einem Fachbudget erhöht werden, so geht das nur zu Lasten eines anderen Budgets, oder der Fehlbedarf steigt.

 TIPP!

Durch geeignete Darstellung in den Haushaltsdokumenten können diese einfachen Zusammenhänge den Entscheidern näher gebracht werden.

Die folgende Abbildung 8 stellt dies anhand eines praktischen Beispiels dar:

Die Budgetierung als zentrales Steuerungsverfahren 3

Haushaltseckwerte

	Saldo (Zuschussbedarf −) (Überschuss +)
9 Verfügbare Mittel aus dem Budget „Allgemeine Finanzwirtschaft"	+ 41.700.000
Fachbereich	Saldo (Zuschussbedarf −) (Überschuss +)
1 Verwaltungsleitung	− 1.860.000
2 Bürger, Recht und Umwelt	− 2.810.000
3 Soziales, Bildung und Freizeit	− 20.090.000
4 Stadtentwicklung	− 2.176.000
5 Kommunales Bauen	− 6.379.000
6 Immobilien und Beteiligungen	− 1.620.000
7 Zentrale Steuerung	− 6.765.000
	− 41.700.000

Abb. 8: Logische Struktur des budgetierten Haushalts (Haushaltseckwerte)

Im Großen und Ganzen entspricht das Budget „Allgemeine Finanzwirtschaft" dem Produktbereich 61 (z. B. Bayern oder Brandenburg) bzw. 16 (Nordrhein-Westfalen). Im Zweifelsfall kommt es aber auch hier wieder darauf an, Erträge und Aufwendungen so zuzuordnen, wie es unter den örtlichen Steuerungsaspekten als sinnvoll erscheint.

Beispiel: Gewinnabführung EVU

Auch wenn die Gewinnabführung des örtlichen Versorgungsunternehmens als allgemeines Deckungsmittel angesehen wird, entspricht es der Budgetierungslo-

3 Die Budgetierung als zentrales Steuerungsverfahren

gik im Produkthaushalt, den Betrag dem entsprechenden Fachbudget zuzuordnen. Der dann hier ausgewiesene Überschuss (vorausgesetzt, es gibt keine weiteren Erträge oder Aufwendungen) macht auf das entsprechende kommunale Produkt aufmerksam, definiert das Finanzziel und integriert die Steuerung dieser Beteiligung insoweit in die Gesamtsteuerung.

3.4.2 Gliederung der Fachbudgets entsprechend der Verwaltungsgliederung

Wie die Fachbudgets weiter zu gliedern sind, ergibt sich zwingend aus der gesamten Steuerungsphilosophie (zu Einzelheiten siehe 2.2) und speziell auch aus der Budgetierungslogik:

 WICHTIG!

Grundlage für den Zuschnitt der Budgetbereiche ist die örtliche Verwaltungsgliederung.

Es gilt der Grundsatz: **Ein Budget, ein Verantwortlicher.** In Abhängigkeit von der örtlichen Verwaltungsgliederung ergibt sich damit eine Budgethierarchie mit mehreren Ebenen (siehe Abbildung 9).

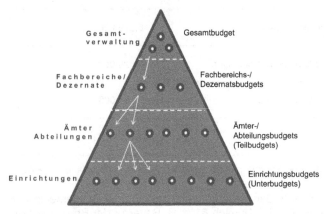

Abb. 9: Budgetierungsebenen

Bis zu welcher Ebene herab budgetiert wird und wie viele Budgetierungsebenen sich daraus ergeben, ist abhängig von der Größe der Verwaltung, der Verwaltungsstruktur und dem angestrebten Grad der Dezentralisierung. Die unterste, im Haushalt abgebildete Budgetierungsebene bilden i. d. R. Einrichtungen wie die Schulen, die Schwimmbäder oder das Ordnungsamt.

Die Budgetierung als zentrales Steuerungsverfahren 3

Beispiel: Gliederung des Schulbudgets

Ob jede einzelne Einrichtung, z. B. jede Schule ein eigenes Budget erhält, ist abhängig von der örtlichen Budgetierungskultur. Zwischenlösungen können z. B. so aussehen, dass der Gemeinderat bzw. der Kreistag nur das Schulbudget insgesamt festlegt und es dem Schulausschuss und der (Schul-)Verwaltung überlässt, daraus für die einzelnen Schulen Unterbudgets zu bilden. Letzteres kann im Rahmen der Haushaltsplanberatungen erfolgen. Dann können die Unterbudgets für jede einzelne Schule auch im Haushaltsplan ausgewiesen werden. Es ist aber auch möglich, Unterbudgets für die einzelnen Schulen erst im Rahmen der Ausführung des beschlossenen Haushalts zu bilden; in diesem Fall würden natürlich im Haushaltsplan alle Schulen (nach Schultypen) nur zusammengefasst veranschlagt werden.

In den Fachbereichen kann es eine unterschiedliche Anzahl von Hierarchieebenen geben. Und die Adressaten können in den einzelnen Fachbereichen eine unterschiedlich tiefe Staffelung der Informationen verlangen. Das kann dazu führen, dass die Anzahl der Budgetebenen in den einzelnen Fachbereichen unterschiedlich ist. Das entspricht dem Steuerungskonzept.

Die Budgethierarchie bildet das Führungssystem ab – ja mehr: sie ist das Grundgerüst des gesamten Steuerungssystems.

TIPP!

Der Aufbau einer widerspruchsfreien Budgethierarchie hilft, unklare oder unzweckmäßige Zuständigkeitsregelungen aufzudecken.

Insbesondere müssen die Bewirtschaftungszuständigkeiten an die Budgethierarchie angepasst werden, beispielsweise bei Außenstellen im Verhältnis zur Zentrale oder bei Schulen im Verhältnis zum Schulverwaltungsamt.

Den Budgetüber- und -unterordnungen entsprechen Weisungsrechte und Berichtspflichten. Damit bildet die Budgethierarchie auch eine wichtige Grundlage für die Behandlung von Budgetveränderungen sowohl in der Planungsphase als auch in der Ausführungsphase (siehe auch 3.7.5). Grundsätzlich macht das neue Steuerungssystem Schluss mit allen Ausgleichsmechanismen (z.B. Bewilligung und Deckung überplanmäßiger Aufwendungen), die in getrennte Budgetverantwortlichkeiten eingreifen. Budgetveränderungen vollziehen sich in der Regel in den hierarchischen Strukturen. Wird beispielsweise bei der Haushaltsplanaufstellung ein Fachbereichsbudget gekürzt, so muss der Fachbereichsleiter dies in den Budgets seiner Abteilungen umsetzen. Zeichnet sich z. B. bei der Ausführung des Haushalts in einer Abteilung eine Überschreitung des Budgets ab, so muss in einem anderen Abteilungsbudget des *gleichen* Fachbereichs Ausgleich geschaffen werden; die Beantragung überplanmäßiger

3 Die Budgetierung als zentrales Steuerungsverfahren

Mittel beim Kämmerer entfällt. Dies konsequent durchzuhalten ist wichtig, damit die mit der Budgetierung verbundenen Anreiz- und Sanktionswirkungen nicht geschwächt werden.

Bei konsequenter Hierarchisierung des Budgetsystems ist es auch möglich, getrennte Budgets für Leistungen zu bilden, die untereinander in einem Konkurrenz- oder Substitutionsverhältnis stehen.

Beispiel: Heimerziehung versus Pflegefamilien

Wenn in den Organisationseinheiten „Plätze für Heimerziehung", „Pflegeplätzevermittlung" oder „Adoptionsvermittlung" genügend große Gestaltungsspielräume bestehen, kann es gerechtfertigt sein, hierfür eigene Budgets zu bilden. Die budgetverantwortliche Heimleitung hat dann zwar primär nur ein Interesse an einem möglichst effektiven Heimbetrieb einschließlich hoher Auslastung. Aber dafür, dass evtl. vorhandene günstigere Alternativen, wie z. B. die Vermittlung in Pflegefamilien genutzt werden, sorgt der Verantwortliche für das *übergeordnete* Budget für „Familienersetzende Hilfen".

3.4.3 Der Haushalt als umfassendes Informationssystem

Aus der Steuerungs- und Budgetierungslogik ergibt sich ein im Ganzen organisch aufgebautes Informationssystem. Es kann je nach den Anforderungen der Adressaten stärker aggregierte oder stärker detaillierte Informationen liefern. Im Zentrum stehen die Informationen im Haushalt. Das Prinzip setzt sich aber bis in die Kostenrechnung fort (siehe dazu Kapitel 8). Die folgende Abbildung 10 verdeutlicht das System.

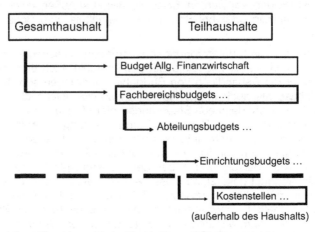

Abb. 10: Informationshierarchie im Haushalts- und Rechnungswesen

Die Budgetierung als zentrales Steuerungsverfahren **3**

Basis des Informationssystems sind die Informationen über Erträge und Aufwendungen sowie Einzahlungen und Auszahlungen. Das Modell geht davon aus, dass der Rechnungsstoff auf allen Ebenen der gleiche ist, und zwar ggf. bis in die Kostenrechnung hinein (Prinzip des durchgängigen Rechnungsstoffs – siehe im Einzelnen 8.3). Lediglich der Detaillierungsgrad ist auf den einzelnen Ebenen unterschiedlich.

Zu den hierarchisch gestuften Informationen über Aufwendungen und Erträge gehören die korrespondierenden *Produktinformationen* (siehe im Einzelnen Kapitel 4). Anders als bei den Aufwendungen und Erträgen handelt es sich bei den Produktinformationen aber um Informationen, die teilweise nicht durchgängig und beliebig aggregierbar oder detaillierbar sind. Die Frage, welche Produktinformationen auf welcher Budgetebene dargestellt werden sollen, ist deshalb keineswegs einfach zu beantworten.

Viele Produktinformationen, z. B. zur Qualität eines Produktes oder zu den Stückkosten im interkommunalen Vergleich machen nur Sinn, wenn es sich um ein klar abgegrenztes homogenes Produkt handelt. Das setzt relativ kleinteilige Budgets voraus und/oder eine detaillierte Information über die einzelnen Produkte *innerhalb* eines Budgets. Auch für die politische Diskussion sind konkrete, anschauliche Detailinformationen wichtig, auch wenn sich die Politik auf Dauer stärker auf strategische Fragen (das „Was") konzentrieren und der Verwaltung das operative Geschäft (das „Wie") überlassen sollte. Daraus ergibt sich eine sehr große Menge an Informationen. Nur in kleineren Kommunen können diese systematisch und flächendeckend im Haushalt angeboten werden, und zwar auf der jeweils untersten Budgetebene.

Schon in den Haushalten mittlerer Kommunen und erst recht bei großen Kommunen oder gar Landeshaushalten führt die an sich wünschenswerte Feinkörnigkeit zu Problemen:

- Die resultierende große Menge an Informationen ist von ehrenamtlichen Politikern kaum zu bewältigen.
- Die vielen Detailinformationen leisten der Verzettelung Vorschub, statt den Blick auf strategisch wichtige Schwerpunkte zu lenken.

3.4.4 Adressatengerechte Gestaltung des „Produkthaushalts"

Die Regelungen des Gemeindehaushaltsrechts in der überwiegenden Anzahl der Länder sehen die Darstellung des Haushalts auf der Ebene der Produktgruppen vor. Eine weitergehende verpflichtende Darstellung auf der Ebene der Produkte ist nicht vorgesehen. So besteht der Produkthaushalt regelmäßig aus Produktgruppenbudgets (je nach Produktkatalog 40 bis 60) mit Informationen zu Aufwendungen, Erträgen,

3 Die Budgetierung als zentrales Steuerungsverfahren

Zuschüssen, Zielen, Kennzahlen etc. Eine weitergehende Differenzierung bis auf die Ebene der Produkte (je nach Produktkatalog 150 bis 350) ist möglich.

Bei einem hierarchisch aufgebauten Informationssystem, lassen sich die Informationen so aufbereiten, dass ihre Präsentation an den Informationsbedürfnissen der verschiedenen Adressaten (Rat, Parlament, Öffentlichkeit, Fachausschüsse, Steuerungsgremien, usw.) ausgerichtet werden kann.

In jedem Fall empfiehlt es sich, den Differenzierungsgrad mit den jeweiligen Adressaten im Vorfeld der Aufstellung des Haushalts zu vereinbaren. Dies führt zu einem an den konkreten Informationsbedürfnissen der Entscheidungsträger vor Ort ausgerichteten Informationssystem. Hierdurch darf eine hohe Akzeptanz des neuen Produkthaushalts seitens der Entscheidungsträger erwartet werden. Eine hohe Akzeptanz führt zu hohem Interesse an den bereitgestellten Informationen. Dies dürfte die Steuerungsqualität weiter verbessern.

 TIPP!

Für große Kommunen etwa kann sich hieraus Folgendes ergeben: Der Gesamthaushalt für die zentralen Steuerungsgremien (Rat/Kreistag, strategische Haushaltsklausuren usw.) enthält stärker aggregierte Informationen auf der Ebene der Produktgruppen. Für die Beratungen in den Fachausschüssen werden detailliertere Informationen auf der Ebene der Produkte angeboten.

Führt man diese Überlegungen weiter, so werden die Aufwendungen und Erträge im Fachausschuss in detaillierter Form, etwa auf Kontenebene vorgelegt, vergleichbar den bisherigen Haushaltsstellen. Für die Diskussion in den zentralen Steuerungsgremien erfolgt dagegen eine Aggregation der Konten zu Sammelpositionen wie „Sachaufwand" oder „Zuschüsse".

Daneben kristallisieren sich mittlerweile in der Praxis auch Zwischenlösungen heraus. So können etwa auf der Ebene des Gesamthaushalts für die Politik Angaben zu Produktgruppen dort weiter differenziert werden (etwa bis zum Produkt), wo dies aus Sicht der Adressaten gewünscht ist. Angesprochen sind hier die sog. Schlüsselprodukte. Es handelt sich um Produkte von besonderer politischer Relevanz und/oder besonderer finanzieller Bedeutung.

 WICHTIG!

Generell erfordert und erlaubt das neue Steuerungssystem eine Verringerung der Spezialität der Aufwands- und Ertragsansätze.

Die Budgetierung als zentrales Steuerungsverfahren 3

Die stärkere Zusammenfassung der Aufwands- und Ertragspositionen entspricht dem Ziel, nicht inputorientiert, sondern ergebnisorientiert zu steuern. Und sie trägt dazu bei, die Informationsfülle zu reduzieren und den Blick auf das Wesentliche frei zu machen. Zusammengefasst werden insbesondere die „Produktionskosten" in den Budgets, sodass für Personalkosten und Sachkosten oft nur noch je eine Position ausgewiesen wird. Der Informationsverlust auf der Inputseite wird durch die Produktinformationen überkompensiert (siehe hierzu im Einzelnen Kapitel 4).

3.4.5 Haushalts- und Produktgliederung aus einem Guss

 WICHTIG!

Um die Produktinformationen mit den Ressourceninformationen möglichst einfach verknüpfen zu können, müssen Produktgliederung, Verwaltungsgliederung und Haushaltsgliederung aufeinander abgestimmt werden.

Die Übereinstimmung von Produkt-, Verwaltungs- und Haushaltsgliederung wird in der Regel auf die Weise erreicht, dass die örtliche Produktsystematik an die örtliche Haushaltsgliederung angepasst wird, die wiederum der (optimierten) Verwaltungsgliederung entspricht (siehe auch 2.2 und 4.3). Die folgende Abbildung 11 verdeutlicht das Vorgehen.

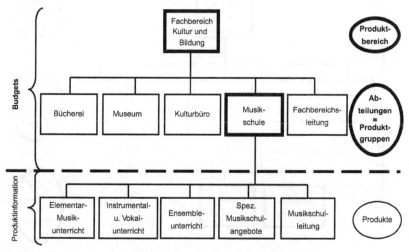

Abb. 11: Produkt- und Haushaltsstruktur bei drei Budgetebenen[1]

1) Die erste Budgetebene – der Gesamthaushalt – ist nicht dargestellt.

3 Die Budgetierung als zentrales Steuerungsverfahren

Im vorstehenden Beispiel eines organisch gegliederten Haushalts fasst das **Produktbereichsbudget** alle Erträge und Aufwendungen des Fachbereichs zusammen. Auf dieser Ebene können strategische Ziele für den Fach-/Produktbereich ausgewiesen werden, evtl. ergänzt um Kernkennzahlen. Eine Übersicht über die Abteilungs-/Produktgruppenbudgets leitet über zur nächsten Ebene.

Die **Produktgruppenbudgets** enthalten die Erträge und Aufwendungen der einzelnen Abteilungen. Die Summe der Produktgruppenbudgets ergibt das Fachbereichsbudget. Im vorliegenden Beispiel ist das Produktgruppenbudget die unterste Budgetebene. Auf dieser Ebene wird über die Produkte der jeweiligen Abteilung nach Art, Menge, Qualität usw. informiert. Budgets werden für die einzelnen Produkte im vorliegenden Beispiel nicht gebildet.

Eine **Budgetbildung auch auf der Produktebene** ist aber durchaus möglich und insbesondere dann sinnvoll, wenn die „Produkte" jeweils ein breiteres Spektrum an Leistungen umfassen und geeignete Budgetverantwortliche in der Verwaltungsorganisation festgemacht werden können. Die folgende Abbildung enthält dafür ein Beispiel.

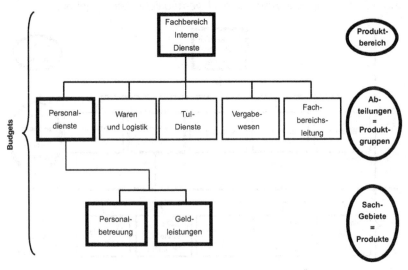

Abb. 12: Produkt- und Haushaltsstruktur bei vier Budgetebenen[1)]

1) Die erste Budgetebene – der Haushalt – ist nicht dargestellt.

Die Budgetierung als zentrales Steuerungsverfahren 3

Das vorstehende Beispiel zeigt auch, wie eine Differenzierung der Informationen zwischen zentralen Steuerungsgremien und Fachausschüssen erfolgen kann: Der Gesamthaushalt für die Steuerungsgremien enthält die Informationen bis herunter zu den Produkt*gruppen*budgets; die Fachausschüsse erhalten von den sie betreffenden Verwaltungsbereichen *zusätzlich* die *Produkt*budgets mit weiteren Informationen je Produkt.

3.4.6 Wie groß sollte ein Budget mindestens sein?

Abschließend zur Gliederung der Budgets noch einmal die bereits bei den Abbildungen 11 und 12 angeschnittene Frage nach der Mindestgröße von Budgets. Grundsätzlich sollen die Budgets den Budgetverantwortlichen Handlungsspielräume lassen. Deshalb dürfen die Budgets nicht zu klein sein. Eine detaillierte Ressourcenvorgabe für eine nach Art, Menge und Qualität genau definierte Leistung würde jeden dezentralen Entscheidungsspielraum und die daraus erwarteten Anreiz- und Sanktionswirkungen eliminieren.

 WICHTIG!

Die Vorgabe von Budgets für kleinteilig geschnittene einzelne Produkte oder Leistungen kann den Zielen ergebnisorientierter Steuerung zuwiderlaufen.

(Zuschuss-)Budgets für einzelne Produkte sind unbedenklich, wenn sie Spielraum für dezentrale Fach- und Ressourcenverantwortung lassen.

Beispiel: Produktbudget Personalbetreuung

Für das Produkt „Personalbetreuung" beträgt der Aufwand in dem entsprechenden Sachgebiet einer Stadt mit 130.000 Einwohnern fast 400.000 €. Die Leistungen werden komplett verrechnet und sind teilweise dem Wettbewerb ausgesetzt. Ein eigenes Budget entspricht der Verantwortung und den Gestaltungsmöglichkeiten der Sachgebietsleitung.

Selbstverständlich darf (und soll) im Zuge der *Aufstellung* des Haushalts der Ressourcenbedarf im Einzelfall auch sehr kleinteilig vorkalkuliert werden. Das gilt insbesondere für neue Leistungen, um zu ermitteln, wie das bisherige Budget der betroffenen Organisationseinheit verändert werden muss. Und theoretisch ist es auch denkbar, flächendeckend für alle Produkte die voraussichtlich entstehenden Kosten dezidiert zu planen und auf dieser Basis die Budgetsummen vorzukalkulieren – vorausgesetzt, im *Planvollzug* werden die notwendigen Budgetspielräume wieder eingeräumt. Ob flächendeckende, produktbasierte Budgetplanung aber überhaupt sinnvoll und möglich ist, wird im nächsten Abschnitt diskutiert.

3 Die Budgetierung als zentrales Steuerungsverfahren

3.5 Budgetierung: von oben oder von unten?

Dieser Abschnitt beginnt mit einer kurzen „Dogmengeschichte" der neuen Finanz- und Produktsteuerung (3.5.1). Zum Verständnis des derzeitigen Standes der Kunst kann die Lektüre hilfreich sein und den einen oder anderen auch davor bewahren, Fehler zu wiederholen, die andere schon gemacht haben. Wer nur wissen will, wie es geht, kann gleich bei 3.5.2 weiterlesen.

3.5.1 Steuern mit Budgets oder mit Produkten?

1993 veröffentlichte die KGSt die beiden grundlegenden Berichte zum Neuen Steuerungsmodell. Der Bericht 5/1993 „Das Neue Steuerungsmodell" formulierte: „Wirksame Verwaltungssteuerung ist nur von der Leistungs-(Output)seite her möglich." Hier wurde also sehr stark das *Produkt* als zentraler Anknüpfungspunkt für Steuerungsmaßnahmen gesehen. „Steuern mit Produkten" wurde dann auch ein gängiger Slogan in der einsetzenden kommunalen Reformbewegung. Gleichzeitig erschien der KGSt-Bericht Nr. 6/1993 „Budgetierung". Er stellte die *Budgets* für einzelne Organisationseinheiten in den Mittelpunkt des Steuerungssystems. „Steuern mit Produkten" oder „Steuern mit Budgets": Auf den ersten Blick sieht es so aus, als wenn hier zwei unterschiedliche, einander widersprechende Steuerungsprinzipien verkündet wurden. Und in der Tat: Obwohl schon in den KGSt-Berichten von 1993 Ansätze für eine Verbindung dieser scheinbar widersprüchlichen Steuerungsansätze vorhanden waren, gibt es Zielkonkurrenzen. Bei der Umsetzung dieser Empfehlungen in der Praxis hat sich gezeigt, dass die beiden Ansätze zu sehr unterschiedlichen Vorgehensweisen geführt haben, die jeweils ihre spezifischen Probleme aufweisen.

Unterschiedlich ist zunächst die Blickrichtung der beiden Ansätze: Das Konzept „Steuern mit Produkten" legt es nahe, bei den Produkten zu beginnen und *bottom-up* vorzugehen. Das Budgetierungskonzept empfiehlt dagegen ausdrücklich eine stärkere *Top-down-Orientierung*.

Das Produktthema ist ein typisches Kind der Reformeuphorie der 90er-Jahre, dessen sich vor allem die Organisatoren in den Hauptämtern bemächtigten. Das neue Verständnis von Budgetierung wurde in Kommunen entwickelt, die nach neuen Methoden suchten, um ihrer wachsenden Finanzprobleme Herr zu werden. Budgetierung war also ursprünglich ein Haushaltskonsolidierungsinstrument, das naturgemäß primär die Kämmereien interessierte.

Der produktorientierte bottom-up-Ansatz geht vom *Produkt* als der *Planungsgrundlage* aus. Dagegen legt es der stärker top-down orientierte

Die Budgetierung als zentrales Steuerungsverfahren 3

Budgetierungsansatz nahe, *die örtlichen Organisationseinheiten (Geschäftseinheiten) als die eigentlichen Anknüpfungspunkte des Steuerungssystems* ins Visier zu nehmen.

Auch bezüglich der Methodik gibt es Unterschiede: Bei dem Konzept der „Steuerung mit Produkten" liegt eine analytische Vorgehensweise mit flächendeckender Produktkalkulation nahe. Dagegen ist das Budgetierungskonzept offener. Es lässt bei der Bildung von Budgets neben analytischer Produktkalkulation auch „Fortschreibungen" zu, bei denen Änderungen im Mengengerüst der Leistungen und bei der Qualität „pauschaler" berücksichtigt werden. Es verlangt damit nicht von Anfang an die Kenntnis *aller* Produkte und ihrer Kosten.

Nicht zuletzt gibt es speziell unter Steuerungsaspekten ein weiteres Spannungsverhältnis zwischen den beiden Ansätzen: Setzt man bei den Produkten an, so zwingt das schon im Ansatz zu hoher Kleinteiligkeit. Beispielsweise lassen sich Aussagen zu den Zielen, den Wirkungen, zu den speziellen Adressaten oder Abnehmern, zu deren Zufriedenheit oder allgemein zur Qualität i. d. R. nur auf der Ebene einzelner Produkte machen. (Streng genommen können solche Aussagen nur für „Produkte" gemacht werden, die aus der Sicht der Nachfrager oder Adressaten als *homogene ökonomische* Güter empfunden werden [siehe ausführlicher 4.1]). Das ist auch die Ursache dafür, dass die bekannten interkommunalen kennzahlengestützten Vergleiche, die ja gerade solche Aussagen machen wollen, durchweg zu einer ausgeprägten Kleinteiligkeit tendieren. Dagegen sprechen wichtige, mit dem Budgetierungskonzept verbundene Ziele gegen eine zu kleinteilige Bildung der Budgets (siehe oben 3.4.6). Die folgende Abbildung 13 soll charakteristische Unterschiede der beiden Vorgehensweisen veranschaulichen.

3 Die Budgetierung als zentrales Steuerungsverfahren

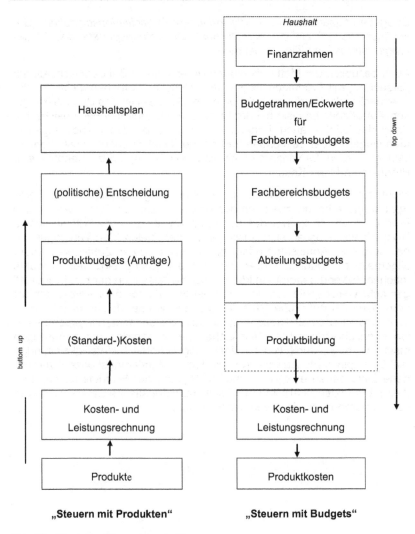

Abb. 13: Alternative Steuerungsansätze

Die Abbildung kann nicht alle Varianten und Aspekte der in der Praxis zu beobachtenden Vorgehensweisen berücksichtigen. Sie soll auch nicht suggerieren, dass es um ein „Entweder-Oder" geht. Mit der idealtypi-

Die Budgetierung als zentrales Steuerungsverfahren 3

schen Herausstellung von zwei besonders wichtigen Unterscheidungsmerkmalen soll lediglich die Beurteilung und Einordnung der in der Praxis gemachten Erfahrungen erleichtert werden. Am Ende kommt es – wie so oft – auf eine sinnvolle Kombination der Konzepte an. Um dies näher zu begründen und zu konkretisieren, werden zunächst die in der kommunalen Praxis der letzten zehn Jahre zu beobachtenden häufigsten Vorgehensweisen analysiert.

Der Gedanke, die Produkte in den Mittelpunkt der Steuerung zu stellen, hat zu Versuchen geführt, ein neues Steuerungssystem auf der Basis der Produkte zu entwickeln, und zwar meist *neben* dem kameralen Haushalt. Grundlage dieser Konzepte war der (örtliche) **Produkt*katalog***. Er bildete die erste Stufe des neuen Steuerungskonzepts. In einer zweiten Stufe wurde an den Produktkatalog eine Kosten- und Leistungsrechnung angehängt. Sie sollte der Ermittlung der Produkt(stück)kosten dienen, und war zunächst stets eine Ist-Kostenrechnung, die zudem in hohem Maße mit kalkulatorischen und schlüsselmäßig zugerechneten Kosten arbeitete, da sie nicht mit dem Haushalts- und Rechnungswesen verbunden war. Das Ergebnis dieser Berechnungen wurde in der Regel jährlich als sogenanntes **Produkt*buch*** vorgelegt. Meist waren die Informationen nach der Systematik des Produktkatalogs gegliedert und damit anders als der Haushaltsplan; oft erfolgte auch die Vorlage zeitlich nicht parallel zur Beratung des Haushaltsplans.

Beflügelt von der Idee der Kundenorientierung im Neuen Steuerungsmodell kam die Aufstellung von Produktkatalogen anfänglich gut voran. Sie entsprach dem bürokratischen Regelungsinteresse der Verwaltungen (so auch Reichard, Christoph [1998]) und wurde auch von den Unternehmensberatern gern empfohlen. Aber schon die Aufstellung und erst recht die Pflege und Fortschreibung der Produktkataloge erwiesen sich als wesentlich schwieriger und aufwendiger als ursprünglich erwartet. Produktkataloge, die nicht mehr fortgeschrieben wurden und damit Investitionsruinen darstellten, waren bald nicht mehr selten.

Entsprechendes gilt für die auf der Basis der Produktkataloge eingeführten Systeme der Kosten- und Leistungsrechnung. Zum einen waren sie meist überdimensioniert, weil sie flächendeckend und auf der Grundlage eines zu detaillierten Produktkatalogs konzipiert wurden. Dann waren sie zu aufwendig, weil Informationen auf Verdacht bzw. auf Vorrat produziert wurden und vor allem, weil die Kosten- und Leistungsrechnung nicht mit dem Haushalts- und Rechnungswesen verknüpft war. Entscheidend aber war, dass bei diesen Ansätzen ungeklärt blieb, wie, ausgehend von den mehr oder weniger zuverlässig ermittelten Ist-Stückkosten über ein dann erforderliches Plankostensystem Produktbudgets ermittelt werden soll-

3 Die Budgetierung als zentrales Steuerungsverfahren

ten, um daraus ein operationales Aktionsprogramm zu erzeugen, das dann neben oder an die Stelle des alten Haushalts hätte treten können.

Selbst wenn es auf dieser Strecke also nicht gelungen ist, ein neues Steuerungssystem an die Seite oder an die Stelle des Haushalts zu stellen, so ist doch der mit den Produktbüchern verbundene Informationsgewinn als positiv zu verbuchen. Er ist allerdings zu teuer erkauft. Und die Praxis hat gezeigt, dass die Politiker das parallele Arbeiten mit zwei Informationswerken bei den Haushaltsberatungen als zu beschwerlich empfanden, und zwar selbst dort, wo die Produktbücher nach der Gliederung des Haushalts gegliedert worden waren.

Ein Beispiel für einen misslungenen Reformprozess ist das Projekt des Landes Baden-Württemberg, welches Mitte der 1990er-Jahre unter dem Titel „Neue Steuerungsinstrumente (NSI)" gestartet wurde. Als wesentlicher Misserfolgsfaktor wurde die Einführung von Produkten und die Einführung einer Kostenrechnung identifiziert, ohne dass dies konsequent in ein passendes Haushalts- und das Budgetierungssystem einbezogen wurde (vgl. hierzu Anlage 5).

Die wichtigste Lehre, die aus diesen Erfahrungen gezogen werden kann, ist folgende:

 WICHTIG!

Die Leistungssteuerung muss von vornherein mit der Finanzsteuerung, also dem Haushalt verbunden werden.

Diese Erkenntnis hat sich inzwischen weitgehend durchgesetzt. Sehr viele Verwaltungen arbeiten an der Integration des Produktkonzepts in ihr Haushaltsplanverfahren. Auch dabei lassen sich wieder zwei unterschiedliche Vorgehensweisen unterscheiden:

- Eine analytische, bottom-up vorgehende Strategie, die das Verfahren der Haushaltsplanaufstellung und -bewirtschaftung auf völlig neue Beine, nämlich die Produkte stellen will. Das Vorgehen wird im Folgenden als *produktbasierte Budgetierung oder Haushaltsplanung* bezeichnet,
- und eine weniger radikale, eher „organische" Vorgehensweise, die von den bestehenden inputorientierten Haushalten ausgeht und diese schrittweise in Richtung *Produkthaushalt* transformiert.

Die Budgetierung als zentrales Steuerungsverfahren 3

3.5.2 Produktbasierte Kalkulation als Basis der neuen Haushaltsplanung?

In einzelnen Kommunen sind Projekte aufgesetzt worden, die das Ziel haben, die Produkthaushalte von Beginn an komplett auf der Basis der kalkulierten Produktkosten zu planen.

Nach diesem Konzept sollen die Fachbereiche zunächst eine Produktplanung machen. Auf dieser Basis soll sodann der jeweilige Ressourcenbedarf ermittelt werden. Von dem traditionellen Anmeldeverfahren würde sich dieses Verfahren dadurch unterscheiden, dass die Mittel nicht im Wege der Fortschreibung der bisherigen Ansätze ermittelt und beantragt würden, sondern in Form von Ressourcenbudgets für einzelne Produkte. Der Ressourcenbedarf soll analytisch durch Multiplikation der geplanten Produktionsmenge mit den Produkt(stück)kosten kalkuliert werden. Die so ermittelten Anforderungen aller Fachbereiche sollen dann mit den finanziellen Möglichkeiten, d. h. dem Überschuss des Budgets „Allgemeine Finanzwirtschaft" abgeglichen werden. Abschließend soll die Auswahl der in den Haushaltsplan(entwurf) aufzunehmenden Produkte nach politischer Priorität und gesetzlichen und sonstigen Verpflichtungen erfolgen.

Das Konzept stellt außerordentlich hohe Anforderungen an das Rechnungs- und Entscheidungssystem und an das Wissen und die Informationsverarbeitungskapazität der Entscheider, vor allem der Politiker:

- Es setzt von Beginn an die exakte Beschreibung *aller* Leistungen, Produkte oder Produktgruppen nach Art, Qualität und Menge voraus.
- Für alle Leistungen müssten die eigenen Stück„kosten" bekannt sein, ferner Vergleichswerte, um zu optimierten Standardkosten zu kommen. Es müssten also flächendeckende, hochdifferenzierte Plankostenrechnungen eingeführt werden.
- Um der Politik Entscheidungsspielräume zu eröffnen, müssten Alternativvorschläge unterbreitet werden – nicht nur bezüglich der Menge der Leistungen, sondern auch bezüglich der Qualität.
- Es müsste jährlich neu flächendeckend entschieden werden, welche Produkte in den Haushalt aufgenommen werden sollen. Das würde äußerst komplexe Abstimmungs- und Konsensfindungsverfahren in Verwaltung und Politik erfordern. Vor allem die Politiker müssten eine sehr große Menge von Informationen verarbeiten.

Damit weist das Konzept der „produktbasierten Haushaltsplanaufstellung" ähnliche Strukturen auf wie die ambitionierten Priorisierungsverfahren der Investitionsplanung der 60er-Jahre und wie Zero-Base-Budgeting

3 Die Budgetierung als zentrales Steuerungsverfahren

und Planning-Programming-and-Budgeting. Diese Verfahren sind seinerzeit gescheitert, und zwar nicht zuletzt an ihrem hohen Anspruch und der daraus resultierenden Komplexität. Der analytische Bottom-up-Ansatz der produktbasierten Budgetierung ist mit den gleichen Problemen konfrontiert.

Die hier dargestellten Schwierigkeiten sollten allerdings nicht zu dem Schluss führen, eine derart beschriebene Produktkalkulation könne auf Dauer entbehrlich sein. Der analytische Ansatz ist nicht nur theoretisch sehr interessant. Es ist zu wünschen, dass er weiter auf Realisierbarkeit hin getestet wird. In der Tat haben viele Kommunen im Laufe der Realisierung der Reformprojekte auch diesen Ansatz gewählt. Wenn hier bei größter Komplexität die Probleme gelöst werden könnten, stünde ein Steuerungsverfahren zur Verfügung, das hohen theoretischen Ansprüchen genügt und viele Mängel des alten, inkrementalen, intransparenten und von Fortschreibungsmentalität geprägten Verfahrens beseitigen würde.

Gelöst werden müsste allerdings auch ein Steuerungsproblem, dass sich bei jedem Bottom-up-Verfahren einstellt:

- Wenn die Fachbereiche planen dürfen oder sogar sollen, ohne dass von vornherein ein finanzieller Rahmen vorgegeben ist, führt das erfahrungsgemäß dazu, dass weit über die finanziellen Möglichkeiten der Kommune hinaus geplant wird.
- Ein mehr oder weniger großer Teil der (aufwendigen) Produktplanungen würde sich im Nachhinein als vergeblich erweisen, weil nicht genügend Ressourcen zur Verfügung stehen.

 WICHTIG!

Eine flächendeckende, produktbasierte Haushaltsplanung in diesem Sinne erscheint schon wegen der großen Komplexität vor allem in der Einführungsphase neuer Haushalts- und Budgetierungsverfahren als zu aufwendig. Im Zuge der Implementierung neuer Haushalts- und Budgetierungssysteme sollte sie jedoch entsprechend dem steigenden Informationsbedarf nach und nach umgesetzt werden.

3.5.3 Fazit: Haushaltsplanaufstellung im Gegenstromverfahren

Konzeptionelle wie praktische Überlegungen verlangen gerade unter Steuerungsaspekten von vornherein eine ausreichende Berücksichtigung zentraler, top-down durchzusetzender Vorgaben. Die Zielkonkurrenz zwischen einer Produktplanung von unten nach oben und einer Budgetierung von oben nach unten muss in einem Gegenstromverfahren ausgegli-

Die Budgetierung als zentrales Steuerungsverfahren 3

chen werden. Man kann das als Down-up-Verfahren bezeichnen und auf die einfache Formel bringen:

Die Weichenstellungen erfolgen von oben nach unten.
Die Detailplanungen erfolgen von unten nach oben.

Die nachfolgende Abbildung 14 soll das veranschaulichen:

Budgetierungsprozess
Vorgabe von Ressourcenbudgets für die Fachbereiche

top-down

Gegenstromverfahren

bottom-up

Produktplanung und Kalkulation des Mittelbedarfs

Planungsprozess in den Organisationseinheiten

Abb. 14: Haushaltsaufstellung im Gegenstromverfahren

Man kann das Gegenstromverfahren auch mit Begriffen der Kostenrechnung verdeutlichen: Der produktbasierte bottom-up-Ansatz fragt: „Welche Produkte produzieren wir bzw. welche Produkte möchten wir produzieren bzw. müssen wir produzieren?" und entsprechend der Produktionsmenge ermittelt er die tatsächlichen Ressourcenverbräuche bzw. die geplanten Ressourcenverbräuche (*Ist*- bzw. *Plan*kosten). Diese Fragestellung kann – erst recht in Zeiten knapper Kassen – eingebunden werden in die klassische Vorgehensweise der sog. *Zielkostenrechnung* (target costing). Sie fragt, ausgehend von einem feststehenden (Gesamt-)Budget: „Welche Produkte können wir uns leisten?" und „Was dürfen uns die Produkte kosten?"

 AUS DER LITERATUR

Jürgen Weber
Zielkostenmanagement*
„Verfahren der Kostenplanung, das nicht auf die Kostenminimierung bei der Produktion, sondern auf die frühen Phasen im integrierten

3 Die Budgetierung als zentrales Steuerungsverfahren

Produktlebenszyklus (Lebenszyklus) abzielt und versucht, bereits in der Entwicklungsphase eines Produktes Einsparungspotenziale zu realisieren. Der Preis des Produktes sowie die von den Kunden gewünschten Produktmerkmale bestimmen dessen Kostenstruktur. Zielkostenrechnung bedingt ein streng marktorientiertes (hier: budgetorientiertes) Kostenmanagement."

* http://www.wirtschaftslexikon.gabler.de

Die sehr einleuchtende Formel des Gegenstromverfahrens in die Praxis umzusetzen, ist allerdings keineswegs einfach. Gelöst werden muss nicht nur die konzeptionelle und praktische Vereinbarkeit von Top-down- und Bottom-up-Steuerungselementen, sondern auch die Frage des praktischen Vorgehens. Dazu werden zunächst die Fragen der Aufstellung und Bewirtschaftung des Haushalts beschrieben, wie sie sich aus der Budgetierungslogik ergeben. Die Einführung der Budgetierung ist auch in der Praxis zweckmäßigerweise der erste Schritt. Im Budgetierungssystem schlägt sich im Wesentlichen die örtliche Steuerungsphilosophie nieder. Und aus ihr ergeben sich dann meist mit einer gewissen Zwangsläufigkeit die weiteren Schritte. Das gilt insbesondere für die Umgestaltung des inputorientierten Haushalts zum Produkthaushalt, womit wir uns in Kapitel 4 befassen.

3.6 Wie wird der budgetierte Haushalt aufgestellt?

Die folgende Abbildung 15 gibt zunächst einen Überblick über den typischen Ablauf bei der Aufstellung eines budgetierten Haushalts nach dem Top-down-Prinzip.

⇒ **Phase 1:**
Vorausschätzung der Aufwendungen und Erträge im Budget „Allgemeine Finanzwirtschaft" und Ermittlung der verbleibenden Budgetmasse durch die Verwaltung

⇒ **Phase 2:**
Chefgespräche zur Aufteilung der verbleibenden Budgetmasse auf die Budgetbereiche und ggf. Entwicklung von Vorschlägen für den Eckwertebeschluss

⇒ **Phase 3:**
Ggf. Eckwertebeschluss im Gemeinderat, Kreistag, Parlament: Festlegung des Rahmens für die Budgetbereiche und (implizit oder besser explizit) wichtiger Leistungsveränderungen

Die Budgetierung als zentrales Steuerungsverfahren 3

> ⇒ **Phase 4:**
> Erstellung der Teilhaushaltsentwürfe durch die Fachbereiche und die Fachausschüsse
> ⇒ **Phase 5:**
> Zusammenstellung der Entwürfe der Fachbereiche zum Gesamtentwurf
> ⇒ **Phase 6:**
> Abschlussberatung und Beschlussfassung im Gemeinderat, Kreistag, Parlament

Abb. 15: Haushaltsaufstellungsverfahren

3.6.1 Phase 1: Aufstellung des Budgets „Allgemeine Finanzwirtschaft"

 WICHTIG!

Die Budgetierung beginnt mit einem „Kassensturz".

Im Budget „Allgemeine Finanzwirtschaft" werden alle voraussichtlichen Erträge und Aufwendungen, die nicht zweckgebunden sind und keinem speziellen Budget direkt zugeordnet werden können, zusammengestellt (siehe auch 3.4.1). Der Überschuss dieses Budgets – evtl. zuzüglich eines von vornherein als unvermeidlich eingeplanten Fehlbedarfs – definiert den budgetären Spielraum im Ergebnisplan.

3.6.2 Phase 2: Rahmenplanung für die Budgetbereiche

Im zweiten Schritt entwickelt die Verwaltung – ggf. zur Vorbereitung eines Eckwertebeschlusses – Vorschläge für die Aufteilung der verfügbaren Ergebnismasse auf die Budgetbereiche, z. B. in der Weise, dass für jeden Budgetbereich ein (maximaler) Zuschussbetrag ermittelt wird. In dieser Phase erfolgt lediglich eine grobe Aufteilung der Budgetmasse auf die Bereiche. Die detaillierte Planung in den Bereichen wird erst später fertiggestellt (Phase 4 – siehe 3.6.4). Diese zweigeteilte Struktur fußt auf der Idee eines „Schleiers des Unwissens" nach dem Sozialphilosophen John Rawls. Hinter einem solchen Schleier ist es für eine Gruppe leichter, sich auf allgemeine Regeln für das Miteinander zu verständigen, die direkte Auswirkungen auf die individuelle Lage der Gruppenmitglieder haben.

Um den „Schleier des Unwissens" auszuspannen, darf in dieser Phase noch nicht über einzelne Projekte, Produkte oder Ergebnispositionen (Aufwendungen und Erträge) gesprochen werden – von dem unabdingbaren Minimum an Vorabdotierungen abgesehen.

3 Die Budgetierung als zentrales Steuerungsverfahren

 WICHTIG!

Nach dem Grundsatz „So grob wie möglich, so detailliert wie nötig" darf sich die Rahmenplanung nur auf die oberen Budgetebenen beziehen.

Daraus folgt:

- In größeren Kommunen werden sich die Rahmenplanung und ggf. der Eckwertebeschluss auf die zweite Ebene des Budgetierungssystems, also auf die Fachbereiche bzw. Dezernate beziehen. Die Fachbereiche bzw. Dezernate umfassen einigermaßen homogene Politik- und Produktbereiche, sodass politische Prioritätenverschiebungen zwischen diesen Bereichen gut dargestellt werden können.
- Kleinere Kommunen haben häufig nur drei oder vier Fachbereiche gebildet, in denen dann teilweise heterogene Politik- und Produktbereiche zusammengefasst sind. Hier ist für die Rahmenplanung und ggf. den Eckwertebeschluss die Ebene darunter, also die Ebene der Abteilungsbudgets geeigneter.

Auch aus dem Ziel der Deckungsgleichheit von Fachausschüssen und Budgetbereichen (siehe 1.1.2) können sich Anhaltspunkte für die bei der Rahmenplanung zu wählende Budgetebene ergeben.

Die Rahmenplanung, sowie ggf. der Eckwertebeschluss soll aber nicht nur sicherstellen, dass nicht über die verfügbare Budgetmasse hinaus geplant wird. Vielmehr können und sollen sie auch dazu genutzt werden, Prioritäten zu überprüfen, Weichen neu zu stellen, Schwerpunkte zu setzen.

 WICHTIG!

Die der Detailplanung in den Fachbereichen vorangehende Rahmenplanung bietet die Möglichkeit, strategische Festlegungen zu treffen.

Strategische Veränderungen können durch pauschale Budgetveränderungen eingeleitet werden. Oft wird es aber auch darauf ankommen, neue Projekte oder Einrichtungen explizit zu benennen und evtl. auch die Einschränkung bei bisherigen Leistungen. Der „Schleier des Unwissens" wird damit teilweise gelüftet. Im Übrigen sollte aber dem Drängen nach immer weiteren Vorfestlegungen nicht nachgegeben werden, weil sonst die in einer vorangehenden Rahmenplanung und insbesondere auch im Eckwertebeschluss liegenden Chancen verspielt werden. Die Budgetvorgaben dürfen in diesem Stadium also nicht zu kleinteilig sein. Einzelheiten sollen den Fachverwaltungen und den Fachausschüssen in den späteren Phasen überlassen bleiben.

Die Budgetierung als zentrales Steuerungsverfahren 3

Ausgangspunkt für die Ermittlung der Budgetvorgaben sind bei der Top-down-Budgetierung die bisherigen Budgets. Bei erstmaliger Budgetierung müssen deshalb auch der dem Planjahr vorausgehende Haushalt und möglichst auch noch das davor liegende Rechnungsergebnis (nachträglich) auf die neue Struktur umgestellt werden, um eine Ausgangs- und Vergleichsbasis zu schaffen.

Wie der Rahmen für die einzelnen Budgetbereiche konkret ermittelt wird, hängt von der aktuellen Haushaltssituation und dem Perfektionsgrad der Budgetierungstechnik ab:

Im einfachsten Fall werden alle Budgets für das Planjahr gegenüber dem Vorjahr linear, d. h. um den gleichen Prozentsatz erhöht oder vermindert, je nachdem, wie sich die verfügbare Finanzmasse entwickelt. Linear gleichmäßige Kürzungen aller Budgets sind als Instrument der **Haushaltskonsolidierung** weit verbreitet. Wenn alle (die gleichen) Opfer bringen müssen, kann am ehesten die Solidarität in der Krise und damit eine ausreichende Akzeptanz der Konsolidierungsmaßnahmen erwartet werden.

 TIPP!

Insbesondere in den Anfangsphasen eines Konsolidierungsprozesses bringt erfahrungsgemäß am ehesten die Rasenmähermethode Erfolge.

Das gilt, obwohl die Rasenmähermethode zwei gravierende Mängel hat:

- Sie bestraft diejenigen, die bisher schon effizient gearbeitet haben und
- sie berücksichtigt weder (exogen vorgegebene) Veränderungen im Aufgabenumfang noch strategische Politikveränderungen.

Budgetkürzungen nach der Rasenmähermethode setzen voraus, dass in allen Verwaltungsbereichen mehr oder weniger große Reserven („Speck") vermutet werden können. Sie lassen sich deswegen auch nicht beliebig oft wiederholen.

Unabweisbare (exogen vorgegebene) Veränderungen bei wichtigen Aufwands- oder Ertragspositionen und politische Fixpunkte in einzelnen Bereichen können durch **Vorabdotierung** berücksichtigt werden.

 TIPP!

Grundsätzlich sollten Vorabdotierungen auf ein Minimum begrenzt und nur bei größeren Positionen vorgenommen werden.

3 Die Budgetierung als zentrales Steuerungsverfahren

Es gibt nur wenige unabweisbare und unbeeinflussbare Positionen. Das Instrument der Vorabdotierung darf nicht dazu missbraucht werden, Aufgabenbereiche den Sparzwängen zu entziehen. Insbesondere bei den sog. „Pflichtaufgaben" wie Hilfe zum Lebensunterhalt oder Heimerziehung plädieren die interessierten Fachleute in Politik und Verwaltung gern dafür, diese vorab zu dotieren. (Ausführlicher – allerdings auch weniger restriktiv – zu Vorabdotierungen: KGSt [1997c], S. 35 f.). Tatsächlich können aber auch in diesen Fällen die Produkte und der Ressourcenverbrauch nach Art, Umfang und Standards wesentlich durch die Kommune beeinflusst werden.

Beispiel: Baukontrolle

> Obwohl Pflichtaufgabe, ist die Überwachungsdichte der Baukontrolleure örtlich sehr unterschiedlich.

Im Übrigen muss aus einer in der Phase der Haushalts*aufstellung* vorgenommenen Vorabdotierung nicht unbedingt eine entsprechende Vorgabe für die Phase des Haushalts*vollzugs* werden. Auch bei den vorab dotierten Leistungen bestehen oft große Gestaltungsspielräume. Jede Möglichkeit, den Fachbereichen starke Anreize für einen effektiven Umgang mit diesen Mitteln zu geben, sollte genutzt werden.

 TIPP!

Auch vorab dotierte Mittel sollten nach Möglichkeit in die gegenseitige Deckungsfähigkeit innerhalb der Budgets einbezogen werden.

Ein anderer Versuch, insbesondere in Konsolidierungszeiten sicherzustellen, dass der Rückzug geordnet stattfindet, besteht darin, alle Produkte und die korrespondierenden Ressourcenverbrauchspositionen im Haushalt mit Kennziffern zu versehen, die den **Disponibilitätsgrad** anzeigen (vgl. hierzu auch KGSt [1997c], S. 36 f). Aber: Der Ermittlungs- und Pflegeaufwand ist erheblich und der Nutzen erfahrungsgemäß gering.

Beispiel: Gestaltungsmöglichkeiten bei „pflichtigen" Sozialtransfers

> Auch bei Sozialleistungen, die als „Pflichtaufgabe" eingestuft werden, gibt es erhebliche örtliche Gestaltungsspielräume, etwa bei der Überprüfung von Anspruchsvoraussetzungen oder der Intensität der Bearbeitung von Erstattungsverpflichtungen, ganz zu schweigen von weitergehenden Gestaltungsmöglichkeiten im Sozialbudget insgesamt, die z. B. zu einer Verringerung der Zahl der Sozialhilfeempfänger führen können.

Generell sind auch bei allen „Pflichtaufgaben" zumindest die örtlichen Produktionskosten beeinflussbar, zum Teil in erheblichem Umfang.

Die Budgetierung als zentrales Steuerungsverfahren 3

Beispiel: Beeinflussbarkeit der Produktionskosten im Schulbereich

Obwohl „Pflichtaufgabe", bestehen z. B. im Schulbereich erhebliche Gestaltungsmöglichkeiten, die von stärkerer Einnahmeerzielung aus Spenden oder Vermietungen bis hin zur Aufgabe oder Zusammenlegung von Standorten gehen.

Im Übrigen kann die Finanznot zum Handeln zwingen, wo bisher keine Veränderungsspielräume gesehen wurden. Langfristig ist alles disponibel.

 TIPP!

Die flächendeckende Klassifizierung aller Leistungen nach der Beeinflussbarkeit gehört zu den Aktivitäten, die als eine der ersten einer verwaltungsinternen Aufgabenkritik zum Opfer fallen sollte.

Nicht zuletzt kann dadurch die Informationsfülle in den Haushaltsplänen etwas reduziert werden. Spätestens wenn die Rasenmähermethoden ausgereizt sind, bedarf es anspruchsvollerer Methoden der Budget-(Rahmen-)Planung. Patentrezepte dafür gibt es nicht. Produktbasierte Haushaltsplanung kann in Einzelfällen notwendige Vorinformationen liefern. Sie ersetzt aber nicht die Entscheidungen über die politischen Prioritätenveränderungen. Dafür müssen Politik und Fachbereiche bereits vor der Rahmenplanung strategische Planungen aufstellen und aus diesen die notwendigen Veränderungen der Budgetrahmen ableiten.

Beispiel: Sprachförderung von Ausländerkindern

Mittelfristig soll der Sprachunterricht für Ausländerkinder verstärkt werden. Die dafür notwendigen Mittel werden bei der Rahmenplanung im entsprechenden Fachbereichsbudget – z. B. durch Vorabdotierung – vorgesehen. Gleichzeitig wird entschieden, ob die Mittel durch Umschichtung aus dem Schulbudget erwirtschaftet werden sollen oder ob das Schulbudget zu Lasten anderer Budgets aufgestockt wird.

Zur strategischen Steuerung siehe auch Kapitel 10.

3.6.3 Phase 3: Eckwertebeschluss

Die von der Verwaltung in Phase 2 erarbeiteten Vorschläge für die Bereichsbudgets können durch einen Eckwertebeschluss des Rates bzw. des Kreistages zur verbindlichen Vorgabe für die Aufstellung der Teilhaushalte durch die Fachbereiche und die korrespondierenden Fachausschüsse gemacht werden. Praxis ist es, den Eckwertebeschluss teilweise schon Mitte des Jahres, spätestens aber im September zu fassen, damit genügend Zeit für die Detailaufstellung und -beratung bleibt.

3 Die Budgetierung als zentrales Steuerungsverfahren

Für den Eckwertebeschluss gilt wie für die Rahmenplanung in Phase 2:

- Im Rahmen der Budgetierung nach dem top-down-Prinzip erleichtert ein vorangehender Eckwertebeschluss die politische Durchsetzung zentraler Ergebnisziele. Insbesondere bei Konsolidierungszwängen sind Budgetkürzungen hinter dem „Schleier des Unwissens" leichter durchzusetzen. Dabei kann in den Anfangsphasen eines Konsolidierungsprozesses durchaus die Rasenmähermethode am ehesten zum Erfolg führen.
 Die Methode stößt an ihre Grenzen, wenn der Speck abgebaut ist. Weitere, insbesondere lineare Einsparungen sind dann nur noch möglich, wenn die Leistungen zurückgefahren werden. Spätestens in diesem Stadium verweigert sich die Politik erfahrungsgemäß weiteren pauschalen und insbesondere linearen (Kürzungs-)Vorgaben. Entweder wird das Verfahren des Eckwertebeschlusses wieder aufgegeben oder es erfolgt eine stärkere Differenzierung der Vorgaben.
- Mit differenzierten Vorgaben für die Fachbereiche wird der Eckwertebeschluss zu einem wichtigen Element der strategischen Steuerung. Als Strategieentscheidung geht er den Detailberatungen in den Fachausschüssen voran.

Der Eckwertebeschluss ist ein wichtiges Beispiel dafür, wie für die Politik bessere Rahmenbedingungen für eine Konzentration auf strategische Fragen geschaffen werden können und was mit Top-down-Perspektive gemeint ist: Ziele müssen am Anfang gesetzt werden, Politik muss von oben gemacht werden. Genau das will der Eckwertebeschluss. Politik darf nicht von unten präjudiziert werden. Genau das wird häufig beklagt, wenn im traditionellen Aufstellungsverfahren die Verwaltung nach monatelangen internen Vorbereitungen einen Haushaltsplanentwurf einbringt, an dem die Politiker faktisch nur noch marginale Veränderungen vornehmen können.

Aus diesen Zielsetzungen ergibt sich auch ein weiteres Kriterium für den Detaillierungsgrad von Vorgaben bei der Rahmenplanung in Phase 2 und ggf. der Eckwertefestlegung in Phase 3:

 WICHTIG!

Die Vorgaben des Eckwertebeschlusses dürfen nicht zu eng sein, damit den Fachausschüssen Gestaltungsspielräume verbleiben.

Ein Eckwertebeschluss, der den Fachausschüssen keine Gestaltungsspielräume lässt, führt dort zu Frustration. Das System bietet die Möglichkeit, mit einem ausreichend grobkörnig gestalteten Eckwertebeschluss den Fachpolitikern zu Erfolgserlebnissen zu verhelfen.

Die Budgetierung als zentrales Steuerungsverfahren 3

3.6.4 Phase 4: Erstellung der (Fachbereichs-)Teilhaushalte

In Phase 4 stellen zunächst die Fachbereiche den Entwurf der Teilhaushalte auf. Der Rahmen, der nicht über- bzw. unterschritten werden darf, ist durch die verwaltungsinterne Rahmenplanung (s. o. 3.6.2) und ggf. den Eckwertebeschluss vorgegeben. Anschließend erfolgt die Beratung mit dem Fachausschuss. Den Fachausschüssen werden damit mehr Kompetenzen übertragen. Sie bestimmen mit der korrespondierenden Fachverwaltung im vorgegebenen Budgetrahmen im Einzelnen über die Verwendung der Mittel und legen die Leistungsanforderungen fest.

Um eindeutige Verantwortlichkeiten zu erreichen, sollten Ausschussstruktur und Budgetstruktur zur Übereinstimmung gebracht werden (siehe 1.1.2).

3.6.5 Phasen 5 und 6: Aufstellung und Verabschiedung des Gesamtetats

Die von den Fachbereichen gemeinsam mit den Ausschüssen erarbeiteten Teilhaushalte werden anschließend von der Finanzverwaltung zusammengestellt. Dabei wird überprüft, ob die Budgetrahmen und die sonstigen Budgetrichtlinien eingehalten wurden. Materiell muss geprüft werden – falls dies nicht schon früher möglich war – ob die Fachbereiche im Sinne der Vertrauenskultur Aufwands- und Ertragspositionen realistisch veranschlagt haben.

 WICHTIG!

Eine realistische Schätzung von Erträgen und Aufwendungen ist sicherzustellen!

- *Es muss sichergestellt werden, dass die Fachbereiche sich nicht durch den unrealistisch niedrigen Ansatz eigener Erträge ungerechtfertigte (versteckte) Budgetspielräume verschaffen.*
- *Bei sog. Pflichtaufgaben oder politisch prioritären Projekten muss verhindert werden, dass die Aufwendungen vom Fachbereich unrealistisch niedrig angesetzt werden mit der Spekulation darauf, dass beim Haushaltsvollzug auftretende unabweisbare Mehraufwendungen zur Aufstockung des Budgets zwingen.*

Der so zusammengestellte und überprüfte Entwurf wird dem Plenum zur abschließenden Beratung und Beschlussfassung vorgelegt. Eine Einbringung im traditionellen Sinne findet wegen der veränderten Interaktion von Politik und Verwaltung nicht mehr statt. Haben sich die Fachbereiche und -ausschüsse an die Vorgaben insbesondere des Eckwertebeschlusses gehalten, so besteht für den Rat bzw. den Kreistag in der abschließenden

3 Die Budgetierung als zentrales Steuerungsverfahren

Beratung grundsätzlich keine Veranlassung, von den Fachausschussvoten abzuweichen.

Das dem neuen Verfahren der Haushaltsplanaufstellung zugrunde liegende Prinzip, von oben nach unten, vom Groben zum Feinen vorzugehen, ermöglicht damit

- eine qualitative Verbesserung der politisch-administrativen Entscheidungsprozesse, insbesondere durch die strategische Ausrichtung des Eckwertebeschlusses und
- eine Entlastung des politisch-administrativen Systems, insbesondere durch die bis in die Politik reichende Zusammenfassung und Dezentralisierung von Fach- und Ressourcenverantwortung.
- Und es erleichtert die Haushaltskonsolidierung.

3.7 Wie wird der budgetierte Haushalt bewirtschaftet?

Die folgenden Ausführungen zur Bewirtschaftung/Ausführung des Haushalts sind im Zusammenhang mit den Muster-Haushaltsrichtlinien zu sehen (siehe hierzu Anlage 1).

3.7.1 Erfüllung der Leistungsvorgaben

Oberstes Ziel bei der Ausführung des Haushalts ist es, mit den gegebenen Mitteln einen möglichst großen Beitrag zur Erreichung der Ziele zu erbringen. Besteht ein Kontraktmanagement mit präzisen Leistungsvereinbarungen, so sind die Mittel im Ergebnishaushalt entsprechend den Leistungsvorgaben zu verwenden. Umschichtungen innerhalb eines Budgets, die zu einer Veränderung der vereinbarten Leistungen führen, sind nur im Benehmen mit dem zuständigen Fachausschuss zulässig. Soweit der Haushalt keine eindeutigen Leistungsvorgaben oder Zweckbindungen enthält, sind die Mittel entsprechend den Produktinformationen zu verwenden.

3.7.2 Budgetverantwortung

Im neuen Steuerungsmodell wird die früher übliche Verfügungsberechtigung für einzelne Haushaltsstellen abgelöst durch die Zuständigkeit für ganze Budgets. Der Verantwortliche für die jeweilige Budgetebene ist fachlicher *und* kaufmännischer Leiter des Bereichs. Er ist also nicht nur für die fachliche Zielerreichung verantwortlich, sondern hat mit der gleichen Priorität auch sicherzustellen, dass das Budget seiner Budgetebene im Falle eines Zuschussbudgets nicht überschritten und im Falle eines Überschussbudgets nicht unterschritten wird.

Die Budgetierung als zentrales Steuerungsverfahren 3

Zur besseren Orientierung werden im Haushaltsplan bei jedem Budget der/die Budgetverantwortliche namentlich genannt (siehe die Musterseite Haushaltsplan in Anlage 1 zu den Haushaltsrichtlinien).

3.7.3 Weitere Untergliederung von Budgets

Zur Verbesserung der Steuerung kann es sinnvoll sein, verabschiedete Budgets für die Bewirtschaftung weiter zu untergliedern. Das kann eine rein verwaltungsinterne Maßnahme sein. Es kann aber auch sein, dass der zuständige Fachausschuss die dann ja notwendige weitere Aufteilung der Mittel entscheiden möchte oder muss (siehe dazu das Beispiel Gliederung des Schulbudgets in 3.4.2).

3.7.4 Deckungsfähigkeit der Aufwendungen innerhalb der Budgets

Was bei traditioneller Finanzsteuerung nur in Ausnahmefällen verfügt wurde, gilt im budgetierten Haushalt generell:

 WICHTIG!

Alle Aufwandsansätze innerhalb eines Budgets sind gegenseitig deckungsfähig.

Im Haushaltsplan werden nur noch die Ausnahmen von dieser generellen Regel vermerkt.

Häufig findet sich in den örtlichen Haushaltsrichtlinien noch die Bestimmung, dass von der gegenseitigen Deckungsfähigkeit generell die folgenden Positionen ausgenommen sind:

(1) Personalaufwendungen

(2) Aufwendungen aus internen Leistungsbeziehungen

(3) Abschreibungen und Zinsen

(4) Transferaufwendungen.

 TIPP!

Glaubwürdigkeit, Wirksamkeit und Handhabbarkeit des Budgetierungssystems können erhöht werden, wenn auch die Personalaufwendungen, die internen Verrechnungen, die kalkulatorischen Kosten und die Transferaufwendungen grundsätzlich in die gegenseitige Deckungsfähigkeit innerhalb der Budgets einbezogen und Vorkehrungen vor Fehlsteuerungen oder Missbrauch nur durch Ausnahmeregelungen getroffen werden.

3 Die Budgetierung als zentrales Steuerungsverfahren

(1) **Einbeziehung der Personalaufwendungen in die gegenseitige Deckungsfähigkeit**

Grundsätzlich sollten die Personalaufwendungen in die gegenseitige Deckungsfähigkeit innerhalb der Einzelbudgets einbezogen werden. Dabei ist die Umwandlung von Personalaufwendungen in Sachaufwand in der Regel unproblematisch. Sie sollte von Anfang an zugelassen werden. Die dauerhafte Umwandlung von Sachaufwand in Personalaufwand ist dagegen unter Vorbehalt zu stellen. Einzelheiten werden in 3.8 behandelt.

(2) **Aufwendungen für interne Leistungen**

Die internen Leistungsverrechnungen müssen in die gegenseitige Deckungsfähigkeit einbezogen werden, um die gewollten Sparanreize bei den Auftraggebern und den Rationalisierungsdruck bei den Auftragnehmern (internen Dienstleistern) zu erzeugen. Leerkosten bei den internen Dienstleistern und damit verbundene Haushaltsprobleme können durch ausreichende Anpassungsfristen im Kontraktsystem weitgehend verhindert werden. Einzelheiten werden in 5.4 behandelt.

Auch die Gemeinkostenerstattungen (Verwaltungskostenerstattungen) – soweit sie überhaupt verrechnet werden – brauchen nicht aus der gegenseitigen Deckungsfähigkeit herausgenommen zu werden: sie stehen naturgemäß eh nicht zur Deckung anderer Aufwendungen zur Verfügung (siehe auch 5.4.4).

(3) **Abschreibungen und Zinsen**

Abschreibungen und Zinsen müssen in die gegenseitige Deckungsfähigkeit einbezogen werden, um das Interesse der nutzenden Budgetbereiche an der Einsparung von Anlagevermögen zu erreichen. In Betracht kommen vor allem Einsparungen durch die Verringerung des beweglichen Anlagevermögens (Fahrzeuge etc.), aber auch durch den Verzicht auf unbewegliches Anlagevermögen (Gebäude etc.).

Beispiel: Verkleinerung des Fahrzeugparks

Wenn während des Jahres der Fahrzeugpark des Baubetriebshofs verkleinert wird, z. B. durch Verkauf eines Schlammsaugwagens (zum Buchrestwert), dann entfallen zeitanteilig die Abschreibungen und Zinsen.

Beispiel: Reserveflächen beim Friedhof

Durch die Abgabe von nicht mehr benötigten Reserveflächen verringert sich die Zinsbelastung des Friedhofs.

Die Budgetierung als zentrales Steuerungsverfahren 3

Meist ist der größte Teil des Anlagevermögens innerhalb des Haushaltsjahres allerdings nicht veränderbar. Die diesbezüglichen Abschreibungen und Zinsen sind also fix und stehen für die Verstärkung anderer Aufwandspositionen im Budget nicht zur Verfügung. Trotzdem sollten sie in die gegenseitige Deckungsfähigkeit einbezogen werden: Es ist dann keine ex-ante-Unterscheidung zwischen variablen und fixen Positionen erforderlich und die Budgetierungsrichtlinien können auf eine weitere Ausnahme verzichten. Außerdem wird so eine Gleichbehandlung mit den Fällen erreicht, bei denen der Fachbereich nur Mieter oder Pächter des Anlagevermögens ist.

Missbräuchliche „Einsparungen" bei den Abschreibungen, z. B. durch nicht gerechtfertigte Herabsetzung der Abschreibungssätze, müssen verhindert werden, z. B. durch zentrale Bewertungsrichtlinien.

(4) **Transferaufwendungen bzw. Zuweisungen und Zuschüsse**

Auch die Transferaufwendungen sollten grundsätzlich in die gegenseitige Deckungsfähigkeit einbezogen werden. Auch hier gibt es Gestaltungsmöglichkeiten (siehe u. a. das Beispiel zu den Sozialtransfers in 3.6.2). Regelmäßig wird es aber gerade hier außer den gesetzlichen Bestimmungen politische Vorgaben geben, die dann zu Ausnahmen von der Regel der gegenseitigen Deckungsfähigkeit führen.

Sonstige Einzelausnahmen vom Grundsatz der gegenseitigen Deckungsfähigkeit werden im jeweiligen Haushaltsplan durch Vermerke besonders festgelegt.

 WICHTIG!

Die Regel, dass innerhalb eines Budgets alle Aufwendungen gegenseitig deckungsfähig sind, sollte generell für alle Aufwandsarten gelten. Ausnahmen sollten nur in speziellen Fällen gemacht werden.

Für Mehraufwendungen innerhalb eines Budgets, die durch Minderaufwendungen im gleichen Budget gedeckt werden, müssen keine über- oder außerplanmäßigen Aufwendungen beantragt werden. Die Unterrichtung des Kämmerers und des Rates bzw. des Kreistages kann im Rahmen der unterjährigen Berichterstattung erfolgen.

3.7.5 Ausgleich von Mindererträgen und Mehraufwendungen

Mindererträge und Mehraufwendungen innerhalb eines Budgets sind grundsätzlich innerhalb dieses Budgets auszugleichen. Ist dies (z. B. bei einem Abteilungsbudget) ausnahmsweise nicht möglich, so ist ein Aus-

3 Die Budgetierung als zentrales Steuerungsverfahren

gleich innerhalb des in der Budgethierarchie nächsthöheren Budgets herbeizuführen (im Beispiel also im Fachbereichsbudget, dem die Abteilung angehört). Die Entscheidungen treffen die jeweiligen Budgetverantwortlichen; der Beantragung über- oder außerplanmäßiger Aufwendungen beim Kämmerer bzw. beim Rat oder Kreistag bedarf es in diesen Fällen nicht (s. auch 3.4.2).

3.7.6 Unterscheidung zwischen „managementbedingten" und „nicht managementbedingten" Abweichungen

Damit die Anreize und Sanktionen des Budgetierungssystems möglichst gezielt wirken, ist es sinnvoll, zwischen managementbedingten und *nicht* managementbedingten Verbesserungen und Verschlechterungen zu unterscheiden. Belohnt werden sollen ja (nur) Mehrerträge und Minderaufwendungen, die auf Anstrengungen der Budgetverantwortlichen und ihrer Mitarbeiter zurückgehen. Sanktioniert werden sollen nur Verschlechterungen, die auf schlechtes Management zurückzuführen sind. Entsprechend könnten *nicht* managementbedingte Mehreinnahmen oder Minderausgaben für den Haushalt abgeschöpft werden. Konsequenterweise müssten dann aber auch Ertragsausfälle und Mehraufwendungen, die das Management nicht zu verantworten hat, aus dem Budget Allgemeine Finanzwirtschaft ausgeglichen werden. Gegen eine solche Regelung, insbesondere in Form eines Automatismus, sprechen gewichtige Gründe:

- Die Abgrenzung managementbedingter von *nicht* managementbedingten Verbesserungen und Verschlechterungen ist schwierig. Als nicht managementbedingt wird meist angesehen, was auf exogenen, von den Budgetverantwortlichen nicht beeinflussbaren Entwicklungen beruht, z. B. Gesetzesänderungen. Verschiedentlich werden aber auch allgemein die Änderung von Vorschriften, der Wegfall oder die Änderung von Aufgaben, die Senkung von Tarifen, Beiträgen usw. genannt. Dies in den Haushaltsrichtlinien abschließend regeln zu wollen, dürfte schwierig sein.
- Auch auf Entwicklungen, die formal als exogen einzuordnen sind, wie z. B. die Änderung von Leistungsgesetzen oder staatlichen Gebührenordnungen, kann der betroffene Fachbereich möglicherweise Einfluss nehmen. Sein Interesse daran sollte in geeigneten Fällen durch eine ausreichende Interessensquote gefördert werden.
- Nicht zuletzt verlangt die Haushaltslage ein differenziertes Vorgehen: Mindererträge und vor allem Mehraufwendungen in einem Budget dürfen nicht ohne weiteres zu Nachforderungen berechtigen, nur weil sie *nicht* managementbedingt sind. Die Fachbereiche würden nicht nur zu viel Kraft und Phantasie darauf verwenden, die Unabwendbarkeit sol-

Die Budgetierung als zentrales Steuerungsverfahren 3

cher Verschlechterungen zu begründen, sie würden auch im Eifer erlahmen, solche Verschlechterungen abzuwehren. Und vor allem würde die Deckelungsfunktion der Budgetierung entscheidend geschwächt, auf die in Zeiten defizitärer Haushalte – leider – nicht verzichtet werden kann.

Aus den vorangehenden Erwägungen lassen sich zwei Empfehlungen ableiten:

 TIPP!

- *Die Abgrenzung managementbedingter von nicht managementbedingten Verbesserungen und Verschlechterungen und die daran zu knüpfenden Konsequenzen können nur teilweise generell geregelt werden. Sie müssen in erheblichem Umfang durch Verhandlungslösungen im Rahmen eines auf Vertrauen basierenden Kontraktsystems ergänzt werden.*

- *Die Beteiligung der Fachbereiche an Mehrerträgen und Minderaufwendungen muss anders (großzügiger) gehandhabt werden, als der Ausgleich für Mindererträge und Mehraufwendungen (imparitätische Behandlung von nicht managementbedingten Verschlechterungen).*

In den folgenden Ausführungen und der Anlage 1 wird versucht, diese Grundsätze konkret auszugestalten.

3.7.7 Managementbedingte Mehrerträge

Mehrerträge, die durch Anstrengungen der Budgetverantwortlichen erzielt wurden („managementbedingte Mehrerträge"), dürfen für Mehraufwand innerhalb des Budgets verwendet werden. Mit dieser Regel werden wichtige Anreize ausgelöst. Wie bei allen Budgetierungsregeln bedarf es ergänzender Vorkehrungen, um Missbrauch oder Disfunktionalität zu verhindern:

- Die Ansätze müssen realistisch sein. Der Versuchung der Fachbereiche, die Erträge unrealistisch niedrig anzusetzen, muss entgegengewirkt werden.

- Die Abgrenzung der managementbedingten Mehrerträge von den *nicht* managementbedingten Mehrerträgen ist schwierig. Zweifelsfälle sollten im Gespräch zwischen Fachbereich und Finanzsteuerung geklärt werden (siehe auch 3.2). Das Vertrauensverhältnis sollte nicht dadurch unterminiert werden, dass alle durch Mehrerträge gedeckten über- oder außerplanmäßigen Aufwendungen wieder genehmigungs-

3 Die Budgetierung als zentrales Steuerungsverfahren

pflichtig gemacht werden. Auf der Grundlage der unterjährigen Berichterstattung kann das Finanzcontrolling Zweifelsfälle nachprüfen und Korrekturen noch im laufenden oder für das nächste Jahr veranlassen.

3.7.8 Nicht managementbedingte Mehrerträge

Über die Verwendung von Mehrerträgen in einem Budget, die *nicht* durch Managementleistungen der Budgetverantwortlichen erzielt wurden, sondern auf exogene Faktoren (z. B. Gesetzesänderungen) zurückgehen, sollte situationsbezogen entschieden werden, beispielsweise auf Antrag des Fachbereichs. Generelle Regelungen (Beispiel: 100 %ige Abschöpfung für den Gesamthaushalt) werden den unterschiedlichen Interessen- und Sachlagen nicht gerecht:

- Aus der (Rechts-)Natur der Mehrerträge kann sich eine Verpflichtung zur zusätzlichen Verwendung im Fachbereich ergeben.
- Mit einer Beteiligung des Fachbereichs kann dessen Interesse an der politischen Durchsetzung z. B. höherer staatlicher Zuweisungen oder staatlich festgesetzter Gebühren gefördert werden.
- Andererseits kann die teilweise oder vollständige Abschöpfung auch zweckgebundener Mehrerträge gerechtfertigt sein, wenn diese auch zur Entlastung der kommunalen Haushalte gewährt werden (z. B. höhere Kostenerstattungen durch das Land im Sozialbereich).
- Ähnlich rechtfertigt die Anhebung bisher nicht kostendeckender staatlich geregelter Gebühren (z. B. der Baugenehmigungsgebühren) nicht automatisch eine Anhebung der entsprechenden Aufwendungen.

3.7.9 Managementbedingte Minderaufwendungen

Einsparungen bei den Aufwendungen, die („managementbedingt") durch die Budgetverantwortlichen erzielt wurden, dürfen für Mehraufwand innerhalb des Budgets verwendet werden.

3.7.10 Nicht managementbedingte Minderaufwendungen

Wie *nicht* managementbedingte Einsparungen bei den Aufwendungen behandelt werden, wird vor allem von der Haushaltslage abhängen. Wenn es die Haushaltslage erlaubt, können sie vollständig dem Fachbudget überlassen bleiben. Je schwieriger die Finanzlage ist, umso unvermeidlicher wird es, vor allem größere Einsparungen in die Hand zu nehmen und einen fairen Interessenausgleich zu finden. Stets gilt, dass Umschichtungen im Fachbereichsbudget, die zu einer Änderung des Leistungsprogramms führen, in den Fachausschuss gehören (siehe auch 3.7.1).

Die Budgetierung als zentrales Steuerungsverfahren **3**

3.7.11 Umschichtung für Investitionszwecke

Wegen der hohen Anreizwirkungen sollte die Verwendung von managementbedingten Verbesserungen im Ergebnishaushalt insbesondere für Zwecke des Erwerbs von beweglichem Vermögen zugelassen werden, z. B. indem zahlungswirksame Aufwendungen eines Budgets für einseitig deckungsfähig zugunsten von Investitionsauszahlungen des Budgets erklärt werden (vgl. § 23 Abs. 3 Kommunale Haushalts- und Kassenverordnung Brandenburg). Für nicht managementbedingte Verbesserungen gilt das früher Gesagte entsprechend. Dass eventuelle Folgekosten das Budget des Fachbereichs dauerhaft belasten, wird dieser bei stringenter Budgetierung selbst berücksichtigen. Oft werden aber Umschichtungen vom Ergebnishaushalt in den investiven Bereich generell von der Zustimmung der zentralen Finanzsteuerung abhängig gemacht. Dann kann dabei auch die Folgekostenproblematik geprüft werden.

3.7.12 Übertragung von Verbesserungen ins nächste Jahr

Wurden in einem Budget durch die Budgetverantwortlichen („managementbedingt") zusätzliche Erträge erzielt oder die Aufwendungen gemindert und ist es dadurch im Falle eines Zuschussbudgets zu einer Unterschreitung des zugestandenen Zuschussbedarfs bzw. im Falle eines Überschussbudgets zu einer Überschreitung des erwarteten Überschusses gekommen, so entspricht es der Anreizphilosophie der Budgetierung, diese Mittel ganz oder teilweise dem Budgetbereich zu überlassen, und zwar in der Regel durch Übertragung in das nächste Jahr.

Die Übertragung erfolgt meist in der Weise, dass in jedem Budget mindestens eine Aufwandsposition für übertragbar erklärt wird. Für die Höhe der bei diesen Aufwandspositionen zu übertragenden Mittel ist nicht der jeweilige Rest maßgeblich, sondern die im Budget insgesamt erwirtschaftete Verbesserung unter Berücksichtigung der Interessensquote. Bei der Restebildung erfolgt üblicherweise keine Beteiligung der Politik. Statt über Restebildung erfolgt die Übertragung oft auch durch **über- oder außerplanmäßige Bereitstellung** der vereinbarten Beträge im nächsten Jahr. In manchen Kommunen werden die Mittel über eine im Ergebnishaushalt gebildete **Budgetrücklage** oder eine im Investitionsplan gebildete **Investitionsrücklage** übertragen.

Sehr unterschiedlich sind die **Interessensquoten.** Es gibt Fälle, in denen erwirtschaftete Verbesserungen vollständig übertragen werden. Meist werden den Fachbereichen aber nur 40 bis 60 % belassen; der andere Teil verbessert das Gesamtergebnis des Haushalts. Vereinzelt sind auch sehr differenzierte Regelungen getroffen worden.

3 Die Budgetierung als zentrales Steuerungsverfahren

Beispiel für differenzierte Interessensquoten

In einer Stadt mit 200.000 Einwohnern werden managementbedingte Mehreinnahmen (Wenigerausgaben), sofern sie nicht zur Deckung von managementbedingten Mehrausgaben (Wenigereinnahmen) herangezogen werden müssen, wie folgt behandelt:

Beträge bis 10.000 €	Im Amt verbleiben 80 % dieser Beträge
Beträge über 10.001 € bis 25.000 €	Von diesen Beträgen verbleiben 40 % im Amt
Beträge über 25.001 € bis 50.000 €	Von diesen Beträgen verbleiben 20 % im Amt
Beträge über 50.001 €	Von diesen Beträgen verbleiben 10 % im Amt.

Gelegentlich gibt es auch reine Verhandlungslösungen. Alle Übertragungen bedürfen der Genehmigung der Finanzsteuerung.

Die übertragenen Mittel stehen in der Regel nur im Folgejahr zur Verfügung. Vereinzelt lassen Verwaltungen den Vortrag über mehrere Jahre zu.

3.7.13 Nachsparen bei Budgetüberschreitungen

Sind in einem Budget die Erträge hinter den Ansätzen zurückgeblieben oder haben die Aufwendungen die Ansätze überstiegen und ist es dadurch im Falle eines Zuschussbudgets zu einer Überschreitung des zugestandenen Zuschussbedarfs bzw. im Falle eines Überschussbudgets zu einer Unterschreitung des erwarteten Überschusses gekommen, so entspricht es der Sanktionsphilosophie der Budgetierung, das Budget im nächsten Jahr entsprechend zu kürzen (Nachsparen).

3.8 Einbeziehung der Personalaufwendungen in die Budgetierung

3.8.1 Zielsetzungen

Die Personalaufwendungen sind in fast allen Budgets der größte Aufwandsblock. Die Begriffe Personal*aufwendungen* und Personal*kosten*. werden hier synonym verwandt. Die Praxis spricht meistens von „Personal*kosten*budgets". Die Empfehlungen gelten auch für die Personal*ausgaben*.

Anders aber als z. B. bei den Sachaufwendungen stehen hinter den Zahlen die Mitarbeiterinnen und Mitarbeiter, stehen Stellenpläne, das Arbeitsrecht, evtl. Betriebsvereinbarungen oder Beschäftigungsgarantien. Die Personalaufwendungen werden deshalb bei der Einführung der Budgetierung häufig zunächst ausgeklammert. Manchmal wird unter **Personalkostenbudgetierung** ein eigenständiges, nur auf die Personalaufwen-

Die Budgetierung als zentrales Steuerungsverfahren 3

dungen bezogenes Verfahren der Budgetierung verstanden, das dann meist mit einer Deckelung der Gesamtpersonalkosten einhergeht. Bisweilen resultiert die Sonderbehandlung der Personalkosten auch einfach aus den unterschiedlichen Zuständigkeiten von Kämmerei und Personalabteilung. Fasst man die Erfahrungen zusammen, so kann die Empfehlung nur lauten:

 WICHTIG!

Die Personalkosten müssen – möglichst von Anfang an – in die Budgetierung einbezogen werden (siehe auch 3.7.4).

Die Einbeziehung der Personalaufwendungen in die Budgetierung ist zu unterscheiden von einer eigenständigen Personalkostenbudgetierung, wie sie z. B. nötig ist, um eine politisch vorgegebene Begrenzung der Personalaufwendungen durchzusetzen. Zur besseren Unterscheidung wird im Folgenden der Begriff „Personalkostenbudgetierung" nur für solche eigenständigen Verfahren der Personalkostenbegrenzung oder -deckelung verwendet. Nur in diesem Fall soll auch innerhalb der Teilhaushalte von Personalkosten*budgets* gesprochen werden, während es im Grundmodell nur darum geht, die Personalkosten*ansätze* in die Budgetierung einzubeziehen.

Bei der Einbeziehung der Personalaufwendungen in die Budgetierung geht es zunächst darum, einem Hauptziel des Neuen Steuerungsmodells näherzukommen, nämlich der dezentralen Ressourcenverantwortung. Alle Maßnahmen der Dezentralisierung von Personalzuständigkeiten bleiben Stückwerk, solange den Fachbereichen nicht die Verantwortung für die gesamten Personalaufwendungen übertragen wird. Die diesbezüglichen Ansätze gehören also in die Teilhaushalte (Fachbudgets) und damit in die Sachverantwortung der Fachbereiche. Gleichzeitig müssen sie in das generelle Budgetierungsverfahren einbezogen werden, damit dessen Anreiz- und Sanktionswirkungen auch für den großen Block der Personalaufwendungen wirksam werden. Auf die Personalaufwendungen bezogen lauten die Ziele der Budgetierung dann:

- Kostentransparenz:
  Die budgetierten Bereiche erkennen erstmals ihre Personalaufwendungen!
- Kostenverantwortung:
  Dezentrale Verantwortung für das Personal und Kostenverantwortung werden zur Deckung gebracht. Motto: Wer bestellt, muss auch bezahlen.

3 Die Budgetierung als zentrales Steuerungsverfahren

- Kostenbewusstsein:
  Durch Begrenzung des Budgets wird jeder Aufwand kritisch hinterfragt.
- Kostensenkung:
  Personalkosten, die nicht unbedingt erforderlich sind, werden vermieden.

Beispiel: Zeitpunkt der Einstellung von neuem Kita-Personal

In einer Großstadt mit verwaltungsweitem Sammelnachweis für die Personalausgaben war es üblich, dass das Personal für neue Kitas zwei Monate vor der Eröffnung eingestellt wurde. Seit der Einbeziehung der Personalkosten in die Kita-Budgetierung werden die neuen Kräfte später eingestellt.

Bei der Einbeziehung der Personalkosten in das Budgetierungsverfahren sind allerdings mehr als bei allen anderen Aufwands- und Ertragspositionen Sonderregelungen erforderlich. Sie sind vor allem den schon erwähnten Besonderheiten des Personalbereichs geschuldet.

Sonderregelungen können aber auch erforderlich sein, weil die Politik für die Personalkostenentwicklung und/oder den Stellenplan häufig spezielle Ziele vorgibt. Im Rahmen von Verfahren der Haushaltskonsolidierung lauten die Vorgaben meist: Personalkostendeckelung für das aktuelle Planjahr und Senkung der Personalkosten in den Folgejahren.

Beispiel: Personalkostenreduzierung

Auf Beschluss des Rates dürfen die Personalaufwendungen im Planjahr die Ist-Aufwenungen im laufenden Jahr nicht übersteigen („Personalkostendeckelung"). In den Folgejahren sind die Personalaufwendugen jährlich um 1 % abzubauen.

Derartige überlagernde Beschlüsse erschweren ein ganzheitliches Budgetierungsverfahren und verringern die mit der Budgetierung gewollte dezentrale Flexibilität. Es besteht die Gefahr, dass von den schönen Anreizinstrumenten der Budgetierung nicht viel übrig bleibt.

3.8.2 Umfang der dezentralen Verantwortung für Personalaufwendungen

Am Anfang muss die Frage stehen, was in Zukunft alles in den dezentral veranschlagten Personalaufwendungen enthalten sein soll.

 WICHTIG!

Entsprechend der Budgetierungslogik sind alle von den Budgetverantwortlichen zu verantwortenden und zu beeinflussenden Personalaufwendungen aus dem Budget zu bestreiten.

Die Budgetierung als zentrales Steuerungsverfahren 3

Es empfiehlt sich, diese Regel extensiv anzuwenden und die folgenden Bestandteile in die dezentralen Budgets einzubeziehen:

- Löhne bzw. Gehälter für Arbeiter, Angestellte und Beamte
- Arbeitgeberanteile zur Sozialversicherung
- Aufwendungen für Pensionen und Beihilfen der Beamten nach Eintritt in den Ruhestand. Hierfür sind Pensions- und Beihilferückstellungen zu bilden. Die jährlichen Zuführungsbeträge zu den Rückstellungen stellen den Aufwand dar.
- Überstundenvergütungen
- Honorare, Vergütungen für Werkverträge etc.
- Entgelte für Auszubildende, Beamtenanwärter, Praktikanten, kurzzeitig Beschäftigte und Ähnliches
- Abfindungsregelungen oder ähnliche, durch Arbeitsgerichtsurteile erstrittene Zahlungen
- Aufwendungen für Altersteilzeit. Hier sind nach den Regelungen der meisten Gemeindehaushaltsverordnungen entsprechende Rückstellungen zu bilden. Die jährlichen Zuführungsbeträge zu diesen stellen den Aufwand dar.

 WICHTIG!

Aus den zugewiesenen Personalkostenansätzen sind auch alle exogenen Kostensteigerungen des jeweiligen Haushaltsjahres (z.B. Besoldungs- und Tarifsteigerungen, Erhöhung von Beiträgen zur Sozialversicherung, zur VBL, Erhöhungen der Versorgungsumlagen) sowie strukturelle Veränderungen (Änderung von Dienstalterstufen usw.) zu erwirtschaften.

Bei Gebührenhaushalten müssen diese Aufwendungen dann von den Gebührenzahlern und nicht vom allgemeinen Haushalt getragen werden.

Eine zentrale Deckungsreserve für Personalaufwand ist dann nicht erforderlich. Davon abweichend wird bei großer Unsicherheit über die zu erwartenden Tarifsteigerungen häufig für diese zunächst ein zentraler Budgetansatz gebildet. Er wird aufgelöst und den einzelnen Budgets anteilig zugeschlagen, sobald die Tarifsteigerung bekannt ist. Wenn eine Deckelung der Personalkosten und in den Folgejahren eine Reduzierung (z.B. um 1 %) konsequent durchgesetzt werden sollen, ist dieses Verfahren allerdings nicht zweckmäßig.

3 Die Budgetierung als zentrales Steuerungsverfahren

3.8.3 Zentral bewirtschaftete Personalaufwendungen

Die zentrale Veranschlagung und/oder Bewirtschaftung von Personalaufwendungen sollte auf wenige Ausnahmefälle begrenzt werden:

Zu denken ist hier etwa an Auszubildende, Beamtenanwärter, Praktikanten, die nicht zugeordnet werden können. Diese werden aus einem eigenen Budget finanziert und zentral bewirtschaftet.

Denkbar sind auch Personalaufwendungen für Personen, die auf mehrere Budgets aufgeteilt werden müssen. Diese werden zentral bewirtschaftet, jedoch durch Umlagen auf die Budgets der Organisationseinheiten verteilt, und zwar anteilig nach den Tätigkeitszeiten in den einzelnen Bereichen. Diese Personalaufwendungen sind Bestandteile der Budgets der Einrichtungen, Abteilungen und Fachbereiche. Damit Budget- und Personalverantwortung und Organisation übereinstimmen, sollen Personen möglichst nicht für unterschiedliche Organisationseinheiten tätig sein. Vor allem in kleineren Verwaltungen kann dies jedoch nicht immer vermieden werden.

Zentral bewirtschaftet werden sollten auch die Personalausgaben für die pensionierten Beamten (Pensionszahlungen und Beihilfezahlungen).

3.8.4 Erstmalige Ermittlung der Ansätze für Personalaufwendungen

Besonders die erstmalige Ermittlung der Personalaufwendungen ist für die Etablierung eines akzeptierten Systems wichtig.

 TIPP!

Begleiten Sie die Einbeziehung der Personalaufwendungen in die Budgetierung mit einer Projektgruppe, die systematische Fehler aufarbeitet und Problemfälle klärt, bis die Personalkostenansätze auf festen, d. h. von den betroffenen Organisationseinheiten anerkannten Grundlagen stehen.

Zu den Fehlern zählen in der Anfangszeit insbesondere falsche Zuordnungen von Beschäftigten zu Budgets/Unterbudgets, die durch die fehlerhafte oder nicht aktuelle Angabe des zu bebuchenden Teilhaushalts im Gehaltsabrechnungsverfahren entstehen.

Damit Budget- und Personalverantwortung übereinstimmen, sollen Personalkosten für ein und dieselbe Person nicht auf mehrere Budgets aufgeteilt werden. Das kann durch die Bildung von Gemeinkostenbudgets oder interne Leistungsverrechnung weitgehend vermieden werden (siehe hierzu Kapitel 5). Für den Einstieg und das weitere Verfahren ist besonders wichtig, ob der Stellenplan jeweils ausfinanziert wird. In Zeiten knapper Ressourcen wird das selten der Fall sein.

Die Budgetierung als zentrales Steuerungsverfahren 3

 WICHTIG!

Grundsätzlich werden nur die in den einzelnen Fachbereichen voraussichtlich besetzten Stellen dotiert.

Die Personalabteilung ermittelt also unter Berücksichtigung der Personalplanung für die einzelnen Fachbereiche mitarbeiterbezogen die Personalaufwendungen und weist sie den Fachbereichen zu.

Deutlich anders sieht die Regelung und sehen die Konsequenzen aus, wenn für das Planjahr eine Begrenzung der Höhe der Personalaufwendungen z. B. auf der Höhe der Ist-Kosten des laufenden Jahres durchgesetzt werden soll. Welche Dotierungen dann für das Planjahr möglich sind, hängt von vielen örtlichen Spezifika ab, insbesondere von dem Umfang freier Stellen in der Ausgangssituation und der voraussichtlichen Anzahl von im Planjahr frei werdenden Stellen. Anhaltspunkt werden aber in der Regel die zum Planungszeitpunkt oder zum Beginn des Planjahres tatsächlich besetzten Stellen sein. Das führt dazu, dass im ersten Jahr der Einbeziehung der Personalaufwendungen in die Budgetierung die zum 1. 1. dieses Jahres (zufällig) nicht besetzten Stellen *nicht* dotiert sind. Damit sind die Fachbereiche und insbesondere die Abteilungen und Einrichtungen unterschiedlich betroffen. Diese Ausgangssituation muss aber wegen der Deckelung der Gesamtpersonalaufwendungen in Kauf genommen werden. Erst durch das *zusätzliche* Freiwerden von Stellen im Laufe des Jahres entsteht Spielraum im Gesamtpersonalkostenbudget. Dieser Spielraum darf durch die Einbeziehung der Personalaufwendungen in die Budgetierung nicht wieder verloren gehen.

 WICHTIG!

Bei gleichzeitiger globaler Personalkostenbegrenzung müssen die dezentralen Personalkostenansätze besonderen zentralen Bewirtschaftungsvorbehalten unterworfen werden.

Insbesondere dürfen frei werdende Stellen nicht ohne weiteres wieder besetzt werden. Und Einsparungen bei den Personalaufwendungen dürfen nicht ohne weiteres für Mehraufwand an anderer Stelle genutzt werden. Die Verheißungen der Budgetierung müssen also im Kern – leider – weitgehend wieder zurückgenommen werden.

Die Bewirtschaftungsvorbehalte sind vor allem nötig, damit die Personalabteilung im Einzelfall prüfen kann, welche Stellen als erste wieder besetzt werden müssen; möglicherweise ist aus der Gesamtsicht die Wiederbesetzung einer schon zu Beginn des Jahres unbesetzten und deshalb nicht dotierten Stelle vorrangig. Den Spielraum benötigt die Personalabteilung auch, um z. B. bei

3 Die Budgetierung als zentrales Steuerungsverfahren

- vorzeitigem Rückkehrwunsch aus Elternzeit, Beurlaubung, Bundeswehr usw.
- Langzeiterkrankungen oder
- kurzfristigem Personalbedarf, z. B. bei Wahlen

trotz Deckelung der Personalaufwendungen flexibel reagieren zu können.

3.8.5 Ermittlung und Ansätze der Personalaufwendungen in den Folgejahren

Idealiter sind die Personalkostenansätze in den Folgejahren gemäß der – mit der gesamten Leistungs- und Ressourcenplanung abgestimmten – Personalplanung zu ermitteln. Bei einer speziellen Vorgabe, die Personalaufwendungen von Jahr zu Jahr um einen bestimmten Prozentsatz (z. B. 1 %) abzusenken, komplizieren sich die Regelungen wieder. Als Leitlinie kann gelten:

WICHTIG!

Ausgangspunkt für die Ermittlung der Personalaufwendungen in den Folgejahren sind die für das laufende Haushaltsjahr in den einzelnen Unterbudgets erwarteten Ist-Personalaufwendungen. Diese – um die Sparvorgabe, z. B. 1 %, gekürzt – ergeben den Ansatz für das Planjahr.

Die Verringerung der Personalaufwendungen, im Beispiel um 1 %, wird in den einzelnen Budgets auf unterschiedlich große Schwierigkeiten stoßen. Beispielsweise können Organisationseinheiten, in denen Stellen altersbedingt frei werden, die Sparvorgabe – jedenfalls rechnerisch – leicht (über-)erfüllen, während sie andernfalls nur schwer zu erfüllen ist. Dies kann bereits bei der Ansatzbildung – durch *differenzierte* Kürzungen der Personalkostenansätze – oder erst bei der Bewirtschaftung berücksichtigt werden.

Mit den so gebildeten Ansätzen müssen die Fachbereiche auskommen:

- Aus ihnen sind die Tarifsteigerungen zu erwirtschaften.
- Auch Personalaufwandssteigerungen, die aus sogenannten strukturellen Veränderungen (z. B. steigende Dienstaltersstufen) resultieren, sind in den Budgets zu erwirtschaften.
- Personalaufwandseinsparungen auf Grund struktureller Veränderungen (z. B. niedrigere Dienstaltersstufe eines neuen Mitarbeiters) führen nicht zu einer Reduzierung der Personalaufwandsansätze.

Die Budgetierung als zentrales Steuerungsverfahren 3

- Leistungsausweitungen führen in der Regel nicht zu Erhöhungen der Personalaufwandsansätze, sondern müssen durch geeignete organisatorische Maßnahmen/Einsparungen innerhalb der (Fachbereichs-)Budgets erwirtschaftet werden. Von diesem Grundsatz kann in begründeten Ausnahmefällen abgewichen werden – etwa bei erheblichen und anders nicht zu kompensierenden neuen Aufgaben.

3.8.6 Grundregel für die Einbeziehung der Personalaufwendungen in die gegenseitige Deckungsfähigkeit

Bei der Einbeziehung der Personalaufwendungen in die Budgetierung wird die grundsätzlich geltende gegenseitige Deckungsfähigkeit mit allen anderen Positionen des Budgets (siehe oben 3.7.4) in der Regel begrenzt:

 WICHTIG!

Während die Einsparung von Personalaufwendungen ohne weiteres zu Mehrausgaben an anderer Stelle berechtigt, bedarf die Erhöhung der Personalaufwendungen durch Neueinstellung einer besonderen Genehmigung, auch wenn dafür im eigenen Budget Deckung – z. B. durch Senkung der Sachaufwendungen – geschaffen wird.

Die *imparitätische* Einbeziehung der Personalaufwendungen in die gegenseitige Deckungsfähigkeit ist notwendig, weil mit der Schaffung einer neuen Stelle eine langfristige Ressourcenbindung geschaffen wird, die nicht so schnell wieder revidiert werden kann, wie das bei den Sachaufwendungen meist der Fall ist. Ausgehend von dieser Grundregel werden im Folgenden für die wichtigsten Fallgestaltungen Empfehlungen gegeben.

3.8.7 Wie werden die Fachbereiche für Senkungen der Personalaufwendungen belohnt?

Um größtmögliche Anreizwirkungen zu erzielen, lautet die Grundregel in diesem Fall: Einsparungen bei den Personalaufwendungen, die durch die Budgetverantwortlichen erzielt werden (managementbedingte Einsparungen), dürfen für Mehraufwand bei anderen Aufwandsarten innerhalb des Budgets verwandt werden. Dies gilt grundsätzlich auch bei Personalaufwandseinsparungen, die dadurch erzielt werden, dass – vorübergehend oder auf Dauer – eine frei werdende Stelle nicht wieder besetzt oder dass eine Vollzeitstelle mit einer Teilzeitkraft besetzt wird. Die Budgetverantwortlichen können auch Stellenumwandlungen in der Weise vorschlagen, dass aus zwei Stellen (mittlerer Dienst) eine Stelle (des gehobenen Dienstes) gebildet wird. Auch auf diese Weise erzielte Einsparungen sollten als managementbedingte Einsparungen behandelt werden.

3 Die Budgetierung als zentrales Steuerungsverfahren

 WICHTIG!

Wenn zusätzlich zur allgemeinen Budgetierung eine Deckelung der Personalaufwendungen zu beachten ist, muss auch die vorstehend behandelte Umschichtung von Personal- zu Sachaufwendungen unter Vorbehalt gestellt werden.

Statt mit den frei werdenden Personalmitteln Sachaufwand zu finanzieren, kann es im Gesamtinteresse notwendig sein, die Besetzung einer bereits vor dem Stichtag freien, und deshalb nicht finanzierten Stelle zu finanzieren. Dass die Anreizwirkungen der Grundregel damit weitgehend verloren gehen, ist der – an sich systemwidrigen – Deckelung geschuldet.

3.8.8 Einstellungsstopp und interne Wiederbesetzung

Die globale Begrenzung der Personalaufwendungen erzwingt meist einen noch weitergehenden Eingriff in die dezentrale Verantwortung, nämlich einen generellen Einstellungsstopp.

Ausnahmen vom generellen Einstellungsstopp sind auf jeden Fall zu machen, wenn nur so Stellen (wieder-)besetzt werden können, die sich refinanzieren, z. B. bei Sachbearbeitern im Sozialamt, die Rückforderungen von Unterhaltsverpflichteten ermitteln.

Interne Wiederbesetzungen können dagegen grundsätzlich zugelassen werden, wenn es der jeweilige Ansatz für Personalaufwendungen hergibt und sich geeignete interne Bewerber finden. Bei globaler Reduzierung der Personalaufwendungen muss allerdings vorher geprüft werden, ob nicht statt der Wiederbesetzung einer bisher besetzten und deshalb dotierten Stelle dringender die Besetzung einer bereits vor dem Stichtag freien, und deshalb nicht finanzierten Stelle erforderlich ist.

3.8.9 Berücksichtigung von Refinanzierungen

Refinanzierungen von Personalaufwendungen (z. B. auf Grund von Erstattungsansprüchen gegenüber anderen Gebietskörperschaften) sind stets zu berücksichtigen. So gilt bei Personalaufwendungen, denen Einnahmen gegenüberstehen, nur der Nettobetrag als Einsparung, die zu Mehraufwendungen im Sinne von 3.8.7 berechtigt.

3.8.10 Übertragung von „Resten"

Wenn managementbedingte Einsparungen bei den Personalaufwendungen am Ende des Haushaltsjahres zu einer Unterschreitung des Zuschussbudgets führen, so gelten die allgemeinen Budgetierungsregeln zur Übertragung (siehe 3.7.12). In diesem Umfang können die Mittel übertragen werden.

Die Budgetierung als zentrales Steuerungsverfahren **3**

3.8.11 Anpassung des Stellenplans?

Bei einer ergebnisorientierten Steuerung mit Leistungs- und Finanzvorgaben muss der Stellenplan zwangsläufig seine Bedeutung verändern. Als Steuerungsinstrument hat er weitgehend ausgedient.

 TIPP!

Im Rahmen der Budgetierung ganz oder teilweise frei bleibende Stellen sollten bis auf weiteres im Stellenplan weitergeführt werden.

Der Stellenplan wird damit flexibler: Bei künftigen Personalmaßnahmen (Umbesetzungen, Höhergruppierungen/Beförderungen, Umwandlungen etc.) muss nicht jedes Mal der Stellenplan angepasst werden, sondern die erforderliche Stelle steht ggf. innerhalb des Fachbereichs bereits zur Verfügung. Das schafft dezentral mehr Flexibilität bei organisatorischen und personellen Maßnahmen.

Der Stellenplan behält als (maximaler) Rahmen seine formale Bedeutung gemäß den Gemeindeordnungen und Gemeindehaushaltsverordnungen der Länder. Intern berechtigt der entstehende Stellenüberhang die Fachbereiche aber nicht zu Nachforderungen.

 WICHTIG!

Für die Steuerung sind in Zukunft die budgetierten Personalaufwendungen und nicht die Stellenpläne maßgeblich.

3.8.12 Überschreitungen des Ansatzes für Personalaufwendungen in einem Budget

Dass die Umwandlung von Sachaufwendungen in Personalaufwendungen für *un*befristete neue Stellen – wenn überhaupt – nur unter bestimmten Bedingungen zugelassen werden sollte, wurde bereits ausgeführt (siehe 3.8.6).

 WICHTIG!

Die Umwandlung von Sachaufwendungen in Personalaufwendungen für befristete Beschäftigungsverhältnisse, Honorar- oder Werkverträge usw. kann dagegen grundsätzlich zugelassen werden.

Wenn allerdings zusätzlich zu den allgemeinen Budgetvorgaben eine Deckelung der Gesamtpersonalaufwendungen durchgesetzt werden soll, muss auch diese Grundregel wieder eingeschränkt werden: Um die Gesamtpersonalaufwendungen nicht zu erhöhen, kann die Umwandlung von Sachaufwendungen in Personalaufwendungen in einem Unterbudget

3 Die Budgetierung als zentrales Steuerungsverfahren

nur zugelassen werden, wenn sie durch eine entsprechende Einsparung von Personalaufwendungen in anderen Budgets der Abteilung bzw. des Fachbereichs ausgeglichen wird.

 WICHTIG!

Bei globaler Deckelung der Personalaufwendungen gilt grundsätzlich folgende Regel: Zeichnet sich in einem Unterbudget eine Überschreitung der Personalaufwendungen ab, so ist diese durch die Einsparung von Personalaufwendungen in anderen Budgets der Abteilung bzw. des Fachbereichs auszugleichen.

Es ist Aufgabe der Fachbereichsleiter dafür zu sorgen, dass die Abteilungen und Einrichtungen ihre Ansätze einhalten. Dazu gehören Regeln für den Umgang mit den Problemen, die entstehen, wenn diszipliniert wirtschaftende Ämter einen Teil ihres Personalaufwandsansatzes zugunsten anderer, weniger disziplinierter abgeben müssen.

Beim Ausgleich von Personalaufwendungen innerhalb der Fachbereiche ist die besondere Stellung der kostenrechnenden Einrichtungen i. e. S. zu beachten.

In Ausnahmefällen kann es sinnvoll sein, eine Überschreitung der Ansätze für Personalaufwendungen als „Verlustvortrag" in das Folgejahr zu übernehmen. Voraussetzung ist allerdings, dass der Fachbereich deutlich machen kann, warum im Folgejahr die Einhaltung eines – nochmals reduzierten – Ansatzes gelingen kann (z. B. wegen anstehender Altersfluktuation im erforderlichen Umfang). Zusätzlich ist ggf. die Einhaltung einer globalen Deckelung der Personalaufwendungen zu beachten.

3.8.13 Bewirtschaftung der Personalaufwendungen

Ansätze für Personalaufwendungen werden für alle Budgets gebildet. Im Normalfall werden Verwendung und Änderungen der Ansätze im Rahmen der allgemeinen Budgetüberwachung auf der Grundlage des allgemeinen Berichtswesens überwacht. Bei zusätzlicher Personalkostendeckelung ist eine besondere Überwachung der Personalaufwendungen angezeigt. Wenn die Einhaltung der Personalkostenbudgets auf Fachbereichsebene erwartet wird, ist das Fachbereichsbudget für die Haushaltsabteilung und für die Personalabteilung die relevante Steuerungsgröße. Da die Abteilungen und Einrichtungen ihre eigenen Personalkostenansätze bzw. -budgets jedoch ebenfalls kennen müssen und da innerhalb des Fachbereichs (= Deckungsring) auf deren Einhaltung geachtet werden muss, sind die Einzelansätze bzw. -budgets für die Steuerung auf Fachbereichsebene und vor allem für die Selbststeuerung der Abteilungen und Einrichtungen relevant.

Die Budgetierung als zentrales Steuerungsverfahren 3

Bei der Bewirtschaftung der Personalaufwendungen greifen die möglichst weitgehenden dezentralen Zuständigkeiten und die notwendigen zentralen Kontrollen und Dienstleistungen ineinander. Zu berücksichtigen sind u. a. folgende Aspekte:

- Wenn bei einer Personalkostendeckelung die Fachbereiche für die Einhaltung der Personalkostenbudgets verantwortlich gemacht werden sollen, kann das dafür sprechen, alle entsprechenden Aufwandspositionen an zentraler Stelle im Fachbereich zusammenzufassen (Gemeinkostenbudget).

- Ein alle Personalaufwendungen erfassender zentraler Ausweis auf der Ebene der Gesamtverwaltung würde dann nicht mehr gebildet.

- Zusätzlich wird ein Budget für Personalaufwendungen gebildet, die nicht einzelnen Fachbudgets zugeordnet werden können, z. B. Ausbildung (siehe 3.8.3).

- Wie die Personalaufwendungen *technisch* bewirtschaftet werden, hängt vom Stand der Dezentralisierung und der Technikunterstützung ab. Meist wird die **technische Bewirtschaftung** gemeinsam mit der Gehaltsabrechnung durch die Personalabteilung vorgenommen. Die Personalabteilung soll jedoch die Vorgaben aus den verantwortlichen Budgetbereichen nur noch nachvollziehen, sodass die *sachliche* Bewirtschaftung in den Einrichtungen/Abteilungen/Fachbereichen liegt. Die Personalabteilung sollte also grundsätzlich keine eigenen Bewirtschaftungsrechte über Personalkostenansätze mehr haben, es sei denn, die Verwaltungsleitung beschließt dies, z. B. als Reaktion auf gravierende Ansatzüberschreitungen. Sie hat jedoch im Zusammenhang mit der technischen Budgetbewirtschaftung die Pflicht, auf Rechtmäßigkeit und Plausibilität zu achten und die Fachbereiche ggf. auf Verstöße, Probleme etc. hinzuweisen.

- Die Budgetverantwortlichen erhalten von der Personalabteilung **Monatsübersichten** über den Mittelabfluss aus ihren Budgets, die Fachbereiche erhalten Monatsübersichten für ihre zugehörigen Abteilungen und das konsolidierte Fachbereichsbudget. Diese enthalten den jeweiligen Stand der Personalaufwendungen zum letzten Monatsende, aber auch eine Hochrechnung, wie die Budgetentwicklung bis zum Jahresende verlaufen wird, wenn keine Änderungen auftreten. Hier können die Fachbereiche, Abteilungen und Einrichtungen einerseits ihren finanziellen Handlungsspielraum ablesen, andererseits aufkommende Budgetprobleme frühzeitig erkennen. Für die Monatsübersichten ist anzustreben, dass sie keine personenbezogenen Informationen zu den Personalkosten enthalten, sondern nur die Gesamtsummen. Insbesondere in der Einführungsphase brauchen die Fachbereiche aber auch

3 Die Budgetierung als zentrales Steuerungsverfahren

detailliertere Informationen. In Betracht kommt eine Übersicht, bei der für alle Abbuchungen aus dem Personalansatz des Unterbudgets das sog. „Arbeitgeber-Brutto" ausgewiesen ist, also das Bruttogehalt zzgl. Arbeitgeberanteile zur Sozialversicherung. Eine solche Liste erlaubt den Organisationseinheiten die Kontrolle, ob auch wirklich nur die eigenen Beschäftigten auf der Liste stehen oder ob ggf. Zuordnungs- oder Buchungsfehler gemacht wurden.

3.8.14 Berichtswesen

Die budgetverantwortlichen Fachbereichsleiter berichten im Rahmen des Haushaltsberichtswesens (siehe Anlage 1 Ziffer 6) unterjährig an die Verwaltungsführung und den zuständigen Fachausschuss über den Stand der Personalaufwendungen. Die Berichte enthalten Informationen zu gravierenden Abweichungen – sowohl Über- wie Unterschreitungen – von den Personalkostenansätzen in den Einzelbudgets und den Fachbereichsbudgets.

3.8.15 Dienstanweisung

Die Besonderheiten im Personalbereich sprechen dafür, die Regeln zur Einbeziehung der Personalaufwendungen in die Budgetierung in einer Dienstanweisung zu formulieren. Anlage 2 enthält dafür ein **Muster**. In dem Muster wird davon ausgegangen, dass gleichzeitig mit der Einbeziehung der Personalaufwendungen in die Budgetierung Vorgaben zur Begrenzung der Gesamtpersonalaufwendungen und zu einer jährlichen Absenkung durchgesetzt werden müssen.

3.9 Budgetierung und Investitionstätigkeit

Die Budgetierung ist das zentrale Verfahren zur Steuerung der laufenden Verwaltungstätigkeit. Sie erstreckt sich damit *direkt* auf den Ergebnishaushalt. Über die im neuen Haushalts- und Rechnungswesen gegebenen Verknüpfungen zwischen der Investitionstätigkeit und dem Ergebnishaushalt kann in Zukunft auch der Investitionshaushalt *indirekt* über die Budgetierung des Ergebnishaushalts gesteuert werden.

Beispiel: Kapitalkostenbudgetierung

> Über die (mittelfristige) Budgetierung von Abschreibungen und Kapitalverzinsung kann der Spielraum für Investitionen in einem Fachbereich bestimmt werden.

In der Praxis wird aber auch in Zukunft über Investitionen eher direkt in Abhängigkeit von den aktuellen politischen Notwendigkeiten entschieden werden. (Dass dabei die Finanzierungs- und die sonstigen Folgekosten zu berücksichtigen sind, ist nicht neu; neu ist im neuen Haushalts- und

Die Budgetierung als zentrales Steuerungsverfahren 3

Rechnungswesen allerdings die direkte Belastung des jeweiligen Teilhaushalts auch mit den Kapitalkosten.)

 WICHTIG!
Eine direkte Budgetierung ist für Investitionsmaßnahmen nur begrenzt geeignet.

Nur wo die Zahl der Investitionsmaßnahmen so groß ist, dass sich für die einzelnen Fachbereiche über die Jahre kontinuierliche Budgetgrößen ergeben, können Gesamtbudgets für Fachbereiche oder Teile davon Sinn machen. Das ist selbst in größeren Verwaltungen nicht die Regel. Eher der Budgetierung zugänglich sind Positionen wie der Erwerb beweglichen Vermögens oder kleinere Baumaßnahmen in Bereichen wie dem Hoch- oder dem Straßenbau. „Budgets" dieser Art haben allerdings einen anderen Charakter als flächendeckende, top-down ermittelte Budgets und stellen in den Investitionshaushalten prinzipiell nichts Neues dar.

3.10 Budgetierung und Haushaltskonsolidierung

Für die schwierige finanzielle Lage vieler Kommunen sind auch die traditionellen Verfahren der Haushaltsplanaufstellung und -bewirtschaftung verantwortlich. Die bisher üblichen Mittelanmeldeverfahren beinhalten eine latente Tendenz zur permanenten Überforderung der örtlichen Leistungsfähigkeit. Die bisherige Bottom-up-Orientierung des Prozesses fördert Verhaltensweisen, die sich als ein Kampf aller gegen den Haushaltsausgleich beschreiben lassen. Je stärker in Krisenjahren die Mittelanforderungen der Fachbereiche die finanziellen Möglichkeiten überstiegen, umso mehr wurde in der Praxis deutlich, dass durch die Kürzung einzelner Haushaltsansätze die erforderlichen Konsolidierungsvolumina nicht erreicht werden konnten.

Die Budgetierung dreht den Spieß um: Am Anfang steht der „Kassensturz", aus dem die maximal für die einzelnen Budgets verfügbaren Mittel abgeleitet werden, bevor mit der Programmplanung im Detail begonnen wird. Es ist wie bei einer Kaskade: Unten kommt nur so viel Wasser an, wie oben zuläuft. Der Kampf um die knappen Ressourcen wird damit zu einem Kampf der Fachbereiche untereinander um die Prioritäten.

 WICHTIG!
Das Verfahren der Budgetierung ist besser als die traditionellen Verfahren der Haushaltsplanaufstellung und -bewirtschaftung zur Bewahrung der finanziellen Stabilität einer Kommune geeignet.

Schwieriger wird es, wenn die Finanzen erst einmal aus dem Ruder gelaufen sind. Zur Konsolidierung teilweise desaströs defizitärer Haus-

3 Die Budgetierung als zentrales Steuerungsverfahren

halte erweist sich die Budgetierung als nicht geeignet – oder es fehlt der politische Wille. Jedenfalls vertrauen Politik und Verwaltungsführung in vielen Kommunen nicht auf die Budgetierung und ergreifen ergänzende Konsolidierungsmaßnahmen, die die Wirksamkeit der Budgetierung weiter beeinträchtigen.

- So sind spezielle Personalkostendeckelungen theoretisch überflüssig, wenn die im Personalbereich möglichen (erfahrungsgemäß maximal ca. 2 % pro Jahr) und gewollten Kostensenkungen in das gesamte Budgetierungsvolumen einbezogen werden. Die für die Personalkostendeckelung nötigen Sonderregelungen konterkarieren in weiten Bereichen die grundlegenden Budgetierungsspielregeln (siehe 3.8).
- Auch die inzwischen zur Methode gewordene vorläufige Haushaltsführung sowie haushaltswirtschaftliche Sperren führen mit ihren schematischen Eingriffen zur Störung des Budgetierungssystems oder führen es ad absurdum.

Beispiel: Vorläufige Haushaltsführung

Die Sperrung der Aufwandspositionen für Druckkosten führt dazu, dass die Dienststellen auch die eigene Hausdruckerei für große Vervielfältigungsaufträge nicht beauftragen können. Die Dienststellen weichen auf eigene Kopiergeräte und Laserdrucker mit deutlich höheren Kosten aus.

Besonders schwer tut sich die Praxis mit der Durchsetzung *struktureller* Veränderungen, wie sie als Voraussetzung für eine Konsolidierung inzwischen in vielen Kommunen unumgänglich sind. Sicher wohnt der Budgetierung eine gewisse Tendenz zur Fortschreibung der Budgets und zur Erhaltung der Strukturen inne.

 WICHTIG!

Gerade zur Meisterung von schwerwiegenden Konsolidierungsproblemen kommt es darauf an, das Budgetierungsverfahren in den größeren Rahmen einer zielorientierten, strategisch ausgerichteten Steuerung zu stellen und dabei systematisch die Informationen des Produkthaushalts zu nutzen.

Wenn Politik und Verwaltungsführung primär auf Ziele, Wirkungen und Leistungen schauen und sich bei den Inputs stärker auf die Ergebnisse und Zuschussbedarfe konzentrieren, dann werden Kräfte freigesetzt, Strategiediskussionen angestoßen, überhöhte Standards diskutierbar und Aufwendungen transparent. In diesem Sinne sollte umfassende Budgetierung also auch und gerade zur Konsolidierung genutzt werden. Die besseren Informationsgrundlagen sind dann da.

Die Budgetierung als zentrales Steuerungsverfahren 3

 WICHTIG!

Es kommt nur noch darauf an, die nötigen Beschlüsse zu fassen!

3.11 Budgetierung und Verwaltungsmodernisierung: ein Gegensatz?

Wegen ihrer besonderen Eignung zur Verfolgung von Konsolidierungszielen wird Budgetierung von Kommunen mit größeren Finanzproblemen oft zunächst als Deckelungs- oder Plafonierungsinstrument eingesetzt. Vor allem Nichtfinanzer sehen deshalb häufig Konflikte zwischen Budgetierung und Verwaltungsreform. Das Gegenteil ist der Fall: Verwaltungsreform bleibt ohne Budgetierung auf Dauer Stückwerk.

Das Neue Steuerungsmodell verlangt Verhaltensänderungen von allen Akteuren. Es ist wichtig, die Menschen von den Vorteilen des Neuen Steuerungsmodells zu überzeugen, sie vielleicht sogar dafür zu begeistern. Verhaltensänderungen gehen über Herz und Verstand. Aber ohne die richtigen Strukturen in der Verwaltung verlieren auch Idealisten irgendwann ihre Motivation. Die Strukturen müssen effektives und effizientes Verhalten belohnen und Zuwiderhandlungen bestrafen. Das ist das erklärte Ziel der Budgetierung. Und dazu tragen auch die anderen Elemente wie die Kongruenz von Haushalts- und Verwaltungsgliederung, das Ressourcenverbrauchskonzept usw. bei.

 WICHTIG!

Der budgetierte Haushalt ist das zentrale Instrument der Verhaltenssteuerung im Sinne des Neuen Steuerungsmodells.

Budgetierung ist also nicht nur verträglich mit den Zielen der Verwaltungsreform, sondern Voraussetzung und Kernbestandteil.

Beispiel: Dezentrale Personal(kosten)verantwortung

Wenn sich dezentrale Personalverantwortung nicht in der Zuständigkeit für Reisekosten und das Führen der Urlaubsliste erschöpfen soll, muss die Verantwortung für die gesamten Personalkosten per Budgetierung dezentralisiert werden.

Eine von Konsolidierungszwängen getriebene Budgetierung stellt damit auch die Einstiegsstrategie für die Verwaltungsmodernisierung dar, die die nachhaltigsten Erfolge verspricht.

Voraussetzung ist allerdings, dass die Budgetierung – auch wenn sie zunächst als Deckelungsinstrument eingeführt wurde – reformkonform ausgestaltet und schrittweise mit den übrigen Modernisierungsinstrumenten harmonisiert wird. Dazu gehört in fast allen öffentlichen Organisa-

3 Die Budgetierung als zentrales Steuerungsverfahren

tionen, dass notwendiger Personalabbau ohne Entlassungen erfolgt. Wichtig ist auch, dass Einsparungen der Fachbereiche nicht vollständig zur Konsolidierung des Gesamthaushalts abgeschöpft werden. Wenn durch eigene Anstrengungen geschaffene Spielräume im Budget in der nächsten Konsolidierungswelle vollständig weggekürzt werden, erlahmt die Bereitschaft der Fachbereiche zu Zweck- und Vollzugskritik („Vergeblichkeitsfalle").

3.12 Budgetierung für alle und für immer?

Die Anfänge der Budgetierung im engeren Sinne stammen aus dem Jahre 1993. Da gab es die ersten Praxisfälle und den Grundlagenbericht der KGSt, der entscheidend zur Verbreitung der neuen Botschaft beigetragen hat. Inzwischen haben die meisten deutschen Kommunen die früheren Haushaltssteuerungsverfahren durch die Budgetierung abgelöst. Damit sind die Kommunen Vorreiter für eine Entwicklung, die inzwischen auch Teile der Landesverwaltungen, die Hochschulen, die Kirchen und andere öffentliche Bereiche erreicht hat. Bei der konkreten Ausgestaltung des Budgetierungsverfahrens als Teil des örtlichen Steuerungssystems gibt es viele Varianten. Aber:

 WICHTIG!

Die Erfahrung zeigt, dass Budgetierung mit ihren Kernelementen der dezentralen Ressourcenverantwortung und der Produktorientierung für öffentliche Organisationen jeder Größe geeignet ist.

Selbst in kleinsten Gemeinden (unter 5.000 Einwohner) kann die Budgetierung zu einer Verbesserung des Finanzmanagementsystems erheblich beitragen, insbesondere bei Einrichtungen wie dem Baubetriebshof oder den Kindergärten. Die Übertragung der Budgetierungslogik auf die Beteiligungen, macht es leichter, die gerade in kleineren Gemeinden oft schwache Steuerung der Beteiligungen zu verbessern: Wenn die Dienststellen im Kernhaushalt mit einem maximalen Zuschuss auskommen müssen, dann müssen es auch die Beteiligungen akzeptieren, dass ihnen für das Planjahr (und den Zeitraum der mittelfristigen Finanz- bzw. Wirtschaftsplanung) ein bestimmtes Ergebnis (ein maximaler Zuschuss oder eine bestimmte Gewinnablieferung) ex ante im Kernhaushalt und parallel dazu im Wirtschaftsplan vorgegeben wird.

In den Anfängen der Budgetierung wie generell der Verwaltungsreform wurde häufig mit der Einführung der Neuerungen in Pilotbereichen begonnen, um zunächst Erfahrungen zu sammeln. Die liegen inzwischen reichlich vor.

Die Budgetierung als zentrales Steuerungsverfahren 3

 TIPP!

Generell ist deshalb heute zu empfehlen, das Budgetierungsverfahren in einer Verwaltung von vornherein flächendeckend einzuführen.

Das schafft für alle gleiche Bedingungen und vermeidet das aufwendige Nebeneinander zweier Steuerungsverfahren. Wer die in der Top-down-Perspektive liegenden Steuerungsvorteile nutzen will, muss ohnehin flächendeckend vorgehen: Der für Konsolidierungsaktionen notwendige Paketcharakter wird nur erreicht, wenn alle einbezogen sind und keine Ausnahmen gelten.

Das schließt nicht aus, dass für die einzelnen Budgets unterschiedliche Budgetregeln festgelegt werden, z. B. unterschiedliche Freiheitsgrade bezüglich des Umgangs mit den zugewiesenen Ressourcen. So kann einem internen Dienstleister, der unter Wettbewerbsbedingungen seine Kosten durch Verrechnungseinnahmen voll deckt, eine Autonomie eingeräumt werden, die der eines Eigenbetriebes gleichkommt, während in anderen Bereichen, die sich weniger leicht über Ergebnisse steuern lassen, innerhalb des Budgetrahmens durchaus für einzelne Positionen Ausnahmen vom Grundsatz der umfassenden gegenseitigen Deckungsfähigkeit verfügt werden können; typisch dafür sind politisch besonders interessierende Einzelpositionen wie z. B. Zuschüsse an Vereine oder Transferzahlungen im sozialen Bereich.

Die anreizbedingten Erfolge der Budgetierung sind am Anfang stärker. Mit der Zeit können sie nachlassen. Es greift aber zu kurz, die Budgetierung nur als ein Rationalisierungsverfahren zu betrachten, dass sich nach ein paar Jahren abgenutzt hat und durch eine andere Kampagne ersetzt werden könnte.

 WICHTIG!

Als zentrales Steuerungsverfahren ist die Budgetierung auf Dauer angelegt.

Wo die Budgetierung ungenügende Anreize zur Steigerung der Effizienz und der Effektivität bewirkt, geht es nicht darum, sie zu ersetzen, sondern sie sinnvoll zu ergänzen und zu flankieren. Beispiele sind Leistungsverrechnung und Wettbewerb oder Gemeinkostenmanagement (siehe Kapitel 5 und 6).

Entsprechendes gilt für die Schwierigkeit der Budgetierung, Strukturverschiebungen zu bewirken. Sie bedarf dazu der Ergänzung durch Verfahren der strategischen Steuerung (siehe Kapitel 10).

3 Die Budgetierung als zentrales Steuerungsverfahren

Fazit zu Kapitel 3:

- Budgetierung kann als die „finanzwirtschaftliche Flanke" des Neuen Steuerungsmodells verstanden werden. Ergebnisorientierte Budgets in Form von Zuschuss- bzw. Überschussbudgets vereinen Fach- und Ressourcenverantwortung und stehen damit im Dienste einer konsequenten Dezentralisierung von Verantwortung.
- Budgets stellen auf klare Verantwortlichkeiten ab und schaffen damit die Basis für eigenverantwortliches Handeln der Verantwortlichen. Durch geeignete Anreiz- und Sanktionsmechanismen können diese zu wirtschaftlichem Verhalten angereizt werden.
- Praktische Anforderungen verlangen im Rahmen der Budgetierung eine ausreichende Berücksichtigung zentraler Budgetanforderungen und dezentraler Erfordernisse. Diese müssen im Budgetierungsprozess abgeglichen werden. Im Ergebnis wird für das Verfahren der Budgetierung das „Gegenstromverfahren" empfohlen: Die Weichenstellungen erfolgen von oben nach unten (top-down). Die Detailplanungen erfolgen von unten nach oben (bottom-up).
- Die Personalaufwendungen müssen als bedeutende Aufwandsart von vorneherein in die Budgetierung einbezogen werden. Die dezentralen Personalaufwandsansätze müssen dabei zentralen Bewirtschaftungsregeln unterworfen sein.
- Budgetierung kann aufgrund der dezentralen Ausrichtung in besonderer Weise den Prozess der Haushaltskonsolidierung unterstützen. Es kommt darauf an, das Budgetierungsverfahren in den größeren Rahmen einer zielorientierten, strategisch ausgerichteten Steuerung zu stellen.

Literatur zu Kapitel 3

Baier, Horst (2002)
Hill, Hermann (2004)
Hoffjan, Andreas (2000)
KGSt (1993a): Mit diesem Bericht, und dem parallel dazu erschienenen Bericht 5/1993 Das Neue Steuerungsmodell, gab die KGSt die entscheidenden Anstöße zur Verbreitung der Budgetierung in Deutschland.
KGSt (1995b)
KGSt (1997c)
Schwarting, Gunnar (2005)
Schwarting, Gunnar (2003)
Vierheilig, Otto (2001)

4 Vom (klassischen) kameralen Haushalt zum Produkthaushalt

Leitfragen zu Kapitel 4
- Wie erfolgt die Integration von Produktinformationen in den Haushalt?
- Wie erfolgt eine Abstimmung von Haushalts- und Produktgliederung?
- Welche Produktinformationen gehören in den Haushalt?
- Wie gelangt man von Produktinformationen zu Zielvereinbarungen und Leistungskontrakten?

4.1 Produktorientierung im Neuen Steuerungsmodell: Ausgangspunkt Produktpläne

Das Neue Steuerungsmodell betont von Beginn an die Funktion der Kommunen als Dienstleistungsunternehmen. Damit wird der Blick stärker auf die kommunalen Leistungen, die angestrebten Wirkungen und die damit verfolgten Ziele gerichtet. Viele Verwaltungen haben die von ihnen erbrachten Leistungen nach Art, Menge und Qualität erfasst, haben sie zu Produkten, Produktgruppen und Produktbereichen zusammengefasst und haben diese in Produktkatalogen umfassend und systematisch dokumentiert.

Bis heute haben sich dieser Entwicklung auch Landesverwaltungen angeschlossen. Beispielhaft zu nennen sind das Land Hessen sowie die Stadtstaaten Hamburg und Bremen. Auch Nordrhein-Westfalen folgt diesen Beispielen. Vergleichbares ist auch bei einer Vielzahl evangelischer und katholischer Landeskirchen zu beobachten. Die Entwicklung in den Kommunen hat Schule gemacht!

Vor allem folgende Erwartungen werden mit einer derartigen Darstellung verknüpft: Produktbereiche, Produktgruppen oder Produkte

- vermitteln die Botschaft von der Dienstleistungs- oder Kundenorientierung in besonders konkreter Form.
- und Informationen über deren Mengen, Qualitäten und den damit verbundenen Ressourcenverbrauch (Aufwendungen) dienen dazu, das Verwaltungshandeln transparent zu machen.
- können ein Ausgangspunkt für die Prozessoptimierung und die Reorganisation der Verwaltungsstruktur sein.

4 Vom (klassischen) kameralen zum Produkthaushalt

- können als Ausgangspunkt für Aufgabenkritik bzw. für die Haushaltskonsolidierung verwendet werden.
- können in der Kosten- und Leistungsrechnung als Bezugsobjekte (Kostenträger) dienen.
- können bei interkommunalen Vergleichen als Bezugsobjekte dienen.
- stellen einen geeigneten Anknüpfungspunkt für das Qualitätsmanagement dar.
- bieten Ausgangswerte für personalwirtschaftliche Maßnahmen, so z. B. eine leistungsabhängige Entlohnung.
- sind ein geeigneter Anknüpfungspunkt für Maßnahmen des Marketings wie Bürgerbefragungen oder Öffentlichkeitsarbeit.

Im Hinblick auf diese unterschiedlichen Erwartungen bzw. Zielsetzungen stellte sich lange Zeit die Frage, wie die Produktbereiche, Produktgruppen und die Produkte abgegrenzt und definiert werden sollten. Ziel hierbei war und ist es, die Produkte so abzugrenzen, dass sie als **Steuerungsobjekte** dienen können. In der Praxis hat dies zu ganz unterschiedlichen Ergebnissen geführt. Mittlerweile liegen zahlreiche unterschiedliche sog. „Produktpläne" vor. So etwa der landesweite kommunale „Produktplan Baden-Württemberg". Er dient den Kommunen als Orientierung. Auch für andere Bundesländer gibt es entsprechende Empfehlungen.

Die Produktpläne sind allesamt systematisch gegliedert nach Produktbereichen. Diesen werden die zugehörenden Produktgruppen und diesen wiederum die Produkte zugeordnet. Die Produkte werden inhaltlich beschrieben. Es werden Ziele und Kennzahlen zur Steuerung dieser Produkte vorgeschlagen.

Aus den so entwickelten Produktplänen entstanden dann Vorschläge für die Gestaltung der Haushaltspläne, die dann ihren Niederschlag in entsprechenden Vorschriften der Gemeindehaushaltsverordnungen fanden.

4.2 Von Produktplänen zum Produkthaushalt

Der Weg von einer zunächst „solitär" (d. h. vom Haushalt unabhängig) geführten Diskussion der Steuerung über Produkte hat folgerichtig zur konsequenten Einbeziehung der Produktsteuerung in den Haushalt geführt (siehe 3.5.1). Die Voraussetzungen einer „integrativen" Produkt- und Finanzsteuerung sind damit geschaffen.

Durch diese systematische Verknüpfung von Produkt- und Finanzinformationen entstehen sog. Produktbudgets (Produktgruppenbudgets und Produktbereichsbudgets). Diese Produktbudgets werden im Haushalt bzw. in Teilhaushalten abgebildet. Durch diese Integration von Finanz-

Vom (klassischen) kameralen zum Produkthaushalt 4

und Produktinformationen (Arten, Mengen, Ziele) erhält der Haushalt eine neue Qualität. Beraten wird eben nicht mehr nur über Finanzdaten, sondern gleichzeitig immer auch über die damit erstellten Produkte, deren Ausprägungen und über die damit verfolgten Ziele hinsichtlich Art, Mengen, Qualität und (letztendlich) deren beabsichtigter Wirkung.

Unter Steuerungsaspekten ist zu entscheiden, ob etwa eine Verwaltung für alle ihre Produkte einzelne Produktbudgets im Haushalt ausweist, oder ob sie sich auf den Ausweis von Produktgruppenbudgets beschränkt. Bezogen auf den Produktplan Baden-Württemberg bedeutet dies: Es können auf der Basis von rund 481 Produkten einzelne Produktbudgets im Haushalt ausgewiesen werden. Man kann sich auch auf die Abbildung von etwa 100 Produkt(gruppen)budgets beschränken. Die vom Gesetzgeber vorgeschriebene Mindestgliederung nach Produktbereichen (z. B. § 6 Abs. 1 der kommunalen Haushalts- und Kassenverordnung Brandenburg) lässt ausreichend Raum für eine Detailgliederung nach den örtlichen Steuerungserfordernissen.

 TIPP!

Unter Steuerungsgesichtspunkten sollte der Haushalt in erster Linie Produktgruppenbudgets abbilden. Darüber hinaus können für einzelne Produkte mit hoher politischer und finanzieller Relevanz (sog. Schlüsselprodukte) Produktbudgets innerhalb der Produktgruppenbudgets abgebildet werden.

Die konkrete Gestaltung der Haushaltsgliederung ist in Abhängigkeit von den spezifischen Informationsbedarfen in Politik und Verwaltungsführung örtlich festzulegen. Eine über alle Verwaltungen einheitliche Haushaltsstruktur ist mithin nicht mehr zu erwarten, weil die Steuerungserfordernisse und der Steuerungskontext in jeder Verwaltung anders sind.

Die Frage, wie detailliert (wie feinkörnig) die Produktgliederung im Haushalt sein sollte, ist eine der besonders schwierigen Gestaltungsfragen. Will man allen Anforderungen bzw. Erwartungen genügen (siehe 4.1), so müssten alle Informationen im Haushalt eigentlich auf der Basis sehr feinteilig gegliederter Produkte gegeben werden. Die Produkte sollen ja die Brücke zu den Adressaten, den Kunden, den Bürgern schlagen. Die Bürger aber nehmen in der Regel keine Produktgruppe in Anspruch, sondern sehr spezielle einzelne Leistungen. Und Verwaltungsakte umfassen höchst selten eine ganze Produktgruppe, sondern sind in der Regel sehr speziell. Viele Informationen lassen sich nur bei einer derart engen Definition des Produktes, bei der das Produkt aus der Sicht des „Abnehmers" als homogenes ökonomisches Gut definiert wird, präzise genug zuord-

4 Vom (klassischen) kameralen zum Produkthaushalt

nen, wie etwa Aussagen zur beabsichtigten Wirkung, zur Qualität oder zur Kundenzufriedenheit.

Beispiel:

In Brandenburg gibt es ein eigenes Brandenburgisches Ausbildungsförderungsgesetz. Die Ausführung dieses Gesetzes obliegt den Kreisen und kreisfreien Städten. Um Aussagen zu den Kosten pro Antrag, zur Effektivität der Leistungen oder zur Zufriedenheit der Leistungsempfänger (Bearbeitungszeiten usw.) im Haushalt machen zu können, müssten die ausführenden Kommunen in ihren Haushalten ein eigenes Produkt bilden. Mit Recht verlangt das die Kommunale Haushalts- und Kassenverordnung nicht. Und tatsächlich weisen alle Verwaltungen die Erträge und Aufwendungen für die Ausführung des Brandenburgischen Ausbildungsförderungsgesetzes zusammen mit anderen Verwaltungskosten unter der Produktgruppe 242 „Fördermaßnahmen für Schüler" aus. Dieser Produktgruppe werden außerdem die Aufwendungen für Stipendien für Schüler, Sonstige Leistungen, z. B. für Klassenfahrten, Schüleraustausch, Zuschüsse des Landes für Berufsschüler bei auswärtiger Unterbringung u. a. zugeordnet.

Hieraus folgt, dass auch an das Thema Produkte top down herangegangen wird: Aus der Masse der Informationen, die in den Produktkatalogen quasi wie in einem Steinbruch zur Verfügung stehen, werden diejenigen ausgewählt, die im jeweiligen Steuerungszusammenhang relevant sind.

 WICHTIG!

Die Festlegung des Detaillierungsgrades des Haushalts und der hierin abgebildeten Informationen muss in enger Abstimmung mit den politischen Entscheidungsträgern erfolgen. Hierzu sollte ein offener Diskurs zwischen Politik und Verwaltungsführung stattfinden.

4.3 Integration von Finanz- und Produktsteuerung im Haushalt

Die Grundidee ist so einfach wie zwingend: Eine vernünftige Steuerung der öffentlichen Verwaltung durch die politischen Gremien und die Verwaltungsführung setzt voraus, dass zusammen mit den Ressourcenzuweisungen in den Haushaltsplänen auch konkrete Vorgaben für die zu erbringenden Produkte gemacht werden. Die politischen Gremien müssen auch die Produkte beschließen, die von der Verwaltung mit den zugewiesenen Ressourcenbudgets erzeugt und dargeboten werden sollen. Zu jeder Finanzvorgabe gehört eine Leistungsvorgabe. Damit bekommen Räte, Kreistage und Parlamente das besser in die Hand, was der eigentliche Inhalt der Politik ist, nämlich die Entscheidung über das Angebot öffentlicher Leistungen und das Budgetrecht der Parlamente.

Vom (klassischen) kameralen zum Produkthaushalt 4

So ergibt es Sinn, den Haushaltsplan als Hauptkontrakt zwischen Politik und Verwaltung zu bezeichnen (siehe 2.1).

Die striktere Verbindung von Ressourcenvorgaben mit Leistungsvorgaben ist auch eine zwingende Folge der Einführung der Budgetierung: In einem Finanzmanagementsystem, das stärker mit globalen Budgetvorgaben arbeitet, entsteht sonst ein Steuerungsvakuum, das bisher – mehr schlecht als recht – durch haushaltsstellenscharfe Input-Feinsteuerung und Einzelanweisungen von Linienvorgesetzten und Querschnittseinheiten gefüllt wird. Mit der produktorientierten Budgetierung – sowie Berichtswesen und Controlling – wird dieses Vakuum gefüllt.

4.4 Kongruenz von Haushalts-, Produkt- und Organisationsstruktur

 WICHTIG!

Die transparenteste Führungsstruktur ergibt sich, wenn die Struktur des örtlichen Produktplans, die Verwaltungsstruktur und die Haushaltsgliederung übereinstimmen.

Wie die Kongruenz der Ordnungssysteme am besten erreicht wird, ist von der jeweiligen Ausgangssituation abhängig. Zwischen den Ordnungssystemen bestehen enge und komplexe Zusammenhänge. So richtet sich die Verwaltungsgliederung natürlich u. a. nach der Produktpalette und verfolgt das Ziel optimaler Verwaltungsabläufe und Produktionsprozesse.

Aber auch die neue Logik des Steuerungssystems kann Rückwirkungen auf die Organisation auslösen. Der hierdurch ausgelöste Organisationsaufwand sollte durchaus auch vor dem Hintergrund gesehen werden, dass mit der Anpassung der Organisation auch Rationalisierungsvorteile erzielt werden können.

Beispiel: Trennung der Forsten vom Grundstücksmanagement

Wenn eine Organisationseinheit Gebäudewirtschaft gebildet werden soll und darin u. a. das bisherige Liegenschaftsamt aufgehen soll, das auch die städtischen Forsten bewirtschaftete, dann würde das der Formierung der Gebäudewirtschaft zu einem reinrassigen internen Dienstleister widersprechen. Denn die (defizitären) Forsten erbringen im Wesentlichen (End-)Produkte im Bereich Naherholung und Fremdenverkehr. Sie gehören folglich in das Budget der dafür verantwortlichen Organisationseinheit.

Um bestmögliche Voraussetzungen für die neue Steuerung zu schaffen, müssen also die Verwaltungsgliederung (unter Berücksichtigung der Produktsystematik) und die Haushalts- und Budgetgliederung sowie die poli-

4 Vom (klassischen) kameralen zum Produkthaushalt

tische Ausschussstruktur übereinstimmen bzw. aneinander angepasst werden. Die folgende Abbildung 16 soll den Zusammenhang noch einmal verdeutlichen.

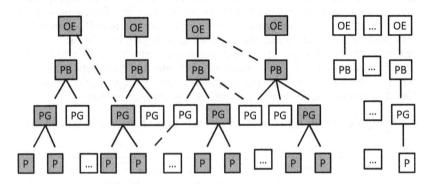

OE = Organisationseinheit
PB = Produktbereich
PG = Produktgruppe
P = Produkt

Abb. 16: Kongruenz von Haushalts-, Produkt- und Organisationsstruktur

Kommunen – für diese liegen mittlerweile Gemeindehaushaltsverordnungen vor, die für die Gliederung des Haushalts Produktbereiche und Produktgruppen vorgeben – setzen hier an. Die in den örtlichen Produktplänen enthaltenen Produktgruppen werden den im Haushalt abzubildenden Produktbereichen zugeordnet. Gleiches gilt für die Zuordnung der Produkte zu den im Haushalt vorgegebenen Produktgruppen. So werden örtliche Produktpläne mit der neuen Haushaltsstruktur in Übereinstimmung gebracht.

Hierbei ist darauf zu achten, dass die Zuordnungen eindeutig sind. Eine Produktgruppe sollte nicht zwei (oder mehreren) Produktbereichen zugeordnet sein. Ein Produkt sollte nicht zwei (oder mehreren) Produktgruppen zugeordnet sein (gestrichelte Linien in der Abbildung 16). Dies führt erstens zu rechnungstechnischen Problemen bei der Zuordnung von Aufwendungen und Erträgen. Zweitens führt es unter Verantwortungsgesichtspunkten zu Unklarheiten und macht damit den Zuschnitt klarer Budgets schwierig bis unmöglich.

Dies führt letztlich zur Notwendigkeit der eindeutigen Zuordnung von Produktbereichen zu (verantwortlichen) Organisationseinheiten. Dort wo

Vom (klassischen) kameralen zum Produkthaushalt 4

verschiedene Organisationseinheiten für einen Produktbereich oder gar eine Produktgruppe verantwortlich sind (gestrichelte Linien in der Abbildung 16), ist ein Zustand der „organisierten Unverantwortlichkeit" geschaffen.

 WICHTIG!

Es ist deshalb zu empfehlen, durch die Schaffung von Kongruenz zwischen Haushalts-, Produkt- und Organisationsstruktur klare Budgetstrukturen zu schaffen (siehe auch grau angelegte Budgetfelder in Abbildung 16).

Für öffentliche Verwaltungen, die noch keinen Produktplan haben und für die noch keine haushaltsrechtlichen Regelungen für die Gestaltung von Produkthaushalten vorliegen, bietet sich die folgende Vorgehensweise an: Zunächst wird die Verwaltungsorganisation überprüft und erforderlichenfalls modernisiert und verschlankt. Es gilt also beispielsweise, erst zu entscheiden, ob eine zentrale Gebäudewirtschaft gebildet werden soll und welche Produkte die (neue) Geschäftseinheit erbringen soll, bevor die Ressourcen zugeordnet und die Produkte im Einzelnen beschrieben und systematisiert werden. An diese Struktur wird sodann der Haushalt angepasst (Organische Haushaltsgliederung). Nach der Neugliederung des Haushalts und deckungsgleich mit der Budgethierarchie und der Verwaltungsstruktur werden die Ziele und Produkte beschrieben und systematisiert („Produktbildung"). Überörtliche Produktrahmen, wie der KGSt-Produktkatalog oder der Produktkatalog Baden-Württemberg können Ideengeber, Steinbruch und Formulierungshilfe sein.

Künftige Änderungen des Produktplans dürfen nur in Übereinstimmung mit Änderungen der Haushalts- und der Verwaltungsgliederung vorgenommen werden – und umgekehrt.

Beispiel: Gebäudewirtschaft

Nach der Entscheidung eines Kreises, zur Verbesserung des Steuerungssystems eine zentrale Immobilienwirtschaft einzurichten, wurde zunächst ein entsprechendes Budget gebildet, in dem die bisher verstreut im Haushalt ausgewiesenen Aufwendungen und Erträge zusammengefasst wurden. Korrespondierend dazu wurden dann das bisher von der Abteilung 1.1 „Zentrale Dienste" erbrachte Produkt 1.1.2 „Immobilienverwaltung" und die bisher von der Bauverwaltung erbrachten Produkte 5.4.3 „Landespflege" und 5.6.7 „Hochbau/Bauunterhaltung" der neuen Abteilung 1.7 „Immobilienwirtschaft" als Produkte 1.7.1–1.7.3 zugeordnet.

4 Vom (klassischen) kameralen zum Produkthaushalt

 TIPP!

Beginnen Sie mit der Beschreibung und Systematisierung von Zielen und Produkten erst, wenn die neue organische Haushaltsgliederung steht.

So wird vermieden, dass ein zunächst unabhängig vom Haushalt entwickelter Produktkatalog später zwecks Anpassung an den Haushalt in seiner Struktur und Gliederungstiefe wieder überarbeitet werden muss.

Bei dieser Vorgehensweise lässt sich auch ein klassisches informationswirtschaftliches Problem besser lösen. Produktkataloge mit diffuser Zielsetzung neigen dazu, zu viele Informationen zu produzieren, insbesondere wenn die Selbstdarstellungen der Fachbereiche nicht rigoros beschränkt werden. Wird der Produktkatalog zur Untersetzung des Haushalts konzipiert, müssen sich Umfang und Detaillierungsgrad der Information nach dem Informationsbedarf derer richten, für die der Haushaltsplan(entwurf) gemacht wird. Als Orientierung kann gelten:

 WICHTIG!

Umfang und Detaillierungsgrad der Produktinformationen richten sich primär danach, was örtlich in den Fachausschüssen als regelmäßige Grundlage für die Haushaltsplanberatungen für erforderlich gehalten wird.

Die begrenzte Informationsverarbeitungskapazität der Gremien in der kurzen Zeit der Haushaltsplanberatungen erzwingt eine strikte Begrenzung der Informationsmengen. Auf die Möglichkeit, unterschiedliche Adressatenkreise mit unterschiedlich detaillierten Informationen zu versorgen, wurde bereits hingewiesen (siehe 3.4.4).

Der so entstehende Produktplan ist auch als Grundlage für die **Geschäftsverteilung** geeignet. Er ist ja von vornherein nach Geschäftseinheiten gegliedert. Bei Bedarf sind die Informationen des Produktplans für Zwecke der Geschäftsverteilung allerdings weiter zu differenzieren und zu ergänzen, da im Haushalt meist eine höhere Aggregation erforderlich ist.

Die Kongruenz von Verwaltungsgliederung, Haushaltsgliederung und Produktgliederung bildet auch eine gute Grundlage für weiterführende Instrumente und Prozesse wie Leitbildentwicklung, Balanced Scorecard oder strategische Planung, die alle auf organisch zueinander passenden Informationen aufbauen können.

Vom (klassischen) kameralen zum Produkthaushalt 4

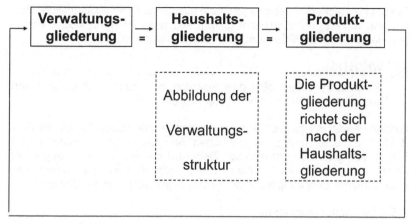

Abb. 17: Harmonisierung der Ordnungssysteme

4.5 Inhalt und Format der Leistungsinformationen im Haushalt

4.5.1 Worüber soll informiert werden?

Als zentrales Planungs-, Steuerungs- und Kontrollinstrument soll der Haushalt die Informationen zur Verfügung stellen, die Politiker und Verwaltungsführung für eine gute Politik brauchen. Es ist klar, dass dabei die Informationen über die Art, Menge und Qualität der Produkte (Produktinformationen im engeren Sinne) nur eine Basis bilden können. Entscheidend ist, welche Wirkungen erwartet werden und welche Ziele letztlich erreicht werden sollen. Der Zusammenhang zwischen Zielen und Produkten ist keinesfalls einfach: Oft tragen Leistungen aus verschiedenen Produktbereichen, Produktgruppen oder auch einzelner Produkte zur Erreichung eines Zieles bei, erst recht, wenn es sich um strategische Ziele oder Ziele weiter oben in der Zielhierarchie handelt. Manchmal sind es Projekte, in denen ein Bündel von Produkten zur Erreichung eines bestimmten Ziels zusammengefasst wird. In manchen anderen Staaten wird deshalb in den Haushaltsplänen weniger Wert auf flächendeckende Produktinformationen im engeren Sinne gelegt, sondern versucht, die Inputinformationen gleich mit Informationen über die Wirkungen (Outcome oder Impact) und über das Gebaren der Organisationseinheiten (Performance) zu verknüpfen.

Der in Deutschland eingeschlagene Weg, flächendeckend über die Gesamtproduktion zu informieren, bietet die Möglichkeit, systematischer eine Verknüpfung von Ressourcenbedarf und Leistungen herzustellen.

4 Vom (klassischen) kameralen zum Produkthaushalt

Die flächendeckende Information kann allerdings zu sehr kleinteiliger Darstellung führen und verursacht gleichzeitig hohe Kosten, sodass schon von daher nach Vereinfachungen gesucht werden muss.

 WICHTIG!

Stets ist zwischen dem gewünschten Informationsnutzen und den entstehenden Informationskosten abzuwägen.

Geklärt werden muss auch, wie die Totalinformation über die örtliche Produktion zu einer (aufgaben-)kritischen Analyse durch Verwaltung und Politik, zur Verfolgung komplexer Ziele und als Grundlage strategischer Steuerung genutzt werden kann. Hierzu gibt es zwar inzwischen eine Fülle örtlicher Erfahrungen, aber bislang keine ausgereiften Standards.

4.5.2 Darstellungsebenen

Geht man davon aus, dass die jeweilige Verwaltung zweckmäßig organisiert ist, insbesondere unter Berücksichtigung der von ihr zu erstellenden Produkte und der erforderlichen Produktionsprozesse, und geht man davon aus, dass diese Struktur im Haushalt abgebildet wird, so ist es folgerichtig, in dieser Struktur im nächsten Schritt auch über Ziele und Produkte zu informieren.

 WICHTIG!

Bei einer Übereinstimmung von Produkt- und Budgethierarchie können Informationen über Ziele und Produkte auf jeder Hierarchieebene gegeben werden.

Ziel ist es, eine Darstellungsebene („Korngröße") zu erreichen, auf der die Information über Art und Menge eines Produktes und die dazu gegebenen weiteren Informationen für die Entscheider verständlich, einleuchtend, konkret, interessant und in ihrer Menge noch überschaubar sind. Meist lassen sich Aussagen zu den Zielen, den Wirkungen, zu den speziellen Adressaten oder Abnehmern, zu deren Zufriedenheit oder allgemein zur Qualität nur auf der Ebene einzelner homogener Produkte machen. Im Haushalt sind die Produktinformationen deshalb in der Regel auf der jeweils untersten Stufe der Budgethierarchie in die Teilhaushalte aufzunehmen.

 WICHTIG!

In der Regel wird über Ziele und Produkte auf der untersten Budgetebene informiert.

Vom (klassischen) kameralen zum Produkthaushalt 4

Meist fasst ein Teilhaushalt aber auch auf der untersten Ebene der Budgethierarchie noch mehrere unterschiedliche Produkte oder gar Produktgruppen zusammen. Es ist dann zunächst eine Übersicht über die aus dem betreffenden Budget zu finanzierenden Produktgruppen bzw. Produkte erforderlich. Daraus ergibt sich das in der folgenden Abbildung 18 schematisch dargestellte System der Informationsdarbietung im Teilhaushalt.

4   Vom (klassischen) kameralen zum Produkthaushalt

Abb. 18: Teilhaushalt – Aufbau des Informationssystems

Vom (klassischen) kameralen zum Produkthaushalt 4

In dem Schema sind die Finanzdaten vorangestellt. Die Produktinformationen folgen, ähnlich wie es konventionell mit Erläuterungen gemacht wird. Neuerdings betonen manche Kommunen die Zielorientierung, indem sie die Informationen über Ziele und Produkte den Finanzinformationen voranstellen.

Das bietet sich vor allem dann an, wenn auch auf den oberen Ebenen der Budget- und Produkthierarchie über Ziele und Wirkungen informiert werden soll. So haben manche Verwaltungen begonnen, auch auf Produktgruppen- oder Produktbereichsebene produkt- bzw. produktgruppenübergreifende Informationen zu geben. Das sind dann insbesondere Informationen über (strategische) Ziele und Indikatoren zur Zielerreichung.

 TIPP!

Die oberen Budgetebenen können genutzt werden, um Informationen insbesondere über strategische Ziele zu formulieren.

Beispiel: Kultur und Bildung

Im Teilhaushalt „Musikschule", der in der Organisation einer Abteilung und in der Produkthierarchie einer Produktgruppe entspricht, werden insbesondere die Produktinformationen im engeren Sinne sowie die spezifischen Musikschulziele usw. dargestellt. Auf der nächsthöheren Ebene, dem Fachbereichsbudget „Kultur und Bildung", das sich mit dem entsprechenden Produktbereich deckt, wird allgemeiner über strategische Ziele und dgl. informiert.

4.5.3 Inhalt und Umfang der Informationen

Das Kernproblem aber sind der Inhalt und der Umfang der Informationen. Bezüglich des Umfangs wurde bisher davon ausgegangen, dass die Information über Ziele und Produkte flächendeckend sein solle. Die meisten Kommunen sind bei der Entwicklung ihrer Produkthaushalte auch von dieser Zielsetzung ausgegangen. Der Aufbau erfolgt dabei allerdings meist in einem mehrjährigen Prozess, in Abhängigkeit u. a. von der mehr oder weniger intensiven Zuarbeit der Fachbereiche. Dabei gibt es aber Probleme:

- Entwicklung und Pflege flächendeckender Informationssysteme sind aufwendig
- die Informationen sind unterschiedlich steuerungsrelevant und
- mit wechselnden Themen in der politischen Diskussion ändern sich auch die Schwerpunkte und der Detaillierungsgrad der benötigten Informationen.

4 Vom (klassischen) kameralen zum Produkthaushalt

Bei der Suche nach Lösungen lassen sich zumindest drei unterschiedliche Ansätze unterscheiden und zwar:

- die – schon behandelte – flächendeckende Information über *alle Produkte des jeweiligen Budgets*,
- die Information nur über *Veränderungen* von Zielen und Produkten und
- die Information lediglich über *wesentliche* Produkte.

Bei einer flächendeckenden Information über Ziele und Produkte gelangen viele Informationen in den Haushalt, die über mehrere Jahre hinweg gleich bleiben. Das gilt z. B. für die jeweilige (Kurz-)Beschreibung des Produkts (beispielsweise einer Grundschule) und für die Informationen über die Auftragsgrundlage, die Zielgruppen sowie die Ziele und die angestrebten Wirkungen. Lösungsansätze für dieses Problem gehen dahin, die Grundinformationen nicht jährlich im Haushalt abzubilden, sondern in einem separaten „Standardleistungsprogramm". Das parallel zum Haushalt geführte Standardleistungsprogramm beschreibt budget- und damit organisationsbezogen die generellen Ziele und Produkte. Es entspricht damit dem um generelle Zielsetzungen und in der Zeit gleichbleibende Leistungs- und Qualitätsziele ergänzten organisationsbezogenen örtlichen Produktkatalog. Dieser Teil des Plans wird als **Grund- oder Dauerkontrakt** bezeichnet. In den jährlichen Haushaltsplan („Jahreskontrakt") kommen nur die das Planjahr betreffenden *Veränderungen* bei den Zielen und Produkten.

Das Konzept hat zwei gewichtige Nachteile:

- Wir hätten wieder eine Zweiteilung zwischen Grunddaten im Standardleistungsprogramm und den aktuellen (Veränderungs-)Daten im Haushalt. Frühere Versuche dieser Art der Informationspräsentation sind wegen mangelnder Akzeptanz vor allem bei den Politikern wieder aufgegeben worden.
- Noch bedenklicher ist die Bevorzugung der Veränderungssicht gegenüber der Totalsicht: Für den ganz überwiegenden Teil des im Hauhaltsplan(entwurf) ausgewiesenen Ressourcenbedarfs würden die Begründungen – nämlich die Produktinformationen – fehlen.

Gerade der über Jahrzehnte gewachsene Aufgabenbestand soll aber regelmäßiger auf den Prüfstand!

 WICHTIG!

Im Ergebnis spricht das dafür, zumindest über die geplanten Produktmengen (z. B. Anzahl der Schüler, Benutzung der Sporthalle durch Dritte in Stunden pro Woche usw.), über die Leistungsqualität

Vom (klassischen) kameralen zum Produkthaushalt 4

(z. B. Klassenstärke) und die Wirtschaftlichkeit (z. B. Gesamtkosten pro Schüler) jährlich flächendeckend zu informieren.

Auf Dauer lässt sich auch nur so eine strammere quantitative Verknüpfung von Produkt- und Finanzzielen erreichen.

Ein Mittelweg könnte darin bestehen, nur über wesentliche Produkte **(Schlüsselprodukte)** zu informieren. So fordert der Leittext der Innenministerkonferenz vom 8./9. Oktober 2003:[1] „Den Teilhaushalten ist eine Übersicht über die Produktgruppen, die Schlüsselprodukte, die Ziele und die Kennzahlen zur Messung der Zielerreichung beizufügen.". Dass hier noch großer Klärungsbedarf besteht, spiegeln auch die entsprechenden Regelungen im neuen Haushaltsrecht der Länder wider (siehe z. B. § 4 [2] Gemeindehaushaltsverordnung Nordrhein-Westfalen).

Wenn entschieden ist, ob über die Produkte flächendeckend informiert werden soll oder ob nur Schlüsselprodukte herausgestellt werden sollen, schließt sich die Frage nach dem Inhalt der weiteren Informationen an. Nach dem neuen Haushaltsrecht ist über die Ziele und die Kennzahlen zur Zielerreichung zu berichten. Das kann sich auf den ganzen Teilhaushalt, aber auch auf einzelne Produktgruppen oder Produkte beziehen. In der Praxis werden meist mehrere Informationsfelder unterschieden. Eine häufige Variante ist in Abbildung 18 wiedergegeben.

 TIPP!

Die Kunst besteht darin, die für die jeweiligen Haushaltsplanberatungen wirklich relevanten Informationen zur Verfügung zu stellen. Die meist von den Fachbereichen gelieferten Informationen müssen streng im Hinblick auf Entscheidungsrelevanz gefiltert werden.

Beispiel: Auftragsgrundlage

Während in dem Feld „Auftragsgrundlage" der Hinweis auf einen weit zurückliegenden Gemeinderatsbeschluss oder einen alten Vertrag hilfreich sein mag, sind die Aufzählung von Paragraphen aus dem Sozialgesetzbuch oder der Verweis auf das Landesschulgesetz wenig entscheidungsrelevant.

Unter der Rubrik „Leistungsumfang/Leistungsdaten" wird in erster Linie über die Produkt*mengen* berichtet. Die Abgrenzung zu den „Kennzahlen" ist nicht immer eindeutig, zumal sich die Kennzahlen auf sehr unterschiedliche Felder beziehen können. Standard sind Indikatoren zur Messung der Qualität und der Kundenzufriedenheit (z. B. Gruppenstärke im

---

1) Abrufbar unter: http://www.mik.nrw.de/themen-aufgaben/kommunales/kommunale-finanzen/kommunale-haushalte/haushaltsrechtnkf.html

4 Vom (klassischen) kameralen zum Produkthaushalt

Kindergarten, Wartezeit in der Kfz-Stelle) und zur Wirtschaftlichkeit (insbesondere eigene Stückkosten, Stückkostenvergleichswert, ggf. Kostendeckungsgrad, Auslastungsgrad bei Einrichtungen usw.).

Auch Informationen über die (politischen) **Ziele,** die **Zielgruppen** und **Kennzahlen zur Messung der Zielerreichung** finden sich inzwischen häufiger in den Produkthaushalten. Um die Ziele messbar zu machen, werden allerdings oft nur die Ziele auf den unteren Ebenen der Zielhierarchien (Zielbäume) beschrieben.

Beispiel: Beschreibung eines Ziels

Anteil der (wieder) in den ersten Arbeitsmarkt eingegliederten Teilnehmer an der Gesamtzahl der Teilnehmer der Qualifizierungsmaßnahme der VHS.

 WICHTIG!

Zwischen den politischen Zielen in einem Bereich und den Zielvorgaben bezüglich Ressourcen und Produkten ist zu unterscheiden.

Die Unterscheidung ist nicht immer einfach. Die Diskussionen darüber gehen aber in die richtige Richtung, weil sie das Bewusstsein über die Wichtigkeit von Zielen schärfen.

Beispiel: Musikschule

Die geplante Anzahl der ausgeliehenen Musikinstrumente ist eher ein Leistungsziel und kein politisches Ziel.

Nur wenige Praxiserfahrungen liegen bisher zu den **Wirkungen** vor. Die Theorie der neuen Steuerung (New Public Management) legt gerade den Wirkungen (Outcome oder Impact) besondere Bedeutung zu. In Österreich und der Schweiz firmiert das Neue Steuerungsmodell überwiegend unter dem Begriff „Wirkungsorientierte Verwaltungsführung". In der Tat ist das Produkt nur Mittel zum Zweck, nämlich zur Erreichung einer bestimmten Wirkung.

Beispiel: Sprachkurs

Dass die Volkshochschule eine bestimmte Anzahl an Sprachkursen mit einer bestimmten Wochenstundenzahl und einer bestimmten Teilnehmerzahl durchführt (Produkte), ist nicht Selbstzweck. Vielmehr sollen die Fremdsprachenkenntnisse der Teilnehmer gefördert und diesen damit die fremde Kultur erschlossen oder berufliche Qualifikationen vermittelt werden. Diese angestrebten Wirkungen zu messen ist schwierig. Die Anzahl derer, die die Abschlussprüfung bestehen, wäre ein Indikator, der zumindest in die richtige Richtung weist.

Vom (klassischen) kameralen zum Produkthaushalt 4

Das vorstehende Beispiel verdeutlicht auch, dass Ziel und Wirkungen schwer zu trennen sind. Eine strikte Unterscheidung zwischen diesen beiden Informationsfeldern ist deshalb möglicherweise nicht sinnvoll.

 WICHTIG!

Wenn das System der produktorientierten Budgetierung auch inhaltlich zu einer besseren Politik beitragen soll, muss stärker auf Ziele und Wirkungen abgestellt werden.

Im gesamten Bildungsbereich ist Budgetierungsgrundlage weitgehend die Anzahl der jeweiligen Schüler, Studierenden usw. Das folgende Beispiel macht die Brisanz eines Umstiegs auf eine ziel- oder wirkungsorientierte Budgetierung deutlich:

Beispiel: Wirkungsorientierte Budgetierung eines Oberstufenzentrums

> In einer Großstadt liegt in den den Oberstufenzentren (Berufsschulen) angegliederten Vollzeitklassen zur Berufsvorbereitung die Anwesenheitsquote im Durchschnitt unter 30 % und die Quote an Abschlüssen (Hauptschulabschluss oder Berufsausbildungsvertrag) noch weit darunter. Solange sich die Ressourcenzuweisungen (Lehrerstellen, Räume usw.) nach der Anzahl der gemeldeten Schüler richten, bestehen keine institutionellen Anreize, bessere Ergebnisse (Wirkungen) zu erzielen. Im Gegenteil: Die Verfolgung von Schulschwänzern, Wiederholern, Doppelanmeldungen usw. und ggf. deren Streichung aus der Liste würde sich für die Schule negativ auswirken.

Die Schwierigkeiten, die Informationen über Ziele und Produkte sinnvoll zu definieren und zu gliedern und in eine ganzheitliche Sichtweise zu integrieren, haben zu manchen weiteren Varianten der Informationsstrukturierung geführt. Der Ansatz des „strategischen Managements" der KGSt besteht darin, in Anlehnung an die Balanced Scorecard nach Zielfeldern zu unterscheiden (siehe Abbildung 19).

4 Vom (klassischen) kameralen zum Produkthaushalt

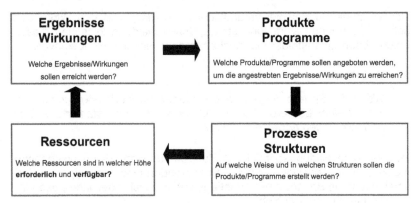

Abb. 19: Zielfelder des Strategischen Managements (nach KGSt)

Bei den Zielen kann jeweils nach strategischen und operativen Zielen unterschieden werden. Strategische Ziele sind in erster Linie mit dem Zielfeld Ergebnisse/Wirkungen verbunden. Hinter den übrigen Zielfeldern verbergen sich in erster Linie operative Ziele. Durch den Versuch, strategische und operative Ziele systematisch zu verknüpfen, könnte der Brückenschlag vom Haushalt zur strategischen Planung und umgekehrt evtl. erleichtert werden (siehe auch 10.5).

Die konsequente Strukturierung des Haushalts und aller Teilhaushalte nach Zielfeldern sollte angestrebt werden. Auf diese Weise können die Beiträge der jeweiligen Teilhaushalte/Organisationseinheiten der Verwaltung zu den formulierten strategischen Zielen der Gesamtverwaltung deutlich gemacht werden. Der heutige Stand der Praxis zeigt diesbezüglich ein eher „bescheidenes" Bild. Ein im Ansatz gelungenes Beispiel wird in 10.5 dargestellt.

Die dem „Strategischen Management" zugrunde liegende Logik, nämlich die grundlegende Betrachtung aller Zielfelder, bietet sich zunächst eher für die oberen Budgetebenen an. Die Zielfelddiskussion droht sich jedoch dann von den Haushaltsberatungen zu „entkoppeln". Strategische Ziele etwa benötigen eine konsequente Anbindung an die operative Ebene, um verbindlich zu sein. (Operative) Beschlüsse, bestimmte Produkte in einer bestimmten Form mit einem bestimmten Budget im kommenden Jahr anzubieten, müssen sich an den politisch formulierten strategischen Zielen messen lassen. Viele mit großem Aufwand formulierte „Leitbilder" mit strategischen Zielen sind bereits nach kurzer Zeit wieder aus dem Blickfeld verloren gegangen. Durch die konsequente Anbindung an den Haushalt und die damit einhergehende jährliche „Konfrontation" mit diesen Zielen bleiben diese im Fokus der Entscheidungsträger und werden damit verbindlich.

Vom (klassischen) kameralen zum Produkthaushalt 4

Ob die angestrebten Ziele oder Wirkungen erreicht werden, lässt sich in Kennzahlenform meist nur näherungsweise messen (Proxi-Indikatoren). Das Gleiche gilt für Kennzahlen zur Qualität und zur Kundenzufriedenheit. Solche Kennzahlen sind von den interkommunalen Vergleichsringen in großer Zahl definiert worden (vgl. hierzu insbesondere http://www.kgst.de/dienstleistungen/benchmarking/index.dot).

Für die Ebene des Haushalts und der Haushaltsplanberatungen müssen diese meist sehr feinkörnigen Informationen aber noch stark bearbeitet werden. Zuerst muss Kongruenz mit der örtlichen Haushalts- und Produktgliederung hergestellt werden. Dann muss meist verdichtet werden. Wo das nicht geht oder wo dabei die Anschaulichkeit oder gar die Aussagekraft wieder verloren gehen, müssen Schlüsselindikatoren ausgewählt werden. Auf dieser Basis könnte für alle relevanten Bereiche jeweils ein kleiner Satz von Kennzahlen (drei bis sechs Kennzahlen je Produkt) entwickelt werden, der sowohl schlaglichtartig die örtliche Situation ausleuchtet als auch gleichzeitig interkommunale Vergleichswerte liefert.

4.6 Von der Produktinformation zu Zielvereinbarungen und Leistungskontrakten

In den meisten Kommunen haben die Informationen über Ziele und Produkte zunächst nur *nachrichtlichen* Charakter. Sie haben also noch nicht die Qualität einer Vorgabe oder einer Ziel- und Leistungsvereinbarung im Sinne eines umfassenden Kontraktmanagements. Ob bzw. inwieweit es in Zukunft gelingen wird, einen strammeren quantitativen Zusammenhang zwischen Ressourcenvorgaben (Budgets) und Produkten herzustellen und welchen Verbindlichkeitsgrad diese Leistungsvereinbarungen dann erhalten werden, wird die weitere Entwicklung zeigen müssen. Auch das neue Haushaltsrecht lässt diese Frage zu Recht offen. Der Bericht des Unterausschusses Reform des Gemeindehaushaltsrechts (UARG)[1] an die Innenministerkonferenz spricht von „Informationen über Produkte und Verwaltungsleistungen im Haushaltsplan mit der Möglichkeit, diese zur Grundlage von Zielvereinbarungen oder Vorgaben zu machen". In den Erläuterungen zum Leittext heißt es dann zwar: „Die in einem neuen Haushaltsplan abzubildenden aggregierten Produkte bilden die Verbindung zwischen den an sie anknüpfenden Ressourcenverbrauch und den damit angestrebten Zielen und Wirkungen." Aber eine verbindliche stramme Verknüpfung von Ressourceneinsatz und Produktionsmenge kann auch damit nicht gemeint sein: Es fehlt noch weitgehend an Erfahrungen dazu, ob die mit einer derartig ehrgeizigen Zielsetzung verbunde-

---

1) Abrufbar unter: http://www.mik.nrw.de/themen-aufgaben/kommunales/kommunale-finanzen/kommunale-haushalte/haushaltsrechtnkf.html

4 Vom (klassischen) kameralen zum Produkthaushalt

nen theoretischen und praktischen Schwierigkeiten überwunden werden können (siehe 3.5.2). Ohnehin wäre eine stramme Verknüpfung nur auf der Ebene einzelner Produkte möglich, weil nur auf dieser Ebene eindeutige Abhängigkeiten von In- und Output (im Sinne einer Produktionsfunktion) bestimmt werden könnten.

 TIPP!

Unter Steuerungsaspekten ist die Leistungsseite also bisher nur unvollkommen einbezogen. Trotzdem erscheint es als sinnvoll, zunächst mit nachrichtlichen einfachen Produktinformationen Erfahrungen zu sammeln.

Das löst große Lerneffekte innerhalb der Verwaltung aus, die nun zum ersten Mal detailliert und flächendeckend sagen muss, was sie mit dem Geld (den Ressourcen) macht. Das erscheint aber nach allen vorliegenden Erfahrungen auch für den mühseligen Diskussionsprozess mit der Politik als der richtige Einstieg, und zwar nach der Devise, vom Einfacheren zum Schwierigeren fortzuschreiten, d. h. von den Produktinformationen im engeren Sinne (insbesondere Art und Menge) zu Zielen und Wirkungen.

4.7 Bessere politische Steuerung mit dem Produkthaushalt

Die unter dem Stichwort „Produkthaushalt" laufenden Reformen im öffentlichen Haushalts- und Rechnungswesen sind ein hoffnungsvoller Ansatz zur Verbesserung der politischen Steuerung in Kommunen, Ländern und öffentlichen Organisationen. Die Produkthaushalte bieten der Politik und der Verwaltungsführung systematischer und transparenter als bisher umfassende Informationen über Finanzen *und* Leistungen. Sie verbessern damit die Grundlagen für Planung, Entscheidung und Kontrolle.

Abb. 20: Der Produkthaushalt

Vom (klassischen) kameralen zum Produkthaushalt 4

 WICHTIG!

Die traditionelle einseitige Inputorientierung wird damit zugunsten einer integrierten Ressourcen- und Produktplanung überwunden, in deren Zentrum der (Produkt-)Haushalt steht.

Der jährliche Produkthaushalt ist naturgemäß zunächst nur Kern der *operativen* Planung. Mit seinen Informationen über die Produkte und insbesondere die Ziele und die intendierten Wirkungen bietet er aber auch verbesserte Ansatzpunkte für die strategische Planung (siehe auch Kapitel 10).

Fazit zu Kapitel 4:

Voraussetzung ist, dass die hier dargestellten Bausteine zu einem konsistenten, organischen System zusammengeführt werden, das folgende Architektur aufweist:

- Im Zentrum des Informations- und Entscheidungssystems steht der Haushalt (der Haushalt als Steuerungsplattform).
- Der Haushalt informiert nicht nur über Ressourcenaufkommen und -verbrauch, sondern umfasst auch die Leistungsseite (Produkthaushalt).
- Die Gliederung des Haushalts folgt der örtlichen Verwaltungsorganisation. Damit wird Kongruenz von Produkt-, Verwaltungs- und Haushaltsstruktur erreicht (organische Haushaltsgliederung). Die Gliederung des Haushalts nach der Verantwortungsstruktur erleichtert steuernde Eingriffe von Politik und Verwaltungsführung.
- Bereits der Haushalt (und nicht erst die Kosten- und Leistungsrechnung) weist das Ressourcenaufkommen und den Ressourcenverbrauch *vollständig* aus (Ressourcenverbrauchskonzept), damit auch Politik und Verwaltungsführung über den vollständigen Ressourcenverbrauch informiert sind und die Wirtschaftlichkeit stärker diskutieren, und nicht nur die Kostenrechner, deren Kostenrechnungsreports im Ausschuss meist nur durchgewinkt werden (siehe Kapitel 7).
- In den Teilhaushalten wird nur der von den jeweiligen Budgetverantwortlichen beeinflussbare Ressourcenverbrauch ausgewiesen. Dazu gehören Leistungsverrechnungen für beeinflussbare interne Dienstleistungen, nicht dagegen für nicht beeinflussbare Overheads.
- Die Teilhaushalte (Budgets) umfassen i. d. R. mehrere Produkte oder gar Produktgruppen. Die Zurechnung von (speziellem) Ressourcenaufkommen und Ressourcenverbrauch auf die Produktgruppen oder

4 Vom (klassischen) kameralen zum Produkthaushalt

die Produkte eines Teilhaushalts erfolgt *bei Bedarf* in der Kosten- und Leistungsrechnung und damit außerhalb des Haushalts. Ergebnisse der Kosten- und Leistungsrechnung, die für die Planung und Entscheidung wichtig sein könnten, werden in die Produktinformationen aufgenommen.

- Im Haushalt und in der Kosten- und Leistungsrechnung wird damit durchgehend ein einheitlicher Rechnungsstoff verwandt, der sich nur durch seinen Detaillierungsgrad und die Bezugsgrößen (Zuordnungsobjekte) unterscheidet.

Literatur zu Kapitel 4

Bals, Hansjürgen (2003)
Bühler, Bernd M. (2002)
OECD PUMA, Hrsg. (1999)
Pook, Manfred/Tebbe, Günter (2002)
Reichard, Christoph (1998).
Spraul, Katharina/Scheefer, Anna/Helmig, Bernd/Eckstein, Bernd (2012)
Vernau, Katrin (2000)

5 Steuerung der Vorleistungen und der Gemeinkosten

Leitfragen zu Kapitel 5
- Wie können die Kosten aus internen Leistungsbeziehungen gesteuert werden?
- Welche internen Leistungen sind in ein System der verwaltungsinternen Leistungsverrechnung einzubeziehen?
- Gehören verwaltungsinterne Leistungsverrechnungen in den Haushalt?
- Sind verwaltungsinterne Leistungen budgetwirksam?
- Welche Zwecke werden mit einer Umlage von Gemeinkosten zentraler Bereiche verfolgt?
- Wie können die Gemeinkosten zentraler Bereiche gesteuert werden?

5.1 Das Problem

Ein funktionsfähiges Budgetierungssystem setzt voraus, dass Organisations-, Ressourcen- und Produktverantwortung übereinstimmen. Dies ist Voraussetzung für ein gut funktionierendes Steuerungssystem. Die Verantwortlichkeiten müssen eindeutig geregelt sein. Daraus ergeben sich zwei wichtige Grundsätze:

 WICHTIG!

- *Ein Budgetverantwortlicher darf nur für Ressourcenverbräuche verantwortlich gemacht werden, die er selber verursacht und die er selber beeinflussen kann.*
- *Genauso wichtig ist, dass ein Budgetverantwortlicher in seinem Budget mit allen Ressourcenverbräuchen belastet wird, die er verursacht.*

Prinzipiell dürfen deshalb auch nur solche Ressourcenverbräuche (Aufwendungen) in seinem Budget veranschlagt werden. Für Erträge gilt Entsprechendes.

Besondere Anforderungen bei der Umsetzung dieser Grundsätze ergeben sich unter anderem im Falle von internen Leistungsbeziehungen: Jeder Budgetverantwortliche ist bei der Erbringung seiner Leistungen auf Vorleistungen aus anderen Bereichen seiner Verwaltung angewiesen. Entsprechend gibt es viele Organisationseinheiten, die Leistungen für andere Dienststellen erbringen.

5 Steuerung der Vorleistungen und der Gemeinkosten

Beispiele für verwaltungsinternen Leistungsaustausch:

Der Fachbereich Kultur einer Stadt führt unter dem Produkttitel „Kulturkooperation" Kulturveranstaltungen auf den Straßen und Plätzen der Stadt durch und unterstützt entsprechende Veranstaltungen Dritter. Der Bereich verfügt über einen Gerätepool mit mobilen Bühnenteilen, Bühnentechnik, Tischen, Stühlen usw., für dessen Wartung und Betrieb ein eigener Mitarbeiter zuständig ist. Das Budget des Bereichs Kulturkooperation weist die Personalkosten der zuständigen Mitarbeiter der Stadt, Unterhaltungsmittel für den Gerätepool und geringe Zuschussmittel aus. Der Gerätepool wird in Gebäuden der Schulverwaltung gelagert. Der Transport von Gegenständen des Gerätepools erfolgt bei Bedarf durch den städtischen Fuhrpark. Der Druck von Veranstaltungsprogrammen erfolgt durch die städtische Druckerei.

Mit der Inanspruchnahme von Lagerräumen der Schulverwaltung oder Druckleistungen der Druckerei greift der Bereich „Kulturkooperation" auf die Ressourcen anderer Fachbereiche zu, oder anders gesehen: Letztere erbringen mit ihren Ressourcen Leistungen für den Bereich „Kulturkooperation". Gleiches gilt für Dienststellen wie die Personalabteilung, die Buchhaltung (Kasse) oder die Rechtsabteilung. Und es geht auch nicht ohne gemeinsame Einrichtungen der Verwaltung wie den Personalrat oder den Arbeitssicherheitstechnischen Dienst und letztlich die Planungs-, Steuerungs- und Kontrollleistungen der Politik und der Verwaltungsführung.

Für das Finanzmanagement lautet die Frage nun: Wie soll mit den Leistungsverflechtungen umgegangen werden? Wer soll mit welchen Kosten/ Aufwendungen belastet werden, um optimale Steuerungswirkungen zu erzielen? Die Antwort vieler Verfechter des Neuen Steuerungsmodells lautet: flächendeckende Leistungsverrechnung. Um es vorwegzusagen: Diese Ansicht wird hier nicht vertreten.

 WICHTIG!

Die flächendeckende Verrechnung aller verwaltungsinternen Leistungen würde zu einem Verrechnungswirrwarr und zu unvertretbar hohem Aufwand führen.

Beispiel für die Auswirkungen flächendeckender Leistungsverrechnung:

Eine Stadt mit 29.000 Einwohnern hat alle internen Leistungen im Haushalt bis auf die unterste Budgetebene (Produktgruppen oder Produkte) verrechnet. Das hat zu einer Erhöhung des Volumens des Verwaltungshaushalts um 30 % (auf rd. 70 Mio. €) geführt. Die Steigerung der Anzahl der Buchungen liegt prozentual noch höher.

Der Verrechnungsaufwand muss sich lohnen. Das wichtigste Kriterium ist der erzielbare **Steuerungsnutzen**. Er ist bei den verschiedenen Arten verwaltungsinterner Leistungen unterschiedlich und hängt im Übrigen

Steuerung der Vorleistungen und der Gemeinkosten 5

auch von der örtlichen Steuerungsphilosophie ab. Zur Klärung ist es sinnvoll, die vielen Leistungsbeziehungen zunächst wie in Abbildung 21 dargestellt zu systematisieren:

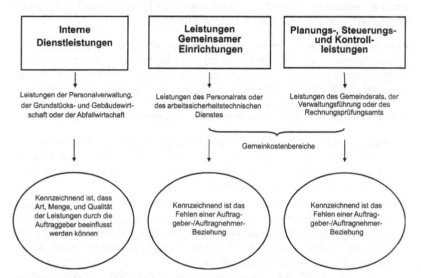

Abb. 21: Hauptgruppen verwaltungsinterner Leistungsbeziehungen

Bei den verwaltungsinternen Leistungsbeziehungen geht es betriebswirtschaftlich gesehen stets um *Vor*leistungen, seien es Vorleistungen, die ein Budgetverantwortlicher von anderen empfängt, seien es Vorleistungen, die er für andere in der Verwaltung erbringt. Wie eine Verwaltungsleistung zu qualifizieren ist, ergibt sich nur aus ihrer Stellung im Produktionsprozess. Während die Beseitigung des Hausmülls der privaten Haushalte durch den städtischen Abfallwirtschaftsbetrieb bei den privaten Haushalten ein externes (End-)Produkt darstellt, ist die gleiche Leistung für die städtische Schule dieser Stadt ein internes (Vor-)Produkt.

Umgekehrt können Leistungen, die in aller Regel interne Vorleistungen sind, wie die Leistungen eines Bauhofs, externe Leistungen werden, z. B. wenn der Bauhof zur besseren Kapazitätsauslastung für Dritte tätig wird.

 WICHTIG!

Auch wenn interne Produkte in Produktkatalogen nicht als solche benannt sind, so ist doch unter Steuerungsaspekten eine solche Unterscheidung vorzunehmen.

5 Steuerung der Vorleistungen und der Gemeinkosten

Der Begriff der verwaltungsinternen Leistung wird hier eng verstanden: Die Leistungen zwischen Kernverwaltung und Beteiligungen (rechtlich oder nur organisatorisch verselbstständigte Einheiten) werden *nicht* als interne Leistungen bezeichnet, auch wenn die Kommune sie vollständig kontrolliert, wie z. B. bei einem Eigenbetrieb.

Abgegrenzt werden muss der Begriff der verwaltungsinternen Leistungen ferner von den sog. innerbetrieblichen Leistungen. Innerbetriebliche Leistungen liegen vor, wenn innerhalb einer Organisationseinheit, z. B. innerhalb des Stadtreinigungsbetriebes oder der Grundstücks- und Gebäudewirtschaft Leistungen (zwischen einzelnen Kostenstellen) erbracht werden. Folglich lassen sich drei Kreise von Leistungsbeziehungen unterscheiden:

- *Verwaltungsinterne* Leistungsbeziehungen zwischen Organisationseinheiten der gleichen Verwaltung (ohne Beteiligungen): Sie können Gegenstand von Kontrakten sein und werden – bei Bedarf – im Haushalt dargestellt. Sie sind hier unser Thema.
- *Innerbetriebliche* Leistungsbeziehungen innerhalb einer Organisationseinheit: Sie werden – bei Bedarf – in der Kosten- und Leistungsrechnung dargestellt. Innerbetriebliche Leistungen werden regelmäßig von sog. Hilfskostenstellen (Beispiel: Betriebstankstelle) oder Allgemeinen Kostenstellen (Beispiel: Verwaltung) erbracht und als solche kostenmäßig auf die empfangenden Kostenstellen weiterverrechnet bzw. umgelegt.
- *Externe* Leistungsbeziehungen mit Beteiligungen: Sie beruhen auf Verträgen und müssen zwischen dem Kernhaushalt und den Beteiligungen wie im Geschäftsverkehr mit Dritten abgewickelt werden.

Viele der im Folgenden gegebenen Empfehlungen zur Steuerung der *verwaltungsinternen* Leistungsbeziehungen gelten auch für die Leistungsbeziehungen mit Beteiligungen (insbesondere, wenn es sich um ausgegründete ehemalige interne Dienstleister handelt, wie z. B. den IT-Betrieb) und für die innerbetrieblichen Leistungsbeziehungen (insbesondere, wenn ein Betrieb eine hohe Leistungstiefe hat, wie z. B. ein Garten- und Friedhofsamt mit eigenen Arbeitern, Werkstätten, Gärtnerei).

Für die weitere Behandlung der internen Leistungen sollen im Folgenden zwei Gruppen unterschieden werden:

- **interne Dienstleistungen** und
- **Leistungen der Gemeinkostenbereiche** („Gemeinsame Einrichtungen" und Planungs-, Steuerungs- und Kontrolleinrichtungen).

Steuerung der Vorleistungen und der Gemeinkosten 5

Modernes Verwaltungsmanagement muss sich mit diesen Bereichen nicht nur wegen der vorstehend beschriebenen neuen Steuerungsmethodik beschäftigen. Auch politisch spielen diese Bereiche eine besondere Rolle:

- Bei den internen Dienstleistungen handelt es sich regelmäßig um Leistungen, die auch von privaten Unternehmen erbracht werden können. Sie werden deshalb in Politik, Öffentlichkeit und Wirtschaft besonders argwöhnisch betrachtet, nicht zuletzt im Hinblick auf mögliche Privatisierung.
- Genau so kritisch – wenn auch aus anderen Gründen – werden die Gemeinkosten der öffentlichen Verwaltung gesehen: Sie gelten allgemein als übersetzt.

TIPP!

Es lohnt sich deshalb, diesen Bereichen im Steuerungssystem besondere Aufmerksamkeit zu schenken und dazu geeignete Konzepte zu entwickeln:

- *Für die internen Dienstleistungen geht es dabei letztlich um die Bestimmung der optimalen Leistungstiefe, man könnte hier also von **Leistungstiefenpolitik** sprechen.*
- *Bei den Gemeinkostenbereichen geht es um geeignete Verfahren der Analyse und Kontrolle im Rahmen eines systematischen **Gemeinkostenmanagements**.*

Wir wenden uns zunächst den internen *Dienst*leistungen zu.

5.2 Verrechnung der internen Dienstleistungen als Grundlage einer pretialen Steuerung

5.2.1 Was sind interne Dienstleistungen?

Als interne Dienstleistungen werden solche Leistungen bezeichnet, die als Vorleistungen für andere Organisationseinheiten derselben Verwaltung erbracht werden, *und* bei denen Art, Menge und Qualität prinzipiell durch die Auftraggeber (Besteller) bestimmt werden. Diese bezahlen auch die empfangenen Leistungen aus ihrem Budget.

Beispiele für interne Dienstleistungen sind:

Leistungen der verwaltungseigenen Druckerei (Druck- und Bindearbeiten)
Leistungen der IT-Abteilung (Bereitstellung von Software, Anwendungsbetreuung)
Leistungen der zentralen Gebäudewirtschaft (Überlassung von Räumen, Reinigung, Instandhaltung der Gebäude)
Leistungen des Bauhofs einer Gemeinde (Reinigung der städtischen Sportanlagen, Baumschnittarbeiten auf städtischen Friedhöfen).

5 Steuerung der Vorleistungen und der Gemeinkosten

Art und Umfang interner Dienstleistungen sind abhängig von der Leistungstiefe und der Arbeitsteiligkeit der Organisation der jeweiligen Einrichtung. Eine Leistung wird erst durch das Vorliegen einer Auftraggeber-/Auftragnehmer-Beziehung zu einer internen Dienstleistung.

Beispiel:

> Die Grünflächenpflege durch eigene Arbeiter oder die Leistungen einer Stadtgärtnerei werden erst dann zu internen Dienstleistungen, wenn eine organisatorische und budgetmäßige Trennung zwischen Auftraggeber (z. B. Grünflächenamt) und Auftragnehmer (z. B. Baubetriebshof oder Stadtgärtnerei) geschaffen wird.

Für das praktische Vorgehen (siehe unten 5.2.5 ff.) ist es ferner hilfreich zu unterscheiden, ob die Dienstleistung von einer Organisationseinheit kommt, die

- von ihrer Zwecksetzung her ausschließlich interne Dienstleistungen erbringt (interner Dienstleister), z. B.
  - IT-Abteilung/Rechenzentrum
  - Zentrale Organisationseinheit für Grundstücks- und Gebäudewirtschaft
  - Baubetriebshof
  - Hausdruckerei
  - Zentraler Einkauf
  - Rechtsabteilung
- oder ob es sich um eine Organisationseinheit handelt, die von ihrer Zwecksetzung her primär externe Leistungen/Produkte – für die Empfänger i. d. R. unentgeltlich – erbringt (und nur in Einzelfällen interne Dienstleistungen durchführt); Beispiele:
  - Die Presseabteilung erstellt einen Schulwegweiser für das Schulamt
  - Das Gesundheitsamt führt allgemeine Gesundheitsuntersuchungen für die Erzieherinnen in den Kindertagesstätten durch
- oder ob es sich um eine Organisationseinheit handelt, die primär (externe) Leistungen/Produkte gegen die Entrichtung von privatrechtlichen Entgelten, Verwaltungs- oder Benutzungsgebühren erbringt (im Folgenden auch „Produktleistungen" genannt), z.B.
  - Abfallbeseitigung, Abwasserbeseitigung, und Straßenreinigung bei den städtischen Bühnen
  - Benutzung der Bäder durch die Schulen (Schulschwimmen)
  - Erstellung einer Baugenehmigung für eine Kompostieranlage auf dem kommunalen Friedhof.

Steuerung der Vorleistungen und der Gemeinkosten 5

Die folgende Abbildung 22 veranschaulicht noch einmal die unterschiedlichen Arten interner Dienstleistungen:

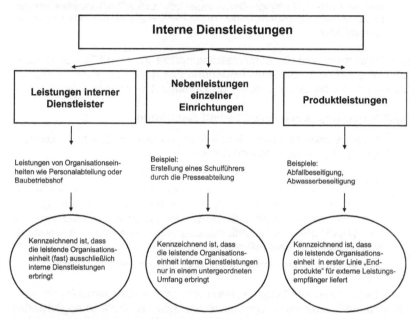

Abb. 22: Arten interner Dienstleistungen

Die Zuordnung einer Leistung zu einer der Gruppen ist abhängig von der Organisation der jeweiligen Verwaltung und ihrer Steuerungsphilosophie.

Beispiel: Organisationsberatung

Für eine Verwaltung, die für ihre Dienststellen in größerem Umfang eigene Organisationsberatung anbieten will, kann es sich empfehlen, dafür eine eigene Organisationseinheit als „internen Dienstleister" zu bilden. In einer anderen, z. B. kleineren Verwaltung, die nur eine kleine Organisationsberatungskapazität vorhält, wird diese in einer Organisationseinheit mit anderen, insbesondere Steuerungsunterstützungsleistungen zusammengefasst.

Beispiel: Zentraler Einkauf

Wird der Einkauf als interner Dienstleister organisiert (zentraler Einkauf), so kann es sich selbst für große Verwaltungen empfehlen, für die verbleibenden Steuerungsaufgaben (z. B. Regeln zur Zusammenarbeit mit Lieferanten, Sperrung und Freigabe von Lieferanten etc.) keine eigene Organisationseinheit zu bilden, son-

5 Steuerung der Vorleistungen und der Gemeinkosten

dern sie auch dem zentralen Einkauf zu übertragen. Dieser ist dann allerdings kein reinrassiger interner Dienstleister mehr, was die Steuerung erschwert.

Wer die Anbieter-/Nachfrager-Beziehungen beim Einkauf im Sinne eines internen Dienstleisters organisieren möchte, erfährt hier Genaueres: KGSt (1997e), insbesondere S. 24 f.

Die Diskussion über die Systematisierung der internen Dienstleistungen führt also genau zu der entscheidenden Frage, wie die internen Dienstleistungen am besten organisiert und gesteuert werden können.

5.2.2 Steuerung durch Angebot und Nachfrage

Um die zahlreichen internen Dienstleistungen besser steuern zu können, sind zunächst zwei Schritte erforderlich:

WICHTIG!

Erstens muss eine Auftraggeber-/Auftragnehmer-Beziehung geschaffen werden, innerhalb derer der Auftraggeber die Art, die Menge und/oder die Qualität der Leistung – wenigstens in einem gewissen Umfang – beeinflussen kann.

Und zweitens muss der Auftraggeber für die Leistung zahlen.

Die internen Dienstleistungen können von den Leistungsempfängern definitionsgemäß zwar stets beeinflusst werden. Die Einflussmöglichkeiten sind aber tatsächlich manchmal sehr gering, z. B. wenn den Fachbereichen durch zentrale Rahmenregeln die Inanspruchnahme vorgeschrieben ist (Kontrahierungszwang), etwa bei der Personalverwaltung. Auch bei den internen Dienstleistungen muss also geprüft werden, wo sich Verrechnung lohnt und wo nicht. Bevor darauf näher eingegangen wird, werden zunächst die Ziele und die Funktionsweise der beabsichtigten pretialen Steuerung dargestellt.

AUS DER LITERATUR

Pretiale Betriebslenkung*

„Vom Preis (lat. Pretium) her erfolgende Lenkung betriebsinterner Vorgänge. Eine von Eugen Schmalenbach (1873–1955) in die wirtschaftswissenschaftliche Diskussion übernommene Vorstellung, nach der das System der Preismechanik in der freien Marktwirtschaft auf die innerbetriebliche Lenkung der Güter und Dienstleistungen zwischen den einzelnen Betriebsabteilungen übertragen wird. Güter und Dienstleistungen werden auf einem innerbetrieblichen ‚Markt' zu

Steuerung der Vorleistungen und der Gemeinkosten 5

Preisen ‚angeboten', die sich aufgrund des Wettbewerbs der Betriebe, Kostenstellen und Abteilungen um die Güter und Dienstleistungen bilden."
* Gabler's Wirtschaftslexikon, 11. Auflage 1983

5.2.3 Warum Verrechnung der internen Dienstleistungen?

Die Verrechnung der internen Dienstleistungen dient vor allem den folgenden zwei Steuerungszielen:

 WICHTIG!

- *Steuerung des Nachfrageverhaltens der Auftraggeber nach den internen Dienstleistungen und*
- *Steuerung des Anbieterverhaltens der Auftragnehmer dieser Dienstleistungen.*

Erstens geht es also darum, die Auftraggeber als Budgetverantwortliche zu einer sparsamen und kostenbewussten Nachfrage nach internen Dienstleistungen zu veranlassen.

Beispiel: Grünflächenunterhaltung bei Feuerwachen

Die Feuerwehr soll dadurch, dass sie für die Pflege ihrer Grünflächen durch das Grünflächenamt aus dem eigenen Budget zahlen muss, vor die Frage gestellt werden, ob sie die Leistung in bisheriger Menge und Qualität überhaupt noch will, ob es einen billigeren Anbieter gibt oder ob die Arbeiten nicht (teilweise) selbst erledigt werden können.

Interne Dienstleistungen sind also nicht mehr „freie Güter", auf die jeder nach Belieben zugreifen kann. Sie werden knappe Güter, die nur gegen Bezahlung zu haben sind. Das Motto lautet: „Wer bestellt, muss auch bezahlen". Die interne Leistungsverrechnung ist damit auch ein zentrales Element der Dezentralisierung und der Zusammenführung von Fach- und Ressourcenverantwortung.

Und zweitens geht es darum, bei den Auftragnehmern (den Anbietern interner Dienstleistungen) die Anreize zu einer wirtschaftlichen Leistungserstellung zu verstärken.

Beispiel: Straßenunterhaltung durch den Baubetriebshof

Der Baubetriebshof entscheidet nicht mehr selbstständig, welche Unterhaltungsarbeiten an Straßen er durchführt. Vielmehr bietet er seine Leistungen der für das Produkt „Straßen" zuständigen Tiefbauabteilung des Bauamtes an und erhält dafür aus dem Budget der Tiefbauabteilung entsprechende Entgelte.

5 Steuerung der Vorleistungen und der Gemeinkosten

Der Auftraggeber (im Beispiel die Tiefbauabteilung) akzeptiert auf Dauer nur marktgerechte Verrechnungspreise (siehe dazu im Einzelnen 5.2.6 und 5.4.3), um mit seinem knappen Budget möglichst viele und gute Leistungen erbringen bzw. in Auftrag geben zu können. Der Auftragnehmer (im Beispiel der Baubetriebshof) muss seine Kosten so steuern, dass die erzielbaren Entgelte (mindestens) kostendeckend sind, denn einen Zuschuss aus dem Haushalt erhält er dafür nicht – außer evtl. während einer Anpassungsphase.

Der Zwang für Auftragnehmer wie den Baubetriebshof, für jede Leistung einen Auftraggeber zu finden, der für die Leistung bezahlt, wird auch zu einer besseren Ordnung in den Verantwortungsstrukturen führen.

Beispiel: Unklare Auftragslage

> Der Baubetriebshof einer Mittelstadt hatte seit je her ein im Außenbereich gelegenes Grundstück mit einer darauf befindlichen Trafostation gepflegt. Als bei Einführung der Leistungsverrechnung der Auftraggeber gesucht wurde, stellte sich heraus, dass es sich um ein Grundstück handelte, das einem regionalen Energieversorger gehörte.

Das strategische Ziel der Verrechnung der internen Dienstleistungen ist also klar: Im Prinzip sollen die internen Anbieter von Dienstleistungen mit den externen Wettbewerbern konkurrieren.

 WICHTIG!

> *Der Weg zu diesem Ziel ist allerdings kompliziert, und zwar im Wesentlichen wegen Unteilbarkeiten und Kostenremanenzen bei den Erbringern der internen Dienstleistungen.*

Darauf wird später eingegangen (5.2.5 und vor allem 5.4).

5.2.4 Warum alle Leistungsverrechnungen im Haushalt veranschlagt werden müssen

 WICHTIG!

> *Grundsätzlich müssen die Leistungsverrechnungen im Haushalt veranschlagt werden.*

Nur so werden sie Bestandteile der Budgets. Nur so sind die beabsichtigten Anreiz- und Sanktionswirkungen bei Auftraggebern und bei Auftragnehmern zu erwarten. Nur so ist gewährleistet, dass die Politiker bei der Entscheidung über die Fachbudgets erkennen können, wie viel die internen Vorleistungen kosten und wie die Erlös- und damit Wettbewerbssituation bei den Anbietern aussieht.

Steuerung der Vorleistungen und der Gemeinkosten 5

Es reicht nicht aus, solche Informationen nur außerhalb des Haushalts, z. B. in der Kostenrechnung zu erzeugen. Sie sind stets im Haushalt abzubilden.

So sollten in der Kostenrechnung nur die Leistungen verrechnet werden, die auch im Haushalt abgebildet werden – und dies zu identischen Werten. Damit wird erreicht, dass der Rechnungsstoff im Haushalt prinzipiell mit dem in der Kostenrechnung identisch ist und umgekehrt (einheitlicher Rechnungsstoff).

Im alten (kameralen) Recht waren Leistungsverrechnungen nur vorgesehen im Falle der sog. kostenrechnenden Einrichtungen. Mit der Durchführung der internen Leistungsverrechnung im neuen Finanzmanagementsystem und deren Abbildung im Haushalt wächst die Anzahl der im Haushalt veranschlagten internen Verrechnungen. Das gilt zumindest für die Ebene der Teilergebnishaushalte und -rechnungen. Hier werden seitens der Auftraggeber entsprechende Aufwandspositionen („Aufwendungen aus internen Leistungsbeziehungen") abgebildet. Bei den Auftragnehmern finden sich entsprechende Ertragspositionen („Erträge aus internen Leistungsbeziehungen"). Diese gleichen sich mithin auf der Ebene von Gesamtergebnishaushalt und -rechnung aus. Auf der Ebene des Gesamthaushalts kommen sie somit nicht vor.

Die „Aufblähung" des Haushalts, mit der gelegentlich gegen eine Ausweitung der internen Verrechnungen argumentiert wurde, betrifft also – wenn überhaupt – nur die Teilergebnishaushalte und -rechnungen. Diese sind nicht nur in Kauf zu nehmen, sondern zur besseren Finanzsteuerung ausgesprochen erwünscht. Außerdem trägt sie dazu bei, dass Haushaltszahlen interkommunal leichter verglichen werden können.

 WICHTIG!

Dem Wettbewerbsgedanken entspräche es, die Mittel für die Beauftragung interner Dienstleister unter den entsprechenden Sachaufwandspositionen zu veranschlagen.

Beispiel für die Veranschlagung der Internen Leistungsverrechnung (ILV):

> Alle Mittel, die in einem Budget für die Reparatur von Kraftfahrzeugen vorgesehen sind, werden unter den entsprechenden Sachaufwandspositionen veranschlagt, unabhängig davon, ob es sich um Mittel für die Beauftragung eigener oder privater Betriebe handelt.

Diese Behandlung könnte vor allem zur Anwendung kommen, wenn für die Leistungen der internen Dienstleister kein Kontrahierungszwang (mehr) besteht. Das folgende praktische Beispiel greift diesen Gedanken auf:

5 Steuerung der Vorleistungen und der Gemeinkosten

Beispiel: Dienstanweisung zur internen Leistungsverrechnung

Die Verrechnung der Leistungen von durch Dienstanweisung bestimmten „Internen Dienstleistern" mit den Bestellern (Abnehmern) dieser Leistungen erfolgt unter folgender Maßgabe:

- **Leistungen, für die Kontrahierungszwang besteht**
  Wenn bzw. solange für einen internen Dienstleister Kontrahierungszwang besteht, d. h., dass die übrigen Verwaltungsdienststellen nur diesen Dienstleister in Anspruch nehmen und nicht die Leistungen auf dem privaten Markt einkaufen dürfen, erfolgt der Ausweis unter der Position „Aufwendungen aus internen Leistungsbeziehungen".

- **Leistungen, für die *kein* Kontrahierungszwang besteht**
  Wo ein auftraggebendes (bestellendes) Amt entsprechend den Rahmenregeln benötigte Leistungen wahlweise bei internen Dienstleistern oder auf dem privaten Markt bestellen darf, werden die gesamten Mittel unter der entsprechenden Sachaufwandsposition veranschlagt.

Die derzeitigen Regelungen im neuen Gemeindehaushaltsrecht sehen diese differenzierte Vorgehensweise nicht vor. Es bleibt abzuwarten, ob und inwieweit die vorstehend skizzierte differenzierte Behandlung interner Dienstleistungen in Zukunft als zulässig anerkannt wird.

5.2.5 Bei welchen Leistungen lohnt sich die Verrechnung?

Voraussetzung für die Praktikabilität dieses Konzeptes pretialer Verwaltungslenkung ist, dass nicht alle in einer Verwaltung vorhandenen Leistungsbeziehungen erfasst, verrechnet und im Haushalt abgebildet werden (siehe hierzu 5.1). Vielmehr geht man am besten schrittweise vor und beginnt mit den Leistungen, bei deren Verrechnung die größten Steuerungswirkungen erhofft werden können. Bei der Entscheidung über das Vorgehen hilft die in Abbildung 22 getroffene Unterscheidung der Arten verwaltungsinterner Leistungen.

(1) Verrechnung der Leistungen interner Dienstleister

 TIPP!

Beginnen Sie mit der Einführung der Leistungsverrechnung bei den größeren internen Dienstleistern.

Interne Dienstleister, für die als erste eine Verrechnung in Frage kommt, sind Einrichtungen wie die Gebäudewirtschaft bei Anwendung des Vermieter-Mieter-Modells und die Hilfsbetriebe, die gewerbliche Leistungen anbieten, wie in kleineren Gemeinden z. B. die Baubetriebshöfe. Hier handelt es sich um die größten Verrechnungsvolumina. Hier können die Auftraggeber-Auftragnehmer-Beziehungen am übersichtlichsten strukturiert

Steuerung der Vorleistungen und der Gemeinkosten 5

werden. Diese Einrichtungen stehen auch als erste im Blickfeld von Privatisierungsüberlegungen. Hier ist am ehesten die neue Kultur der Dienstleistungsorientierung zu erwarten.

(2) Verrechnung der Leistungen interner Dienstleister bei Kontrahierungszwang?

Besondere Fragen werfen die internen Dienstleister auf, für die durch Rahmenregeln oder faktisch ein Abnahme- oder Kontrahierungszwang besteht. Auf den ersten Blick macht es unter Steuerungsaspekten wenig Sinn, die Serviceleistungen zu verrechnen, wenn die Leistungsempfänger keine nennenswerten Möglichkeiten haben, ihre Leistungsabnahme zu verändern, die Leistung selbst zu erbringen oder einen Dritten damit zu beauftragen. Wenn die Leistungsempfänger in ihren Budgets mit Kosten belastet werden, auf die sie keinerlei Einfluss haben, so wird das nicht nur als überflüssiger Verwaltungsaufwand empfunden, sondern geradezu als ein Fremdkörper in einem System dezentraler Ressourcenverantwortung.

Trotzdem macht die Einführung der Leistungsverrechnung auch in diesem Falle Sinn. Voraussetzung ist allerdings die Schaffung einer Verwaltungskultur, die den Dienstleistungscharakter der entsprechenden Einrichtungen betont. Die Abnehmer müssen ermutigt werden, sich als Besteller und Auftraggeber zu sehen und die jetzt transparent gewordenen und ihrem Budget belasteten Kosten kritisch zu hinterfragen und mit den Preisen anderer Kommunen oder auch privater Anbieter zu vergleichen. Das setzt natürlich voraus, dass die Verrechnung leistungsabhängig erfolgt (siehe 5.2.6) und nicht im Wege pauschalierter Gemeinkostenumlagen (siehe 5.2.4). Der Zwang, sich mit seinen Kosten und Preisen zu rechtfertigen, wird für die internen Dienstleister umso stärker, je konkreter für die Abnehmer Alternativen bestehen oder zumindest diskutiert werden.

Beispiel: Personalverwaltung

In einer Stadt mit 125.000 Einwohnern arbeitet die Personalabteilung auch für das selbstständige kommunale Krankenhaus. Nach der Einführung der Leistungsverrechnung droht das Krankenhaus mit Abwanderung. Von den daraufhin eingeleiteten Rationalisierungen in den Personaldiensten profitieren auch die Dienststellen der Kernverwaltung, obwohl sie weiterhin dem Abnahmezwang unterworfen bleiben.

Die Leistungsverrechnung kann trotz Fortbestand eines Kontrahierungszwangs insbesondere dann zu starkem Rechtfertigungs- und Rationalisierungsdruck bei dem internen Dienstleister führen, wenn die Leistung ohne weiteres auch auf dem Markt gekauft werden könnte und die Leistungs- und Preisstruktur sehr übersichtlich ist.

5 Steuerung der Vorleistungen und der Gemeinkosten

Beispiel: IT-Service

Die Einführung eines Verrechnungspreises pro Technikarbeitsplatz und Jahr für Support durch die eigene Datenzentrale löst sofort Vergleiche mit den Service-Angeboten privater IT-Firmen aus.

Bei den internen Dienstleistern mit Kontrahierungszwang ist also das oben empfohlene schrittweise Vorgehen unter sorgfältiger Abschätzung der Steuerungswirkungen besonders angesagt. Ein wichtiges Kriterium ist auch der Verwaltungsaufwand. Ist er im Verhältnis zum Volumen der Verrechnungen sehr hoch, spricht dies dafür, eine Verrechnung zu unterlassen und Leistungserbringung und -abnahme anders zu steuern.

Beispiel: Zentraler Einkaufsservice

In einer gut organisierten Zentralen Einkaufsstelle liegen die Kosten für den Abschluss von Rahmenverträgen usw. erfahrungsgemäß so niedrig, dass sich bezogen auf die Bestellvolumina der Fachbereiche Zuschlagssätze von unter 1 % ergeben würden. Sie zu verrechnen ist unverhältnismäßig aufwendig, solange keine integrierte informationstechnische Unterstützung zur Verfügung steht.

Der zentrale Einkauf liefert auch ein Beispiel dafür, wie das Konzept der pretialen Betriebslenkung und der Leistungsverrechnung schon im Vorfeld zu Steuerungswirkungen bis hin zu Outsourcing führen kann.

Beispiel: Zentrale Lagerhaltung

Der traditionelle Einkauf mit zentraler Lagerhaltung – z. B. von Bürobedarf – verursacht hohe Kosten. Als interner Dienstleister müsste er Aufschläge auf Lagerentnahmen erheben, die erfahrungsgemäß bei bis zu 35 % der Einkaufspreise liegen müssten. Unter solchen Umständen ist es empfehlenswert, erst gar keine zentralen Lager mehr einzurichten.

Soweit die Leistungen der internen Dienstleister, also der Organisationseinheiten, die ganz oder überwiegend interne Dienstleistungen erbringen. Davon unterschieden werden hier interne Dienstleistungen, die von einer Organisationseinheit nur als *Neben*leistung erbracht werden (siehe Abbildung 22). Wie ist mit ihnen umzugehen?

(3) Verrechnung der Nebenleistungen einzelner Einrichtungen?

 WICHTIG!

Grundsätzlich sollten auch solche verwaltungsinternen Dienstleistungen verrechnet werden, bei denen es sich nur um Nebenleistungen der erbringenden Organisationseinheit handelt.

Steuerung der Vorleistungen und der Gemeinkosten 5

Auch hier sollte schrittweise vorgegangen werden, wobei wieder die Stärke der erhofften Steuerungswirkungen das Kriterium ist. Bei einem halbwegs konsequent gehandhabten Budgetierungssystem ist damit zu rechnen, dass eine große Zahl der bisher im Haushalt und im Abrechnungssystem nicht besonders aufgeschienenen Leistungsbeziehungen zu Tage treten. Immer da, wo ein Budgetverantwortlicher aus seinem (knappen!) Budget Leistungen für andere erbringen soll, für die er nicht (produkt-)verantwortlich ist, wird er Entlastung verlangen, d. h. entweder Ersatz der Kosten via Leistungsverrechnung oder Entpflichtung von der Nebenleistung.

Beispiel für Nebenleistung:

> Wenn in dem zu Beginn dieses Kapitels unter 5.1 genannten Beispiel die Lagerkapazitäten in den Schulen knapp sind, und den Schulen durch die Lagerung des Gerätepools der Kulturabteilung zusätzliche Aufwendungen entstehen, wird die Schulverwaltung eine Entlastung ihres Budgets fordern.

Auf eine Selbststeuerung des Prozesses bei der Einführung der Verrechnung von Nebenleistungen kann allerdings nicht immer vertraut werden. Häufig haben Nebenleistungen für die erbringende Einrichtung eine so untergeordnete Bedeutung oder die Budgetzwänge sind so gering, dass kein virulentes Interesse an einer Entlastung durch Verrechnung besteht. Hier müssen zentrale Steuerung und zentrales Controlling nachhelfen. Dabei gilt es zumindest zwei Gruppen von internen Leistungen aufzuspüren:

- Leistungen, für die die Empfänger nicht bereit sind zu zahlen, weil sie sie eigentlich gar nicht (mehr) benötigen und
- Leistungen, deren Kosten bei Gebührenkalkulationen, Kostenerstattungsansprüchen u. Ä. angesetzt werden könnten.

Beispiel: Stellungnahmen im Zusammenhang mit Baugenehmigungen

> Wenn das Bauordnungsamt bei Baugesuchen für alle Stellungnahmen anderer Dienststellen zahlen muss, wird es möglicherweise auf einige verzichten, die nicht unbedingt erforderlich sind.
>
> Im Übrigen würden die Kosten dem Bauordnungsamt angelastet, sodass die Auskömmlichkeit der Baugenehmigungsgebühren zutreffender beurteilt und erforderlichenfalls für eine Erhöhung beim Gebührengesetzgeber besser argumentiert werden könnte.

Manchmal haben die erbringenden Dienststellen geradezu ein Interesse am Fortbestand der Nebenleistungen, z. B. weil damit der Personalbestand besser gerechtfertigt oder gar die Existenzberechtigung der ganzen Einrichtung besser begründet werden kann. Sie werden dann keine Erstattung

5 Steuerung der Vorleistungen und der Gemeinkosten

von den Leistungsempfängern einfordern, wenn sie befürchten müssen, dass diese mit einer Einschränkung der Nachfrage reagieren.

Beispiel: Verrechnung von Druckleistungen

Eine Hausdruckerei, die bisher nicht als interner Dienstleister gesteuert wird und deshalb ihre Gesamtkosten nicht durch Erträge decken muss, hat kein Interesse daran, für den Druck und den Versand von Berichten für den interkommunalen Erfahrungsaustausch dem zuständigen Fachbereich die Kosten in Rechnung zu stellen. Bei unentgeltlicher Abgabe solcher Berichte kann erfahrungsgemäß mit mehreren Hundert Anfragen gerechnet werden. Das kann zu einer besseren Rechtfertigung von personeller oder maschineller Kapazität u. Ä. dienen.

Zentrale Steuerung und Controlling sind auch gefordert, wo die Gefahr besteht, dass auf Grund der Leistungsverrechnung einzelne Leistungen nicht mehr nachgefragt werden, an denen aber aus Sicht der Verwaltungsleitung oder der Politik ein Interesse besteht.

Beispiel: Stellungnahmen im Zusammenhang mit Baugenehmigungen (Fortsetzung)

Nach Einführung der Leistungsverrechnung verzichtet das Bauordnungsamt auf die Beteiligung des Planungsamtes. Dies kann aber unerwünschte Folgen für die Stadtentwicklung haben, sodass die Verwaltungsleitung die Beteiligung des Planungsamtes für verbindlich erklärt. Die dem Bauordnungsamt dadurch entstehenden Kosten werden von der zentralen Steuerung oder dem Planungsamt getragen.

 WICHTIG!

Wo die pretiale Steuerung zu Ergebnissen führt, die dem Gesamtinteresse der Kommune zuwiderlaufen, ist mit verbindlichen Rahmenregeln gegenzusteuern.

Dies entspricht im übertragenen Sinn dem Prinzip der sozialen Marktwirtschaft: Dort wo die Gesetze der Marktwirtschaft zu gesellschaftlich unerwünschten Folgen führen, ist der Staat aufgerufen durch geeignete gesetzliche Maßnahmen gegenzusteuern. Hierbei darf allerdings auch nicht überreguliert werden, um die Kräfte des Marktes nicht vollständig außer Kraft zu setzen.

Der Prozess der schrittweisen Einführung der Verrechnung von Nebenleistungen muss also zentral gesteuert werden, um solche Fälle aufzudecken. Dazu sind detaillierte Leistungsverzeichnisse aller Organisationseinheiten eine wichtige Grundlage. Aus ihnen muss hervorgehen, inwieweit eine Organisationseinheit Vorleistungen für andere Bereiche der Verwaltung erbringt.

Steuerung der Vorleistungen und der Gemeinkosten 5

(4) Verrechnung der Produktleistungen

Als „Produktleistungen" wurden die Leistungen bezeichnet, die primär für externe Leistungsempfänger erbracht werden, aber teilweise auch von Einrichtungen der Kommune selbst als Vorleistungen benötigt werden (siehe Abbildung 22). Bei kostenrechnenden Einrichtungen, die vollkostendeckende Gebühren erheben, ist es selbstverständlich, dass die internen Leistungsempfänger faktisch genauso behandelt werden, wie Dritte. Die jeweilige Gebührensatzung wird also auch auf die eigenen Einrichtungen angewandt. Nicht zuletzt ist auf diese Weise am einfachsten sicherzustellen, dass die externen Gebührenzahler nicht mit Kosten belastet werden, die sie nicht verursacht haben.

Beispiel: Produktleistungen kommunaler Betriebe

Leistungen der Abfallwirtschaft, der Entwässerung und der Straßenreinigung.

Aber auch außerhalb der klassischen Gebührenhaushalte gibt es viele Produktleistungen, wo eine interne Verrechnung der Wirtschaftlichkeit, der Einnahmeerzielung oder wenigstens der Transparenz dienen kann:

Beispiel: Interne Verrechnung der Kosten von Baugenehmigungen:

Die interne Verrechnung der Kosten für die Baugenehmigung für eine Kompostierungsanlage auf dem Friedhof führt zu einer verursachungsgerechten Kostenanlastung und kann dort evtl. sogar in die Friedhofsgebühren einkalkuliert werden. Die Ermittlung des Verrechnungsbetrages erfolgt nach den Regeln für die Berechnung von Baugenehmigungsgebühren.

Gerade auch im Hinblick auf das durch das neue Haushaltsrecht beabsichtigte Ressourcenverbrauchskonzept ist eine solche Verrechnung geboten, da nur so die vollständigen Herstellungskosten eines Anlagegutes ermittelt und dann auch abgeschrieben werden können.

Im Übrigen sollte wieder im Einzelnen nach dem Verhältnis von Kosten und Nutzen gefragt werden, und zwar insbesondere nach dem Steuerungsnutzen. So ist z. B. zu fragen, ob die Schulen für die Benutzung der eigenen Bäder zahlen sollten. Der regelmäßige Verrechnungsaufwand lohnt sich nur, wenn die Schulen dadurch zu einer kostenbewussteren Inanspruchnahme und die Bäder zu einer wirtschaftlicheren Erstellung der Leistungen angereizt würden.

5.2.6 Wie werden die Verrechnungspreise gebildet?

Die Verrechnung erfolgt auf der Basis **vorkalkulierter Verrechnungspreise**. Die Auftraggeber sollen nicht nur vor der konkreten Auftragserteilung, sondern bereits bei der Aufstellung des Haushaltsplanentwurfs wis-

5 Steuerung der Vorleistungen und der Gemeinkosten

sen, mit welchen Preisen sie rechnen müssen. Erforderlichenfalls müssen die Anbieter Angebote machen. Die Preise sollen möglichst **Einheitspreise** (z. B. €/qm Gebäudeinnenreinigung/Monat) und nur hilfsweise Verrechnungssätze für Lohn- oder Maschinenstunden sein. Das **Leistungsverzeichnis** soll so weit wie möglich den (Standard-)Leistungsverzeichnissen privater Anbieter entsprechen, damit die Preise einfach verglichen werden können.

Beispiel: Preis- und Leistungskatalog für „interne Dienste"

Alle Preise wurden auf der Basis der voraussichtlichen entstehenden Aufwendungen laut Haushaltsplan ermittelt.

A Personaldienste

Betreuung Angestellte/Arbeiter(innen)	je Fall/Jahr	201,00 €
Geldleistung Angestellte/Arbeiter(innen)	je Fall/Jahr	135,00 €

B Steuerwesen

Veranlagungen von

Entwässerungsgebühren	je Fall	5,24 €
Abfallentsorgungsgebühren	je Fall	5,84 €
Straßenreinigungsgebühren	je Fall	5,79 €
Niederschlagungen	je Fall	26,00 €

C Druckerzeugnisse

S/W-Kopien/Drucke

			A4	A3
1	–	499 Kopien	je Kopie/Druck	0,05 €	0,08 €
500	–	1.999 Kopien	je Kopie/Druck	0,04 €	0,06 €
2.000	–	8.999 Kopien	je Kopie/Druck	0,03 €	0,05 €
ab		9.000 Kopien	je Kopie/Druck	0,02 €	0,04 €
Aufschlag für Folie			je Kopie/Druck	0,60 €	1,20 €
Aufschlag für Karton			je Kopie/Druck	0,04 €	0,06 €

D Einkauf, Logistik

Waren vom Lager	Aufschlag auf Lagerentnahme	35 %
Ausschreibungen	je Ausschreibung	1.200,00 €

E Post-, Boten- und Fahrdienste

Postfach, groß	je Fach/Jahr	2.000,00 €
Botenfahrten	je wöchentl. Anlauf/Jahr	485,00 €

Steuerung der Vorleistungen und der Gemeinkosten 5

F Stadtkasse
Buchhaltung einschließlich Zahlungsverkehr
Sollstellungen
Auszahlungsanordnungen, je Anordnung 1,00 €
Verrechnungsanordnungen je Anordnung 0,50 €

H Informationstechnik
Schulung nach Schulungskatalog
Betrieb TUI-AP/Jahr 1.550,00 €
Erstmalige Bereitstellung je TUI-AP 300,00 €
Umzug je TUI-AP 615,00 €
Telekommunikation je Telefon/Jahr 108,50 €
Bearbeitung/Abrechnung Mobiltelefon je Handy/Jahr 108,50 €

Auch einzelne Baubetriebshöfe sind inzwischen so weit, dass sie fast alle Leistungen zu Einheitspreisen anbieten können. Im Baubereich wird die Vergleichbarkeit mit privaten Anbietern beispielsweise dadurch erleichtert, dass die HOAI zugrunde gelegt wird.

 WICHTIG!

Die Verrechnungspreise werden entweder in Anlehnung an Marktpreise oder auf der Basis der eigenen Kosten (Kostenpreise) kalkuliert. Sie sollen i. d. R. die Vollkosten decken.

Im Vergleich zu einer Verrechnung auf der Basis von Marktpreisen hat die Verrechnung von Kostenpreisen den Vorteil, dass die Fachbereiche mit den tatsächlichen Kosten der eigenen Dienstleistungsbetriebe belastet werden und dass es auch keine kommunalabgabenrechtlichen Probleme bei der Belastung von Gebührenhaushalten gibt. Zum Thema Kostenpreise versus Marktpreise siehe auch unten 5.2.6.

Bei der hier empfohlenen stärker marktlichen Steuerung der internen Dienstleistungen müssen die Preisgestaltungsregeln noch weiter spezifiziert werden:

- Kostenpreise sollten grundsätzlich die Vollkosten enthalten (variable und fixe Kosten der Einrichtung zuzüglich anteiliger Kosten aus den internen Leistungsbeziehungen und anteiliger Kosten aus den Gemeinkostenbereichen).
- Die Anbieter dürfen unter den Vollkosten, also zu Teilkosten anbieten, wenn damit Kapazitäten ausgelastet werden können, die kurz- und mittelfristig nicht abgebaut werden können (Kostenremanenz).

5 Steuerung der Vorleistungen und der Gemeinkosten

Bei einer Teilkostenkalkulation sollen grundsätzlich mindestens die variablen (ausbringungsabhängigen) Kosten gedeckt werden (Deckungsbeitrag I ≥ 0). Anzustreben ist auch eine Deckung der anteiligen bereichsfixen Personal- und Sachkosten (Deckungsbeitrag II ≥ 0), der Kosten aus internen Leistungsbeziehungen (Deckungsbeitrag III ≥ 0), und evtl. auch der anteiligen Kosten aus den Gemeinkostenbereichen (Deckungsbeitrag IV ≥ 0). Im letzten Fall wäre das Ziel der Vollkostendeckung erreicht. Der Deckungsbeitrag I markiert theoretisch die kurzfristige Preisuntergrenze. Sie würde wegen des hohen Fixkostenanteils sehr niedrig liegen. Das hier angedeutete Konzept einer sog. mehrstufigen Deckungsbeitragsrechnung kann somit gerade in der öffentlichen Verwaltung von zusätzlichem Erkenntniswert sein. Die stufenweise Ermittlung von Deckungsbeiträgen gewährleistet einen tiefgehenden Einblick in die Ergebnis- und Kostenstruktur.

Zur Vor- und Nachkalkulation der Verrechnungspreise benötigen interne Dienstleister auf Dauer eine voll ausgebaute Kosten- und Leistungsrechnung. Der Aufbau der Kosten- und Leistungsrechnung dauert erfahrungsgemäß mehrere Jahre. So lange müssen Sie mit der Einführung der Leistungsverrechnung nicht warten. Für den Start reichen Schätzpreise auf der Grundlage eigener Kalkulationen und/oder in Anlehnung an Marktpreise oder interkommunale Vergleichswerte. Die Zug um Zug aussagefähiger werdende eigene Kosten- und Leistungsrechnung dient dann zur Nachkalkulation und zur schrittweisen Heranführung der Verrechnungspreise an die eigenen Vollkosten und vor allem zur Durchleuchtung der Kosten in den Bereichen, in denen die eigenen Stückkosten über den Marktpreisen liegen.

 TIPP!

Dass es sich in der Einführungsphase noch um vorläufige Preise handelt, muss intensiv mit den Auftraggebern und vor allem der Politik kommuniziert werden.

Bei der Einführung der Leistungsverrechnung und dem Konzept interner Dienstleister für Einrichtungen wie den Baubetriebshof oder das Gebäudemanagement bestehen vor allem in der Politik oft hohe Erwartungen bezüglich wettbewerbsfähiger Preise. Wenn dann nach Vorliegen exakterer Kalkulationen die Verrechnungspreise erhöht werden müssen, kann das zu verstärkten Zweifeln an der Wettbewerbsfähigkeit der internen Dienstleister führen.

Für Nebenleistungen einzelner Einrichtungen, die nicht aus anderen Gründen eine Kosten- und Leistungsrechnung führen müssen, reichen

Steuerung der Vorleistungen und der Gemeinkosten 5

zur Ermittlung der Verrechnungspreise sporadische Kosten*ermittlungen*, soweit nicht Gebührenordnungen wie die Honorarordnung für Architekten und Ingenieure (HOAI) (mit Abschlägen!) angewendet werden können. Bei den Kostenermittlungen kann meist von den Personalkosten in Abhängigkeit von dem Zeitaufwand ausgegangen werden, auf die die Sachkosten des Arbeitsplatzes und die Gemeinkosten aufgeschlagen werden. Verwiesen werden kann hier auf vereinfachte Kostenermittlungsverfahren, wie sie etwa in den regelmäßig erscheinenden Berichten der KGSt zu den „Kosten eines Arbeitsplatzes" veröffentlicht werden.

5.2.7 Wie gehen Sie haushalts- und abrechnungstechnisch am besten vor?

Die Einführung der Leistungsverrechnung oder die Erweiterung des Kreises der einbezogenen Einrichtungen muss eng mit der Aufstellung des Haushaltsplans verbunden werden. Um bei der empfohlenen schrittweisen Einführung der Leistungsverrechnung Klarheit zu schaffen und um einem allgemeinen Verrechnungswirrwarr vorzubeugen, sollten Sie die internen Dienstleistungen, die verrechnet werden sollen, in geeigneter Weise festlegen und diese Liste dann nach Bedarf im Laufe der Zeit erweitern. Die Einführung der Verrechnung einer Leistung und damit die Aufnahme in die Liste wird – ggf. auf Antrag der jeweiligen Einrichtung oder des Controllings – von der Finanzsteuerung veranlasst. Werden größere interne Dienstleister gebildet, deren Leistungen vollständig verrechnet werden sollen (z. B. der Baubetriebshof oder die Gebäudewirtschaft), so empfiehlt es sich, dies in einer besonderen Dienstanweisung (vgl. hierzu Anlage 3) zu kommunizieren.

Das allgemeine Verfahren der internen Leistungsverrechnung wird meist in einer eigenen Dienstanweisung geregelt. In diese Dienstanweisung kann dann eine Liste der in die Verrechnung einbezogenen internen Dienstleister (und der zu verrechnenden Gemeinkostenbereiche – siehe unten 5.3) aufgenommen werden.

Die Einführung der Leistungsverrechnung führt dazu, dass die Empfänger der Leistungen aus ihrem Budget für Leistungen zahlen müssen, die sie bis dahin unentgeltlich erhielten. Da die Leistungsempfänger durch die Einführung der Leistungsverrechnung nicht schlechter gestellt werden sollen, muss ihr Budget im Umfang der entstehenden Aufwendungen der zukünftig entgeltpflichtigen Leistungen aufgestockt werden. Diesem Mehraufwand steht bei dem Dienstleister ein gleich hoher Mehrertrag gegenüber, sodass die Einführung der Leistungsverrechnung zunächst haushaltsneutral ist. Wichtig ist aber, dass die Umsetzung des Konzepts „Interne Dienstleister" Einsparungen erbringen soll.

5 Steuerung der Vorleistungen und der Gemeinkosten

Beispiel: Einsparungen durch Gebäudemanagement

Bei der Umsetzung des Konzepts Gebäudemanagement als interner Dienstleister können Optimierungspotentiale von 20 bis 30 % freigesetzt werden.

Auf die Hebung der Optimierungspotenziale muss aktiv hingearbeitet werden.

 TIPP!

Durch moderate Absenkung der Budgets der Auftraggeber gleich im ersten Jahr der Einführung der internen Leistungsverrechnung kann der Anreiz zu sparen erhöht, ein Beitrag zur Haushaltsentlastung erbracht und ein frühes Erfolgssignal für die Leistungsverrechnung gesetzt werden.

Vor der erstmaligen Veranschlagung der Leistungsverrechnung sind in der Regel umfangreiche Ermittlungen erforderlich. Bei den Leistungsempfängern sind die Daten über die bisher bezogenen Leistungen meist noch nicht in der Form verfügbar, wie sie für eine Auftragserteilung und als Grundlage einer Abrechnung erforderlich sind. Und auch bei den internen Dienstleistern sind nicht immer schon alle Voraussetzungen für eine Abrechnung aller Leistungen vorhanden.

Wie und wann abgerechnet wird, ist von der jeweiligen Leistungsart und dem Stand des Rechnungswesens insbesondere des Auftragnehmers abhängig. Bei den für kleinere und mittlere Kommunen besonders wichtigen Baubetriebshöfen ist folgende Unterscheidung typisch, die sich entsprechend auf andere verwaltungsinterne Dienstleistungen übertragen lässt.

- **Daueraufträge**
  Für regelmäßig wiederkehrende Leistungen wie bei der Unterhaltung von Grünanlagen oder in der Straßenreinigung werden Daueraufträge – evtl. mit zeitlicher Befristung bzw. „Kündigungsmöglichkeit" – erteilt. Die Abrechnung erfolgt z. B. quartalsweise.

- **Einzelaufträge auf der Basis von Rahmenverträgen**
  Für nicht regelmäßig wiederkehrende Leistungen wie Grabaushub, Elektroreparaturen oder das Ersetzen von Verkehrszeichen können Rahmenverträge („Hausmeisterverträge") abgeschlossen werden, auf deren Grundlage die Einzelbeauftragung erfolgt. Die Abrechnung kann einzeln oder periodisch, z. B. quartalsweise, erfolgen.

- **Einzelaufträge**
  Einzelaufträge, wie das Aufstellen einer mobilen Bühne, für die in der Regel vorher ein Angebot gemacht wird, werden einzeln abgerechnet.

Steuerung der Vorleistungen und der Gemeinkosten 5

Wettbewerblich orientierte interne Dienstleister werden die Wahl der Auftragsart prinzipiell dem Auftraggeber überlassen. Dies kann aber dazu führen, dass überwiegend der Einzelauftrag gewählt wird. Die Folge ist ein extrem hoher Aufwand für die Abwicklung der Einzelaufträge, insbesondere bei dem internen Dienstleister.

Beispiel: Auftragsflut bei Technischen Betrieben

Bei den Technischen Betrieben einer Mittelstadt kam es bei einem gesamten Auftragsvolumen von rund 8 Mio. € zu mehr als 30.000 zu fakturierenden Rechnungen, nachdem die Auftraggeber überwiegend die Form des Einzelauftrags gewählt hatten. Die Wahl erfolgte durch Ankreuzen im Auftragsformular.

 TIPP!

Durch die internen Dienstleister und die zentrale Steuerung muss darauf gedrungen werden, dass für alle in Frage kommenden Fälle Daueraufträge geschlossen werden. Eine Preisdifferenzierung kann dies unterstützen.

Entscheidend ist in allen Fällen die *leistungs*abhängige Abrechnung. In der Praxis sind noch häufig Verfahren anzutreffen, bei denen die Kosten des internen Dienstleisters am Ende des Jahres nach einem kaum noch verursachungsgerechten Schlüssel umgelegt werden. Sie sind meist eingerichtet worden, um die Kosten der Hilfsbetriebe insbesondere den gebührenrechnenden Einrichtungen anlasten zu können. Die Steuerungswirkung solcher Verfahren ist allerdings nicht ausreichend. Sie sollten deshalb auf eine leistungsabhängige Abrechnung umgestellt werden.

Die vorstehenden Empfehlungen gehen davon aus, dass die Leistungsverrechnung für einzelne Einrichtungen von Anfang an scharf gestellt, d. h. budgetwirksam wird. Das setzt allerdings die Erledigung der vorstehend genannten Arbeiten voraus. Dabei ist die Ermittlung der Beträge, um die die Auftraggeberbudgets aufgestockt werden müssen, besonders schwierig. Viele Verwaltungen haben deshalb vor die Scharfschaltung eine Transparenzphase gelegt. Die Ansätze für die „Bezahlung" interner Dienstleistungen werden im Einführungsjahr auf der Basis vorläufiger Ermittlungen oder gar Schätzungen ermittelt und bleiben zunächst budgetunwirksam.

Solange die Leistungsverrechnungen im Haushalt budgetunwirksam sind, haben weder Auftraggeber noch Auftragnehmer (interne Dienstleister) ein Interesse an der Weiterentwicklung des Systems. Es besteht die Gefahr, dass der Ansatz stecken bleibt. Die Empfehlung lautet deshalb:

5 Steuerung der Vorleistungen und der Gemeinkosten

 TIPP!

Die interne Leistungsverrechnung sollte so gut wie möglich vorbereitet und dann sofort budgetwirksam eingeführt werden.

Bei dennoch auftretenden anfangsbedingten Unzulänglichkeiten (z. B. zu niedrigem Ansatz) muss nachgesteuert werden. Im Übrigen müssen die Auswirkungen – insbesondere auf die internen Dienstleister – ohnehin abgefedert werden. Im Einzelnen wird dazu auf 5.4 verwiesen.

5.2.8 Ergebnisorientierte Steuerung der internen Dienstleister durch interne Leistungsverrechnung

Die interne Leistungsverrechnung dient also nicht nur der Kostenverteilung, sondern vor allem der Zuweisung von Ergebnissen auf die Leistungserbringer. In besonderer Weise steuerungswirksam und verhaltensbeeinflussend ist die Leistungsverrechnung, wenn die Leistungserbringer als Kosten- und Ergebniszentren im Rahmen dezentralisierter Verwaltungsstrukturen geführt werden. Das trifft für die internen Dienstleister zu, die wir hier als Organisationseinheiten definiert haben, die ganz oder ganz überwiegend interne Dienstleistungen erbringen.

Dabei müssen folgende Voraussetzungen erfüllt sein:

- Der Bereich muss eine ausreichende *organisatorische Selbstständigkeit* erhalten, um im Rahmen ergebnisorientierter Steuerung unternehmerisch handeln zu können und
- er muss im Haushalt mit einem *eigenen Teilhaushalt* abgebildet werden.

Dieser Ansatz, neuerdings auch unter dem Begriff „Shared Service Center" diskutiert, gewinnt im Zusammenhang mit Steuerungsüberlegungen öffentlicher Verwaltungen zunehmend an Bedeutung. Als „Shared Service Center" gilt hier die auftragnehmende Organisationseinheit. Hier werden Aufgaben gebündelt (zentralisiert), die bislang von mehreren Organisationseinheiten selbst wahrgenommen wurden. Durch diese Bündelung sind aufgrund von Mengeneffekten und stärkerer Professionalisierung Effizienzvorteile zu erwarten. Diese Zentralisierung geht einher mit einer Dezentralisierung der Ressourcenverantwortung in die Shared Service Center (hinsichtlich der Bereitstellung interner Dienstleistungen, z. B. der Gebäudebewirtschaftung) und in die abnehmenden Organisationseinheiten (hinsichtlich der Abnahme dieser Dienstleistungen).

Diese Struktur ist nur die notwendige Bedingung für eine ergebnisorientierte Steuerung. Sie muss durch entsprechende Finanzvorgaben und Wettbewerb aktiviert („unter Strom") gesetzt werden. Mehr dazu in Kapitel 6.

5.3 Wie können die Gemeinkosten beeinflusst werden?

5.3.1 Gemeinkosten sichtbar machen

Nachdem wir die für das Finanzmanagement besonders wichtigen (und ergiebigen!) internen Dienstleistungen behandelt haben, bleiben jetzt noch die Aufwendungen der „Gemeinsamen Einrichtungen" und der verwaltungsinternen Planungs-, Steuerungs- und Kontrolleinrichtungen (vgl. Abbildung 21). Wie werden sie erfasst und gesteuert? Für die Diskussion wird von folgenden Grundsätzen ausgegangen: Wenn man die Budgetverantwortlichen für die Einhaltung ihrer Finanz- und Leistungsvorgaben verantwortlich machen will, dann darf man sie nicht mit Aufwendungen belasten, die sie nicht direkt verursacht haben und die sie nicht beeinflussen können. Daraus ergibt sich eine grundlegende Veranschlagungsregel:

 WICHTIG!

Prinzipiell werden Aufwendungen (und Erträge) bei den Organisationseinheiten veranschlagt, von denen sie verursacht werden und von denen sie beeinflusst werden können (siehe auch 3.3).

Aufwendungen, die nicht direkt und ausschließlich einer Organisationseinheit zugeordnet werden können, werden jeweils der (nächsthöheren) Organisationseinheit zugeordnet, wo sie als Einzelkosten der Organisationseinheit zugerechnet und beeinflusst werden können. (Im Grundsatz handelt es sich hierbei um das von Paul Riebel entwickelte Gedankengut der sog. relativen Einzelkostenrechnung).

Dieses Prinzip sollte bei der Veranschlagung möglichst durchgängig beachtet werden. Der Haushalt wird dann transparenter und er lässt sich leichter steuern. Eine Folge dieses Prinzips ist, dass für „Gemeinsame Einrichtungen" und für zentrale und dezentrale Planungs-, Steuerungs- und Kontrolleinrichtungen jeweils eigene Budgets (Teilhaushalte) gebildet werden. Sie können mit Bezug auf die ihnen jeweils nachgelagerten Bereiche als **Gemeinkostenbudgets** (auch Overheadbudgets) bezeichnet werden. Gemeinkostenbudgets beziehen sich einmal auf zentrale Bereiche der Verwaltung (z. B. Verwaltungsführung oder zentrale Steuerungsunterstützung) oder auf einzelne Bereiche der Verwaltung (z. B. Fachbereichsleitungen).

Beispiele:

> Die Aufwendungen für die Verwaltungsführung werden bei Kommunen in einem eigenen Produktbereich (= Budgetbereich) „Innere Verwaltung" veranschlagt. Die Aufwendungen etwa für die Fachbereichsleitung Jugend im Produktbereich (= Budgetbereich) Jugend.

5 Steuerung der Vorleistungen und der Gemeinkosten

Bei dieser Art der Veranschlagung werden die Gemeinkostenbereiche deutlicher sichtbar und steuernde Eingriffe sind leichter, als wenn die Kosten von vornherein auf dezentrale Organisationseinheiten oder gar einzelne Produktgruppen aufgeschlüsselt würden. Aus der Stellung der Gemeinkostenbudgets in der Budget*hierarchie* ergibt sich, auf welchen Bereich der Verwaltung sie sich jeweils beziehen. Bei Gemeinkostenbudgets, die sich auf die gesamte Verwaltung beziehen, wird häufig von **Konzernkosten** gesprochen. Die folgenden Überlegungen betreffen aber auch alle Gemeinkostenbudgets auf niedrigeren Ebenen der Budgethierarchie.

5.3.2 Outputorientierte Gestaltung der Gemeinkostenbereiche

Für eine inhaltliche Durchdringung der Gemeinkostenbudgets ist es wichtig, sich intensiv mit ihren Leistungen zu befassen.

 WICHTIG!

Wie bei allen anderen Budgets sind auch bei den Gemeinkostenbudgets die Ziele und Produkte bzw. Leistungen zu beschreiben und es ist über die Zielerreichung zu informieren.

Beispiel: Produktinformationen über einen Gemeinkostenbereich

Eine Stadt mit rd. 160.000 Einwohnern gibt zum Budget „Büro Oberbürgermeister" (= Produktgruppe) folgende Produktübersicht (Auszug):

Produkt 1: Verwaltungs- und Ressortsteuerung

Produkt 2: Konzernkoordinierung, Strategisches Controlling, Beschwerdemanagement und Europaangelegenheiten

Produkt 3: Ratsangelegenheiten

Produkt 4: Bezirksverwaltungsstelle

Produkt 5: Pressestelle, Öffentlichkeitsarbeit

Produkt 6: Stadtwerbung, Tourismus ...

Neben reinen Steuerungsleistungen, die betriebswirtschaftlich den Charakter von internen Vorleistungen haben, stehen auch „Endprodukte", z. B. Produkt 6. Das ist in vielen „Gemeinkosten"budgets der Fall, und das ist auch nicht schlimm, solange die Kosten nicht akribisch verrechnet werden sollen.

Die Beschreibung und Klassifizierung der Produkte und Leistungen der Gemeinkostenbereiche ist nicht einfach. Noch schwieriger ist es, Kennzahlen zur Beurteilung der Zielerreichung zu bestimmen.

Steuerung der Vorleistungen und der Gemeinkosten 5

Beispiel: Kennzahlen zu einem Gemeinkostenbereich

Als Kennzahlen zum Leistungsumfang und zur Zielerreichung für die Abteilung „Leitung/Service" des Fachbereichs „Bürgerservice und Soziales" nennt eine Stadt mit rund 90.000 Einwohnern u. a.:

Anzahl der Sitzungen des Fachbereich-Ausschusses
Anzahl der Berichts- und Beschlussvorlagen
Anzahl der Sitzungen der Leitungskonferenz
Anzahl der eingesetzten Datenverarbeitungsprogramme
Anzahl der besetzten Stellen im Fachbereich
Anzahl der abgeschlossenen Zielvereinbarungen
Fortbildungstage je Mitarbeiter
Fortbildungskosten in Euro.

Die frühzeitige Beschäftigung mit den Leistungen und Mengengerüsten ist ergiebiger als die nachträglichen Detaillierungen hinsichtlich Kostenstellen und Kostenarten in der Kosten- und Leistungsrechnung.

5.3.3 Weiterverrechnung der Gemeinkosten?

Die Kosten der Gemeinsamen Einrichtungen (Personalrat, Gleichstellungsstelle, Arbeitssicherheitstechnischer Dienst, Betriebsärztlicher Dienst, Kantine u. a.) und der zentralen und dezentralen Planungs-, Steuerungs- und Kontrolleinrichtungen (politische Gremien, Verwaltungsführung, Rechnungsprüfungsamt, Fachbereichsleitungen usw.) werden etwa im Teilhaushalt Innere Verwaltung veranschlagt. Damit wird der vollständige Ressourcenverbrauch auch für diese Bereiche selbstverständlich im Haushalt dokumentiert und den Verantwortlichen zugeordnet (primäre Zuordnung).

Etwas anderes ist die Frage, ob diese Kosten in einem zweiten Schritt (sekundäre Zuordnung) auf alle Teilbudgets weiterverrechnet werden sollen.

 WICHTIG!

Zwingend erforderlich ist die Weiterverrechnung nur zu Lasten solcher Organisationseinheiten, bei denen diese Kosten in die Kalkulation von Entgelten, Kostenerstattungen, Zuweisungen u. Ä. eingehen, insbesondere also bei den Kostenrechnenden Einrichtungen im engeren haushaltsrechtlichen Sinne sowie bei den internen Dienstleistern.

Hier ist die Verrechnung auch allgemeine Praxis, und zwar in bewährter Weise mittels mehr oder weniger pauschaler Umlagen. Bei den Kostenrechnenden Einrichtungen dient die Verrechnung der Gemeinkosten in

5 Steuerung der Vorleistungen und der Gemeinkosten

erster Linie fiskalischen Zwecken, nämlich der Ausschöpfung der Einnahmespielräume. Bei den internen Dienstleistern ist die Gemeinkostenverrechnung für die Kalkulation vollkostendeckender Verrechnungspreise erforderlich.

Bei Einrichtungen, die mit ihren Kosten und Preisen unter Wettbewerbsdruck stehen, kann die Gemeinkostenverrechnung auch Steuerungswirkungen erzeugen: Die belasteten Einrichtungen werden die Gemeinkostenumlagen kritisch hinterfragen und auf Kostensenkungen in den Gemeinkostenbereichen drängen.

Beispiel: Gebäudewirtschaft

Wenn die Gebäudewirtschaft unter Wettbewerbsdruck steht, wird sie sich gegen die Belastung mit anteiligen Verwaltungskosten wehren und Druck auf die Gemeinkostenbereiche ausüben. Denn sie muss sich mit privaten Wettbewerbern messen, die (z. B. in der Gebäudereinigung) nicht nur niedrigere Löhne zahlen, sondern auch weniger „Gemeinsame Einrichtungen" und schlankere Planungs-, Leitungs- und Kontrollstrukturen haben.

Oft bleibt es aber ein Dilemma, die internen Dienstleister mit den hohen öffentlichen Gemeinkosten zu belasten und gleichzeitig von ihnen marktgerechte Preise zu verlangen. Trotzdem sollte dem in solchen Fällen häufig geäußerten Verlangen, die Gemeinkostenumlagen abzusenken, grundsätzlich nicht nachgegeben werden. Der Grundsatz schließt Ausnahmen nicht aus. So kann es etwa in einer knappen Wettbewerbssituation gerechtfertigt sein, den internen Dienstleister von beschäftigungsunabhängigen Kosten der Politik zu entlasten. Mehr dazu unter 6.6.

Die Ausdehnung der Verrechnung im Haushalt über kostenrechnende Einrichtungen und interne Dienstleister hinaus ist eher kritisch zu sehen. Die erstattungsverpflichteten Organisationseinheiten hätten keinen direkten Einfluss auf Menge und Preis der ihnen angelasteten allgemeinen Verwaltungsleistungen. Und sie wären an einer kritischen Hinterfragung der Umlagen auch gar nicht interessiert, solange sie sich mit ihren Gesamtkosten nicht rechtfertigen müssen.

 WICHTIG!

Da die Verrechnung der Gemeinkosten nur geringe Steuerungswirkungen auslöst, ist ihre flächendeckende Verrechnung nicht steuerungsnotwendig.

Im Gegenteil: Ein Budgetverantwortlicher, der mit Gemeinkostenumlagen belastet wird, die er selbst nicht beeinflussen kann, wird möglicherweise demotiviert. Und auch die Politiker, die ja in erster Linie die Adressaten

Steuerung der Vorleistungen und der Gemeinkosten 5

der Budgetinformationen sind, reagieren erfahrungsgemäß eher irritiert, wenn das sie interessierende Budget mit „Sekundärkosten" belastet wird, die meist nur schwer zu erläutern und vor allem auch nicht zu verändern sind.

Die Verrechnung von Gemeinkosten der zentralen Bereiche wird nicht selten mit der Notwendigkeit begründet, die „Vollkosten" der Produkte in allen Bereichen der Verwaltung zu ermitteln. Dies vor allem für Zwecke des interkommunalen Vergleichs. Gegen diese Begründung und gegen die Umlage sprechen allerdings folgende Gründe:

- Der Informationswert der so ermittelten Vollkosten tendiert „gegen Null". Dies begründet sich aus der nicht annäherungsweise verursachungsgerechten Zurechnung dieser Gemeinkosten zu den einzelnen Bereichen der Verwaltung. Dies gilt im verstärkten Maße natürlich für die Weiterverrechnung der so verteilten Kosten auf die Produkte.
- In Interkommunalen Vergleichen einzelner Organisationseinheiten der Verwaltung sind, wenn es um Kostenvergleiche geht, vor allem die in diesen Bereichen entstehenden „Produktions"kosten von Belang.

Ein hieraus entstehender Informationsnutzen kann deshalb nicht gesehen werden. Die in jedem Fall hierdurch entstehenden Informationskosten zusammen mit genannten kontraproduktiven Wirkungen sind ebenfalls in die Abwägung einzubeziehen.

Beispiel: Schlüsselung von Gemeinkosten

Manche Kommunen schlüsseln die Gemeinkosten z. B. von Zentraler Steuerung oder Organisation nach der Anzahl der Stellen in den Teilbudgets, manche nach den Personalkosten, wieder andere nach der Büroraumfläche.

 TIPP!

Im Ergebnis soll hier empfohlen werden, eine Verrechnung der Gemeinkosten zentraler Bereiche nicht vorzunehmen.

Für die Verteilung der Gemeinkosten der Fachbereiche gelten analoge Überlegungen. Hier kann es aber in Einzelfällen durchaus opportun sein, eine Verrechnung auf die Produkte dieses Bereiches vorzunehmen, z. B. die Verteilung der Gemeinkosten der Leitung des Rechenzentrums als internem Dienstleister auf die Produkte des Rechenzentrums.

Abschließend sei noch einmal betont: Wo regelmäßig – also nicht nur sporadisch – vollkostendeckende Gebühren, interne Verrechnungspreise, Kostenersatzansprüche und dgl. kalkuliert werden müssen, sollte auf eine vollständige Verrechnung aller Gemeinkosten nicht verzichtet wer-

5 Steuerung der Vorleistungen und der Gemeinkosten

den. Diese kann aber nur für Zwecke der Kostenkalkulation, nicht jedoch für Zwecke des Kostenmanagements (Verhaltenssteuerung) empfohlen werden.

5.3.4 Sammelnachweise gehören der Vergangenheit an!

Verursachung und Beeinflussbarkeit sind auch die Kriterien für die Behandlung der in sog. Sammelnachweisen veranschlagten Ausgaben bzw. Aufwendungen. Statt in Sammelnachweisen sind die Aufwendungen unter dem Aspekt der dezentralen Ressourcenverantwortung bei der Organisationseinheit und gegebenenfalls in einem eigenen Budget zu veranschlagen, wo sie verantwortet und beeinflusst werden können. Eine Verteilung auf die Budgets nach irgendwelchen mehr oder weniger wirklichkeitsfernen Schlüsseln macht keinen Sinn, solange die Budgetverantwortlichen diese Aufwendungen nicht beeinflussen können.

 WICHTIG!

Sammelnachweise der alten Art haben deshalb in dem neuen Finanzmanagement keinen Platz mehr!

Stattdessen ist es das Ziel, die bisher in Sammelnachweisen enthaltenen Ausgaben bzw. Aufwendungen unmittelbar in den Budgets auszuweisen, wo sie entstehen und verantwortet werden.

Beispiel: Telefonkosten

Durch Schaffung der technischen Voraussetzungen für eine verursachungsgerechte Erfassung der Gesprächsgebühren werden die Telefonkosten – evtl. zuzüglich eines Zuschlags zur Abdeckung von Fixkosten der Telefonanlage – unmittelbar den Budgets zugerechnet, in denen sie entstehen und von den Budgetverantwortlichen beeinflusst werden können.

Beispiel: Bauunterhaltung

Bei Bildung einer Zentralen Grundstücks- und Gebäudewirtschaft werden alle Unterhaltungsmittel – außer Schönheitsreparaturen – zunächst dort veranschlagt und verantwortet. Sie gehen dann in die Grundmiete ein, die von den nutzenden Fachbereichen zu zahlen ist. Über ihren Flächenbedarf und ihre Standardanforderungen erlangen die Fachbereiche (begrenzte) direkte Einflussmöglichkeiten auf ihre Gebäudenutzungskosten und damit auch auf die Bauunterhaltung.

Die Abschaffung der Sammelnachweise setzt also meist umfangreiche organisatorische Vorbereitungen voraus. Dabei geht es nicht nur um rechnungstechnische Veränderungen, sondern vor allem um eine Neuordnung der Verantwortlichkeiten im Sinne des Neuen Steuerungsmodells. Gerade bei bisher in Sammelnachweisen veranschlagten Mitteln

Steuerung der Vorleistungen und der Gemeinkosten 5

geht es meist auch um eine Neudefinition des Zusammenwirkens von dezentralen Fach- und Ressourcenverantwortlichen einerseits und zentralen Steuerungs- oder Serviceinstanzen andererseits.

Beispiel: Dezentrale Sach- und Finanzverantwortung bei Zentralem Einkauf

Im Rahmen der Budgetierung werden die Mittel für die Beschaffung von Verbrauchsmaterialien, Büromöbeln usw. dezentral veranschlagt. Was, wann, in welcher Menge eingekauft wird, entscheiden die Budgetverantwortlichen im Rahmen ihrer Budgets. Der eigentliche Einkauf wird allerdings aus Gründen der Wirtschaftlichkeit und der Verfahrenssicherheit von einer zentralen Einkaufsstelle durchgeführt. Diese schließt Rahmenverträge ab, aus denen sich die Fachbereiche bedienen.

5.4 Warum die ILV in die Budgetierung einbezogen werden muss

5.4.1 Wie aus Verrechnungsgeld Hartgeld wird

In vielen Verwaltungen sind Anläufe zur Einführung oder Ausweitung der internen Leistungsverrechnung stecken geblieben. Meist liegt das daran, dass nur „Verrechnungsgeld" eingeführt wird, d. h. dass die Verrechnungsbeträge im Haushalt auf nicht budgetierten/nicht in die Budgetierung einbezogenen Verrechnungshaushaltsstellen bzw. -finanzpositionen dargestellt werden. Damit ist zwar eine transparente und vollständige Kostenverteilung möglich. Aber die Wirkungen, die von der bloßen Verrechnung auf die Leistungsempfänger ausgehen, sind schwach. Wenn die Kosten interner Dienstleistungen durch die Verrechnung erstmalig sichtbar werden, gibt es zwar manchmal Aha-Effekte und auch sinnvolle Reaktionen. Wenn aber Einsparungen bei der Inanspruchnahme interner Dienstleistungen dem Budgetverantwortlichen nichts bringen, dann kommt es bei ihm zu keinem nachhaltigen Anreiz zu wirtschaftlicherem Verhalten. Folglich gerät auch der Erbringer der Leistung nicht unter Druck. Wenn überhaupt „Rechnungen" gestellt werden, werden diese von den „Auftraggebern" kritiklos bezahlt. Erst recht wirkungslos bleibt das System, wenn der Leistungserbringer direkt die Haushaltsstellen des Leistungsempfängers belasten kann oder die Verrechnung zentral in der Kämmerei durch Umbuchungen erfolgt. Meist erlahmen dann auch sehr schnell die Anstrengungen zum weiteren Ausbau des Verrechnungssystems; der Aufbau der Aufgabenkataster und der Leistungsbeschreibungen auf der Auftraggeberseite oder der Kosten- und Leistungsrechnung und der Leistungs- und (Einheits-)Preiskataloge auf der Auftragnehmerseite bleiben stecken oder ziehen sich endlos hin.

 WICHTIG!

Das System der internen Leistungsverrechnungen muss von Anfang an „unter Strom" gesetzt werden.

5 Steuerung der Vorleistungen und der Gemeinkosten

Transparenz über die Kosten der internen Leistungen ist zwar notwendig, um wirtschaftliches Verhalten zu erzeugen. Jedoch ist in einem zweiten Schritt die Schaffung von *Konsequenzen* notwendig, um verhaltenssteuernde Impulse zu setzen. Die zentralen Konsequenzen im System der internen Leistungsverrechnungen sind im Wesentlichen die

- **Einbeziehung in die Budgetierung** und die Schaffung von
- **Wettbewerb.**

Der Blick richtet sich dabei zunächst auf die Auftrag*geber*. Bei ihnen müssen Anreize geschaffen werden, die bezogenen internen Leistungen nach Art, Umfang, Qualität und Preis kritisch zu hinterfragen. Das kann – mehr oder weniger wirksam – durch die Einbeziehung der Verrechnungspositionen in die Budgetierung geschehen. Das Pro und Contra dazu wird in diesem Abschnitt zusammengefasst. Zusätzlich können die internen Anbieter durch die Auftraggeber dem Wettbewerb ausgesetzt werden. Damit wollen wir uns umfassender im nächsten Kapitel 6 befassen.

Die Forderung lautet also, die Verrechnungspositionen in die Budgets der Auftraggeber einzubeziehen und den generellen Budgetierungsregeln zu unterwerfen.

Beispiel: Der Weihnachtsbaum

> Für die Aufstellung des Weihnachtsbaums im Kindergarten durch den Baubetriebshof wird dem Kindergartenbudget seit der Einführung der ILV ein Betrag von € 78,00 belastet. Die Kindergartenleiterin wird erst dann nach Alternativen suchen (z. B. Spende und Aufstellung durch Eltern), wenn die Einsparung bei den Bauhofleistungen sie zu Mehraufwand z. B. bei Spielmaterial berechtigt.

Aus Spielgeld muss also Hartgeld werden!

Die Einbeziehung der internen Leistungsverrechnungen in die Budgetierung muss allerdings gesteuert werden. *Interne* Leistungsverrechnungen haben für den *Gesamt*haushalt eine andere Bedeutung als Aufwands- und Ertragspositionen für *externe* Leistungen. Wenn in einem *Teil*budget der Aufwand für die Inanspruchnahme interner Dienstleistungen verringert und dafür in gleicher Höhe ein Aufwand an anderer Stelle getätigt wird, so ist das für den Gesamthaushalt nur dann neutral, wenn der interne Dienstleister auf die verringerte Nachfrage sofort mit einer Verringerung seines Aufwands reagieren kann oder wenn er die Leistung anderweitig verkaufen kann. Diese Voraussetzung ist bei den meisten internen Leistungsanbietern allerdings nicht gegeben. Meist bestehen personelle und sonstige Kapazitäten (Maschinen, Gebäude usw.), die kurzfristig nicht abgebaut werden können. Um nicht in dieses Problem der Kostenremanenz hineinzulaufen, sind zwei Maßnahmen üblich, die meist gemeinsam ergriffen werden:

Steuerung der Vorleistungen und der Gemeinkosten 5

- Für zu schützende interne Dienstleistungen wird ein (ggf. zeitlich begrenzter) Kontrahierungszwang (Abnahmezwang) verhängt und
- Die internen Leistungsverrechnungen werden aus der Budgetierung ausgeschlossen, also insbesondere aus der gegenseitigen Deckungsfähigkeit mit anderen Aufwandspositionen des gleichen Teilhaushalts.

WICHTIG!

Mit der Ausklammerung der internen Leistungsverrechnungen aus der Budgetierung werden nicht nur die intendierten Wirkungen der internen Leistungsverrechnung verhindert. Mangels Akzeptanz stockt auch der weitere Ausbau des Systems. Die Scharfschaltung des Verfahrens verschiebt sich mangels eines eindeutig zu definierenden Termins immer weiter in die Zukunft.

Wenn nicht eine Investitionsruine geschaffen werden soll, muss das System der ILV von vornherein scharf geschaltet werden. Trotz aller Schwierigkeiten gibt es also eine eindeutige Empfehlung:

WICHTIG!

Die internen Leistungsverrechnungen müssen von vornherein in die Budgetierung einbezogen werden!

Die Empfehlung, die internen Leistungsverrechnungen von vornherein in die Budgetierung einzubeziehen, gilt sowohl für den Fall, dass die Leistungsverrechnungen haushaltstechnisch unter den Kontengruppen für „Aufwendungen aus internen Leistungsbeziehungen" oder unter „Aufwendungen für Sach- und Dienstleistungen" veranschlagt werden.

5.4.2 Internes Kontraktsystem verhindert Leerkosten

Bei der empfohlenen Einbeziehung der internen Leistungsverrechnungen in die Budgetierung kann es bei den Erstellern der internen Dienstleistungen insbesondere auf Grund der Kostenremanenz zu Problemen kommen.

WICHTIG!

Statt die Abnehmer durch einen generellen Kontrahierungszwang zu binden, sollten für alle Leistungen maßgeschneiderte Kontrakte geschlossen werden.

Die Kontrakte zwischen den Anbietern und Nachfragern der internen Dienstleistungen berücksichtigen die Interessen beider Seiten. Je nach Art und Umfang der Leistung und der Kostenremanenz muss der Bestel-

5 Steuerung der Vorleistungen und der Gemeinkosten

ler unterschiedlich lange Kündigungsfristen akzeptieren. Sie gewähren dem Anbieter einen ausreichend langen Anpassungszeitraum für den Fall, dass der Besteller die Leistung kündigt. Gelegentlich kann sich der Anpassungs- und damit Kündigungszeitraum aus der Nutzungsdauer von Spezialmaschinen oder -geräten ergeben. Meist wird die Geschwindigkeit eines evtl. notwendig werdenden Anpassungsprozesses aber durch das vorhandene und nicht kündbare Personal definiert. Das kann dazu zwingen, Kündigungsmöglichkeiten nur in Teilschritten zuzulassen (siehe auch Kapitel 6). Bei der Systematisierung der Kontraktarten kann auch die weiter oben (siehe 5.2.7) bereits erwähnte Unterscheidung zwischen

- Daueraufträgen
- Einzelaufträgen auf der Basis von Rahmenverträgen und
- Einzelaufträgen

hilfreich sein.

Selbstverständlich sollte sein, dass für zwei Arten bisher erbrachter Leistungen von vornherein auf jeglichen Kontrahierungszwang verzichtet wird:

- Leistungen, auf die der Empfänger in Zukunft ganz verzichten will oder für die er eine andere, den Haushalt nicht belastende Lösung findet.
- Leistungen geringeren Umfanges, deren Ausfall beim Anbieter erwartungsgemäß keine unlösbaren Anpassungsprobleme verursacht, weil er sie z. B. durch Mehrleistungen auf anderen Gebieten ausgleichen kann.

Beispiel: Fundfahrrad

Statt dass das Ordnungsamt, nachdem ihm ein Fundfahrrad gemeldet wurde, den Baubetriebshof damit beauftragt, das Fahrrad zu bergen und in den städtischen Fundkeller zu verbringen (Einsatz eines Pritschenwagens mit zwei Mann Besatzung!), wird – nach Einführung der ILV und gestiegenem Kostenbewusstsein des Ordnungsamtes – der Finder gebeten, das Fahrrad zu verwahren (gegen Finderlohn bzw. Eigentumsübergang nach Ablauf der Aufbewahrungsfrist).

Mit einer Freistellung vom Kontrahierungszwang für solche Leistungen muss sichergestellt werden, dass gleich bei der Einführung der Leistungsverrechnung wenigstens symbolische Anfangserfolge zu verzeichnen sind.

Über ein internes Kontraktsystem lassen sich auch die Probleme eleganter lösen, die sich bei vorläufiger Haushaltsführung oder haushaltswirtschaftlichen Sperren häufig stellen. Voraussetzung ist, dass die internen Kontrakte in diesem Zusammenhang genauso behandelt werden, wie

Steuerung der Vorleistungen und der Gemeinkosten 5

Verträge mit Dritten: Sind in einem internen Kontrakt längere Kündigungsfristen vereinbart, um dem internen Dienstleister erforderlichenfalls Zeit für Anpassungsmaßnahmen zu geben, so dürfen die Mittel nicht kurzfristig gesperrt werden, genau wie bei einer vertraglichen und kurzfristig nicht kündbaren Verpflichtung gegenüber Dritten. Dies sollte selbstverständlich unabhängig davon gelten, ob die Mittel haushaltstechnisch unter den Kontengruppen für „Aufwendungen aus internen Leistungsbeziehungen" oder unter „Aufwendungen für Sach- und Dienstleistungen" veranschlagt sind.

5.4.3 Marktpreisgebundener Kontrahierungszwang sorgt für effiziente Ergebniszuweisung

Die Steuerung durch ein internes Kontraktsystem kann sinnvoll ergänzt werden durch einen sog. marktpreisgebundenen Kontrahierungszwang. Voraussetzung ist, dass sich der Auftraggeber zum Vergleich belastbare Marktpreise für die benötigten Leistungen beschafft (siehe im Einzelnen 6.5). Ist der interne Anbieter teurer, so kann der Nachfrager vom internen Dienstleister verlangen, dass dieser in die Marktpreise einsteigt. Tut der interne Dienstleister dies, so ist der Nachfrager zur Abnahme verpflichtet („marktpreisgebundener Kontrahierungszwang"). Der interne Anbieter wird in die niedrigeren Marktpreise einsteigen, wenn er nur so ein Auslastungsproblem verhindern kann. Die mangelnde Wettbewerbsfähigkeit des internen Dienstleisters schlägt sich am Ende des Jahres in einer Unterdeckung in seinem Budget nieder. Es ist dann Sache des Betriebs und des Finanzmanagements, die nötigen Anpassungsmaßnahmen im Betrieb zu entscheiden.

Voraussetzung ist auch hier wieder, dass der Nachfrager durch Einbeziehung der internen Leistungsverrechnungen in die Budgetierung ein ausreichendes Interesse an Preisvergleichen hat. Verstärkt werden kann der Druck für beide Seiten noch durch echten Marktwettbewerb. Dazu soll das nächste Kapitel Anregungen geben.

Für die hier empfohlene marktliche Steuerung der internen Dienstleistungen ist es zweckmäßig, die internen Leistungsverrechnungen bei den entsprechenden Sachaufwands- bzw. -ertragspositionen zu veranschlagen und nicht auf den Verrechnungskonten. Auf Letzteren werden nur die Erstattungen von Gemeinkosten veranschlagt (siehe auch oben 5.2.4).

Die Positionen für die Verrechnung interner *Dienst*leistungen sollten also in die Budgetierung einbezogen werden. Das ist das Fazit. Gilt das auch für die Verrechnung der *Gemeinkosten*, falls und soweit eine solche durchgeführt wird (siehe oben 5.3.3)?

5 Steuerung der Vorleistungen und der Gemeinkosten

5.4.4 Einbeziehung der Gemeinkostenerstattungen in die Budgetierung

Auf die mehr oder weniger pauschal umgelegten Gemeinkosten – falls diese überhaupt umgelegt werden – haben die belasteten Budgetverantwortlichen keinen Einfluss. Deswegen nehmen viele Verwaltungen diese Positionen ausdrücklich aus der gegenseitigen Deckungsfähigkeit innerhalb der Budgets heraus. Damit wächst die Zahl der Haushaltsvermerke, die ohnehin die Lesbarkeit der Haushalte erschweren.

 TIPP!

Einfacher und übersichtlicher ist es, auch die Gemeinkostenerstattungen zu Bestandteilen der Budgets zu machen und die Steuerung über das Kontraktmanagement vorzunehmen.

Entsprechend ihrer Natur sind die Gemeinkostenerstattungen durch die belasteten nachgeordneten Dienststellen nicht kündbar und deshalb auch nicht veränderbar. Um zu verhindern, dass Verwaltungskostenerstattungen zur Deckung anderer Aufwendungen herangezogen werden, ist also kein Haushaltsvermerk erforderlich; vielmehr ergibt sich das aus der Natur der (fixen) Aufwandsposition, so wie sich das bei anderen Aufwandspositionen etwa aus einer langfristigen unkündbaren Vertragsbindung ergeben kann. Die Einbeziehung in die Budgets ist deshalb unschädlich; sie trägt aber zur Vereinfachung der Budgetstruktur und der Budgetierungsregeln bei.

Fazit zu Kapitel 5:

- Die Kosten aus internen Leistungsbeziehungen und die Gemeinkosten zentraler Verwaltungsbereiche sind auf sehr unterschiedliche Weise zu steuern. Erstere sind in ein System der verwaltungsinternen Leistungsverrechnung einzubeziehen. Letztere sollten grundsätzlich dort ausgewiesen werden, wo sie anfallen.

- **Verwaltungsinterne Leistungsverrechnungen** sollten von Beginn an Gegenstand der Budgetierung sein. Sie sind im Haushalt abzubilden. Nur so sind gewollte Verhaltensänderungen sowohl bei den Auftraggebern als auch bei den Auftragnehmern zu erwarten. Verwaltungsinterne Leistungsverrechnungen sollten nur in den Fällen vorgenommen werden, in denen klare Auftraggeber-/Auftragnehmer-Verhältnisse vorliegen.

- Die **Verrechnung der Verwaltungsgemeinkosten** führt erfahrungsgemäß dort zu kritischen Reaktionen und Druck auf die Gemeinkostenbereiche, wo die belasteten Einrichtungen die Gemeinkostenan-

Steuerung der Vorleistungen und der Gemeinkosten 5

teile durch Entgelte vollständig finanzieren müssen, (vollkostendeckende Gebührenhaushalte, interne Dienstleister u. a.), *und* wo diese unter Wettbewerbsdruck stehen. Hier kann der Druck genutzt werden, die Verwaltung – gerade bezogen auf interne (und externe) Dienstleister – zu verschlanken, z. B. durch Abbau von Hierarchieebenen und Dezentralisierung von Ressourcenverantwortung. Über diese Fälle hinaus sind von einer flächendeckenden Verrechnung der Gemeinkosten keine nennenswerten Steuerungswirkungen zu erwarten. Sie sollte deshalb unterbleiben. Es bleiben dann nur die klassischen Instrumente der Aufgabenkritik bzw. Produktkritik. Gerade für die Gemeinkostenbereiche sind dafür Vorgehenskonzepte wie etwa die Gemeinkosten-Wert-Analyse entwickelt worden, die in größeren Abständen eingesetzt werden können.

Literatur zu Kapitel 5

Christmann, Kurt/Huland, Dieter/Meißner, Barbara (2004)

KGSt (1998b)

KGSt (1997e)

KGSt (2000b)

KGSt (2011b)

KGSt (2011c)

Redmann, Reinhard (2000)

Schwarting, Gunnar (2005)

Durch Wettbewerb verbesserte Haushaltssteuerung 6

6 Wie durch Wettbewerb die Haushaltssteuerung verbessert werden kann

Leitfragen zu Kapitel 6
- Warum sollen Wettbewerbsstrukturen geschaffen werden?
- Was ist unter „Wettbewerb für die öffentliche Verwaltung" zu verstehen?
- Welche Bereiche sollen dem Wettbewerb ausgesetzt werden?
- Wie kann der Wettbewerb organisiert werden?
- Wie lässt sich die Wettbewerbsfähigkeit der eigenen Verwaltung steigern?
- Wie kann durch Benchmarking eine „Quasi-Wettbewerbssituation" geschaffen werden?

6.1 Ein typischer Fall

Im Rahmen der Haushaltskonsolidierung prüfen viele öffentliche Verwaltungen, ob sie bestimmte Leistungen weiterhin in eigenen Einrichtungen erbringen sollten, oder ob sie mit der Lieferung oder Leistung nicht besser Dritte beauftragen sollten.

Beispiel: Auflösung des städtischen Bauhofs?

Eine Stadt mit 200.000 Einwohnern prüft, ob der dem Tiefbauamt angegliederte Bauhof aufgelöst werden soll.

Als Vorteil des eigenen Bauhofs wird gesehen, dass er die operative und kurzfristige Erledigung von sicherungstechnischen und instandsetzungstechnischen Aufgaben und die Übernahme kleinerer oder spezieller Neubauarbeiten im Straßen- und Tiefbaubereich ermöglicht.

Als Nachteil wird gesehen, dass die Stadt durch die Kosten der ständig benötigten Lohn- und Materialfonds belastet wird.

Auf die Frage nach Eigen- oder Fremderstellung reagieren Politik und Verwaltungen traditionell mit einer Wirtschaftlichkeitsberechnung für den Einzelfall. Unzählige solcher Untersuchungen gibt es. Und aus ihnen lässt sich nur eine Schlussfolgerung ziehen: Mit solchen Berechnungen kann alles bewiesen werden.

Die Ergebnisse hängen ab

- von den Initiatoren und Auftraggebern solcher Wirtschaftlichkeitsuntersuchungen und den von ihnen verfolgten Zielen (z. B. Privatisierung) sowie der Art der „Begleitung" der Studie durch die Interessenten,

6 Durch Wettbewerb verbesserte Haushaltssteuerung

- von den Annahmen (z. B. über derzeitige und zukünftig zu erzielende Produktivität/Leistungswerte der eigenen Beschäftigten),
- von der Kostenrechnung (z. B. bezüglich der Belastung des eigenen Betriebes mit Gemeinkosten),
- von dem Gutachter (z. B. der Ratsmehrheit nahe stehendes Beratungsunternehmen).

Beispiel: tendenziöse Wirtschaftlichkeitsberechnung – die Konkurrenzfähigkeit der Eigenreinigung

Durch (unrealistisch) hohe kalkulatorische Leistungswerte der Reinigerinnen bei gleichzeitig mangelnder Leistungskontrolle und/oder dem stillschweigenden Verzicht auf die Nachholung von (z. B. durch Krankheit) ausgefallenen Leistungen, durch niedrigen Ansatz von Gemeinkosten u. a. kann auch ein kommunaler Eigenreinigungsbetrieb seine Konkurrenzfähigkeit nachweisen, obwohl er höhere Stundenlöhne zahlen muss als die privaten Konkurrenten.

Wirtschaftlichkeitsberechnungen zur Frage der Eigen- oder Fremderstellung sind also meist angreifbar, auch wenn eine gut ausgebaute Kosten- und Leistungsrechnung existiert und die Berechnungen vorurteilsfrei durch eine sachverständige Stelle erstellt wurden. Nicht selten misstraut die Politik der Berechnung der Controllingstelle der Verwaltung oder erst recht der betroffenen Fachverwaltung und fordert eine Überprüfung durch das Rechnungsprüfungsamt oder einen „unabhängigen" Gutachter. Am Ende liegen den Entscheidungsträgern dann oft Berechnungen mit ganz unterschiedlichem Ausgang vor.

Das Neue Steuerungsmodell legt eine andere Vorgehensweise nahe: Statt einer bürokratischen Lösung durch Berechnung und hierarchische Entscheidung setzt es auf den Markt:

 WICHTIG!

Kommunale Leistungen, die auch von Dritten, insbesondere privaten Unternehmen erbracht werden können, sollen sich im Wettbewerb mit diesen bewähren.

6.2 Konkurrenz belebt das Steuerungsgeschäft

Der Wettbewerbsgedanke spielt im Neuen Steuerungsmodell eine wichtige Rolle. Der Wettbewerb kann dazu beitragen, die Steuerungsleistung des Gesamtsystems zu verbessern. Dazu ist es sinnvoll, sich noch einmal an das Grundprinzip der neuen Steuerung zu erinnern (siehe Kapitel 1): Grundsätzlich wird mit Leistungs- und Finanzzielen gesteuert. In einem solchen System bleiben die verhaltenssteuernden Wirkungen und Anreize für effektives und effizientes Handeln allerdings begrenzt, wie

Durch Wettbewerb verbesserte Haushaltssteuerung 6

ausgefuchst die Systeme der Budgetierung und der Leistungskontrakte auch sein mögen und wie scharf über interne Leistungsverrechnung auch Ergebnisverantwortung zugewiesen sein mag. Ein noch so gutes Controlling oder interkommunale Vergleiche können nicht vollständig ersetzen, was in der Privatwirtschaft bei den Unternehmen für ständigen Rationalisierungsdruck und die Suche nach neuen, besseren Leistungen sorgt, nämlich funktionsfähiger dynamischer Wettbewerb. Es liegt nahe, sich dieses Instruments auch in der Verwaltung zu bedienen.

 WICHTIG!

Wettbewerb setzt das Neue Steuerungsmodell unter Strom!

Dabei sind zunächst ein paar terminologische Verständigungen nötig. Nach der Art des Wettbewerbs kann unterschieden werden zwischen

- (echtem) Marktwettbewerb und
- Wettbewerbssurrogaten (sog. „Quasi-Wettbewerb", insbesondere mittels interkommunaler Vergleiche).

Wir wollen hier zunächst vor allem nach den Möglichkeiten suchen, kommunale Leistungserstellung einem echten Marktwettbewerb auszusetzen. Dabei können grob drei Konzepte unterschieden werden:

- Privatisierungsmodell
- Gewährleistungsmodell
- Konkurrenzmodell.

Das am weitesten gehende **„Privatisierungsmodell"** fordert, einen Teil der von der öffentlichen Verwaltung übernommenen Aufgaben (wieder) zu privatisieren, und zwar materiell, statt nur formal durch Organisationsprivatisierung. Bei diesen Leistungen sollen dann der Markt und zahlungskräftige Nachfrage darüber entscheiden, ob sie überhaupt noch produziert werden und ggf. von wem und in welcher Menge und in welcher Qualität. Auf die Frage, welche bisherigen kommunalen Produkte dafür in Frage kommen, gibt das Konzept keine eindeutige Antwort. Letztlich muss politisch entschieden werden. Unter dem Diktat leerer Kassen wächst allerdings der Druck, nach solchen Fällen zu suchen. Aufgabenkritik (Produktkritik) kann dafür ein geeignetes Verfahren sein. Schon im Vorfeld solcher Entscheidungen kann für betroffene Einrichtungen und Produkte Druck erzeugt werden, insbesondere das Kosten-Nutzen-Verhältnis zu verbessern, um evtl. weitere öffentliche Finanzierung zu rechtfertigen (z. B. bei bestimmten Kultureinrichtungen oder Sportstätten). Hier geht es also im Ganzen um eine Verschiebung der Grenze zwischen Markt und Staat.

6 Durch Wettbewerb verbesserte Haushaltssteuerung

 WICHTIG!

Als konkretes Instrument – insbesondere für die kurz- und mittelfristige Haushaltssteuerung – ist das Privatisierungsmodell naturgemäß weniger geeignet. Ob der Druck, der mit Privatisierungsdrohungen erzeugt werden kann, zur Durchsetzung konkreter Steuerungsvorhaben genutzt wird, ist eine Frage der örtlichen Politik und sicher auch des Politikstils.

Auch das **Gewährleistungsmodell** in seiner reinen Form ist – jedenfalls für die gegenwärtigen Verhältnisse in Deutschland – eher ein Denkmodell. Im Gewährleistungsmodell beschränken sich die öffentlichen Hände darauf, die Erfüllung der öffentlichen Aufgaben (z. B. Feuerschutz oder Besteuerung) sicherzustellen. Die Durchführung aber überlassen sie vollständig Dritten (z. B. privaten Feuerwehren oder privaten Steuereintreibern).

Realistischer ist es, von der gegenwärtigen Situation auszugehen. Sie ist dadurch gekennzeichnet, dass die öffentlichen Verwaltungen nicht nur gewährleisten, sicherstellen und finanzieren, sondern in erheblichem Umfang auch selbst produzieren. Viele der von Bund, Ländern und Kommunen selbst erstellten Leistungen werden auch von privaten Unternehmen oder Organisationen des sog. Dritten Sektors (Wohlfahrtsverbände und dergleichen) angeboten. Hier setzt das **„Konkurrenzmodell"** an. Die Botschaft lautet:

 WICHTIG!

Alle von der Verwaltung erbrachten Leistungen, die auch von Dritten erbracht werden (können), sollen dem Wettbewerb ausgesetzt werden.

Wettbewerb ist ein Kernelement des Neuen Steuerungsmodells. Dabei wird zunächst einmal die gegebene örtliche Situation als Status quo akzeptiert. Es gibt weder eine A-priori-Vermutung zu Gunsten der Wirtschaftlichkeit und Effektivität öffentlicher Eigenerzeugung noch gibt es – wie etwa bei ideologisch motivierten Befürwortern der Privatisierung – eine A-priori-Vermutung, dass Eigenerzeugung immer unwirtschaftlich ist. Vielmehr soll sich im Wettbewerb zeigen, ob vorhandene Eigenerzeugung auf Dauer günstiger ist, ob sie evtl. sogar ausgeweitet werden sollte oder ob vorhandene Kapazitäten abgebaut werden sollten, weil Dritte die Leistung besser erbringen können. Damit werden zwei wichtige Ziele erreicht:

Durch Wettbewerb verbesserte Haushaltssteuerung 6

 WICHTIG!

- *Erstens werden die Auftraggeber in die komfortable Lage versetzt, unter mehreren konkurrierenden Anbietern den Günstigsten auswählen und so ihr Budget schonen zu können.*
- *Zweitens werden die Auftragnehmer (internen Anbieter) gezwungen, mit ihren Leistungen und deren Kosten und Preisen entweder wettbewerbsfähig zu werden oder die Leistungen abzubauen.*

Für alle internen Anbieter lautet die Devise also (etwas verkürzt und nicht ganz wertfrei):

Konkurrieren statt Privatisieren!

Dass am Ende eines (verlorenen) Wettbewerbs auch die Privatisierung stehen kann, sei zur Vorbeugung vor Missverständnissen ausdrücklich betont.

6.3 Welche Bereiche sollen dem Wettbewerb ausgesetzt werden?

Wenn von Wettbewerb mit privaten Unternehmen gesprochen wird, dann wird meist zuerst an die internen Dienstleister gedacht. An zweiter Stelle geraten die großen Regiebetriebe in der Entsorgung in den Blick. Hier kommen starke Anstöße von der EU-Wettbewerbspolitik.

Vereinzelt wird das Konkurrenzmodell auch auf *alle* aus- bzw. durchführenden Organisationseinheiten angewandt, unabhängig davon, ob die Leistungen für interne oder externe Empfänger erbracht werden. Nach diesem Konzept wird – ähnlich wie bei dem Gewährleistungsmodell – in allen Verwaltungsbereichen eine Trennung zwischen auftraggebenden und auftragnehmenden Funktionen vorgenommen. Die für die Gewährleistung der Aufgabenerfüllung zuständigen Organisationseinheiten erhalten von der Politik das Budget (z. B. für Familienberatung) und müssen dann – und zwar möglichst im Wettbewerb – entscheiden, ob mit der Produktion der Leistung eine eigene, kommunale Dienststelle oder ein Dritter (hier z. B. ein Wohlfahrtsverband) beauftragt wird. Auf die Gesamtverwaltung angewandt, würde sich das in der nachfolgenden Abbildung dargestellte Organisationsmodell ergeben.

6 Durch Wettbewerb verbesserte Haushaltssteuerung

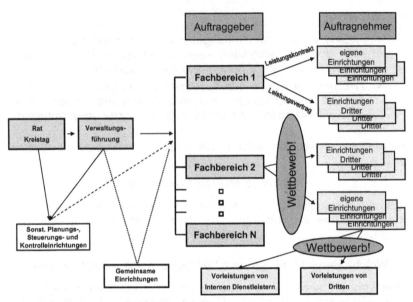

Abb. 23: Flächendeckendes Konkurrenzmodell

Ansätze für das Konkurrenzmodell finden sich in der öffentlichen Verwaltung an vielen Stellen. Meist geht es aber nur um ausgesuchte Leistungen. Wettbewerbe werden z. B. häufig veranstaltet, wenn Kommunen bisher selbst betriebene Einrichtungen an Dritte vergeben wollen.

Beispiel: Übertragung von Kindergärten oder Jugendzentren im Wettbewerb

Bei der Übertragung von bisher selbst geführten Kindergärten oder Jugendzentren müssen sich die Bewerber mit ihren inhaltlichen Konzepten und Finanzzielen einem Wettbewerb stellen.

Eine *flächendeckende* Umsetzung des Konkurrenzmodells (siehe Abbildung 23) hat es bisher nicht gegeben, von ganz wenigen Ansätzen abgesehen. Die Anforderungen und damit die Schwierigkeiten sind groß. Sie beginnen bei der Haushaltsstruktur. Nach dem Modell müssten zunächst die gewährleistenden, auftraggebenden Bereiche von der Politik Mandat und Budget erhalten, um auf dieser Basis dann eigene oder fremde Auftragnehmer zu beauftragen. Dass dann bei Eigenproduktion die Mittel zweimal im Haushalt veranschlagt werden müssten, sollte – bei entsprechenden Vorkehrungen für die finanzstatistische Bereinigung – noch kein Hinderungsgrund sein. Aufwendiger und Kern des Problems ist die flä-

Durch Wettbewerb verbesserte Haushaltssteuerung 6

chendeckende Trennung von Auftraggeber- und Auftragnehmerfunktionen (siehe unten 6.4.1). Ob sie sich lohnt, kann besser im Einzelfall beurteilt werden, und zwar im Wesentlichen aus zwei Gründen:

- Erstens führt die Trennung zu zusätzlichen Transaktionskosten innerhalb der Verwaltung. Auftraggeber und Auftragnehmer benötigen z. T. das gleiche Fachwissen und die gleichen Informationen (z. B. Aufgabenverzeichnisse). Auch bei bestmöglicher Arbeitsteilung ist Personalmehrbedarf nicht immer auszuschließen. Die zusätzlichen Transaktionskosten sind aber von Fachbereich zu Fachbereich unterschiedlich, abhängig davon, welches Fachwissen auf der Auftraggeber- und welches auf der Auftragnehmerseite jeweils vorzuhalten ist. Letzteres wiederum hängt davon ab, wie einfach oder wie kompliziert der Ausführungsbereich zu steuern ist.

- Und zweitens sind die Chancen, durch Wettbewerbsverfahren Effizienz- und Effektivitätsgewinne zu erzielen, in den verschiedenen Fachbereichen unterschiedlich. Wo die Verwaltung gut beschreibbare und quantifizierbare Leistungen in ausreichend großem Umfang erbringt, die auf einem funktionierenden Wettbewerbsmarkt auch von Dritten angeboten werden, sind die Chancen hoch. Bei nur qualitativ beschreibbaren Leistungen oder wo (noch) kein funktionsfähiger Markt existiert, sind schnelle Erfolge nicht zu erwarten.

Das alles spricht eher gegen eine flächendeckende Einführung des Konkurrenzmodells auf einen Schlag. Stattdessen sollte schrittweise und selektiv vorgegangen werden:

 WICHTIG!

Wettbewerbsstrukturen und -verfahren sollten zunächst in den Bereichen eingeführt werden, in denen die Produktion betrieblichen Charakter hat und wo leicht ein funktionsfähiger Wettbewerb mit privaten Unternehmen oder Organisationen des sog. Dritten Sektors hergestellt werden kann.

Diese Voraussetzungen sind in erster Linie bei den internen Dienstleistern und bei den öffentlichen Einrichtungen, z. B. in der Entsorgung erfüllt, aber auch bei Einrichtungen wie Kindergärten oder Beratungsstellen, bei denen es möglich ist, die erwarteten Leistungen hinreichend präzise zu beschreiben. Die nachstehenden Empfehlungen haben deshalb in erster Linie diese ausgewählten internen und externen Dienstleister im Auge, mit denen eine als Prozess angelegte örtliche Wettbewerbspolitik begonnen werden sollte.

6 Durch Wettbewerb verbesserte Haushaltssteuerung

6.4 Organisatorische Voraussetzungen für Wettbewerb

6.4.1 Auftraggeber-Auftragnehmer-Trennung

Das Konkurrenzmodell erfordert eine klare Unterscheidung zwischen der auftraggebenden Organisationseinheit auf der einen Seite und der oder den auftragnehmenden Organisationseinheiten auf der anderen Seite. Diese Voraussetzung ist in der Ausgangssituation oft nicht gegeben.

Beispiel: Fehlende Wettbewerbsstrukturen

> Im klassischen großstädtischen Garten- und Friedhofsamt wird ein Teil der Ausführungsarbeiten mit eigenem Personal erledigt (z. B. 60 % der Grünflächenunterhaltung), der andere Teil wird vergeben. Für die Arbeiten mit eigenen Kräften fallen Auftraggeber- und Auftragnehmerrolle in der Amtsleitung zusammen. Lediglich weiter unten in der Hierarchie sind organisatorische und personelle Trennungen vorhanden. Eine rechnungsmäßige Trennung zwischen einem Budget für den „Auftraggeber" und einem für die „Auftragnehmer" erfolgt nicht, außer gelegentlich für die Stadtgärtnerei. Eine Kostentrennung ist nur über eine amtsinterne Kosten- und Leistungsrechnung zu erreichen, mit allen Problemen der Zuordnung der Gemeinkosten.

Die Trennung ist nicht immer einfach und schon gar nicht einfach zu vermitteln. Lang eingeübte und möglicherweise gut funktionierende Arbeitsprozesse mit kurzen Entscheidungswegen müssen wegen eines höheren Prinzips „künstlich auseinandergerissen" werden. Das lohnt sich nur, wenn im Auftrag*nehmer*bereich ausreichend große betriebliche Einheiten gebildet werden können. Das gelingt bei kleineren und mittleren Kommunen im Bereich der gewerblichen Arbeiten in der Regel dadurch, dass diese *alle* in *einer* Organisationseinheit zusammengefasst werden, nämlich dem Baubetriebshof. In großen Kommunen kann eine optimale Betriebsgröße im Hinblick auf den Wettbewerb mit privaten Betrieben des Handwerks oder des Garten- und Landschaftsbaus häufig auch für einzelne Fachbereiche erreicht werden.

 TIPP!

Ein sehr geeigneter Schritt zur Schaffung breit streuender und gleichzeitig wirkungsvoller verwaltungsinterner Auftraggeber-Auftragnehmer-Beziehungen ist die Bildung einer Organisationseinheit für die Grundstücks- und Gebäudebewirtschaftung.

Beispiel: Organisationseinheit für die Grundstücks- und Gebäudebewirtschaftung

> Bei der Zentralisierung aller grundstücks- und gebäudebezogenen Funktionen in einem internen Dienstleister entstehen mehrstufige Auftraggeber-Auftragneh-

Durch Wettbewerb verbesserte Haushaltssteuerung 6

mer-Verhältnisse. Wenn ein Schulleiter die Pflege der Außenanlagen der Gebäudewirtschaft überträgt und diese mit der Ausführung dann das Grünflächenamt beauftragt, steigen die Transaktionskosten zwar auf den ersten Blick. Aber nur so können klare Verantwortlichkeiten für Budgets und Leistungen geschaffen werden. Und nur so lassen sich Wettbewerbselemente in das Steuerungssystem einführen. Der Zwang für die Grundstücks- und Gebäudewirtschaft, sich mit ihren Kosten zu rechtfertigen, führt erfahrungsgemäß schnell dazu, dass diese die Abschaffung des Kontrahierungszwangs mit den nachgelagerten internen Dienstleistern – im Beispiel also dem Grünflächenamt – fordert.

Die Auftraggeber-Auftragnehmer-Trennung muss auch in der Hierarchie ausreichend deutlich werden. Die organisatorische Trennung von auftraggebenden und auftragnehmenden Funktionen *innerhalb* eines Fachbereichs bzw. Amtes führt erfahrungsgemäß zu keinen befriedigenden Ergebnissen: Zu groß ist die Gefahr der Bevorzugung des eigenen Betriebs. Zu gering ist das Vertrauen aller Außenstehenden, dass hier ein echter Wettbewerb gewollt ist.

 TIPP!

Zur Verstärkung der neuen Strukturen und zur Unterstreichung der Auftraggeber-Auftragnehmer-Trennung haben manche Kommunen ihren Baubetriebshof nicht dem Baudezernenten unterstellt, wo die Aufgaben traditionell ressortieren, sondern einem anderen Dezernenten bzw. Fachbereichsleiter, beispielsweise dem Kämmerer.

Die organisatorische Trennung von Auftraggeber- und Auftragnehmerfunktion entspricht dem „Shared Service Center"-Konzept (vgl. hierzu auch 5.2.8).

6.4.2 Ausgestaltung der Auftraggeber- und der Auftragnehmerfunktionen

Entscheidende Bedeutung kommt der Ausgestaltung des Auftraggeber-Auftragnehmer-Systems zu. Vor allem müssen für die Auftrag*geber*funktion intelligente Lösungen gefunden werden. Das Konzept funktioniert nur so gut, wie der Auftrag*geber* funktioniert. Er muss dafür über ein ausreichendes Maß an Selbstständigkeit gegenüber den internen Auftragnehmern und auch an Sachverstand verfügen. Die *auftraggebenden* Organisationseinheiten müssen in die Lage versetzt werden, den Wettbewerb zu organisieren und die Vergabe der Leistungen – an den eigenen Betrieb oder an Dritte – fachgerecht durchzuführen und zu überwachen. Dazu muss dort Fachkompetenz angesiedelt sein, die u. a. die folgenden Bereiche abdeckt:

6 Durch Wettbewerb verbesserte Haushaltssteuerung

- Strategische Planung: Wie soll sich das Politikfeld entwickeln?
- Operative Programmplanung: Mit welchen Leistungen können die – politischen – Ziele erreicht werden?
- Markterkundung: Welche Anbieter mit welchen Leistungen zu welchen Preisen existieren auf dem Markt?
- Vergabewesen, Auftragsvergabe und Kontrolle.

Um den fachlichen Sachverstand nicht an zwei Stellen in der Verwaltung vorhalten zu müssen, ist eine kooperative Arbeitsteilung notwendig. Es entspricht der besonderen Stellung eines internen Anbieters im „Konzern", dass er seinen Sachverstand im erforderlichen Umfang dem Auftraggeber zur Verfügung stellt – auch wenn er dann in den Wettbewerb gestellt wird.

Auch die Aufrechterhaltung eines Mindestbestandes an Eigenerstellung als Bestandteil einer klugen Einkaufspolitik dient ja gerade dem Ziel, auch im Aus- oder Durchführungsgeschäft nicht ganz eigenen Sachverstand zu verlieren.

 WICHTIG!

Zu den wichtigsten Unterlagen, die die (neuen) Auftraggeber benötigen, gehören meist die Aufgabenverzeichnisse als Grundlage für die Beschreibung der zu vergebenden Leistungen, z. B. das Grünflächen- oder das Straßenverzeichnis(-kataster).

Meist sind diese in den ausführenden Bereichen vorhanden oder müssen im Zuge der Professionalisierung und der Einführung von Leistungsverzeichnissen als Grundlage der Preisfestsetzung und der Verrechnung geschaffen und dann ständig gepflegt werden. Hier gilt es natürlich Doppelarbeit zu vermeiden.

Beispiel: Ausgestaltung der Auftraggeberfunktion

Das Bauamt als Auftraggeber der Grünflächenunterhaltung beauftragt (gegen Entgelt!) den Bauhof mit der Erstellung und Pflege des Grünflächenkatasters, das dann beide Seiten kooperativ nutzen.

Auf der anderen Seite müssen die *auftragnehmenden* Einheiten Entscheidungsfreiheit über Ressourceneinsatz und Produktionsbedingungen erhalten. Sie müssen also als Ergebniszentren geführt werden. Im Rahmen des Neuen Steuerungsmodells lässt sich das auch innerhalb der Verwaltung organisieren. Auch die nötige Erweiterung des Rechnungswesens, insbesondere die Veranschlagung des *gesamten* Ressourcenverbrauchs (der gesamten Aufwendungen bzw. Kosten) ist beim Regiebe-

Durch Wettbewerb verbesserte Haushaltssteuerung 6

trieb möglich: Im bisherigen kameralen Haushaltsrecht lassen sich die fehlenden Zahlen nach dem Prinzip der Erweiterten Kameralistik wie bei den Kostenrechnenden Einrichtungen leicht eingliedern und im neuen Haushaltsrecht wird der Ressourcenverbrauch – auch für die Regiebetriebe – ohnehin vollständig ausgewiesen. Dass zur organisatorischen Selbstständigkeit der internen Anbieter stets ein eignes Budget gehört, sollte selbstverständlich sein.

Einer organisatorischen oder gar rechtlichen Verselbstständigung der Auftragnehmer bedarf es in der Regel also nicht (siehe aber 6.7.3).

Auf der neuen organisatorischen Struktur ist ein internes Kontraktmanagement aufzubauen. Die internen Kontrakte können normalen Dienstleistungsverträgen nachgebildet werden, sodass sie auch – mit leichten Modifikationen – als rechtlich bindende Verträge mit Dritten geschlossen werden könnten.

6.5 Wie kann der Wettbewerb organisiert werden?

So einleuchtend das Konkurrenzmodell auch sein mag, so schwierig ist doch seine Umsetzung. Es müssen nicht nur politische, personalwirtschaftliche und organisatorische Probleme gelöst, sondern oft auch rechtliche Hürden überwunden – oder umgangen – werden.

6.5.1 Beteiligung der internen Anbieter an förmlichen Vergabeverfahren?

Wenn die kommunalen Einrichtungen in den Wettbewerb gestellt werden sollen, dann ist es nahe liegend, dass diese sich an Ausschreibungen der eigenen Kommune beteiligen. Voraussetzung ist, dass in der Verwaltung zwischen auftraggebenden Fachbereichen und auftragnehmenden Einrichtungen bzw. Regiebetrieben unterschieden wird (siehe oben 6.4). Ein Vergabewettbewerb könnte dann wie folgt aussehen: Die Fachbereiche würden die einzukaufenden Leistungen ausschreiben, und zwar auch diejenigen, die bisher von eigenen Regiebetrieben erbracht wurden. Die Regiebetriebe müssten sich an den Ausschreibungen beteiligen und würden prinzipiell wie dritte Anbieter behandelt.

Leider steht diesem Modell das Vergaberecht entgegen.

 WICHTIG!

An einer Ausschreibung der Kommune dürfen sich eigene Regie- und Eigenbetriebe nicht beteiligen.

6 Durch Wettbewerb verbesserte Haushaltssteuerung

Der Beteiligung der internen Dienstleister an förmlichen Vergabeverfahren stehen zwei Gründe entgegen:

- Die Ausschreibung ist darauf gerichtet, Angebote, die bei Zuschlag zu einem Vertragsabschluss führen, einzuholen. Gemäß § 145 des Bürgerlichen Gesetzbuches liegt ein Angebot dann vor, wenn einem *anderen* die Schließung eines Vertrages angetragen wird. Dies setzt zwingend voraus, dass es sich bei dem anderen um eine Rechtspersönlichkeit handelt. Regiebetriebe und Eigenbetriebe bzw. eigenbetriebsähnliche Einrichtungen sind aber gerade dadurch gekennzeichnet, dass sie keine eigene Rechtspersönlichkeit haben und juristisch Teil der Gebietskörperschaft „Kommune" sind. Die Kommune kann aber nicht mit sich selbst Verträge schließen.
- Auch § 8 Abs. 6 „Vergabe- und Vertragsordnung für Bauleistungen (VOB)" und § 7 Nr. 6 „Vergabe- und Vertragsordnung für Leistungen (VOL)" stehen einem Mitbieten entgegen. Nach diesen Regelungen sind Justizvollzugsanstalten, Einrichtungen der Jugendhilfe, Aus- und Fortbildungsstätten oder ähnliche Einrichtungen zum Wettbewerb mit gewerblichen Unternehmen nicht zuzulassen. Regiebetriebe von Kommunen sind als „ähnliche Einrichtung" zu werten.

Die zum Schutz des Wettbewerbs gedachten Vorschriften des Vergaberechts erweisen sich damit unter den Bedingungen des Neuen Steuerungsmodells eher als den Wettbewerb behindernd. Solange das Vergaberecht – vielleicht unter europäischem Einfluss – nicht geändert ist, muss nach anderen Wegen gesucht werden.

6.5.2 Preisabfragen

Mit einer Ausschreibung dürfen keine vergabefremden Zwecke verfolgt werden, da die Ausschreibung per se auf eine *Vergabe* der ausgeschriebenen Leistungen gerichtet ist. Deshalb darf eine Leistung nicht ausgeschrieben werden, nur um beispielsweise zu ermitteln, ob die eigenerstellte Leistung im Vergleich zu externen Dritten wirtschaftlich erbracht wird (§ 16 Vergabe- und Vertragsordnung für Leistungen).

 WICHTIG!

Ausschreibungen nur zur Ermittlung von Marktpreisen sind nicht zulässig.

Ein Ausweg besteht darin, unterhalb der formellen Bedingungen einer Ausschreibung eine Preisabfrage durchzuführen. Hierbei werden in Betracht kommende private Anbieter gebeten, für die betreffenden Leistungen Preise zu nennen (keine Ausschreibung). Parallel nennt der kom-

Durch Wettbewerb verbesserte Haushaltssteuerung 6

munale Betrieb seine „Preise" und hinterlegt diese bei einer neutralen Stelle, z. B. beim Rechnungsprüfungsamt. Zu klären ist auf jeden Fall, auf welche Weise der interne Anbieter seine „Preise" kalkulieren muss und welche Kostenbestandteile in die Kalkulation einfließen dürfen bzw. müssen. Noch schwieriger ist es, die Belastbarkeit der von den privaten Unternehmen erhaltenen Preise zu beurteilen. Da die Anbieter nicht mit einem Auftrag rechnen können, halten sie sich möglicherweise bedeckt und nennen zu hohe Preise. Vielleicht wollen sie der Kommune aber auch eine Privatisierungsdiskussion aufzwingen und bieten zu Dumpingpreisen an. Letzteres ist deshalb möglich, weil die privaten Bieter nicht auf ihre genannten Preise verpflichtet werden können. Sollte die Eigenerstellung nach der Preisabfrage teurer sein und wird danach ausgeschrieben, sind die Bieter nicht an ihre vorherigen (unverbindlichen) Preise gebunden. Die Ausschreibungsergebnisse können darüberliegen, sodass danach die Eigenerstellung doch günstiger gewesen wäre. Wenn die Kommune daran denkt, diese für sie unwirtschaftliche Ausschreibung aufzuheben, muss sie einen durch die Verdingungsordnungen gedeckten Grund für die Aufhebung nennen können. Ein auch in der Rechtsprechung anerkannter Grund ist ein unwirtschaftliches Ergebnis der Ausschreibung. Hierfür gelten aber ganz eng auszulegende Kriterien, die der gerichtlichen Überprüfung unterliegen. Es ist also auf jeden Fall ein juristisches und damit wirtschaftliches Risiko mit der Aufhebung verbunden.

Auf jeden Fall bietet eine (unverbindliche) Preisabfrage für die Kommune einen guten Einstieg, um einen ersten Eindruck für die Leistungsfähigkeit und die Preiswürdigkeit ihres eigenen internen Anbieters zu erhalten. Immerhin ist der interne Dienstleister in diesem Verfahren erstmals gezwungen, seine eigenen Leistungen dezidiert unter Marktgesichtspunkten zu beschreiben und zu bepreisen. Weiterhin bekommt die Kommune Erfahrungen in der Ausschreibungspraxis. Naturgemäß sind bei diesem Verfahren eine Vielzahl von Detailfragen zu klären, wie z. B. Abgrenzung und Detailliertheit der Leistungsbeschreibungen, Art der Preisermittlung, Einbeziehung externer und interner Rahmenbedingungen, Bestimmung des Kreises der Unternehmen, die für eine Preisabfrage einbezogen werden, Erstattung der für eine Preisabfrage entstehenden Kosten der Externen, Beschreibung des formellen Verfahrens einer Preisabfrage.

6.5.3 Ausschreibung und Vergabe von Teilleistungen

Die Ausschreibung einer bisher selbst erstellten Leistung ist immer mit der „Gefahr" verbunden, dass der Auftrag vergeben werden muss, weil ein externer Anbieter kostengünstiger ist oder trotz eines schlechteren

6 Durch Wettbewerb verbesserte Haushaltssteuerung

Angebotes gegenüber der Eigenerstellung eine Ausschreibung nicht aufgehoben werden kann.

 WICHTIG!
In vielen Fällen ist eine praktikable Lösung dadurch zu erreichen, dass nicht die gesamte Leistung ausgeschrieben wird, sondern nur ein Teil.

Die Gesamtleistung wird in einzelne überschaubare Lose aufgeteilt, die zum Teil intern weiter erstellt werden (also nicht ausgeschrieben werden) und zum Teil einzeln ausgeschrieben und ggf. vergeben werden.

Beispiel: Los-Bildung in der Abfallwirtschaft

Bei der Abfallbeseitigung lassen sich zunächst Teilleistungen wie Einsammlung, Recycling, Deponierung, stoffliche Verwertung bilden. Danach können diese Teilleistungen in Lose aufgeteilt werden, wobei z. B. bei der Einsammlung die Aufteilung der Kommune in Müllsammelbezirke nahe liegt.

In Abhängigkeit von der Ausgangssituation kann die Kommune entscheiden, welche Teilleistungen ausgeschrieben werden sollen. Besteht in der Ausgangssituation 100 %ige Eigenerstellung, so wird sich der Umfang der Fremdvergabe in einem ersten Schritt daran orientieren, inwieweit der Regiebetrieb seine Kapazitäten (sozialverträglich) anpassen kann.

Eine günstige Ausgangssituation herrscht überall dort, wo ein Teil der Leistungen intern erbracht wird und der andere Teil vergeben wird. Das ist traditionell in vielen Bereichen – von der Gebäudeinnenreinigung über die Grünflächenunterhaltung bis zum Winterdienst der Fall.

Meist müssen dann allerdings die Strukturen für den Wettbewerb, insbesondere die Anbieter-Nachfrager-Trennung, noch geschaffen werden (siehe 6.4.1).

Bei einer Politik der Wettbewerbsförderung durch die Ausschreibung und Vergabe von Teilleistungen geht es also nicht primär darum, den Vergabeanteil zu erhöhen. Vielmehr geht es um einen gezielten Einsatz dieses Instruments zur Erhöhung des Wettbewerbsdrucks für die internen Anbieter. Diese beteiligen sich nicht an den Ausschreibungen. Aber ihre Preise werden von den Auftraggebern mit den erzielten Ausschreibungsergebnissen verglichen. Zwei Ergebnisse sind möglich:

- Liegt der Regiebetrieb mit seinen (kostendeckenden) Preisen *unter* den Wettbewerbspreisen, so ist zu erwägen, den Vergabebereich zu reduzieren und die Leistungen verstärkt selbst zu produzieren. **Wettbewerb darf keine Einbahnstraße sein!** Den eigenen Betrieben

Durch Wettbewerb verbesserte Haushaltssteuerung 6

muss auch die Chance gegeben werden, zu akquirieren, insbesondere um z. B. durch bessere Auslastung von Kapazitäten ihre Wettbewerbsfähigkeit nachhaltig zu sichern (siehe auch 6.7).

- Liegt der Regiebetrieb mit seinen Preisen *über* den Wettbewerbspreisen, dann hat die Verwaltung ein Problem.

Zur Lösung des Problems sind zwei Vorgehensweisen möglich, die beide Vor- und Nachteile haben:

- Es wurde oben empfohlen, im Regelfall **Kostenpreise** zu verrechnen. Der damit belastete Auftraggeber müsste dann das Recht haben, seinen Kontrakt mit dem internen Anbieter zu „kündigen". In dem Kontrakt oder durch Rahmenregeln und/oder durch das zentrale Controlling muss festgelegt werden, welche Frist der interne Anbieter erhält, seine Kosten anzupassen oder die Kapazitäten für die entsprechende Leistung abzubauen und ab wann der Auftraggeber die Leistungen an Dritte vergeben darf.

- Alternativ können die Auftraggeber ermächtigt werden, vom internen Anbieter zu verlangen, dass er in die **Marktpreise** einsteigt. In diesem Fall sind die Auftraggeber zur Abnahme verpflichtet („marktpreisgebundener Kontrahierungszwang"). Er wird dies tun, wenn er nur so ein Auslastungsproblem verhindern kann. Die mangelnde Wettbewerbsfähigkeit des internen Anbieters schlägt sich am Ende des Jahres in einer Unterdeckung in seinem Budget nieder. Es ist dann Sache des Betriebs und des Finanzmanagements, die nötigen Anpassungsmaßnahmen im Betrieb zu entscheiden.

6.6 Wie gehen wir mit vergleichsstörenden Faktoren um?

Ob und inwieweit es gelingt, die internen Anbieter unter Wettbewerbsdruck zu setzen, hängt also u. a. entscheidend davon ab, dass die Auftraggeber an valide Vergleichspreise kommen. Unter *volkswirtschaftlichen* und *sozialpolitischen* Aspekten müssten an einen solchen Preisvergleich noch eine große Zahl weiterer Bedingungen geknüpft werden. Prinzipiell müssten die Kosten und Preise der internen Angebote unter den gleichen Bedingungen kalkuliert werden, wie bei den privaten Wettbewerbern, die ein auskömmliches Angebot abgeben. Für den internen und den/die externen Anbieter müssten die gleichen Bedingungen bestimmt und verankert werden. Dazu gehören u. a. mögliche Auflagen in den Ausschreibungen bzw. Dienstleistungsverträgen wie Tariftreue, Festschreibung der Beschäftigung von sozialversicherungspflichtigen Kräften. Bei einer – auch vertretbaren – rein *betriebswirtschaftlichen* Betrachtungsweise kann sich die Kommune darauf beschränken, bei den

6 Durch Wettbewerb verbesserte Haushaltssteuerung

Ausschreibungsergebnissen die Wirtschaftlichkeit des Angebots und die Zuverlässigkeit des Anbieters zu prüfen.

Bei Vergleichen mit Privaten werden immer wieder die sog. Sonderlasten der kommunalen Einrichtungen herausgestellt, wie z. B. ein höherer Anteil älterer Beschäftigter oder mehr Leistungsgeminderte.

 TIPP!

Widerstehen Sie dem Versuch, alle Sonderlasten zu ermitteln und die Kostenrechnung der internen Dienstleister davon zu entlasten.

Die meisten „Sonderlasten" sind typische Bestandteile öffentlicher Kostenstrukturen, so wie etwa auch eine ungünstigere Altersstruktur des Fahrzeugparks, eine kleinere Leitungsspanne oder auch höhere Stundenlöhne. Damit müssen die internen Anbieter bestehen, auch um dort das Interesse an einer Begrenzung der Sonderlasten wach zu halten. Das schließt natürlich ein, dass sozialpolitische und verwandte Aspekte bei Anpassungsprozessen berücksichtigt werden, insbesondere etwa durch einen Verzicht auf betriebsbedingte Kündigungen.

Ein Ausgleich von Sonderlasten sollte also nur ausnahmsweise erfolgen, z. B. wenn einem Betrieb über das verwaltungsübliche Maß hinaus kostenträchtige Auflagen gemacht werden.

Beispiel: Ausbildung über den Bedarf hinaus

Wird ein Betrieb durch die politische Vertretung angehalten, über den eigenen Bedarf hinaus auszubilden, so sollte er dafür entlastet werden.

In solchen Fällen empfiehlt sich, zur Erzielung größtmöglicher Klarheit nach dem Brutto-Prinzip zu verfahren und dem Betrieb einen direkten Zuschuss aus dem politisch zuständigen Budget (im Beispiel also Jugend, Soziales oder Arbeitsmarktförderung) zu gewähren, mit dem die Sonderlasten in der Kostenrechnung ausgeglichen werden.

Ein ähnlich gelagertes Problem stellen die Gemeinkostenumlagen dar. Grundsätzlich sind dem eigenen Dienstleister, der in den Wettbewerb gestellt werden soll, angemessene Anteile an den Gemeinkosten anzulasten (siehe 5.3.3). Die Kosten der Politik und besondere Anforderungen an Ordnungs- und Rechtmäßigkeit können allerdings dazu führen, dass die Gemeinkosten in der öffentlichen Verwaltung höher sind als in privaten Unternehmen, insbesondere wenn es sich um kleinere und mittlere Unternehmen handelt, mit denen kommunale Dienstleister meist im Wettbewerb konfrontiert werden. In Grenzfällen können deshalb Korrekturen angezeigt sein.

Durch Wettbewerb verbesserte Haushaltssteuerung 6

Auch zu teure interne Dienstleistungen, wie z. B. Personalverwaltung oder DV-Service, können die Wettbewerbsposition der eigenen Betriebe beeinträchtigen. Auch hier muss die Lösung über Wettbewerb gesucht werden: Durch allmähliche Lockerung des Kontrahierungszwanges werden die internen Servicebetriebe gezwungen, ihre Kosten und Verrechnungspreise zu senken, oder der Abnehmer geht zur privaten Konkurrenz.

6.7 Wie lässt sich die Wettbewerbsfähigkeit der eigenen Anbieter fördern?

Die eigenen Anbieter sollen mit privaten Unternehmen konkurrieren. Dann müssen sie im Prinzip auch agieren können wie private Unternehmer. Das heißt nicht, dass alle Startbedingungen denen privater Unternehmer angeglichen werden müssen. Nachteilen im Wettbewerb, z. B. bei den Soziallasten, stehen Vorteile an anderer Stelle gegenüber, z. B. Steuerfreiheit. Aber einige Anforderungen müssen gestellt und können auch erfüllt werden:

6.7.1 Übernahme von Aufträgen anderer öffentlicher Stellen

Um im Wettbewerb mit privaten Unternehmen gleich gestellt zu sein, muss es dem eigenen Betrieb erlaubt sein, auch aktiv zusätzliche Beschäftigung bei Dritten zu akquirieren,

- um vorübergehende Kapazitätsüberhänge besser auszulasten und
- um durch dauerhafte Übernahme von Arbeiten für Dritte eine optimale Betriebsgröße zu erreichen.

In erster Linie ist hierbei an die Übernahme von Aufträgen anderer öffentlicher Stellen zu denken. Dem Wettbewerbsgedanken würde es am besten entsprechen, wenn sich kommunale Dienstleistungsbetriebe an Ausschreibungen anderer öffentlicher Stellen beteiligen könnten. Dem steht allerdings das derzeitige Vergaberecht entgegen. Es sieht die Kommunen ausschließlich als Auftrag*geber*. Das Vergaberecht in Verbindung mit dem übrigen Wettbewerbsrecht (Gesetz gegen Wettbewerbsbeschränkungen [GWB], Gesetz gegen unlauteren Wettbewerb [UWG]) verfolgt das Ziel, den Wettbewerb zwischen den *privaten* Unternehmen zu schützen und zu fördern. Dabei werden die Kommunen grundsätzlich nur als Nachfrager gesehen und nicht als mögliche Teilnehmer am Wettbewerb auf der Anbieterseite.

Beispiel: Baubetriebshof

> Eine kreisangehörige Stadt verwaltete im Auftrag des Kreises eine Berufsschule. Die Außenanlagen wurden vom städtischen Baubetriebshof unterhalten. Nachdem der Kreis die Verwaltung der Berufsschule wieder in eigene Regie übernom-

6 Durch Wettbewerb verbesserte Haushaltssteuerung

men hatte, schrieb er die Unterhaltung der Außenanlagen aus. Der Baubetriebshof wollte sich an der Ausschreibung beteiligen. Dies wurde ihm von der Kommunalaufsicht verwehrt.

Die vergaberechtliche Situation ist also auch hier unbefriedigend. Trotzdem gibt es in der Praxis eine große Zahl von Fällen, in denen Kommunen Leistungen für andere öffentliche Stellen erbringen.

Beispiel: Interkommunale Zusammenarbeit

Übernahme der Unterhaltung der offenen Wasserläufe im Auftrag einer Nachbargemeinde oder Übernahme von Winterdienst und Straßenunterhaltung im Auftrag der Bundes- bzw. Landesstraßenbauverwaltung.

Die zugrunde liegenden rechtlichen Arrangements (öffentlich-rechtlicher Vertrag, privatrechtlicher Vertrag ohne Ausschreibung usw.) für solche Leistungsbeziehungen entfalten allerdings meist keine starken Wettbewerbswirkungen. Auch hier ist es insbesondere Sache der Auftrag*geber*, die oben genannten Möglichkeiten für Markt- oder Vergleichswettbewerb einzuführen.

6.7.2 Übernahme von Aufträgen privater Haushalte und Unternehmen

Auch die Hereinnahme von Aufträgen privater Dritter kann einem kommunalen Betrieb helfen, dauerhaft seine Wettbewerbsfähigkeit zu sichern, z. B. indem er temporäre Überkapazitäten dadurch auslastet, dass er Leistungen anbietet, die mindestens die variablen Kosten decken.

 WICHTIG!

Sowohl diese kapazitätsauslastenden Maßnahmen als auch erst recht alle kapazitätserweiternden Maßnahmen werden durch die landesrechtlichen Vorschriften zur Zulässigkeit kommunaler Wirtschaftstätigkeit eingeschränkt.

Kommunale Wirtschaftstätigkeit ist nach den kommunalverfassungsrechtlichen Vorschriften nur dann zulässig, wenn sie der Erfüllung öffentlicher Zwecke dient. Die Rechtslage ist in den Bundesländern leicht unterschiedlich, die Rechtsprechung ist unübersichtlich und die Kommunalpraxis darüber hinaus außerordentlich vielfältig. Unter Wettbewerbsaspekten sollte eine *begrenzte* Hereinnahme privater Aufträge zulässig sein, z. B. bis zu 5 % des Umsatzes. Immerhin gibt es kommunale Regiebetriebe, die mehr als 15 % ihrer Umsätze mit privaten Dritten machen. Wo sich aus der Rechtslage nicht eindeutig engere Grenzen ergeben, sollten die politischen

Durch Wettbewerb verbesserte Haushaltssteuerung 6

Gremien – beispielsweise bei den Beschlüssen über den Haushaltsplan – auf den Umfang der Markttätigkeit Einfluss nehmen.

6.7.3 Mehr Wettbewerbsorientierung durch Verselbstständigung?

Die Stärkung der Wettbewerbsfähigkeit durch Einräumung größerer Selbstständigkeit und Flexibilität war immer ein Argument für die Verselbstständigung kommunaler Einrichtungen. Bei konsequenter Umsetzung des Neuen Steuerungsmodells lassen sich Selbstständigkeit und Flexibilität aber auch *innerhalb* der Verwaltung erreichen. Und auch eine unternehmensähnliche Finanzsteuerung und Rechnungsführung ist mit der Einführung des neuen Haushalts- und Rechnungswesens auch *innerhalb* des Haushalts möglich. Dass die Verselbstständigung Leistungsverrechnung *zwingend* macht, ist auch kein hinreichender Grund. Leistungsverrechnung ist auch innerhalb des Haushalts möglich. Sie ist ohnehin nur notwendige Voraussetzung. Die hinreichende Bedingung, dass der Anbieter durch den Besteller in den Wettbewerb gestellt wird, ist auch durch die Verselbstständigung des Anbieters nicht automatisch gewährleistet.

Dann bleibt das Thema Ausschreibungswettbewerb. Die Frage lautet, ob die Verselbstständigung das Problem beseitigt, dass ein Regiebetrieb nicht an Ausschreibungen der eigenen Verwaltung (und anderer öffentlicher Auftraggeber) teilnehmen darf. Dies erscheint möglich, wenn auch auf unsicherem rechtlichen Boden. Allein deswegen sollte ein Betrieb aber nicht ausgegründet werden. Die möglichen Vorteile einer Verselbstständigung sind im Einzelfall gegen die Nachteile abzuwägen. Generell sprechen gegen jede Verselbstständigung gewichtige verwaltungspolitische Aspekte allgemeinerer Art wie Skelettierung der Verwaltung, Erschwerung der Steuerung aus einem Guss u. a.

 WICHTIG!

Um eigene Betriebe dem Wettbewerb auszusetzen, ist die wirtschaftliche Verselbstständigung in Form eines Eigenbetriebs oder gar die rechtliche Verselbstständigung in eine privatrechtliche Gesellschaft grundsätzlich nicht erforderlich.

Insofern kann wiederholt werden, dass alle Anstrengungen darauf gerichtet werden sollten, ausreichende Wettbewerbsmöglichkeiten auch für rechtlich nicht verselbstständigte kommunale Einrichtungen, insbesondere für Regiebetriebe zu schaffen.

6 Durch Wettbewerb verbesserte Haushaltssteuerung

Allerdings können weitere Ziele hinzukommen, die im Einzelfall für eine rechtliche Verselbstständigung sprechen können, und zwar auch Ziele, die etwas mit dem Thema Wettbewerbsfähigkeit und Kostensenkung zu tun haben. Oft werden rechtlich selbstständige Gesellschaften nämlich auch deshalb gegründet, um aus dem öffentlichen Tarifgefüge auszubrechen. Dann tritt die neue Gesellschaft u. a. aus dem kommunalen Arbeitgeberverband sowie der öffentlichen Zusatzversorgung aus. Weiterhin werden mit dem neuen Betriebsrat ggf. Betriebsvereinbarungen geschlossen, die für die Beschäftigten ungünstiger sind als diejenigen, die der (alte) Personalrat mit der Behördenleitung der Kommune geschlossen hatte. Beispiele für diese vom Kostensenkungsziel getriebenen Verselbstständigungen gibt es vor allem in den Bereichen, wo die Löhne im öffentlichen Bereich erheblich über denen im privaten Bereich liegen, in der Gebäudereinigung und im öffentlichen Personennahverkehr.

Beispiel: Ausgründung der Eigenreinigung zwecks Tarifwechsels

Um die Konkurrenzfähigkeit zu erreichen, haben einige Kommunen ihre Eigenreinigung schrittweise in ein rechtlich selbstständiges Unternehmen überführt. Dort neu eingestellte Reinigungskräfte werden nicht mehr nach den höheren Tarifen des öffentlichen Dienstes bezahlt.

6.8 Quasi-Wettbewerb durch Benchmarking

Benchmarking (Benchmark = Maßstab) hat sich bis heute auch in weiten Teilen des öffentlichen Sektors etabliert. Benchmarking findet im Rahmen von Betriebsvergleichen mit anderen Verwaltungen oder Organisationen statt. Stets geht es darum, Produkte oder Produktionsprozesse, etwa hinsichtlich ihrer Quantitäten, Qualitäten und/oder Kosten oder Wirkungen auf den Prüfstand zu stellen. Es geht um das Auffinden von „best practice" und darum, vom Besten zu lernen.

Die beiden folgenden Arten von Benchmarking sind im öffentlichen Sektor häufig zu beobachten:

- Internes Benchmarking

  Hierbei handelt es sich um Vergleiche ähnlicher Einrichtungen in der eigenen Organisation (Kommunalverwaltung, Landesverwaltung). So können unterschiedliche Schulen, Bäder, Theater in einer Stadt verglichen werden. Es können etwa unterschiedliche Universitäten, Justizvollzugsanstalten eines Landes verglichen werden.

- Externes Benchmarking

  Hierbei steht der Vergleich ähnlicher Einrichtungen aus unterschiedlichen Organisationen im Blickfeld. So können die Schulen der Stadt A mit den Schulen der Stadt B verglichen werden. Die Universitäten

Durch Wettbewerb verbesserte Haushaltssteuerung 6

eines Landes werden mit denen eines anderen Landes in den unmittelbaren Vergleich gestellt.

Das externe Benchmarking hat gerade im kommunalen Bereich in den letzten Jahren an Bedeutung gewonnen. In sogenannten „interkommunalen Vergleichsringen" schließen sich mehrere Kommunen zusammen, um aus der vergleichenden Betrachtung und Analyse Verbesserungspotenziale für sich zu entdecken.

Interkommunale Vergleiche können in dieser Weise als „Wettbewerbssurrogate" wesentliche Hinweise auf Verbesserungen hinsichtlich der Effizienz und Effektivität öffentlicher Leistungserstellung geben.

Ein erfolgreiches Benchmarking-Projekt setzt eine sorgfältige Vorbereitung in Bezug auf den Vergleichsgegenstand, die Vergleichspartner und die angestrebten Erkenntnisziele voraus. Die Vergleichbarkeit muss bei der Auswahl der Vergleichspartner sichergestellt werden. Die für den Vergleich benötigten Daten und Kennzahlen müssen sorgfältig definiert und abgestimmt werden.

Da die Vorbereitung und Durchführung von Benchmarking-Projekten nicht zum „Null-Tarif" zu haben ist, sollten die erwarteten Kosten- und Nutzeneffekte vor Beginn eines solches Projektes sorgfältig eingeschätzt werden. Vor allem sollte von Beginn an die zwingend erforderliche Unterstützung der Führungsebene vorhanden sein. Veränderungsbereitschaft und die damit verbundene Bereitschaft, notwendige Implementierungsprozesse umzusetzen, müssen von vorne herein gegeben sein. Nur dann kann der Nutzen eines Benchmarking-Projektes die nicht zu vernachlässigenden Kosten übersteigen.

Fazit zu Kapitel 6

Ein großer Teil der kommunalen Leistungen – einzelne Angaben sprechen von bis zu 80 % – wird auch von privaten Unternehmen oder Organisationen des Dritten Sektors (Wohlfahrtsverbände usw.) angeboten. Viele dieser Leistungen können – und sollten – dem Wettbewerb ausgesetzt werden. An die Stelle der üblichen hierarchischen Steuerung tritt dann ein interner Markt.

Die Leistungsbeziehungen zwischen den auftraggebenden Verwaltungseinheiten und den Auftragnehmern im eigenen Hause werden über Leistungskontrakte gesteuert (Shared Service Center-Konzept). Die Schaffung der für den Wettbewerb erforderlichen Strukturen (Auftraggeber-Auftragnehmer-Trennung, Leistungsverrechnung usw.) verursacht erheblichen Aufwand. Dieser ist nur zu rechtfertigen, wenn zumindest die vier folgenden Bedingungen erfüllt werden:

6 Durch Wettbewerb verbesserte Haushaltssteuerung

- Budgetierung mit ausgeprägten Anreiz- und Sanktionswirkungen muss flächendeckend in der gesamten Verwaltung eingeführt sein.
- (Auch) Aufwendungen für die Inanspruchnahme eigener Anbieter müssen bei den Auftraggebern möglichst von Anfang an budgetwirksam sein, d. h. sie müssen mit allen anderen wichtigen Sachmittelpositionen und möglichst auch den Personalkosten gegenseitig deckungsfähig sein.
- Ein evtl. in der Anfangsphase notwendiger Abnahme- oder Kontrahierungszwang muss möglichst bald aufgehoben werden. Kostenremanenzen bei den internen Anbietern sind durch entsprechende Kündigungsfristen in den Leistungskontrakten zu berücksichtigen.
- Die internen Anbieter werden als Kosten- und Ergebniszentren geführt. Die Finanzvorgabe lautet: Vollkostendeckung auf der Basis marktgerechter Preise.

Rahmenregeln gestalten und fördern den Wettbewerbsprozess. Auf dieser Grundlage beobachtet zentrales Controlling den Wettbewerbsprozess, schlichtet Streitfälle und verhindert Entwicklungen, die dem Konzerninteresse zuwiderlaufen.

Am Beginn des Prozesses sollte ein Beschluss des Rates bzw. des Kreistages stehen, dass der **Wettbewerb** entscheiden soll.

Damit soll auch verhindert werden, dass es zu spontanen Privatisierungsbeschlüssen kommt, nachdem die Verwaltung bereits hohe Aufwendungen für die Schaffung von Wettbewerbsstrukturen getätigt hat.

Neben „echtem Wettbewerb" kann durch gezielt ausgewählte Benchmarking-Projekte eine Situation des „Quasi-Wettbewerbs" erzeugt werden. Es handelt sich um einen Wettbewerb der besten Lösungen. Gesucht wird „best practice", um Möglichkeiten für Effizienz- und Effektivitätssteigerungen ausfindig zu machen.

Literatur zu Kapitel 6

Fischer, Johann/Unger, Walter (2001)

Hille, Dietmar (1999)

Hille, Dietmar (2002)

KGSt (2000a)

KGSt (2003)

KGSt (2006)

7 Warum moderne Haushaltssteuerung ein neues Rechnungskonzept erfordert

Leitfragen zu Kapitel 7
- Wodurch zeichnet sich moderne Haushaltssteuerung aus?
- Wie unterstützt das Ressourcenverbrauchskonzept neues Denken und Handeln?
- Welche Steuerungswirkungen gehen von der Veranschlagung von Abschreibungen und Rückstellungen aus?
- Wie unterstützt das Ressourcenverbrauchskonzept das Ziel der *intergenerativen Gerechtigkeit*?
- Wie ist das neue Rechnungskonzept aufgebaut?
- Wieso kommen wir mit dem Ressourcenverbrauchskonzept zu einem „ehrliche(re)n Haushalt"?

7.1 Das Problem – oder: Warum hat kamerales Denken und Handeln ausgedient?

Nach dem für den Bund, die Länder und einige Kommunen (im Rahmen bestehender Optionsmodelle) nach wie vor geltenden Rechnungskonzept der (einfachen) Kameralistik sind im Haushalt „Ausgaben" und „Einnahmen" zu veranschlagen. Zwar wurde in den Kommunen bereits im Zuge der Haushaltsrechtsreform 1974 die Möglichkeit zur Veranschlagung nicht ausgabegleicher Kosten (insbesondere kalkulatorische Abschreibungen und Zinsen) bei den sog. Kostenrechnenden Einrichtungen eingeführt und später auch darüber hinaus erweitert. In der Praxis blieb die Veranschlagung dieser Kosten aber im Wesentlichen auf die Gebührenhaushalte beschränkt, da sie im übrigen Haushalt funktionslos war.

Für eine an den Grundsätzen der „intergenerativen Gerechtigkeit" ausgerichteten Finanz- und Leistungssteuerung ist diese an den jährlichen Einnahme- und Ausgabepositionen ausgerichtete Rechnung unzulänglich. Nicht nur die Verwaltung insgesamt, sondern auch die im Zuge der Budgetierung mit dezentraler Ressourcenverantwortung ausgestatteten Organisationseinheiten der Verwaltung müssen umfassende Verantwortung für die von ihnen eingesetzten Ressourcen übernehmen können. Das setzt voraus, dass der Verwaltung insgesamt, aber auch jeder Organisationseinheit auch alle Ressourcenverbräuche angelastet werden, die durch ihre Leistungen verursacht werden und die durch die Budgetverantwortlichen beeinflusst werden können. Mit der budgetwirksamen Ver-

7 Moderne Haushaltssteuerung erfordert neues Konzept

rechnung der Leistungen interner Dienstleister (siehe oben 5.4) ist man diesem Ziel bereits einen Schritt näher. Aber es fehlen dann in den Budgets immer noch wesentliche Posten.

Es fehlen die **Abschreibungen** als Ausdruck für den Wertverzehr sowohl des in der Verwaltung insgesamt als auch in den jeweiligen dezentralen Organisationseinheiten (Fachbereiche) genutzten Vermögens. Und es fehlen die sog. „kalkulatorischen **Zinsen**" als Äquivalent dafür, dass im Vermögen Kapital gebunden ist, dessen Finanzierung Zinsen verursacht, sei es direkt (Fremdkapitalzinsen bei Darlehensfinanzierung), sei es indirekt (entgangene Zinsen bei Finanzierung aus Eigenmitteln). Damit fehlt in den Teilhaushalten insbesondere ein großer Teil der Ressourcenverbräuche für eigene Gebäude oder Grundstücke, die nach den Personalaufwendungen den mit Abstand zweitgrößten Block bilden.

Beispiel: Übertragung einer Sportstätte

Wenn die Politiker entscheiden sollen, ob die Übertragung einer Sportstätte auf den Verein zu finanziellen Entlastungen führt, so sagen kamerale Haushaltsinformationen nur etwas über die Einsparung an Betriebs- und Unterhaltungskosten aus. Die Forderung des Vereins, das Grundstück unentgeltlich zu übertragen, da das die Stadt doch nichts koste, deutet darauf hin, dass von einem Rechnungswesen falsche Signale ausgehen, in dem das Vermögen und sein Wert nicht systematisch erfasst werden.

Grundsätzlich erfasst die Kameralistik auch all die Fälle nicht, in denen durch Handeln oder Unterlassen in der laufenden Periode Verpflichtungen begründet werden, die zu **Ausgaben in der Zukunft** führen, wie beispielsweise bei Pensionszusagen und unterlassener Instandhaltung (Bauunterhaltung).

Beispiel: Unterlassene Instandhaltung

Werden nach einem technischen Wartungs- und Instandhaltungsplan erforderliche Instandhaltungsmaßnahmen eines Jahres, etwa an einem Gebäude – aus welchen Gründen auch immer – unterlassen, weist der klassische kamerale Haushalt keine Informationen aus, die auf die so in die Zukunft verschobenen Maßnahmen und die hierzu erforderlichen Finanzmittel hinweisen. Dies verstellt den Blick der politischen Entscheidungsträger mit Blick auf zukünftige finanzielle Belastungen. Politische Entscheidungen werden so vor einem unvollständigen Entscheidungshintergrund getroffen.

Selbst bei einfachen Fällen der Periodenabgrenzung führt die Kameralistik im Zusammenhang mit dem Kassenwirksamkeitsprinzip zu falschen Entscheidungsgrundlagen.

Moderne Haushaltssteuerung erfordert neues Konzept 7

Beispiel: Stundung

Eine Gemeinde ist vertraglich zur Zahlung eines Zuschusses von jährlich 100.000 € an ein Nahverkehrsunternehmen verpflichtet. Wegen akuter Finanzknappheit wird diese Zahlung für mehrere Jahre gestundet. Im kameralen Haushalt taucht die damit auflaufende Verbindlichkeit nirgends auf.

Die vorstehenden Beispiele verdeutlichen wesentliche Mängel, die dem klassischen kameralen Denken und Handeln zuzuschreiben sind. Sie resultieren daraus, dass die (einfache) Kameralistik ein schlechter, da unvollständiger Informationslieferant ist:

- Sie stellt weder für kurzfristige noch für langfristige Entscheidungen die richtigen Informationen zur Verfügung. Sie verleitet dazu, dass die Diskussionen über Wirtschaftlichkeit, Effektivität und Priorität kommunaler Leistungen in Politik und Verwaltung systematisch auf der Basis unvollständiger oder gar falscher Informationen geführt werden.

- Und die Kameralistik verstößt gegen den Grundsatz der verursachungsgerechten Periodenabgrenzung und der gerechten Belastung der Nutzergenerationen im Zeitablauf (Intergenerative Gerechtigkeit). Sie fördert damit ein Wirtschaften zu Lasten künftiger Generationen.

 WICHTIG!

Um eines an dieser Stelle deutlich herauszustellen: Es geht hierbei um die Bereitstellung von Informationen, nicht um deren Generierung.

Das heißt, es geht um die Frage, welche Informationen inhaltlich, materiell den Entscheidungsträgern zur Verfügung gestellt werden sollen (sog. Rechnungsstoff) und nicht darum, welches Buchhaltungssystem (sog. Rechnungsstil) verwandt werden soll. Letzteres liefe auf die lang diskutierte Frage hinaus: „Doppik oder Kameralistik?". Diese Frage, das hat sich bis heute deutlich herausgestellt, ist nicht entscheidend. Alle relevanten Informationen können in beiden Systemen generiert werden. Auch in einem System der sog. „erweiterten" Kameralistik können die fehlenden Informationen erzeugt werden. Es zeigt sich jedoch sehr deutlich, dass bei der Erzeugung dieser Informationen weitestgehend auf ein Buchführungssystem gesetzt wird, dass zu Erzeugung der erforderlichen Informationen konzipiert wurde: die kaufmännische doppelte Buchführung, kurz „Doppik" genannt. Sowohl die weit überwiegende Mehrzahl der Kommunen, als auch einzelne Bundesländer, die auf ein neues Rechnungskonzept umstellen, gehen den Weg in die Doppik. Auch im Kontext der EU sind starke Tendenzen zu verspüren, auf ein System der doppischen Haushaltsplanung und Rechnungslegung umzusteigen.

7 Moderne Haushaltssteuerung erfordert neues Konzept

Die Frage allerdings, welche Informationen für den politischen Beratungs- und Entscheidungsprozess bereitzustellen sind, steht im Vordergrund der Überlegungen zu einer Reform des Haushaltsrechts. Hier geht es um die Frage: „Geldverbrauchs- oder Ressourcenverbauchskonzept?".

 WICHTIG!

Sowohl national als auch international stehen die Zeichen der Entwicklung eindeutig in Richtung „Ressourcenverbrauchskonzept".

7.2 Das Ressourcenverbrauchskonzept als neue Grundlage

Mit fortschreitender Einführung des Neuen Steuerungsmodells wurden die Unzulänglichkeiten des kameralen Haushalts- und Rechnungswesens immer offenkundiger. Vor allem zu Beginn der Reformen haben Kommunen versucht, unter Beibehaltung des kameralen Haushalts die Informationsgrundlagen in Politik und Verwaltung durch Einführung einer flächendeckenden Kostenrechnung und ein Produktbuch mit Kosteninformationen zu einzelnen Leistungen, Produkten oder Produktgruppen zu verbessern. Diese Zweigleisigkeit hat sich nicht bewährt. Selbst dort, wo das Produktbuch in Unterabschnitte parallel zum kameralen Haushalt gegliedert wurde, empfanden die Politiker diese Form der Informationsdarbietung als zu unübersichtlich und kehrten über kurz oder lang wieder zur ausschließlichen Beratung auf der Grundlage des kameralen Haushalts zurück. Die Konsequenz aus dieser Erfahrung lautet:

 WICHTIG!

Der Ausweis des vollständigen Ressourcenverbrauchs gehört in den Haushalt.

Die wichtigsten Entscheidungen in der Kommune werden im Rahmen des Haushalts getroffen. Es muss deshalb im Haushalt deutlich werden, welcher Ressourcenverbrauch in den einzelnen Verwaltungsbereichen verursacht wird und welches Ressourcenaufkommen insgesamt und für den einzelnen Bereich zur Verfügung steht. So wird erreicht, dass die Planungen, Entscheidungen und Kontrollen in Politik und Verwaltung auf der Basis eines einheitlichen, durchgehenden Zahlenwerks (Rechnungsstoffs) erfolgen. Das ist das Ziel des neuen kommunalen Haushalts- und Rechnungswesens.

Das neue Haushalts- und Rechnungswesen löst das Geldverbrauchskonzept der Kameralistik durch das Ressourcenverbrauchskonzept ab und ersetzt den Rechnungsstil der Kameralistik durch die Doppik.

Moderne Haushaltssteuerung erfordert neues Konzept 7

Für die Kommunen aber auch für einzelne Bundesländer liegen dazu inzwischen weitgehend ausgereifte Konzepte vor. Sie beruhen im Wesentlichen auf Vorarbeiten der KGSt und von Prof. Klaus Lüder an der Deutschen Universität für Verwaltungswissenschaften in Speyer. Ihre flächendeckende Umsetzung in den Kommunen wurde von der Ständigen Konferenz der Innenminister und -senatoren der Länder (IMK) im November 2003 beschlossen. Die Leittexte für das neue Haushaltsrecht bieten trotz einzelner kritikwürdiger Elemente die Grundlage für ein neues kommunales Haushalts- und Rechnungswesen, das wesentlich stärker als das alte steuerungsorientiert und damit reformkompatibel ist.

7.3 Welche Veränderungen bringt das Ressourcenverbrauchskonzept?

Grundgedanke des Ressourcenverbrauchskonzepts ist es, im Haushalt und in den übrigen Haushaltsdokumenten (unterjährige Berichte, Jahresrechnung usw.) nicht nur die Einnahmen und Ausgaben auszuweisen, sondern alle Ressourcenverbräuche und das gesamte Ressourcenaufkommen zu erfassen. Bei der inhaltlichen Bestimmung ist von der Zielsetzung auszugehen. Das Ziel ist ein entscheidungs- und steuerungsorientiertes Haushalts- und Rechnungswesen, das die relevanten Informationen für Planung, Steuerung und Kontrolle liefert („Management Accounting"). In dieselbe Richtung geht das Ziel Verhaltensbeeinflussung („Behavioral Accounting"). Diese Ziele weisen den Weg von einem zahlungsorientierten in ein kostenorientiertes Haushalts- und Rechnungswesen. Danach bilden der Werteverzehr (Ressourcenverbrauch, Aufwand) und der Wertezuwachs (Ressourcenaufkommen, Ertrag), aber auch die Veränderungen der Wertevorräte (Veränderungen des Vermögens und der Schulden, des Eigenkapitals) die zentralen Messgrößen. Das Konzept richtet den Blick also auch auf die Ressourcenbestände und ihre Veränderungen. Dem dient speziell die Bilanz. Als Ressourcenverbrauch werden deshalb auch Werteverzehre erfasst, die z. B. dadurch entstehen, dass Vermögen aufgrund seiner Nutzung oder einfach wegen Alterung an Wert verliert.

 WICHTIG!

Das neue Haushalts- und Rechnungskonzept ist ein System der Ressourcensteuerung, das sowohl Ressourcenverbräuche (Aufwendungen), Ressourcenzuwächse (Erträge) als auch Ressourcenbestände (Vermögen und Schulden) und deren Veränderungen erfasst.

Der Grundstein hierzu wurde mit dem IMK-Beschluss für die Reform des kommunalen Haushalts- und Rechnungswesens vom 21.11.2003 gelegt. Dort heißt es: „ ... das kommunale Haushalts- und Rechnungswesen

7 Moderne Haushaltssteuerung erfordert neues Konzept

(soll) von der bislang zahlungsorientierten Darstellungsform auf eine ressourcenorientierte Darstellung umgestellt (werden)". Besondere Beachtung muss daneben den weiteren Ausführungen im IMK-Beschluss geschenkt werden. Dort heißt es: „... die Steuerung der Kommunalverwaltungen (soll) statt durch die herkömmliche Bereitstellung von Ausgabeermächtigungen (...) durch die Vorgabe von Zielen für die kommunalen Dienstleistungen (Outputsteuerung) ermöglicht werden." So ist das mit dem neuen Haushalts- und Rechnungswesen verbundene Konzept der Ressourcensteuerung stets auch verbunden mit dem System der zielorientieren Steuerung. Dies ist auch in den Entwicklungen auf Ebene des Haushaltsrechts der Länder nachvollzogen worden.

Der Begriff Ressourcenverbrauchskonzept ist also eigentlich zu eng. Er hat sich aber durchgesetzt. Wenn er hier verwandt wird, so steht er immer für das umfassende Konzept. Die wesentlichen materiellen Neuerungen sind mithin:

- Flächendeckender Ansatz von Abschreibungen
- Flächendeckender Ansatz von Zinsen, zumindest für Fremdkapital
- Ansatz von Rückstellungen für
  - unterlassene Instandhaltungen
  - Pensions- und Beihilfeverpflichtungen gegenüber Beamten
- Deckung aller Aufwendungen durch Erträge
- Erfassung und Bewertung des gesamten Vermögens und der gesamten Schulden in der Bilanz
- Formulierung und Abbildung von Zielen im Haushalt.

Es ist hier nicht der Ort, die Neuerungen umfassend darzustellen. Es soll lediglich im Folgenden verdeutlicht werden, welche Anforderungen aus der Sicht der Haushaltssteuerung wichtig sind bzw. wie die Neuerungen zur Verbesserung der Haushaltssteuerung beitragen können.

7.4 Mit Abschreibungen und (kalkulatorischen) Zinsen steuern

Die meisten Fachbereiche brauchen für ihre Arbeit ein umfangreiches Anlagevermögen, insbesondere Gebäude und Grundstücke. Hingewiesen sei etwa auf Verwaltungs- und Schulgebäude, Turnhallen, Schwimmbäder, Museen oder Theater. Nach dem Personal ist das Anlagevermögen bei Weitem die teuerste Ressource. Während die Personalkosten – sieht man von den Pensionsverpflichtungen einmal ab (siehe dazu 7.5) – den Budgets weitgehend angelastet werden, fehlen im traditionellen kameralen Haushalt große Teile der Kosten für die Nutzung des Anlagevermögens. Bei Neubauten, Ersatzbauten und dergleichen werden die

Moderne Haushaltssteuerung erfordert neues Konzept 7

Ausgaben zwar im Vermögenshaushalt des Baujahres ausgewiesen. Nach Abschluss der Baumaßnahmen verschwinden sie aber aus den Haushaltsdokumenten. Nur körperliche Bestandsverzeichnisse sind Pflicht. Die Investitionswerte werden nicht einmal in Nebenrechnungen festgehalten und fortgeschrieben. Hier setzt das Ressourcenverbrauchskonzept an. Aus ihm folgt:

 WICHTIG!

Im Ergebnishaushalt ist auch der mit der Nutzung von Anlagevermögen verbundene Werteverzehr durch den Ansatz von Abschreibungen sichtbar zu machen.

Nur so werden die wahren Kosten offengelegt, nur so sind umfassende Vergleiche mit anderen Kommunen oder privaten Trägern möglich.

Unter Steuerungsaspekten ist es wichtig, dass die Abschreibungen jeweils im Budget der Einrichtung veranschlagt werden, die das Vermögen nutzt. Bei der Einführung des neuen Haushalts- und Rechnungswesens ist also eine saubere Zuordnung des Vermögens zu den einzelnen Budgets erforderlich. Bei Vermögen, das von mehreren Budgets genutzt wird, z. B. einem Gebäude, ist es zwar rechnerisch möglich, die anfallenden Kapitalkosten auf die Nutzer aufzuschlüsseln. Aber das wäre funktionslose Statistik. Unter Steuerungsaspekten kommt es darauf an, wer die Verantwortung für das Anlagegut, für seinen Betrieb, seine Unterhaltung und Instandsetzung, evtl. die Erneuerung und damit die Kosten und Nutzen ganzheitlich trägt.

Für interne Dienstleister bedeutet das z. B., dass das Anlagevermögen, das sie zur Erfüllung ihrer Aufgaben benötigen, ihnen auch zuzuordnen ist. Die entsprechenden Abschreibungen sind im Budget und in der Kalkulation der Verrechnungspreise der internen Dienstleister zu erfassen.

Beispiel: Kanalspülwagen

In einer Mittelstadt wurden die Kapitalkosten des Kanalspülwagens bisher direkt bei der Kostenrechnenden Einrichtung Stadtentwässerung veranschlagt, Personal- und Betriebskosten wurden dagegen beim Baubetriebshof gebucht und anschließend verrechnet. Kostenrechnerisch/statistisch war das korrekt, unter Steuerungsaspekten aber unbefriedigend. Mit der Einführung des NSM wird entschieden, dass die Kanalspülung als Dienstleistung für die Stadtentwässerung durch den Baubetriebshof erbracht werden soll. So werden Synergieeffekte beim Baubetriebshof genutzt. Der Kanalspülwagen wird mit allen Kosten *einschließlich der Kapitalkosten* dem Baubetriebshof zugeordnet. Die Gesamtkosten gehen in die Verrechnungspreise ein. Vergleiche mit privaten Anbietern sind leichter möglich.

7 Moderne Haushaltssteuerung erfordert neues Konzept

Anders ist zu verfahren, wenn der interne Dienstleister lediglich Leistungen wie Objektverwaltung oder Betriebsführung erbringen soll.

Beispiel: Zentrale Grundstücks- und Gebäudewirtschaft

Bei der Einrichtung einer zentralen Grundstücks- und Gebäudewirtschaft ist zwischen zwei Fallgruppen zu unterscheiden:

- Bei Objekten, die nach dem KGSt-Eigentümer-Modell dem nutzenden Fachbereich direkt zugeordnet bleiben (typisches Beispiel: Kläranlage), werden die Abschreibungen direkt im Budget des Fachbereichs veranschlagt.

- Bei Objekten, die nach dem Vermieter-Mieter-Modell von der Grundstücks- und Gebäudewirtschaft an die Nutzer intern vermietet werden, werden Abschreibungen (nur) bei der Grundstücks- und Gebäudewirtschaft veranschlagt. Sie dienen dann als Grundlage für die Kalkulation der Grundmiete oder -pacht, die von den Nutzern zu zahlen ist.

Die Beispiele zeigen, wie notwendig es ist, in das neue Haushalts- und Rechnungswesen mit einem klaren Steuerungskonzept und einer stimmigen Organisation zu starten (siehe auch 1.1).

Damit die flächendeckende Veranschlagung von Kapitalkosten steuerungswirksam wird, müssen die Abschreibungen in die Budgetierung einbezogen werden.

Nur wenn die Budgetverantwortlichen auch Verantwortung für die Nutzung ihres Anlagevermögens tragen – eben durch die Einbeziehung dieser Kosten in ihr Budget – werden sie auch bezüglich dieses Produktionsfaktors zu wirtschaftlichem Verhalten angereizt (siehe auch 3.7.4).

Beispiel: Immobilienreserven bei den Bühnen

In einer Großstadt wurden Proberäume, Lager- und Werkstättengebäude sowie Reserveflächen, die von den Bühnen bisher stets als unverzichtbar deklariert worden waren, nicht mehr benötigt, nachdem die Grundstücks- und Gebäudekosten in die Budgets einbezogen worden waren.

Beispiel: Substanzerhaltungslücken bei den Kirchen

In einer Kirchengemeinde mit vier Kirchen zeichnete sich bei rückläufigem Kirchensteueraufkommen ab, dass die Substanz aller Kirchengebäude auf Dauer nicht erhalten werden könne. Die Dimension dieser Substanzerhaltungslücke wurde durch die erstmalige Ermittlung der Abschreibungen der einzelnen Kirchengebäude offenkundig. Durch die Schaffung dieser Transparenz und die Einbeziehung der Abschreibungen in das Budget der Kirchengemeinde kam es zu dem Entschluss des Kirchengemeinderates, eine der vier Kirchen samt Grundstück zu veräußern.

Mit der flächendeckenden Veranschlagung der Abschreibungen im Ergebnishaushalt soll nicht nur die kurz- und mittelfristige Steuerung verbessert werden. Von ihr soll auch ein wichtiges finanzpolitisches Signal

Moderne Haushaltssteuerung erfordert neues Konzept 7

für die lange Sicht ausgehen: Was bisher nur in Form schlecht unterhaltener Schulen und verfallender Bausubstanz von Straßen und dergleichen sichtbar wurde, wird jetzt auch im Rechnungswesen systematisch erfasst und in seiner ganzen Dimension deutlich: Viele Verwaltungen leben – gezwungenermaßen – schon lange von der Substanz; mancher, nach der Kameralistik noch ausgeglichen abschließende Haushalt hätte schon längst als defizitär ausgewiesen werden müssen, wenn der Ressourcenverbrauch im Verwaltungshaushalt vollständig abgebildet worden wäre.

7.4.1 Entscheidungsorientierte Ermittlung von Abschreibungen – ein Bewertungsproblem

Die aus der Kostenrechnung bekannte Frage, ob die Abschreibungen auf der Basis von (historischen) Anschaffungs- oder von (aktuellen) Zeitwerten ermittelt werden sollen, stellt sich nun auch flächendeckend für den Haushalt. Im neuen Haushaltsrecht auf kommunaler und Landesebene sowie auch in anderen Bereichen des öffentlichen Sektors hat sich die Bewertung zu Anschaffungs- oder Herstellungskosten durchgesetzt.

Im kommunalen Haushaltsrecht etwa des Landes Niedersachsen wird daneben zwischen „Realisierbarem Vermögen" (im Wesentlichen veräußerbares Vermögen) und „Verwaltungsvermögen" unterschieden, wobei für das realisierbare Vermögen eine Bewertung zu aktuellen Zeitwerten vorgesehen ist. Das geht in die richtige Richtung. Als realisierbar soll allerdings nur solches Vermögen klassifiziert werden, das für öffentliche Zwecke nicht mehr benötigt wird. Für das also beispielsweise Rat oder Kreistag bereits einer evtl. Veräußerung zugestimmt haben.

In Einzelfällen lassen daneben die haushaltsrechtlichen Vorschriften im Rahmen der Erstellung der erstmaligen Eröffnungsbilanz die Bewertung zu (vorsichtig geschätzten) Zeitwerten zu, um ein realistisches und aktuelles Bild der Vermögenslage darzustellen. Nach diesem Zeitpunkt neu erworbene oder hergestellte Vermögensteile sind dagegen stets mit dem Anschaffungs- oder Herstellungswert zu bilanzieren. Dass diese Werte nach einigen Jahren der Nutzung ebenfalls historisch sind und über den aktuellen Wert(verzehr) des eingesetzten Vermögens nichts mehr aussagen, wird hierbei in Kauf genommen.

Die Bewertung zu Anschaffungs- und Herstellungskosten folgt den alten und neuen (nach Umsetzung des Bilanzrechtsmodernisierungsgesetzes bestehenden) Regelungen des Handelsgesetzbuches (HGB). Dieses dient primär dem Zweck der Rechenschaftslegung. Für Zwecke der Steuerung sollte jedoch die Bewertung der Vermögenspositionen zu den jeweils aktuellen Zeitwerten durchgeführt werden.

7 Moderne Haushaltssteuerung erfordert neues Konzept

Das entspräche dann auch den in neuerer Zeit zunehmend diskutierten Grundsätzen für die öffentliche Rechnungslegung, den International Public Sector Accounting Standards (IPSAS), die sich an internationalen Rechnungslegungsvorschriften für die Privatwirtschaft, den International Financial Reporting Standards (IFRS) anlehnen. Diese gehen, anders als das deutsche Handelsrecht, generell vom Zeitwert (Fair Value) aus.

Wenn die Kosten für politische Alternativen verglichen werden sollen oder wenn generell im Haushalt im Rahmen insgesamt knapper Ressourcen über Prioritäten entschieden werden soll, dann muss die Datenbasis aktuell sein.

 WICHTIG!

Aktualität ist nur auf der Basis von Zeitwerten herzustellen.

Beispiel: Fehlinformation durch historische Anschaffungskosten

Sollen die Kosten eigener Einrichtungen mit denen anderer Kommunen verglichen werden, so sind die Grundstücks- und Gebäudekosten nicht vergleichbar, wenn in den Haushalten Herstellungs- und Anschaffungskosten zugrunde gelegt werden. Diese können je nach dem Herstellungs- oder Anschaffungsjahr und dem zufälligen Grundstückspreis höchst unterschiedlich sein.

Beispiel: Kostenvergleich Kinderhort

Ein Kinderhort ist in einer Villa untergebracht, die sich in einer exklusiven Wohnlage am See befindet. Eine alternative Unterbringung ist unweit in einem angemieteten Mehrzweckgebäude in einem gemischten Wohngebiet möglich. Da in den Mietpreis für dieses Objekt die aktuellen Wertverhältnisse eingeflossen sind, muss auch die jetzt noch genutzte eigene Immobilie samt Grundstück zum Verkehrswert bewertet werden.

 TIPP!

Im Rahmen der haushaltsrechtlichen Möglichkeiten sollte das Vermögen also so zeitnah wie möglich bewertet werden.

Beispiel: Unterbringung der Datenzentrale

Eine Großstadt betreibt in einem großen Bürogebäude in einer 1A-Citylage ihre Datenzentrale (DZ). Es handelt sich im obigen Sinne um „Verwaltungsvermögen", da die Datenzentrale nicht aufgegeben werden soll. Da eine anderweitige Unterbringung der DZ aber denkbar ist und die jetzt genutzte Immobilie einen Marktwert hat, ist die Information darüber im Haushalt nicht nur wichtig, um über die tatsächlichen Kosten der Datenzentrale zu informieren, sondern auch, um die Kapitalbindung an dieser Stelle sichtbar zu machen.

7.4.2 Veranschlagung kalkulatorischer Zinsen: Fehlanzeige

Der Grundgedanke des Ressourcenverbrauchskonzepts beinhaltet die Veranschlagung kalkulatorischer Zinsen nach betriebswirtschaftlichen Grundsätzen – unabhängig von der tatsächlichen Finanzierung des Vermögens. Auf diese Weise würde das in einzelnen Bereichen der Verwaltung gebundene Vermögen mit entsprechenden Zinskosten den jeweiligen Budgets belastet. Unabhängig davon, ob es mit Eigen- oder Fremdmitteln finanziert wurde und damit unabhängig davon, ob tatsächlich Zinsen gezahlt werden (Effektivzinsen) oder ob durch die Kapitalbindung Zinseinnahmen an anderer Stelle entgehen (Opportunitätskosten).

Der Opportunitätskostengedanke hat sich im Zuge der Reform (mit Ausnahme der Gebührenbereiche, wo dies auch bislang üblich war) nicht durchgesetzt. Im Haushalt veranschlagt werden durchgehend ausschließlich Effektivzinsen. Dies ist weit entfernt vom Kerngedanken des Ressourcenverbrauchskonzepts und hat unter Steuerungsaspekten mehrere Nachteile:

- Die Höhe der in einem Budget auszuweisenden Zinsen für die Nutzung eines bestimmten Anlagevermögens ist abhängig von der Finanzierungsstruktur und dem Verschuldungsgrad der jeweiligen Kommune.
- Bei Kommunen mit niedrigen Schulden erscheinen kapitalintensive Produktionen als relativ billig.
- Interkommunale Vergleiche und Vergleiche mit privaten Marktpreisen oder Kosten sind verfälscht, wenn Anlagevermögen in nennenswertem Umfang im Spiel ist.
- Und nicht zuletzt werden der Politik zur Kostensituation der Kostenrechnenden Einrichtungen (Gebührenhaushalte) falsche Signale gegeben: Der entsprechende Teilhaushalt muss mit einem Überschuss („Gewinn"!) abschließen, wenn die *Gebühren* unter Einschluss von kalkulatorischen Zinsen auf das *gesamte* Kapital kalkuliert werden, im Teilhaushalt aber nur Fremdkapitalzinsen ausgewiesen werden dürfen. Die vorgesehene nachrichtliche Information unter dem Strich über die Höhe der Eigenkapitalzinsen dürfte die politische Vermittlung des „Gewinns" kaum leichter machen.

Die gleiche Problematik gibt es, wenn die Abschreibungen im Haushalt nur auf der Basis der Anschaffungs- oder Herstellungswerte kalkuliert werden dürfen, während in der Gebührenkalkulation nach den Vorschriften der Kommunalabgabengesetze mit Zeitwerten gerechnet werden darf – und sollte.

An den Beispielen wird deutlich, dass das Ressourcenverbrauchskonzept unter Steuerungsaspekten möglichst nah am betriebswirtschaftlichen Kos-

7 Moderne Haushaltssteuerung erfordert neues Konzept

tenbegriff ausgerichtet werden sollte. Je weiter es sich davon entfernt (hat), um sich handelsrechtlichen Regelungen zur Rechnungslegung anzunähern, umso stärker sind die Beeinträchtigungen seiner Steuerungseignung. Dies ist bei der Interpretation der gelieferten Daten zu berücksichtigen.

7.5 Mit Rückstellungen steuern

Für Ausgaben, die erst in zukünftigen Jahren anfallen, die aber dem Grunde nach durch die Leistungserstellung in der Planperiode verursacht werden, sind nach dem Ressourcenverbrauchskonzept aufwandswirksam Rückstellungen zu Lasten des Ergebnishaushalts zu bilden. Diese bislang „stillen Lasten", die im kameralen Rechnungswesen nicht ausgewiesen wurden, werden nun offen bilanziert. Dieser *Transparenz* folgt in den meisten Gemeindehaushaltsrechtssituationen (Ausnahme: Baden-Württemberg) die *Konsequenz*, dass die jährlichen Zuführungen zu den Rückstellungen durch entsprechende Erträge zu decken sind. Diese Regelung steht im Dienste der „intergenerativen Gerechtigkeit". Unbeschadet der vielfältigen und unterschiedlichen Regelungen in den Gemeindehaushaltsverordnungen und den Haushaltsgesetzen der Länder gelten die folgenden Aussagen.

- **Pensions- und Beihilferückstellungen**

Die finanziell bedeutendste Rückstellungsart ist die Rückstellung für Pensionsverpflichtungen. Dies gilt für die Länder aufgrund des deutlich höheren Anteils der Beamten an den Beschäftigten in noch stärkerem Maße als für die Kommunen. Auch für andere Organisationen des öffentlichen Sektors, wie etwa Kirchen, trifft dies zu. Hinzu kommen noch Rückstellungen für Beihilfezahlungen während der Zeiten des Ruhestandes.

Für Pensionszusagen gegenüber Beamten, die erst viele Jahre später zu Auszahlungen führen, sind nach versicherungsmathematischen Grundsätzen in jedem Jahr der Beschäftigung anteilige Rückstellungen zu bilden.

So werden neben den laufenden jährlichen finanziellen Belastungen aus Gehaltszahlungen auch die aus der Beschäftigung des jeweiligen Jahres resultierenden zukünftigen finanziellen Belastungen, die auf das Land oder die Kommune in 20, 30 oder 40 Jahren zukommen, deutlich. Aktuelle politische Entscheidungen werden so unter Berücksichtigung dieser zukünftigen Zahlungsverpflichtungen vor einem vollständige(re)n Informationshintergrund getroffen. Dies gilt entsprechend auch für die zu erwartenden Beihilfezahlungen nach der Pensionierung.

Dies entspricht dem Kerngedanken des Ressourcenverbrauchskonzepts. Die Verpflichtung, diese jährlichen Zuführungsbeträge (= Aufwendungen) durch Erträge in jeder einzelnen Periode während der aktiven Dienstzeit zu decken, entspricht daneben dem Prinzip der intergenerativen Gerechtigkeit.

Moderne Haushaltssteuerung erfordert neues Konzept 7

Jede haushaltsrechtliche Regelung, die auf die Bildung entsprechender Rückstellungen verzichtet, weicht deutlich von diesen Kernanliegen der Haushaltsrechtsreform ab. Dies trifft beispielsweise für die Gemeindehaushaltsverordnung Baden-Württemberg zu. Diese „verschiebt" die Pflicht zur Bildung entsprechender Rückstellungen auf die kommunalen Versorgungsverbände. Damit entfällt für die Kommunen die Pflicht, eigene Pensionsrückstellungen zu bilden.

- **Instandhaltungsrückstellungen**

Große finanzielle Bedeutung haben auch die Rückstellungen für unterlassene Instandhaltungen. Sie sind zu bilden, falls im Haushaltsjahr notwendige Instandhaltungsmaßnahmen – aus welchen Gründen auch immer – nicht durchgeführt wurden. Die Aufwendungen sind also in dem Jahr zu erfassen, dem die Maßnahme dem Grunde nach zuzurechnen ist.

Die Verpflichtung, diesbezügliche Aufwendungen in einem Haushaltsjahr zu veranschlagen und durch entsprechende Erträge auch zu erwirtschaften, steht ebenfalls im Zeichen der intergenerativen Gerechtigkeit. Ein Verschieben der Maßnahme in die Zukunft bleibt zwar möglich. Nicht jedoch ein Verschieben der damit verbundenen Lasten.

Konsequent zu Ende gedacht, werden durch diese Vorgehensweise vielerorts bestehende Instandhaltungsstaus transparent gemacht. In der Zukunft entstehende Zahlungsverpflichtungen, die auf die Kommune, das Land etc. zukommen, können bei aktuellen Entscheidungen Berücksichtigung finden.

Auch auf diesem Feld haben sich die konkreten Regelungen mehr oder weniger von den Kerngedanken des Ressourcenverbrauchskonzeptes entfernt. So lehnen sich zahlreiche Gemeindehaushaltsverordnungen an die Regelungen des HGB an. Demnach sind Instandhaltungsrückstellungen nur zu bilden, falls die Nachholung der Maßnahme innerhalb (der ersten drei Monate) des Folgejahres geplant ist. Dieser Zeithorizont eröffnet die Möglichkeit, die Maßnahmen und damit die damit verbundenen Aufwendungen fast beliebig in die Zukunft zu verschieben. Instandhaltungsstaus, die dadurch entstehen, dass notwendige Maßnahmen über Jahre hinaus verschoben werden, werden so nicht transparent.

Deutlich stärker an das Ressourcenverbrauchskonzept angelehnt ist etwa die Regelung in der Gemeindehaushaltsverordnung von Nordrhein-Westfalen. Alleine ausschlaggebend für die Bildung der Rückstellung ist, dass die vorgesehenen Maßnahmen am Abschlussstichtag als unterlassen klassifiziert werden müssen und dass sie hinreichend konkret sind. Unabhängig davon, ob die Maßnahme im Folgejahr oder in späteren Jahren durchgeführt wird, ist eine Rückstellung zu bilden.

7 Moderne Haushaltssteuerung erfordert neues Konzept

- Sonstige Rückstellungen

Weiterhin sind Rückstellungen vorgesehen für die Rekultivierung von Deponien, für drohende Verluste aus schwebenden Geschäften sowie aus weiter in den jeweiligen Gemeindehaushaltsverordnungen und Landeshaushaltsgesetzen genannten Anlässen.

Beispiel: Kostenvergleich Abfallbeseitigung

Bei einem Kostenvergleich zwischen der Deponierung und der Verbrennung von Abfall würde die Deponierung zu günstig erscheinen, wenn die zukünftigen Ausgaben für die Rekultivierung und Nachsorge nicht als Aufwand berücksichtigt würden.

 WICHTIG!

Die Bildung von Rückstellungen trägt also dazu bei, aktuelle Entscheidungen so zu lenken, dass mittel- und langfristig eine optimale Nutzung der Ressourcen erfolgt. Den langfristigen Auswirkungen, etwa der Beschäftigung von Beamten oder der systematischen Bewirtschaftung von Gebäuden, Straßen und weiteren Teilen des Anlagevermögens, wird hierdurch größere Aufmerksamkeit gewidmet.

7.5.1 Rückstellungen: die finanzwirtschaftliche Dimension

Die Bildung einer Rückstellung ist für sich genommen mit Blick auf die intergenerative Gerechtigkeit lediglich eine notwendige, nicht jedoch eine hinreichende Bedingung. Zum Zeitpunkt der Fälligkeit müssen liquide Mittel in ausreichendem Maße vorhanden sein, um den Zahlungsverpflichtungen, etwa der Auszahlung der Pensionen, nachkommen zu können.

 WICHTIG!

Durch ein entsprechendes Liquiditätsmanagement muss sichergestellt werden, dass die Pensionszahlungen im Fälligkeitszeitpunkt geleistet werden können.

Das HGB in seiner aktuellen Fassung hat vor diesem Hintergrund für die Pensionsrückstellungen das Institut des sog. „Planvermögens" vorgesehen. In Höhe der Rückstellungen sind auf der Aktivseite der Bilanz Vermögenswerte auszuweisen, die mindestens die jeweils gebildeten Rückstellungen für Altersvorsorge decken. Diese so ausgewiesenen Vermögensteile dürfen ausschließlich zur Erfüllung der Pensionsverpflichtungen verwandt werden. Auch wenn dies bislang in dieser Form nicht in die Gemeindehaushaltsverordnungen Eingang gefunden hat, ist der Ausfinanzierung von Rückstellungen größtes Augenmerk zu widmen.

Moderne Haushaltssteuerung erfordert neues Konzept 7

Regelungen mit dieser Zielsetzung finden sich etwa in dem „kirchlichen Gesetz über die Vermögensverwaltung und die Haushaltswirtschaft in der Evangelischen Landeskirche in Baden". § 20 Abs. 2 formuliert den „Grundsatz der Finanzdeckung": „Rückstellungen müssen durch entsprechende Finanzanlagen (Anmerkung der Verfasser: evtl. auch durch realisierbares Sachanlagevermögen) gedeckt sein". An dieser Stelle unterscheidet sich das kirchliche Finanzmanagement deutlich vom kommunalen Finanzmanagement, welches derartige explizite finanzwirtschaftliche Regelungen nicht vorsieht.

Mit Blick auf die Zielsetzungen der intergenerativen Gerechtigkeit und der nachhaltigen Sicherung der Aufgabenerfüllung (Stetigkeitsgrundsatz) zielen Regelungen zur Finanzdeckung von Rückstellungen in die richtige Richtung. Sie tragen der Notwendigkeit Rechnung, dass die aus Rückstellungen resultierenden Zahlungsverpflichtungen auch finanzwirtschaftlich gedeckt sein müssen.

 WICHTIG!

Durch entsprechende Regelungen ist sicherzustellen, dass frühzeitig aufgebaute Liquiditätsbestände sinnvoll in die finanzwirtschaftlichen Dispositionen einbezogen werden. So macht es unter Wirtschaftlichkeitsaspekten keinen Sinn, bei vorhandenen Liquiditätsbeständen Kredite aufzunehmen, wenn die Zinssätze hierfür höher sind als die Zinssätze für die betreffenden Finanzanlagen.

Entstehende Deckungslücken sollten gegenüber den politischen Entscheidungsträgern frühzeitig offengelegt werden.

Solange das Haushaltsrecht derartige Regelungen nicht vorsieht, sollten die Entscheidungsträger mindestens im Anhang zum Jahresabschluss über derartige Deckungslücken informiert werden.

7.5.2 Rückstellungen: die Risikodimension

Die Bildung von Rückstellungen hat weitere Vorteile: Mit der Bildung von Rückstellungen wird das Risikobewusstsein in der Verwaltung gefördert. Dieses Bewusstsein ist die wichtigste Voraussetzung für ein wirksames Risikomanagement, das zunehmend auch für die öffentliche Verwaltung gefordert wird. Der Zwang, Rückstellungen möglichst vollständig zu bilden, entfaltet damit zusätzliche Steuerungswirkungen:

 WICHTIG!

Wenn Risiken früh erkannt werden, kann noch reagiert werden, um etwa notwendige Finanzmittel rechtzeitig verfügbar zu machen oder die Eintrittswahrscheinlichkeit für die Risiken zu verringern.

7 Moderne Haushaltssteuerung erfordert neues Konzept

 AUS DER LITERATUR

Beck, Stefanie/Benecke, Miriam/Felten, Markus/Lipske, Ulf/Schuster Ferdinand*
Nutzen des Risikomanagements

„*Ein Risikomanagementsystem in Kommunen (Anmerk. der Verfasser: sowie in allen öffentlichen Organisationen) dient ebenso wie in privatwirtschaftlichen Unternehmen dazu, die Organisation in die Lage zu versetzen, ihre Ziele zu erreichen. ... Kommunen unterstützt ihr Risikomanagement hauptsächlich dabei, ihre Aufgaben und Leistungsziele, die sich aus gesetzlichen und politischen Vorgaben ergeben, mit höherer Wahrscheinlichkeit zu erreichen und Schäden, für die unter Umständen letztlich die Bürger gerade stehen müssen, zu vermeiden.*

... Die Etablierung eines Risikomanagementsystems zwingt die Verantwortlichen dazu, sich in einem strukturierten Verfahren über mögliche Risiken klar zu werden, bevor sie eintreten, und über mögliche Schäden nachzudenken. Dies wiederum könnte zu einer besseren Vorsorge führen, das kommunale Verwaltungshandeln insgesamt vorausschauender machen und die Langfristorientierung verbessern. Das Risikomanagement stellt gegenüber dem derzeitigen Zustand eine Verbesserung dar, indem es Daten zur Entscheidungsunterstützung bereitstellt. Durch die Risikokommunikation wird auch ein Mehr an Berechenbarkeit erreicht, ‚böse Überraschungen' sollten seltener werden. Damit kann Risikomanagement letztlich zu einer nachhaltigen Steuerung ... beitragen."

* *Beck, Stefanie/Benecke, Miriam/Felten, Markus/Lipske, Ulf/Schuster Ferdinand (2013), S. 15; vgl. auch www.publicgovernance.de*

7.6 Die Bilanz – Wertespeicher und „wertmäßiges Gedächtnis"

Um den mit der Nutzung von Anlagevermögen und dem Ausweis langfristiger Verpflichtungen in Form von Rückstellungen verbundenen Werteverzehr in das System der Ressourcensteuerung einbeziehen zu können, ist eine vollständige Vermögens- und Schuldenerfassung erforderlich.

In der Bilanz werden Vermögen (Aktiva) und Schulden (Passiva) gegenübergestellt. Öffentliches Vermögen und Schulden (sowie als Differenz das Eigenkapital) sind in ihrer Gesamtheit transparent und damit den politischen Entscheidungsträgern bewusst – Jahr für Jahr werden sie in der Bilanz ausgewiesen. Die Bilanz kann als „*wertmäßiges Gedächtnis*" bezeichnet werden. Vermögen und Schulden können damit explizit in politische Entscheidungen (vor allem im Rahmen der Haushaltsberatungen) einbezogen werden.

Moderne Haushaltssteuerung erfordert neues Konzept 7

Leider sind die Bilanzpositionen und deren Inhalte nicht bundesländerübergreifend einheitlich geregelt. Dies macht das Lesen unterschiedlicher Bilanzen zu einem kleinen Abenteuer. Eine einheitliche Basis ist hinsichtlich der Struktur der Bilanz jedoch festzustellen. Diese kann im Kern so dargestellt werden (Abbildung 24):

B i l a n z (Vermögensrechnung)	
Aktiva	Passiva
A. Anlagevermögen	A. Eigenkapital (Netto-, Kapitalposition)
I. Immaterielle Vermögensgegenstände	I. Basiskapital (Basisreinvermögen)
II. Sachanlagen	II. Rücklagen
III. Finanzanlagen	III. Jahresergebnis
B. Umlaufvermögen	B. Rückstellungen
I. Vorräte	C. Verbindlichkeiten
II. Forderungen	D. Sonderposten
III. Wertpapiere	
IV. Liquide Mittel	
C. Aktive Rechnungsabgrenzung	E. Passive Rechnungsabgrenzung
D. Nicht durch Eigenkapital gedeckter Fehlbetrag	
B i l a n z s u m m e	B i l a n z s u m m e

Abb. 24: Die Bilanz

Es wird angeregt, ggf. über die gesetzlich vorgesehene (als gesetzliche Mindestgliederung zu verstehende) Bilanzgliederung hinaus, die Unterscheidung in **„realisierbares Vermögen"** und **„Verwaltungsvermögen"** (nicht realisierbares Vermögen) vorzunehmen. Auf diese Weise wird es einfacher zu erkennen, inwieweit das auf der Aktivseite ausgewiesene Vermögen ausreicht, die auf der Passivseite ausgewiesenen Schulden (Verbindlichkeiten und Rückstellungen) zum Fälligkeitszeitpunkt zu decken.

Derartigen Aussagen über das Schuldendeckungspotenzial des Vermögens (siehe auch die Ausführungen zu der Pensionslastfinanzierungsquote

7 Moderne Haushaltssteuerung erfordert neues Konzept

in 7.6.2) kann hohe politische Relevanz zukommen: Stehen zum Zeitpunkt der Fälligkeit von Schulden keine ausreichenden liquiden Mittel oder liquidierbare Vermögenspositionen (Sachanlagen, Finanzanlagen) zur Verfügung, müssen zur Begleichung der Schulden bei deren Fälligkeit weitere Kredite aufgenommen werden. Dieser Verschuldungsspirale gilt es, durch weitsichtige finanzpolitische Entscheidungen entgegenzuwirken.

Bei der Beurteilung ist zu beachten, dass die Bewertung des gesamten Vermögens in den meisten Fällen auf der Basis historischer **Anschaffungs- oder Herstellungskosten** beruht. Um das Schuldendeckungspotenzial des Vermögens darzustellen, sollte der als realisierbar geltende Teil des Vermögens in regelmäßigen Abständen neu bewertet werden. Anzusetzen wären dann „**Zeitwerte**", die eine realistische Aussage bezüglich der realisierbaren liquiden Mittel beim Verkauf der entsprechenden Vermögenswerte erlauben.

In Niedersachsen ist die Trennung von realisierbarem Vermögen und nicht realisierbarem Vermögen (Verwaltungsvermögen) sowie der Ansatz von *Veräußerungswerten* für das Verwaltungsvermögen bereits in der Gemeindehaushaltsverordnung vorgesehen. Andere landesrechtliche Regelungen nehmen die Unterteilung in nicht realisierbares und realisierbares Vermögen nicht vor und es existieren demzufolge auch keine unterschiedlichen Bewertungsregeln.

Folgt man der obigen Anregung, über die gesetzliche Mindestgliederung hinaus eine Unterteilung in realisierbares Vermögen und Verwaltungsvermögen vorzunehmen, könnte eine Bewertung des realisierbaren Vermögens zu aktuellen Werten dann *außerhalb* der Bilanz vorgenommen werden. Anhand der so ermittelten Vermögenswerte könnte über das aktuelle Schuldendeckungspotenzial im Anhang informiert werden.

 WICHTIG!

Unterbleibt eine Bewertung zu aktuellen Zeitwerten, ergeben sich als Differenz zwischen Zeitwerten und historischen Anschaffungs- oder Herstellungswerten zum Teil erhebliche „stille Reserven" in der Bilanz.

 WICHTIG!

Unterbleibt die Bilanzierung bedeutender Rückstellungen, wie etwa der Pensionsrückstellungen oder der Instandhaltungsrückstellungen für Maßnahmen, die nicht im Folgejahr durchgeführt werden, entstehen zum Teil erhebliche „stille Lasten", die zwar in der Bilanz „schlummern", nicht jedoch offen ausgewiesen sind.

Moderne Haushaltssteuerung erfordert neues Konzept 7

Vor allem „stille Lasten" sind für politische Entscheidungen von außerordentlicher Bedeutung. Art und Höhe von stillen Lasten sollten deshalb mindestens im Rahmen politischer Beratungsprozesse offengelegt werden.

7.6.1 Erstellung der Bilanz

Im Rahmen der Erstellung der Bilanz ergeben sich vor allem Fragen bezüglich des Ansatzes (Welche Vermögensgegenstände und Schuldpositionen sind anzusetzen?) und hinsichtlich der Bewertung (Wie sind die Vermögensgegenstände und Schuldpositionen zu bewerten?). In einer Bilanz nach den Regeln des HGB finden zahlreiche kodifizierte und nicht kodifizierte Regelungen Anwendung. Es handelt sich um die sog. „Grundsätze ordnungsmäßiger Buchführung (und Bilanzierung) – GoB".

Bis heute liegen keine ausformulierten und allgemein gültigen Grundsätze für die Bilanzierung im öffentlichen Sektor vor. Unstrittig dürfte sein, dass die GoB nicht ohne Weiteres für den öffentlichen Sektor heranzuziehen sind. Es bedarf nach wie vor entsprechender formulierter und akzeptierter „Grundsätze ordnungsmäßiger öffentlicher Buchführung (und Bilanzierung) – GoöB". Zur Begründung und zur Ausgestaltung wird auf die Veröffentlichung des Arbeitskreises Interne Verbundrechnung verwiesen; siehe Anlage 4.

Das HGB und die entsprechenden Grundsätze ordnungsmäßiger Buchführung stellen primär auf den Gläubigerschutz und das daraus folgende sog. Imparitätsprinzip ab. Für das öffentliche Haushalts- und Rechnungswesen kommt dem allenfalls untergeordnete Bedeutung zu. Im Mittelpunkt steht hier die Entscheidungsorientierung und das Prinzip der „intergenerativen Gerechtigkeit". Daraus folgt grundsätzlich die Forderung nach einer aktuellen Bewertung des Vermögens und der Schulden. Nur so hat die Politik die Möglichkeit, eine realistische weil zeitnahe Einschätzung des Schuldendeckungspotenzials vorzunehmen. Für politische Steuerungszwecke sind die Werte aus Handels- und Steuerbilanzen deshalb meist nicht geeignet. Stattdessen sollte die Bewertung im öffentlichen Sektor von vornherein stärker steuerungs- oder managementorientiert ausgerichtet werden.

 WICHTIG!

Steuerungsorientierte Bewertung hat Vorrang!

Für das in großem Umfang vorhandene langlebige Anlagevermögen und insbesondere den Grundbesitz ist nur eine Bewertung mit Zeitwerten zielführend. Mindestens sollte dies für das sog. Realisierbare Vermögen Geltung erlangen. Die Wege dahin können unterschiedlich sein. Wenn die

7 Moderne Haushaltssteuerung erfordert neues Konzept

Werte in der Eröffnungsbilanz stimmen – wie z. B. in Nordrhein-Westfalen durch den Ansatz von Zeitwerten –, kann die Fortführung (Zugangsbewertung) durchaus zu Anschaffungs- oder Herstellungskosten vorgenommen werden. Diese sollten dann allerdings in geeigneten Zeitabständen an den Marktwert angepasst werden, wenn es das Haushaltsrecht zulässt.

7.6.2 Analyse der Bilanz

Von besonderem Interesse für politische Entscheidungen sind Kennzahlen aus der Bilanz, die geeignet sind, Hinweise auf die Finanzlage und die Erreichung des Ziels der „intergenerativen Gerechtigkeit" zu geben. Seit Langem sind derartige Kennzahlen und Kennzahlensysteme in der Diskussion. Einen Überblick vermittelt neben dem KGSt-Bericht „Jahresabschlussanalyse im neuen Haushalts- und Rechnungswesen" auch die Veröffentlichung der Bertelsmann Stiftung unter dem Titel „Doppischer Gemeindefinanzbericht".

Es ist nicht Aufgabe dieses Buches, auf diese sehr umfangreichen Kennzahlen und Kennzahlensysteme im Einzelnen einzugehen. Eine Kennzahl soll hier beispielhaft zeigen, wie mit einem Blick das Schuldendeckungspotenzial einer Gebietskörperschaft in einem zentralen Aspekt dargestellt werden kann:

Die Pensionslastfinanzierungsquote (PLFQ) gibt Auskunft darüber, inwiefern die Finanzierung der Pensionszahlungen zum Fälligkeitszeitpunkt gesichert erscheint. Sie ermittelt sich wie folgt (Abbildung 25):

$$\frac{\textit{langfristig fällige Finanzanlagen} + \textit{langfristig realisierbares Sachanlagevermögen}}{\textit{Pensionsverpflichtungen} + \textit{Beihilfeverpflichtungen gegenüber ausgeschiedenen Beamten}}$$

Abb. 25: Pensionslastfinanzierungsquote

Bei einem Kennzahlenwert < 1 wird ein Anstieg der Verschuldung zum Fälligkeitszeitpunkt der Zahlungen signalisiert. Dies deutet auf einen Verstoß gegen das Ziel der intergenerativen Gerechtigkeit hin.

Selbst bei einer PLFQ > 1 ist „Entwarnung" nicht angesagt! Es muss geklärt werden, welche Gegebenheiten und Besonderheiten dem betreffenden Rückstellungsbetrag tatsächlich zugrunde liegen. Es ist beispielsweise zu berücksichtigen, dass der Rückstellungsbetrag tarifliche Erhöhungen in der Zukunft nicht erfasst. Die tatsächlichen Pensionszahlungen werden mithin regelmäßig (deutlich) höher ausfallen. Dies betrifft selbstverständlich auch Kommunen, die einer Versorgungskasse angeschlossen sind. Hier ist mit erhöhten Umlagezahlungen ab dem Fälligkeitszeitpunkt zu rechnen.

Nicht immer werden Pensionsrückstellungen bei den Kommunen selbst gebildet. Teilweise erfolgt die Bildung bei den Versorgungskassen. Das

Moderne Haushaltssteuerung erfordert neues Konzept 7

zuvor geschilderte Problem besteht auch in diesem Fall. Letztlich pensionszahlungspflichtig bleibt die Kommune. Auch ohne den Ausweis der Pensionsrückstellungen in den kommunalen Bilanzen sollte dieses Thema im Blickfeld des politischen Interesses stehen.

7.7 Bilanz, Ergebnis- und Finanzhaushalt im Rechnungsverbund

Die Bilanz tritt im neuen Haushalts- und Rechnungssystem neben den Ergebnis- und den Finanzhaushalt bzw. neben die Ergebnis- und Finanzrechnung. Der Ergebnishaushalt wird zur wichtigsten Grundlage für die politischen Entscheidungen sowie die Steuerung und Kontrolle der Verwaltung. Selbstverständlich ist auch der Finanzhaushalt, der neben den laufenden Ein- und Auszahlungen auch die Auszahlungen für Investitionen enthält, von hoher politischer Relevanz. Es geht hierin um die Sicherstellung der ständigen Zahlungsfähigkeit und vor allem um Entscheidungen über anstehende Investitionen. Innerhalb der Bilanz werden die Auswirkungen der getroffenen Entscheidungen auf die Vermögens- und Kapitallage systematisch und vollständig abgebildet. Der Rechnungsverbund lässt sich wie folgt darstellen (Abbildung 26):

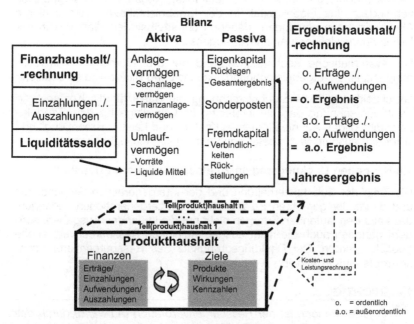

Abb. 26: *Haushalt und Rechnungsverbund; Fischer, Edmund (2010)*

7 Moderne Haushaltssteuerung erfordert neues Konzept

Der Liquiditätssaldo (die Differenz der im Finanzhaushalt veranschlagten Einzahlungen und Auszahlungen) erhöht oder vermindert die Position „Liquide Mittel" in der Bilanz. Aber nicht nur das: Auszahlungen für Investitionsmaßnahmen schlagen sich gleichzeitig durch eine entsprechende Aktivierung in den Positionen des Anlagevermögens in der Bilanz nieder und werden dort über die gesamte Nutzungsdauer jährlich mit ihrem Restbuchwert ausgewiesen, bis sie endgültig abgeschrieben sind. Hierdurch wird transparent, inwieweit durch den Abfluss von Finanzmitteln Vermögen geschaffen wird und was die Nutzung dieses Vermögens Jahr für Jahr an Ressourcenverbrauch (Abschreibungen etc.) mit sich bringt.

Umgekehrt reduzieren im Finanzhaushalt veranschlagte Einzahlungen, die aus der Veräußerung von Vermögen stammen, automatisch die entsprechende Vermögensposition auf der Aktivseite der Bilanz. Nicht nur der Zufluss von Zahlungsmitteln wird hier deutlich, auch der gleichzeitige Abgang von Vermögenswerten wird transparent.

Das Jahresergebnis aus der Ergebnisrechnung erhöht oder vermindert den Bestand des in der Bilanz ausgewiesenen Eigenkapitals. Positive Jahresergebnisse erhöhen das Eigenkapital. Negative Jahresergebnisse vermindern das Eigenkapital. In der Ergebnisrechnung veranschlagte Abschreibungen vermindern daneben unmittelbar den Wert des in der Bilanz ausgewiesenen Anlagevermögens.

Der systematische Rechnungsverbund der drei Elemente Finanzrechnung/-haushalt, Ergebnisrechnung/-haushalt und Bilanz wird so deutlich.

Gleichzeitig stellt die Ergebnisrechnung die Basis für die Kosten- und Leistungsrechnung dar, die ihrerseits die Grundlage für den „Produkthaushalt" bildet. Auf die Elemente „Kosten- und Leistungsrechnung" und „Produkthaushalt" wird später noch ausführlich einzugehen sein.

7.8 Mit neuen Deckungsregeln zu einem ehrlicheren Haushalt

Die Ziele der Substanzerhaltung und der intergenerativen Gerechtigkeit und damit der gerechten Belastung der Nutzergenerationen verlangen, dass aus den laufenden Erträgen nicht nur die laufenden Ausgaben, sondern daneben auch die nicht ausgabengleichen Ressourcenverbräuche gedeckt werden. Der Deckungsgrundsatz des Ressourcenverbrauchskonzepts lautet deshalb:

 WICHTIG!

In jeder Periode ist der Ressourcenverbrauch (Aufwand) durch das Ressourcenaufkommen (Erträge) zu decken.

Moderne Haushaltssteuerung erfordert neues Konzept 7

Aus den laufenden Erträgen müssen also insbesondere auch die Abschreibungen auf das Anlagevermögen und die Zuführungen zu den Rückstellungen erwirtschaftet werden.

Die Pflicht zur Erwirtschaftung der Abschreibungen und der Rückstellungszuführungen zielt damit dem Grunde nach darauf ab, dass die aktuelle Nutzergeneration den durch sie verursachten Werteverzehr selber erwirtschaftet und dies nicht auf nachfolgende Generationen verschiebt. Durch eine entsprechende finanzwirtschaftliche Deckung der Abschreibungen und Rückstellungen wird weiter sichergestellt, dass Ersatz- und Erneuerungsinvestitionen nicht durch neue Kredite finanziert werden müssen. Dies trägt damit langfristig zu einer Verbesserung der gesamten Finanzierungsstruktur bei.

In Gebietskörperschaften oder öffentlichen Organisationen, die ihre Abschreibungen und Rückstellungen nicht durch laufende Erträge decken können, wird dieses im Ergebnishaushalt als Defizit offen ausgewiesen. Gleichzeitig führt dies zu einer Verminderung des in der Bilanz ausgewiesenen Eigenkapitals. Das bedeutet nichts anderes, als „ein Leben von der Substanz". Das Ressourcenverbrauchskonzept verdient deshalb in der Tat die Bezeichnung als „Rechnungskonzept mit Gedächtnis".

Die Ausgestaltung der Deckungsregeln ist im neuen System wesentlich komplexer als in der Kameralistik. Sie ist in den einzelnen Bundesländern rechtlich unterschiedlich geregelt.

Alle Länder haben im kommunalen Haushaltsrecht festgelegt, dass der **Ergebnishaushalt** zur Beurteilung des Haushaltsausgleichs herangezogen wird. Einige Länder haben daneben auch Kriterien für den Finanzhaushalt festgelegt, an denen ein Ausgleich des Haushalts zu messen ist.

Die Regelungen zum Haushaltsausgleich können ohne Übertreibung als das Herzstück des neuen Haushaltsrechts bezeichnet werden. Die von den Überlegungen zum Ressourcenverbrauchskonzept ausgelöste Haushaltsrechtsreform zielt auf einen Haushaltsausgleich ab, der dem Grundsatz der Substanzerhaltung und der intergenerativen Gerechtigkeit entspricht. Um es vorwegzusagen: diesem Anspruch können die derzeitigen gesetzlichen Regelungen allenfalls ansatzweise gerecht werden.

Hier ist Politik in besonderem Maße aufgefordert, Grundsätzen für die örtliche Haushaltswirtschaft zu folgen, die über die gesetzlichen Regelungen hinausgehen. Die hieraus resultierenden (zusätzlichen) Anforderungen an die politischen Entscheidungsträger liegen auf der Hand; nicht zuletzt aufgrund der zu erwartenden Verschärfung der kommunalen Finanzprobleme. Diese Situation sollte jedoch nicht vorschnell dazu ver-

7 Moderne Haushaltssteuerung erfordert neues Konzept

leiten, die hier formulierten Grundsätze wegen vermuteter Nichterfüllbarkeit außer Acht zu lassen.

Dies soll an einigen Beispielen zum Ergebnishaushalt verdeutlicht werden:

- Alle politischen Entscheidungen sollten auf den Ausgleich des ordentlichen Ergebnisses ausgerichtet sein. Die Herstellung des Haushaltsausgleichs (nur) durch die Erzielung außerordentlicher Erträge (etwa aus Vermögensveräußerungen) sollte nicht angestrebt werden. Dieser Forderung ist auch vor dem Hintergrund unzähliger desaströser Haushalte auf kommunaler Ebene und Landesebene Nachdruck zu verleihen. Die Lösung aktueller Haushaltskrisen darf nicht ohne Weiteres durch „Veräußerung von Tafelsilber" gesucht werden, was damit der nachfolgenden Generation entzogen wird.
- Zur Deckung eines Fehlbetrages sollten ausschließlich Rücklagen verwandt werden, die aus dem ordentlichen Ergebnis resultieren. Rücklagen aus dem außerordentlichen Ergebnis, die in der Regel aus einmaligen Vermögensveräußerungen resultieren sollten i. d. R. nicht zur Finanzierung regelmäßiger laufender Aufwendungen herangezogen werden.
- Die sog. Ausgleichsrücklagen sollten in politischen Entscheidungen betrachtet werden wie „allgemeine Rücklagen" (etwa in Nordrhein-Westfalen). Grundsätzlich also „unantastbar" sein. Was in früheren Generationen geschaffen wurde, sollte nicht von aktuellen Generationen aufgebraucht werden.
- Der Ausgleich des aktuellen Jahres sollte im Vordergrund stehen. Die Möglichkeit, etwa einen Haushaltsfehlbetrag im Laufe des Finanzplanungszeitraums auszugleichen (etwa in Niedersachsen), kann allzu sehr zu einem „Verschiebebahnhof" für aktuelle Fehlbeträge führen. In jedem Fall sind äußerst strenge Anforderungen an die Aufstellung der mittelfristigen Finanzplanung zu stellen. Sie muss in der ursprünglichen Form für den gesamten Planungszeitraum politisch verbindlich bleiben.

Daneben soll noch auf einen weiteren Aspekt hingewiesen werden, der die konsequente Umsetzung der Haushaltsrechtsreform bis heute behindert. So wird – teils ohne weitere Differenzierung – von der Behauptung ausgegangen, dass der Ausgleich des Haushalts zukünftig noch schwieriger bis unmöglich werde als nach altem, kameralem Haushaltsrecht.

Gerne wird ins Feld geführt, dass zukünftig zusätzlich die Abschreibungen zu erwirtschaften seien. Dies sei unmöglich. Einbezogen in diese Betrachtung muss allerdings auch der Umstand werden, dass die mit der

Moderne Haushaltssteuerung erfordert neues Konzept 7

Finanzierung von Investitionen einhergehenden Kredittilgungen aus dem Haushaltsausgleich entfallen. Dies führt zu einer „Entlastung" des Haushaltsausgleichs.

Weiter werden die Zuführungsbeträge zu den Rückstellungen genannt. Diese – vor allem die Pensionsrückstellungen – seien nicht zu decken. Übersehen wird dabei nicht selten, dass die laufenden Pensionszahlungen, die bislang den Haushaltsausgleich belastet haben, entfallen.

Belastungs- und Entlastungseffekte müssen aufgerechnet werden, um die Behauptung, der Haushaltsausgleich werde deutlich schwieriger, zu belegen. Hier können sich örtlich durchaus unterschiedliche Effekte ergeben.

Es darf trotz aller derzeitigen Umsetzungsschwierigkeiten erwartet werden, dass mit dem Ressourcenverbrauchskonzept ein zukunftsverantwortlicherer Umgang mit den knappen Ressourcen gefördert und eine Politik der dauernden Überforderung der Haushalte zu Lasten künftiger Generationen erschwert wird.

 WICHTIG!

Nicht ein verschleiernder, sondern ein ehrlicher Haushalt ist das Gebot der Stunde!

7.9 Mit Zielen steuern

Die meisten Gemeindehaushaltsverordnungen, (doppischen) Landeshaushaltsgesetze und sonstigen Haushaltsverordnungen (etwa der Evangelischen Kirche Deutschlands) stellen auf die Einbeziehung von (finanz- und leistungswirtschaftlichen) **Zielen und Kennzahlen** in den jährlichen Haushalt ab. Unabhängig von der rechtlichen Situation ist allerdings festzustellen, dass erst die explizite Einbeziehung von (politischen) Zielen und deren Verknüpfung mit den Finanzen im Haushalt **(Produkthaushalt)** die beabsichtigte *neue Qualität* politischer Steuerung vollständig zum Ausdruck bringt. Ziele sind Sollgrößen, die in einem bestimmten Zeitraum – in der Zukunft – zu erreichen sind.

Die Umsetzung dieses Aspektes stellt die meisten Verwaltungen vor eine große Herausforderung. Diese kann nur durch enge Zusammenarbeit zwischen den Vertretungskörperschaften und den Verwaltungsführungen gemeistert werden.

Die Vertretungskörperschaften (Rat, Kreistag, Landtag, Synode) erarbeiten und beschließen zunächst die strategischen (eher langfristig ausgerichteten) Ziele der Kommune. Diese Ziele sind alsdann auf die im Haushalt enthaltenen Produktbereiche/Teilhaushalte herunterzubrechen. Es muss

7 Moderne Haushaltssteuerung erfordert neues Konzept

somit deutlich werden, welche operativen (eher jährlichen) Ziele sich für die Akteure in der Verwaltung aus den strategischen (politischen) Zielsetzungen ergeben. Auf dieser Basis kann dann zwischen Politik und Verwaltungsführung verbindlich vereinbart werden, welche Ziele mit welchen Produkten und welchen Ressourcen im Haushaltsjahr verfolgt werden.

Nur wenn auf diese Weise eine weitgehend durchgängige Zielhierarchie und eine einheitliche Zielsystematik in allen Bereichen existiert, wird der Haushalt selbst zu einer Zielvereinbarung zwischen Rat und Verwaltung. Diese Ziele werden durch Kennzahlen quantifiziert und damit messbar gemacht. Die zur Erreichung der Ziele erforderlichen Ressourcen werden transparent. So wird aus dem Haushalt der „Hauptkontrakt zwischen Politik und Verwaltung" (siehe auch Kapitel 4 und 10).

7.10 Die Doppik hat sich – mindestens bei den Kommunen – durchgesetzt

Um besser steuern zu können, hatten viele Kommunen wesentliche Elemente des neuen kommunalen Haushalts- und Rechnungswesens bereits auf der Basis der Kameralistik eingeführt.

Die Erfahrungen mit dem Übergang von der (einfachen) Kameralistik zur (erweiterten) Kameralistik haben gezeigt, dass je umfassender und konsequenter die neuen Elemente eingeführt werden, desto ähnlicher wird das Buchhaltungssystem dem der Doppik.

Den aktuellen Stand der Umsetzung des doppischen Rechnungswesens im kommunalen Bereich zeigt die folgende Abbildung 27:

Bundesland	Buchführungssystem	Anwendung Neues Haushaltsrecht spätestens ab
Baden-Württemberg	Doppik	1.1.2020
Bayern	Wahlrecht Doppik – Kameralistik	Keine Fristen
Brandenburg	Doppik	1.1.2011
Hessen	Doppik	1.1.2009
Mecklenburg-Vorpommern	Doppik	1.1.2012
Niedersachsen	Doppik	1.1.2012
Nordrhein-Westfalen	Doppik	1.1.2009

Moderne Haushaltssteuerung erfordert neues Konzept 7

Bundesland	Buchführungssystem	Anwendung Neues Haushaltsrecht spätestens ab
Rheinland-Pfalz	**Doppik**	1.1.2009
Saarland	**Doppik**	1.1.2010
Sachsen	**Doppik**	1.1.2013
Sachsen-Anhalt	**Doppik**	1.1.2013
Schleswig-Holstein	Wahlrecht **Doppik** – Kameralistik	Keine Fristen
Thüringen	Wahlrecht **Doppik** – Kameralistik	Keine Fristen

Abb. 27: Reformstand in den Kommunen

Mit dem Gesetz über die Grundsätze des Haushaltsrechts des Bundes und der Länder (Haushaltsgrundsätzegesetz HGrG) haben fortan auch der Bund und die Länder für ihre Haushalte die Möglichkeit der alleinigen Anwendung des doppischen Rechnungs- und Haushaltswesens. So heißt es in § 1a des HGrG (in der Fassung vom 27.5.2010): *„Die Haushaltswirtschaft kann in ihrem Rechnungswesen im Rahmen der folgenden Vorschriften kameral oder nach den Grundsätzen der staatlichen doppelten Buchführung ... (staatliche Doppik) gestaltet werden."*

Dies kann als deutlicher Fortschritt gegenüber der bisherigen Situation gewertet werden. Bislang durfte zwar das doppische Rechnungswesen angewandt werden, jedoch nur parallel zum kameralen Rechnungswesen. Hessen hat sich als erstes Bundesland für die Doppik entschieden. In Hamburg und Bremen laufen umfangreiche Reformprojekte zur Erprobung der Doppik. Hamburg hat zum 31.12.2007 einen ersten Gesamtabschluss vorgelegt. Nordrhein-Westfalen befindet sich mit seinem Projekt „EPOS" (Einführung von Produkthaushalten zur outputorientierten Steuerung) auf dem Wege in ein doppisches Rechnungs- und Haushaltswesen. Alleine der Bund und Berlin haben sich für eine sogenannte (um eine Kosten- und Leistungsrechnung) erweiterte Kameralistik entschieden. Ein Weg, der von zahlreichen Kommunen in der Vergangenheit (vor den Haushaltsrechtsreformen) eingeschlagen wurde. Der gesetzliche Umstieg auf die Doppik hat diesen Weg jedoch überflüssig werden lassen.

Zusammenfassend kann gesagt werden: Der Weg in ein neues doppisches Haushalts- und Rechnungswesen ist für viele bereits vollzogen, für

7 Moderne Haushaltssteuerung erfordert neues Konzept

andere mindestens deutlich vorgezeichnet – in jedem Fall aber unumkehrbar. Auch internationale Entwicklungen weisen seit Langem in diese Richtung. Nun muss es in der Praxis darum gehen, die verbesserten (rechtlichen) Grundlagen konsequent für eine verbesserte Steuerung zu nutzen.

Der komplette Übergang auf die Doppik hat den Vorteil, dass hier ein Buchhaltungssystem zur Verfügung steht, das in seiner Grundkonzeption den Prinzipien des neuen Haushalts- und Rechnungskonzepts entspricht. Dabei ist entscheidend, dass das kaufmännische Rechnungswesen nicht von Einnahmen und Ausgaben ausgeht, sondern von Aufwendungen und Erträgen. Es kommt dem Ressourcenverbrauchskonzept damit sehr nahe. Eine ähnliche Übereinstimmung gilt für die Grundsätze der Periodenabgrenzung. Systematisch überlegen ist die Doppik der Kameralistik auch darin, dass sie zwischen Erfolgsrechnung (Gewinn- und Verlustrechnung bzw. Ergebnisrechnung) und Bestandsrechnung (der Bilanz) einen zwingenden rechnungsmäßigen Verbund herstellt. Dieser sorgt für rechnerische Konsistenz und verringert die Fehleranfälligkeit.

7.11 Das HGB als Referenzmodell für das öffentliche Rechnungswesen?!

Im Hinblick auf die besonderen Rechnungsziele und die Rahmenbedingungen der öffentlichen Verwaltung ist ein eigenständiges Konzept für das öffentliche Haushalts- und Rechnungswesen nötig.

Das betrifft einmal die Bestandteile: In der öffentlichen Verwaltung spielt der *Plan* eine wesentlich größere Rolle als die spätere Rechnung. Auf die *Planungsphase* konzentrieren sich die politische Diskussion und deshalb auch das Regelungsinteresse des Gesetzgebers.

Das betrifft zum anderen den Rechnungsstoff und in diesem Zusammenhang die Ansatz- und Bewertungsregeln. Wichtige, das Handelsrecht prägende Grundsätze, insbesondere das Gläubigerschutzprinzip, sind für die öffentliche Verwaltung irrelevant. Dies führt dazu, dass das offizielle, handelsrechtlich geprägte kaufmännische Rechnungswesen für Zwecke der Unternehmens- wie der Verwaltungssteuerung nur wenig geeignet ist. In den deutschen Unternehmen gibt es deshalb zusätzlich zum *externen* Rechnungswesen das *interne* Rechnungswesen, das betriebswirtschaftliche Steuerungsaspekte in den Vordergrund stellt.

Diese übliche Unterscheidung zwischen externem und internem Rechnungswesen mit jeweils unterschiedlichen Zielsetzungen ist im kommunalen Haushalts- und Rechnungswesen nicht zielführend. Die Unterscheidung von externen und internen *Adressaten* ist für die öffentliche

Moderne Haushaltssteuerung erfordert neues Konzept 7

Verwaltung weniger relevant, da prinzipiell alle Informationen öffentlich sind. Man ist also frei, sowohl im Haushalt als auch in der Kosten- und Leistungsrechnung die Ansatz- und Bewertungsregeln durchgängig im Hinblick auf die politischen und betriebswirtschaftlichen Planungs-, Steuerungs- und Kontrollziele zu bestimmen, d. h. das gesamte System *steuerungs*orientiert zu gestalten.

Dennoch hat sich die Entwicklung der rechtlichen Vorschriften grundsätzlich an die Regelungen des HGB angelehnt, die zum Zeitpunkt der Verabschiedung der Haushaltsvorschriften bestanden. Mittlerweile ist das HGB durch die Einarbeitung des sog. Bilanzrichtliniengesetzes an wesentlichen Stellen verändert. Es bleibt abzuwarten, inwieweit diese neuen Regelungen im Laufe der Zeit auch in die entsprechenden Haushaltsverordnungen Eingang finden werden.

Daneben sind für die weitere Entwicklung der Rechnungsvorschriften im öffentlichen Sektor auch internationale Entwicklungen von Interesse. Im Blickfeld stehen vor allem die sog. International Public Sector Accounting Standards (IPSAS). Sie basieren auf den Vorschriften, die für die Rechnungslegung international agierender privater Unternehmen gelten, den International Financial Reporting Standards (IFRS). Nicht der Gläubiger steht hier mit seinen Schutzinteressen im Vordergrund. Vielmehr soll der Anleger aktuelle und zeitnahe Informationen für seine Anlage-/Investitionsentscheidungen erhalten. Hieraus folgt eine Orientierung der IPSAS am sog. „Fair Value Pinzip", also einer aktuellen Bewertung des Vermögens. Dies steht im Gegensatz zur historischen Bewertung zu Anschaffungs- oder Herstellungswerten im HGB.

Ob und inwieweit die IPSAS im öffentlichen Haushalts- und Rechnungswesen Eingang finden, ist derzeit noch offen. Argumente gegen die Einführung beziehen sich vor allem auf folgende Aspekte:

- Es handelt sich (noch) um kein geschlossenes Regelwerk. Eine Anwendung wäre mithin nicht möglich.
- Die IPSAS fokussieren ihrer Herkunft entsprechend auf die Rechnungslegung (accrual accounting). Für das Steuerungssystem im Öffentlichen Sektor kommt es aber entscheidend auf die Haushaltsplanung (accrual budgeting) an.
- Fair Value, so wird argumentiert, führe zu jährlichen Schwankungen in der Vermögensbewertung und sei zu aufwendig.
- Es bestehen aufgrund der Komplexität der Regelungen deutliche Akzeptanzprobleme in Deutschland.

7 Moderne Haushaltssteuerung erfordert neues Konzept

 WICHTIG!

Seitens der EU werden inzwischen ernst zu nehmende Überlegungen angestellt, in Anlehnung an die IPSAS „European Public Sector Accounting Standards (EPSAS)" einzuführen. Hierbei geht es vor allem um die Vereinheitlichung und damit um die Vergleichbarkeit des öffentlichen Rechnungswesens auf EU-Ebene.

 AUS DER LITERATUR

Fischer, Edmund (2013)
Von IPSAS zu EPSAS?!

„Betrachtet man vor diesem Hintergrund die aktuelle Landschaft des Haushalts- und Rechnungswesens in Deutschland, ergibt sich folgendes Bild:

Ein sehr großer Teil der Kommunen hat bereits auf ein periodengerechtes Rechnungssystem auf Basis der doppelten Buchführung umgestellt. Das Vermögen und die Schulden wurden erfasst und bewertet. Statt Geldgrößen (Einnahmen und Ausgaben) treten Aufwendungen und Erträge in den Mittelpunkt. Wenn auch die spezifischen Regelungen von Bundesland zu Bundesland unterschiedlich sind, basieren doch alle Regelungen auf den Vorschriften des Handelsgesetzbuches (allerdings auf dem alten Stand vor Umsetzung des Bilanzrechtsmodernisierungsgesetzes). Es kann erwartet werden, dass zukünftige EPSAS-Regelungen hiervon abweichen. Anpassungen (in welchem Umfang auch immer) wären dann erforderlich.

Dieser Anpassungsprozess hätte ohne Zweifel den Vorteil, dass hiermit gleichzeitig die unterschiedlichen haushaltsrechtlichen Regelungen der Kommunen in den Bundesländern einer (aus Sicht des Verfassers dringenden) Harmonisierung unterzogen würden. Der entstehende Anpassungsaufwand muss hierbei ebenso gesehen werden. Im Prozess der Umsetzung könnte dies – etwa durch entsprechende Umstellungsfristen – Berücksichtigung finden.

Für die Kommunen, die aufgrund bestehender Wahlrechte zwischen Doppik und Kameralistik (Bayern, Schleswig-Holstein, Thüringen) nach wie vor den kameralen Weg beschreiten wollen, sollte dies Anlass sein, die Richtungsentscheidung vor dem Hintergrund der sich abzeichnenden europäischen Entwicklung zu überdenken. Dies könnte im Rahmen eines Stufenkonzeptes (zunächst auf bestehende kommunale Doppik nach landesrechtlichen Vorschriften umstellen, dann später auf Doppik gemäß EPSAS) den späteren Umstieg

Moderne Haushaltssteuerung erfordert neues Konzept 7

erleichtern. Es gibt eine erste Studie, die darauf hinweist, dass für bereits doppisch buchende Verwaltungen der Aufwand beim Umstieg auf das System der derzeitigen IPSAS deutlich geringer ausfallen dürfte als bei bisher rein kameral buchenden Verwaltungen (vgl. Adam, Berit [2013]). Dies sollte örtlich jedenfalls einer gründlichen Überprüfung unterzogen werden.

Für den Bund und die Länder kann dies auch als ein deutliches Signal gewertet werden. Bislang hat Hessen als einziges Bundesland das doppische Rechnungswesen umgesetzt. In Hamburg und Bremen laufen umfangreiche Reformprojekte zur Erprobung der Doppik. Hamburg hat zum 31.12.2007 einen ersten Gesamtabschluss vorgelegt. Nordrhein-Westfalen befindet sich mit seinem Projekt ‚EPOS' (Einführung von Produkthaushalten zur outputorientierten Steuerung) auf dem Wege in ein doppisches Rechnungs- und Haushaltswesen.

Der Bund hat sich für eine sogenannte (um eine Kosten- und Leistungsrechnung) erweiterte Kameralistik entschieden. Ein Weg, der nicht nur vor dem Hintergrund der hiermit gemachten Erfahrungen im kommunalen Bereich, aber auch auf Landesebene skeptisch beurteilt werden muss."

7.12 Gesamtabschluss: Informations- und Steuerungsnutzen

Im Rahmen der Einführung des neuen Haushalts- und Rechnungswesens haben öffentliche Verwaltungen in Zukunft einen konsolidierten Jahresabschluss bzw. Gesamtabschluss aufzustellen (vgl. z. B. § 100 Abs. 4 Gemeindeordnung Niedersachsen).

In Anlehnung an die handelsrechtliche Konzernrechnungslegung hat der kommunale Gesamtabschluss das Ziel, die Vermögens-, Ertrags- und Finanzlage der Gemeinde einschließlich ihrer verselbstständigten Aufgabenträger abzubilden, als ob es sich um eine rechtlich selbstständige Organisationseinheit mit rechtlich unselbstständigen Teilen handelt. Dies erfordert Konsolidierungsmaßnahmen: Der Einzelabschluss etwa der Kernverwaltung einer Kommune wird mit den Einzelabschlüssen ihrer verselbstständigten Aufgabenträger zu einem einzigen Abschluss unter Bereinigung von Leistungsverflechtungen zwischen den einzelnen Organisationseinheiten zusammengefasst.

Der Gesamtabschluss besteht aus der Gesamtbilanz, der Gesamtergebnisrechnung, der Gesamtfinanzrechnung und dem Konsolidierungsbericht bzw. dem Gesamtanhang und Gesamtlagebericht. Ziel ist es, einen Gesamtüberblick über das Vermögen, die Schulden, das Ressourcenaufkommen und den Ressourcenverbrauch einer Kommune zu vermitteln.

7 Moderne Haushaltssteuerung erfordert neues Konzept

Durch die zum Teil sehr umfangreichen Ausgliederungen hat die Aussagekraft und die Vergleichbarkeit der öffentlichen Kernhaushalte gelitten, z. B. indem Schulden bei der Ausgliederung überproportional den ausgegliederten Einheiten übertragen wurden. Durch den Gesamtabschluss soll ein Teil des verloren gegangenen Überblicks über die Erfolgs-, Finanz- und Vermögenslage der Gesamtheit der öffentlichen Gebietskörperschaft (einschließlich deren Auslagerungen) zurückgewonnen werden.

Ob dies gelingen kann, bleibt nicht zuletzt vor dem Hintergrund der Komplexität eines solchen Gesamtabschlusses offen. In der Fachdiskussion wird derzeit erörtert, ob der Nutzen den nicht unwesentlichen Aufwand zur Erstellung – vor allem der erstmaligen Erstellung – des Gesamtabschlusses rechtfertigt. Zahlreiche derzeit laufende Praxisprojekte (vor allem in NRW) werden hierüber in den kommenden Jahren weiteren Aufschluss geben können.

 AUS DER LITERATUR

Richter, Martin (2012), S. 56

„Angesichts der Bedeutung verselbstständigter kommunaler Einrichtungen (‚Flucht aus dem Haushalt') ist es ein legitimes Informationsinteresse, die wirtschaftliche Situation des ‚Konzern Stadt' darzustellen. Ich bezweifle allerdings, ob dafür die – aufwändige – Vollkonsolidierung entsprechend dem HGB erforderlich ist. Eine gründliche Diskussion, welche konkreten Informations- und Steuerungsbedürfnisse durch den Gesamtabschluss erfüllt werden sollen, hat wie beim Einzelabschluss auch hier nicht stattgefunden. M. E. dürfte in den meisten Fällen eine additive Verknüpfung der Abschlüsse in Verbindung mit einer Kapitalkonsolidierung genügen, ergänzt um zusätzliche Angaben im Anhang zur Art und Höhe der Leistungsverflechtungen, sofern diese nach dem Gesamtbild wesentlich sind. Übersehen wird weiterhin, dass der Gesamtabschluss ein reines Informationsinstrument ist. Von ihm gehen keine unmittelbaren Steuerungswirkungen aus – und Haushaltswirkungen ergeben sich erst bei Ausschüttungen und außerplanmäßigen Abschreibungen. Demgegenüber wirkt sich bei der Eigenkapitalspiegelmethode (im Unterschied zur Bilanzierung von Beteiligungen nach dem Anschaffungskostenprinzip) jede Veränderung des Eigenkapitals, die auf Jahresergebnissen beruht, unmittelbar und ohne Zeitverzögerung im Kernhaushalt aus. Sie ist damit ein gutes Spiegelbild für die wirtschaftliche Entwicklung im Beteiligungsbereich. Sie dürfte auch zu einer Veränderung des Verhaltens der Stadtverordneten führen. Es ist zu vermuten, dass die Stadtverordneten dann dem Beteiligungsbereich größere Beachtung schenken werden, wenn sie

Moderne Haushaltssteuerung erfordert neues Konzept 7

unmittelbar erfahren, wie ihre Gestaltungsmöglichkeiten im Kernhaushalt durch die wirtschaftliche Entwicklung im Beteiligungsbereich beeinflusst werden. Aus diesen Gründen halte ich die Eigenkapitalspiegelmethode für eine Großtat des Gesetzgebers."

Der Informationsnutzen eines Gesamtabschlusses wird daneben wesentlich auf Basis dessen Eignung für Zwecke der Beteiligungssteuerung zu beurteilen sein. Hier sind aus heutiger Sicht Zweifel anzumelden, jedenfalls was die Erstellung einer konsolidierten Bilanz und einer konsolidierten Ergebnisrechnung anbelangt.

Als weiterer Bestandteil des Gesamtabschlusses ist ein „Konsolidierungsbericht" vorgesehen. Dieser beinhaltet einen Gesamtüberblick insbesondere zur wirtschaftlichen und finanziellen Lage der Gemeinde sowie zur Erfüllung der kommunalen Aufgaben und des öffentlichen Zwecks. Im Rahmen der praktischen Erprobung müssen auch diese Anforderungen erfüllt werden, soll letztendlich der Gesamtabschluss Informationsnutzen und Entscheidungsunterstützung bieten.

Das nach wie vor virulente Thema der **Beteiligungssteuerung** bedarf besonderer Aufmerksamkeit. Gefordert ist vor allem eine umfassende Transparenz für die politischen Entscheidungsträger. Bei den weiteren Überlegungen sollte deshalb auch darüber nachgedacht werden, inwieweit diese Transparenz auch anderweitig erreicht werden kann.

Fazit zu Kapitel 7

- Das Ressourcenverbrauchskonzept stellt auf den Ausweis des vollständigen Ressourcenverbrauchs ab. Dieser beinhaltet – im Gegensatz zu dem überkommenen Geldverbrauchskonzept – insbesondere Abschreibungen und Rückstellungen.
- Die Kenntnis der Abschreibungen führt zu dem Bewusstsein, dass die Nutzung vorhandenen Vermögens nicht „kostenlos" ist. Der explizite Ausweis von Rückstellungen macht bewusst, dass aus dem aktuellen Handeln Belastungen in der Zukunft resultieren.
- Diese Transparenz ist Voraussetzung für „kostenbewusstes" Handeln.
- Die konsequente Einbeziehung des gesamten Ressourcenverbrauchs in die jährlichen Ausgleichsregeln für den Haushalt entspricht prinzipiell dem Grundsatz der *Substanzerhaltung* und *intergenerativen Gerechtigkeit*.
- Der neue Haushalt macht grundsätzlich alle wirtschaftlichen und finanziellen Auswirkungen aktueller politischer Entscheidungen transparent. Wir nennen ihn deshalb den *ehrlichen Haushalt*.

7 Moderne Haushaltssteuerung erfordert neues Konzept

Literatur zu Kapitel 7:

Adam, Berit (2013)
Arbeitskreis Integrierte Verbundrechnung (2005)
Bals, Hansjürgen (1996)
Bals, Hansjürgen/Reichard, Christoph (2000)
Beck, Stefanie/Benecke Miriam/Felten, Markus/Lipske, Ulf/Schuster, Ferdinand (2013)
Fischer, Edmund (2001)
Fischer, Edmund (2008c)
Fischer, Edmund (2010)
Fischer, Edmund/Lasar, Andreas (2010)
Fischer, Edmund (2013)
Freytag, Dieter/Hamacher, Klaus/Wohland, Andreas/Dott, Beatrice (2009)
KGSt (1995a)
KGSt (1997d)
KGSt (2011a)
KPMG Hrsg. (2011)
Lüder, Klaus (1998)
Lüder, Klaus (1999a)
Richter, Martin (2012)

8 Die Stellung der Kosten- und Leistungsrechnung im neuen Haushalts- und Rechnungswesen

Leitfragen zu Kapitel 8
- Wie werden Informationen der Kosten- und Leistungsrechnung genutzt?
- Warum sollte der Rechnungsstoff im Haushalt und in der Kosten- und Leistungsrechnung identisch sein?
- Wie differenziert muss die Kostenrechnung sein?
- Welche Bereiche der Verwaltung benötigen welche Kosteninformationen?
- Welche Rolle kommt der Leistungsrechnung zu?

8.1 Stellung und Nutzung der Kostenrechnung in der öffentlichen Verwaltung

Kaum ein Modernisierungsfeld im Haushalts- und Rechnungswesen ist von so vielen Verwaltungen so intensiv bestellt worden wie die Kostenrechnung. Wohlgemerkt: nicht zum Zwecke der Kalkulation von Gebühren (hier hat die Kostenrechnung, besonders in der Kommunalverwaltung, eine noch längere Tradition). Vielmehr, um die politisch-administrative Steuerung und Entscheidungsfindung zu fundieren. Und auf kaum einem anderen Feld sind ähnlich große Investitionsruinen entstanden wie auf diesem Feld. Zwei Hauptgründe können hierfür angeführt werden:

- Die Kostenrechnung wird als Informationsinstrument *neben* dem Haushalt geführt. Eine systematische Verknüpfung findet nicht statt. Die Kostenrechnung stellt auf andere Informationen ab als die, die im Haushalt stehen.

  Eine Kostenrechnung, die in diesem Umfeld stattfindet, läuft Gefahr für die politischen Entscheidungsträger entscheidungs*unerheblich* zu werden. Die Ergebnisse der Kostenrechnung werden nach Belieben herangezogen oder beiseite gelegt.

- Die Kostenrechnung wird verwaltungsweit mit einem hohen Grad an inhaltlicher Differenzierung eingeführt, meist als Vollkostenrechnung auf Ist-Kosten-Basis. Bis auf das letzte Produkt oder die letzte Leistung werden die Kosten mit ausgefeilten Methoden der Kostenstellen- und -trägerrechnung verteilt.

8 Die Stellung der Kosten- und Leistungsrechnung

Eine solche Kostenrechnung, die in einem Kosten-Umfeld eingesetzt wird, welches weit überwiegend aus Gemeinkosten und Fixkosten besteht, läuft ebenfalls Gefahr, entscheidungs*unerheblich* zu werden. Erstens, weil die Zurechnung des weit überwiegenden Anteils der Kosten nach Schlüsseln geschieht, die in keinem unmittelbaren Zusammenhang zu den Produkten, auf die sie zugerechnet werden, stehen. Zweitens weil die zugrunde liegenden Verteilungsschlüssel und -methoden einen Komplexitätsgrad erreicht haben, der politischen Entscheidungsträgern kaum noch vermittelbar ist. Nicht selten hört man, dass länger und härter über die zugrunde zu legenden Verteilungsschlüssel diskutiert wird, als über die Kosten selber.

*Investitions*ruinen in diesem Sinne sind *Informations*ruinen. Sie entstehen, weil mit erheblichem Aufwand Informationssysteme aufgebaut werden, die Informationen liefern, welche von den Adressaten nicht oder nicht zielgerichtet genutzt werden (können). Aus einer empirischen Studie über den Stand der Kostenrechnung in der Kommunalverwaltung aus dem Jahre 2001 ergab sich folgendes Bild zur Nutzung von Kosteninformationen:

Ein beachtlicher Teil der Befragten (Kämmerer und Kostenrechner), gab an, dass Informationen aus der Kostenrechnung vor allem zur nachträglichen Rechtfertigung bereits getroffener Entscheidungen verwendet werden *(symbolische Nutzung)*. Ein etwa gleich großer Anteil der Befragten gab an, dass Informationen aus der Kostenrechnung (gleichzeitig) zur Vorbereitung und Unterstützung von Entscheidungen genutzt werden *(instrumentelle Nutzung)*. Die instrumentelle Nutzung entspricht der eigentlichen Zwecksetzung der Kostenrechnung. In nahezu 40 % der Fälle kommt diese mithin nicht zum Tragen. Dass die Informationen aus der Kostenrechnung zu einem grundsätzlich neuen, veränderten Geschäftsverständnis (Kostenbewusstsein) führten, gaben gleichzeitig rund 70 % der Befragten an *(konzeptionelle Nutzung)*. Diese Einschätzung wurde in großem Maße durch die Kämmerer geäußert.

Die Stellung der Kosten- und Leistungsrechnung 8

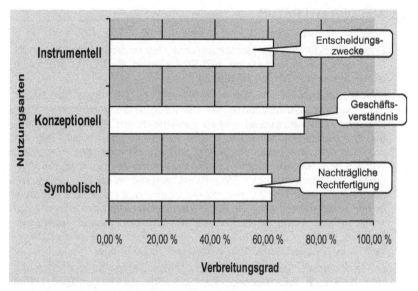

Abb. 28: *Nutzungsarten der KLR (KGSt [2004], S 14).*

Es bedarf keiner besonderen Begründung, dass sich alleine aus der symbolischen Nutzung der Kostenrechnung keine Begründung und keine Entwicklungsperspektiven für die Kostenrechnung ableiten lassen. Ziel der Kostenrechnung muss es sein, die Aspekte der konzeptionellen und instrumentellen Nutzung im Blick zu haben und diese mit einem entsprechenden Informationsangebot zu fördern und zu entwickeln.

Die Erreichung dieses Ziels wird durch die Einführung des neuen Haushalts- und Rechnungswesens auf Basis des Ressourcenverbrauchskonzeptes in besonderer Weise befördert. Ein wesentlicher Grund hierfür liegt darin, dass die der Kostenrechnung zugrunde liegende ressourcen- und ergebnisorientierte Steuerungslogik ihre Entsprechung im Haushalt findet. So ist die Voraussetzung geschaffen, dass auf allen Steuerungsebenen mit einheitlichen Informationen gesteuert wird! Die Durchbrechung oder Negierung dieses Zusammenhangs kann nicht zuletzt im Reformprojekt des Landes Baden-Württemberg (Neue Steuerungsinstrumente – NSI) als ein zentraler Misserfolgsfaktor verortet werden.

8 Die Stellung der Kosten- und Leistungsrechnung

 AUS DER LITERATUR

Arbeitskreis „Integrierte Verbundrechnung" (2007, S. 13): Erfolgsfaktoren für die Gestaltung von Reformprojekten – Erkenntnisse aus der Analyse des NSI-Projektes in Baden-Württemberg (siehe hierzu ausführlich Anlage 5).

„Neue Steuerungsinstrumente sind aus der Perspektive des Haushalts und des Gesamtkonzeptes der Integrierten Verbundrechnung (top-down) zu konzipieren und zu implementieren. Aus der Perspektive des Haushalts entscheidet sich zu einem erheblichen Teil, mit welchen Informationen zukünftig politisch-administrativ gesteuert werden soll. Hieraus leiten sich dann die Anforderungen an die konkrete Ausgestaltung neuer Steuerungsinstrumente ab. Nur wenn zwischen Parlament und Regierung auf Ebene des Haushalts mit zwar höher aggregierten, aber inhaltlich identischen Informationen wie auf anderen Entscheidungsebenen – etwa mittels der Kosten- und Leistungsrechnung – entschieden wird, ist konsistentes Entscheidungsverhalten auf allen Entscheidungsebenen zu erreichen.

Diese Entwicklungsperspektive richtet von Beginn an den Blick auf den konkreten Informationsbedarf der Entscheidungsträger. Damit kann eine nicht bedarfsgerechte Komplexität und Vielfalt neuer Steuerungsinstrumente vermieden werden."

8.2 Neues Haushalts- und Rechnungswesen und Kostenrechnung: eine Symbiose

Das dem neuen Haushalts- und Rechnungswesen auf Grundlage des Ressourcenverbrauchskonzeptes zugrunde liegende Ziel und das Ziel der Kostenrechnung sind in einem wichtigen Punkt deckungsgleich: Der vollständige Ressourcenverbrauch eines Jahres soll transparent werden und die so generierten Informationen sollen das Verhalten der Entscheidungsträger in Politik und Verwaltung beeinflussen. Es geht um die Schaffung von Kostenbewusstsein und damit um die oben genannte „konzeptionelle Nutzung" (Abbildung 28) der erzeugten Informationen.

 WICHTIG!

Das Hauptziel der Kostenrechnung wird mit dem neuen Haushalts- und Rechnungswesen erreicht, nämlich die flächendeckende Einbeziehung des Ressourcenverbrauchs in das politisch-administrative Entscheidungssystem.

Das Bewusstsein für den mit Entscheidungen einhergehenden Ressourcenverbrauch, kurz: Kostenbewusstsein, beginnt im Haushalt.

Die Stellung der Kosten- und Leistungsrechnung 8

Kostenbewusstsein ist notwendige Voraussetzung für Kostensteuerung. Kostenbewusstsein ist allerdings nicht hinreichend. Für (interne) Steuerungszwecke ergibt sich die Notwendigkeit, die im Haushalt ausgewiesenen Ressourcenverbrauchsinformationen weiter zu differenzieren. Weitergehende Kosteninformationen sind mithin erforderlich.

Welche Anforderungen ergeben sich hieraus an die Gestaltung der (laufenden) Kostenrechnung in der Verwaltung? Keinesfalls folgt hieraus, in allen Bereichen der Verwaltung die Kostenrechnung mit gleichem Differenzierungsgrad einzuführen.

 WICHTIG!

Eine voll ausgebaute, laufende Kostenrechnung (mit Kostenarten, -stellen- und -trägerrechnung) sollte nur in den Bereichen eingeführt werden, wo ein spezifischer Bedarf besteht.[1]

Hier besteht in den Verwaltungen erheblicher kostenrechnerischer Gestaltungsbedarf vor Ort.

Auffällig ist mittlerweile, dass zusammen mit der stärkeren Produktorientierung im Neuen Steuerungsmodell das Kostenbewusstsein und die Nachfrage nach Kosteninformationen in Politik und Verwaltung gestiegen sind. In aggregierter Form finden sich Kosteninformationen jetzt in all den Haushalten, die auf dem Ressourcenverbrauchskonzept basieren. Kostensteuerung kann dort verstärkt schon bei der Aufstellung und Beratung und bei der Bewirtschaftung des Haushalts erfolgen.

Die folgende Abbildung 29 soll das Gesagte verdeutlichen und gleichzeitig ein Vorschlag für eine geeignete Einführungsstrategie der Kostenrechnung in der Verwaltung anbieten.

Die Blickrichtung bei der Einführung ist klar: Ausgangspunkt ist der Haushalt. Er bietet den Standort für die „Top-down-Perspektive". Die Frage, in welchen Bereichen welche Form der Kostenrechnung eingeführt werden sollte, ist vor diesem Hintergrund zu treffen. Diese Frage entzieht sich einer generellen Beantwortung. Das kann nur in der konkreten örtlichen Situation mit Bezug auf das jeweilige System der Finanz- und Produkt-

---

1) In § 14 des Leittextes der IMK heißt es dazu etwas sibyllinisch: „Zur Unterstützung der Verwaltungssteuerung und für die Beurteilung der Wirtschaftlichkeit und Leistungsfähigkeit bei der Aufgabenerfüllung soll eine Kosten- und Leistungsrechnung geführt werden. Die Ausgestaltung bestimmt die Gemeinde nach ihren örtlichen Bedürfnissen." Klarer ist der Bericht des AK III/UARG für die IMK. Er nennt als ein „Strukturelement" der neuen Verwaltungssteuerung „die Kosten- und Leistungsrechnung über die bisherigen kostenrechnenden Einrichtungen hinaus nach Bedarf in weiteren Verwaltungsbereichen".

8 Die Stellung der Kosten- und Leistungsrechnung

steuerung entschieden werden. Im Folgenden werden Hinweise zur Einordnung der Kosten- und Leistungsrechnung in das Steuerungssystem der jeweiligen Verwaltung gegeben. Ein möglicher Ansatzpunkt kann die hier vorgenommene Typisierung von Bereichen der Verwaltung sein.

Klar ist, dass etwa in den Gebührenbereichen der Kommunen eine voll ausgebaute Kostenrechnung (Ist- und Plankostenrechnung auf Vollkostenbasis) für Zwecke der Gebührenkalkulation erforderlich ist. Für Zwecke der Preiskalkulation stellt sich ebenfalls in den Servicebereichen die Notwendigkeit einer voll ausgebauten Kostenrechnung. Das Gleiche gilt für sog. Entgeltbereiche (z. B. für Musikschulen in den Kommunen, Opern- und Schauspielhäuser, Museen etc.). Hier werden zwar keine kostendeckenden Entgelte erhoben. Die Kenntnis der vollständigen Kosten ist jedoch in diesen Bereichen unabdingbar, um die *tatsächlichen* Zuschussbedarfe zu erkennen. Inwieweit eine voll ausgebaute Kostenrechnung in den sog. Hoheitsbereichen erforderlich und zweckmäßig ist, sollte einer kritischen Überprüfung unterzogen werden. Leitfragen könnten etwa sein:

- Wie hoch ist der Anteil der über eine Kostenrechnung steuerbaren Kosten im Bereich? (Kostenrechnungsrelevanz)
- Wie hoch sind die mit Hilfe der Kostenrechnung erreichbaren Kosteneinsparungen? (Einsparpotenzial)

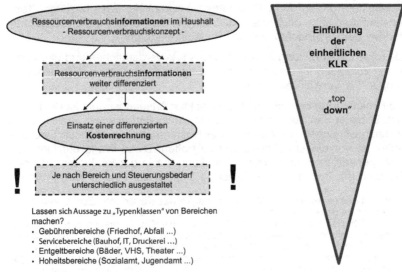

Abb. 29: Einführung der einheitlichen KLR

Die Stellung der Kosten- und Leistungsrechnung 8

 WICHTIG!

Eine unreflektierte, nicht an dem Bedarf einzelner Bereiche ausgerichtete ausgebaute laufende Kostenrechnung ist im Allgemeinen nicht sinnvoll.

Die Kosten- und Leistungsrechnung in ausgebauter Form kann eine Quelle wichtiger zusätzlicher Detailinformationen sein. Aber zusätzliche Informationen sind nicht zum Null-Tarif zu haben. Es ist deshalb stets zu fragen, ob der Informationsnutzen in einem angemessenen Verhältnis zu den Kosten der Kostenrechnung steht und ob die Informationen auch entscheidungsrelevant sind und in einem unmittelbaren Zusammenhang mit den zentralen Planungs-, Steuerungs- oder Kontrollprozessen stehen.

Um eine wirkliche Symbiose von Haushalt und Kostenrechnung herzustellen, sind mindestens die drei folgenden Aspekte von zentraler Bedeutung:

8.2.1 Einheitlichkeit von Budgetbereich und Kostenrechnungsbereich

Mit der Kostenrechnung sollen die Kosten beeinflusst und gesteuert werden. In einem ersten Schritt müssen die Kosten deshalb Kostenrechnungsbereichen zugeordnet werden, die nach Kostenverantwortlichkeiten gebildet werden. Dies ist das gleiche Prinzip, nach dem der Haushalt gegliedert wurde (siehe 2.2). Im organisch gegliederten Haushalt werden die Teilhaushalte (Budgets) jeweils nach der Verantwortungsstruktur gebildet. Sie sind also jeweils mit Organisationseinheiten deckungsgleich. Bei Bedarf an kostenrechnerischen Informationen bildet also der Teilhaushalt (in der Regel auf der jeweils untersten Budgetebene) den Kostenrechnungsbereich. Man kann ihn dann auch als „kostenrechnende Einrichtung im weiteren Sinne" bezeichnen. Die folgende Abbildung 30 verdeutlicht diese Informationshierarchie.

8 Die Stellung der Kosten- und Leistungsrechnung

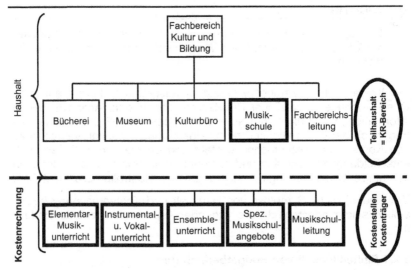

Abb. 30: *KLR im organisch gegliederten Haushalt*

Im organisch gegliederten Haushalt fügt sich die Kostenrechnung also harmonisch in das Informationssystem ein. Sie liefert – bei Bedarf – eine weitere Detaillierung der im Haushalt relativ grobkörnigen Budgetinformationen (siehe auch 3.4.3).

8.2.2 Einheitlicher Rechnungsstoff in Haushalt und Kostenrechnung

Die Einführung des neuen Haushalts- und Rechnungswesens hat sowohl auf kommunaler Ebene als auch bei den Ländern, die bereits umgestellt haben, zum Ausweis von Aufwendungen und Erträgen im Haushalt (Ergebnishaushalt) geführt. Die Basis für die Ermittlung stellen in der Regel die handelsrechtlichen Grundsätze zur Buchführung und Bilanzierung (Erfassung und Bewertung) dar.

Die Überlegungen zum Ressourcenverbrauchskonzept gingen (mindestens in Teilen des Vermögens) von der Bewertung mit aktuellen Zeitwerten aus. Hierfür gab es eine Reihe von Gründen. Im Wesentlichen ging es um die Schaffung von Konvergenz zwischen den Wertgrößen im Haushalt und in der Kostenrechnung. Als in besonderem Maße für Steuerungsfragen geeignet wurden die Werte aus der Kostenrechnung bevorzugt. Das Vermögen sollte eben nicht zu historischen, sondern zu aktuellen Werten bewertet werden. Die hieraus abgeleiteten Informationen über die Abschreibung würden dann, so die Argumentation, den aktuellen Ressourcenverbrauch in einem Jahr realitätsnäher abbilden und im Zeichen der Substanzerhaltung stehen.

Diese Sichtweise hat sich nicht durchgesetzt. Nicht der „wertmäßige Kostenbegriff" (mit Kosten und Leistungen), sondern der pagatorische Kostenbegriff (mit Aufwendungen und Erträgen) hat Eingang in die Reform des öffentlichen Haushalts- und Rechnungswesens gefunden. Dem sollte bei der Gesamtkonzeption eines in sich geschlossenen Finanzmanagementsystems mit Haushalt und Kostenrechnung Rechnung getragen werden.

 WICHTIG!

Im Haushalt und in der Kostenrechnung sollten Ressourcenbestände, Ressourcenaufkommen und Ressourcenverbrauch übereinstimmend bewertet werden.

Soweit für den Haushalt zwingende Regelungen bestehen, sind diese dann in der Kosten- und Leistungsrechnung zu übernehmen. Es ergibt wenig Sinn, z. B. das Vermögen in der Bilanz und die Abschreibungen im Ergebnishaushalt für die Politiker auf der Basis von Anschaffungswerten zu bewerten und dann in der Verwaltung mit einer Kostenrechnung auf der Basis von aktuellen Zeitwerten steuern und kontrollieren zu wollen. Die Basis, auf der die Politik entscheidet, muss die gleiche sein wie die, auf der die Verwaltungsführung entscheidet. Politik, Verwaltungsführung, Fachbereichsleiter und Kostenrechner müssen prinzipiell mit den gleichen, nur unterschiedlich aggregierten Informationen arbeiten, und das nicht nur in der Planungsphase, also insbesondere der Haushaltsplanung, sondern auch in der Umsetzungs- und Bewirtschaftungsphase und bei Rechnungslegung und Kontrolle. Es hat schon in der Vergangenheit Politiker (und Führungskräfte) wenig beeindruckt, wenn die Kostenrechner in der Kostenrechnung Kosten ermittelten, die im kameralen Haushalt gar nicht vorkamen – sieht man einmal von den Kostenrechnenden Einrichtungen in den Kommunen ab.

Noch weniger würde dies im neuen Haushalts- und Rechnungswesen der Fall sein. Die Komplexität, die durch zwei unterschiedliche Wertgrößensysteme entsteht, ist für Entscheidungsträger in Politik und Verwaltung nicht beherrschbar und darüber hinaus auch nicht zielführend. Eine Erkenntnis übrigens, die nicht neu ist. Auch im privatwirtschaftlichen Rechnungswesen gibt es seit Jahren Bestrebungen in Richtung Konvergenz von internem und externem Rechnungswesen, also von Kostenrechnung und Jahresabschluss. Und in der Tat: In einem geschlossenen System des neuen Haushalts- und Rechnungswesens (Management

8 Die Stellung der Kosten- und Leistungsrechnung

Budgeting and Accounting) gibt es keinen sachlichen Grund für unterschiedliche Ansätze im Haushalt und in der Kostenrechnung. Die Erfahrungen der Vergangenheit aber auch aus der Privatwirtschaft lehren dies.

Bei einem einheitlichen Rechnungsstoff im Haushalt und in der Kostenrechnung

- werden die zwangsweise bei unterschiedlichen Rechnungssystemen entstehenden Vermittlungsprobleme zwischen dem Kostenrechner und dem Entscheidungsträger vermieden.

  Man stelle sich vor, dass die im Haushalt aufgeführten Abschreibungen für eine Einrichtung niedriger sind als die in der Kostenrechnung, nur weil anders bewertet wurde. Für welche Entscheidungen soll welche Abschreibungsinformation gelten?

- verringert sich die Komplexität des Rechnungswesens an sich und es wird Doppelarbeit vor allem in der Anlagenrechnung und in der Kostenartenrechnung vermieden.

Unter diesen Voraussetzungen lässt sich die Aufgabe der Kostenrechnung in der öffentlichen Verwaltung wie folgt zusammenfassen:

Im neuen Haushalts- und Rechnungswesen besteht die Aufgabe der Kostenrechnung darin, den Rechnungsstoff des Haushalts nach Kostenarten, Kostenstellen und Kostenträgern weiter zu differenzieren. Man nutzt also die Methoden der Kostenrechnung. Bewährte Verfahren der Kostenstellen- und Kostenträgerrechnung kommen zur Anwendung. Man löst sich jedoch von dem wertmäßigen Kostenbegriff. Diese Sichtweise dürfte manchem „eingefleischten" Kostenrechner sehr schwerfallen. Die Umsetzung steht jedoch nicht unter dem Zeichen, den Stellenwert der Kostenrechnung in Frage zu stellen. Vielmehr geht es darum, der Kostenrechnung in Planungs-, Kontroll- und Entscheidungsprozessen der öffentlichen Verwaltung den Stellenwert zu geben, der ihr zukommt.

 WICHTIG!

Die Kostenrechnung ist unverzichtbar für die Umsetzung des neuen kommunalen Haushalts- und Rechnungswesens und sie ist unabdingbarer Informationslieferant für zahlreiche Entscheidungen in der öffentlichen Verwaltung.

8.2.3 Feinjustierung und Entfeinerung der Kostenrechnung

In nicht wenigen Reformprojekten, sowohl auf kommunaler als auch auf Landesebene, war und ist zu beobachten, dass bei Einführung einer Kostenrechnung eine große Anzahl an Kostenstellen und einer schier unüber-

Die Stellung der Kosten- und Leistungsrechnung 8

schaubaren Anzahl von Kostenträgern festgelegt wurde. Nicht der Blick auf die zu erfüllenden Steuerungserfordernisse, sondern der Aspekt der „rechentechnischen Genauigkeit" stand und steht hierfür Pate. Dies hat dazu geführt, dass nicht wenige Verwaltungen nach kurzer Zeit ihre soeben aufgebauten Kostenrechnungen wieder „entfeinerten". Dies bezieht sich zunächst auf die Reduzierung der Anzahl der Kostenstellen und Kostenträger. Es bezieht aber auch die Vereinfachung der gewählten Verrechnungstechniken (Kostenumlageverfahren, Kalkulationsverfahren) ein.

Auch die Wahl des zugrunde zu legenden Kostenrechnungssystems ist in diesem Entwicklungsstadium von zentraler Bedeutung. Meist steht am Anfang die Ist-Kostenrechnung auf Vollkostenbasis. Wichtig sind deren Ergebnisse vor allem, wenn daraus Schlüsse für die Zukunft gezogen werden können. Der wichtigste Anwendungsfall neben den Gebührenbedarfsberechnungen ist dabei die Selbstkostenkalkulation. Für interne Dienstleister ist sie – wie weiter oben bereits dargestellt – unabdingbar. Aber auch für die übrigen Teile der Verwaltung kann sie die Grundlage für Budgetplanungen, Wirtschaftlichkeitsbetrachtungen, für die Haushaltskonsolidierung oder Vergleiche (inter- und intrakommunale wie Ländervergleiche und Zeitvergleiche) sein.

 WICHTIG!

Wo ein spezifischer Bedarf für die voll ausgebaute, laufende Kostenrechnung besteht, bildet die Ist-Kostenrechnung auf Vollkostenbasis die geeignete Plattform.

Klar ist hierbei, dass die Vollkostenrechnung nicht für alle Fragestellungen geeignete Informationen zur Verfügung stellt. In diesen Fällen können für unterschiedliche Entscheidungssituationen in einzelnen Bereichen durchaus Sonderrechnungen angestellt werden. Infrage kommen etwa Verfahren der ein- und mehrstufigen Deckungsbeitragsrechnung (Teilkostenrechnung) (siehe auch 5.2.6). Dies setzt eine Trennung von fixen und variablen Kosten voraus. Die Durchführung von (einzelfallbezogenen) Sonderrechnungen bietet sich hier an, da die Ausgestaltung einer Teilkostenrechnung als laufende Rechnung einen deutlich höheren Rechnungsaufwand (Erfassungs- und Buchungsaufwand) verursacht als eine Vollkostenrechnung. In der Praxis sind derartige einzelfallbezogene Teilkostenrechnungen (als Ist-Kostenrechnungen) durchaus zu beobachten.

Dies kann etwa für eine weitere Form der Kostenrechnung, nämlich die Plankostenrechnung nicht festgestellt werden. Dabei könnte die Einfüh-

8 Die Stellung der Kosten- und Leistungsrechnung

rung einer flächendeckenden Plankostenrechnung (auf Voll- und Teilkostenbasis) auch als Grundlage für die Haushaltsplanung theoretisch durchaus reizvoll sein. In der Praxis hat sich bis heute die Umsetzung aufgrund der Komplexität dieser Systeme allerdings als sehr schwierig erwiesen. Der hiermit verbundene Aufwand dürfte daneben in keinem angemessenen Verhältnis zum Nutzen stehen. Eine flächendeckende, produktbasierte Haushaltsplanaufstellung auf Basis einer Plankostenrechnung ist deshalb aus heutiger Sicht weder zu erkennen noch zu empfehlen (siehe auch 3.5.2).

Diskutiert wird daneben seit geraumer Zeit der Einsatz von „modernen" Verfahren der Kostenrechnung. Das „Target Costing" (auch Zielkostenrechnung genannt) wird ebenso diskutiert wie die Prozesskostenrechnung. Versuche, diese Systeme in der Verwaltungspraxis einzuführen, sind bis heute jedoch nicht bekannt. Auch diese Verfahren dürften für die laufende Kostenrechnung einen nicht vertretbaren Komplexitätsgrad aufweisen. Der hiermit erwartete höhere Erkenntniswert ist bislang empirisch nicht nachweisbar.

In jedem Fall ist es kostenrechnerische Gestaltungsaufgabe, mit der Kosten- und Leistungsrechnung ein Informationsangebot bereitzustellen, welches dem objektiv erforderlichen Informationsbedarf entspricht und gleichzeitig auch der Informationsnachfrage der Informationsempfänger entspricht. Dies ist kein linearer Prozess. Vielmehr bedarf es hierzu hoher Sensibilität der „Produzenten" von Kostenrechnungsinformationen für die Belange der „Empfänger" dieser Informationen. Dies kann einerseits bedeuten, Informationen bereitzustellen, die heute noch nicht nachgefragt werden, aber aus Sicht der Kostenrechnung „objektiv" zur Klärung wirtschaftlicher Fragestellungen zu berücksichtigen sind; das Angebot schafft sich eine Nachfrage. Dies kann andererseits bedeuten, Informationen, die nicht nachgefragt werden – nicht von Interesse sind – aus dem Informationsangebot herauszunehmen. Dies zu erkennen und in ein Gleichgewicht zu bringen ist eine wichtige Anforderung an die Gestaltung der Kostenrechnung. Die folgende Abbildung 31 verdeutlicht dieses Spannungsfeld. In einem „optimalen Informationsstand" befindet sich die Kostenrechnung im Feld 1. Diesen gilt es zu erreichen. Existiert ein Informationsangebot, welches nicht nachgefragt wird und für das es keinen erkennbaren Bedarf gibt (Feld 7) dürften die Kosten der Kostenrechnung deren Nutzen deutlich übersteigen. Dies gilt in gleicher Weise, wenn die Kostenrechnung trotz einer entsprechenden Nachfrage (Feld 3) oder trotz eines objektiv bestehenden Bedarfs die gewünschten Informationen nicht liefert.

Die Stellung der Kosten- und Leistungsrechnung 8

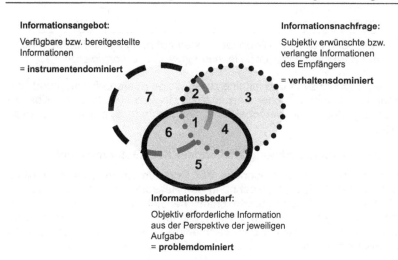

Informationsangebot:
Verfügbare bzw. bereitgestellte Informationen
= instrumentendominiert

Informationsnachfrage:
Subjektiv erwünschte bzw. verlangte Informationen des Empfängers
= verhaltensdominiert

Informationsbedarf:
Objektiv erforderliche Information aus der Perspektive der jeweiligen Aufgabe
= problemdominiert

Abb. 31: *Abstimmung von Informationsbedarf, -nachfrage und -angebot für die KLR-Gestaltung (KGSt [2004], S 27).*

Die Durchführung der laufenden Kostenrechnung auf Basis der klassischen Vollkostenrechnung (als Ist-Kostenrechnung) sollte in jedem Fall als „Grundrechnung" zur Anwendung gelangen.

Je nach verfolgten Informationszielen kann die so installierte laufende Vollkostenrechnung dann im Einzelfall um sinnvolle Elemente aus den oben genannten Kostenrechnungssystemen ergänzt werden. Dies kann bei einmaligen Entscheidungssituationen eine *Sonderrechnung* sein. Denkbar wäre etwa die Optimierung besonders kostenintensiver Bearbeitungsprozesse.

Für spezielle Entscheidungssituationen in einzelnen Bereichen der Verwaltung kann eine *„Einmalkostenrechnung"* neben der laufenden Kostenrechnung durchgeführt werden. Im Rahmen dieser Einmalkostenrechnung könnte beispielsweise für interne Dienstleister eine Teilkostenrechnung (Betriebsabrechnungsbogen auf Teilkostenbasis) die laufende (Voll-)Kostenrechnung ergänzen. Hier könnte es etwa um Fragen der Kapazitätsauslastung und Preisfestsetzung (Preisuntergrenzen) gehen, die bei internen Dienstleistern nicht selten auf der Tagesordnung stehen. Die Ergebnisse der Einmalkostenrechnung auf Teilkostenbasis vermitteln ein differenziertes Bild der Kostenstrukturen und deren Entstehung, die zur Fundierung von Entscheidungen erforderlich sind. Nach einem festgelegten Zeitraum (2 bis 3 Jahre) könnten die Ergebnisse der Einmalkostenrechnung überprüft und entsprechend angepasst werden.

8 Die Stellung der Kosten- und Leistungsrechnung

 TIPP!

Auf jeden Fall ist die laufende Kostenrechnung als Verbundrechnung mit dem Haushalts- und Rechnungswesen zu konzipieren.

Nur im Buchungsverbund ist eine zuverlässige Kostenerfassung und -zuordnung mit rechnerischer Konsistenz zwischen Haushalt und Kostenrechnung sowie eine wirtschaftliche, DV-gestützte Bearbeitung zu erreichen.

8.3 Die Leistungsrechnung als Pendant der Kostenrechnung

Während in der Kostenrechnung der Ressourcenverbrauch abgebildet wird, erfasst die Leistungsrechnung den Ressourcenzuwachs. So jedenfalls kann die rein betriebswirtschaftliche Sichtweise beschrieben werden. Leistungen im betriebswirtschaftlichen Sinne sind mithin schlicht „Wertgrößen" und stellen das wertmäßige Pendant der Kosten dar (so wie die Erträge das Pendant zu den Aufwendungen darstellen).

Die Leistungsrechnung im hier verstandenen Sinne soll jedoch deutlich über die Abbildung von Wertgrößen hinausgehen. Nicht alleine deren Abbildung steht mithin im Fokus.

Selbstverständlich sind diese Wertgrößen in der Leistungsrechnung enthalten: durch die Überlassung von Produkten im öffentlichen Bereich werden unmittelbar Einnahmen generiert, etwa durch Gebühren und privatrechtliche Entgelte. Weitere Einnahmen werden mittelbar durch Steuern erzielt. Der Teil der Leistungsrechnung, der sich auf die Abbildung dieser Wertgrößen bezieht, soll hier als „Leistungsrechnung im engeren Sinn (i.e.S.)" verstanden werden.

Im öffentlichen Sektor steht die „Leistungsrechnung im weiteren Sinn (i.w.S.)" im Mittelpunkt des Interesses. Neben die Erfassung der Wertgrößen (Leistungen, Erträge) und deren Zuordnung zu den Produkten tritt die Erfassung und Abbildung nichtmonetärer Informationen zu eben diesen Produkten. Dies beginnt bei der Beschreibung von Produkten anhand von Produktmerkmalen, Kennzahlen etwa zu Produktmengen, der Qualität von Produkten, der Kundenzufriedenheit und reicht letztlich bis hin zu den Wirkungen, die mit Produkten erreicht werden sollen. So gewinnt die Kostenrechnung durch die korrespondierende Leistungsrechnung (i.w.S.) an Informationsgehalt.

 WICHTIG!

Die Kostenrechnung wird erst in Verbindung mit der Leistungsrechnung (i.w.S.) aussagefähig.

Die Stellung der Kosten- und Leistungsrechnung 8

Dies ist der Intention des Produkthaushalts geschuldet. Die Kosten- und Leistungsrechnung ist insofern als „Informationslieferant" des Produkthaushaltes zu sehen. Sie wird damit inhärenter Bestandteil des gesamten Haushalts- und Rechnungswesens und ist mit dem Haushalt systematisch verknüpft. Damit ändert sich die Stellung der Kosten- und Leistungsrechnung wesentlich: Sie wird nicht mehr als Insellösung neben dem (klassischen) Haushalt geführt.

 WICHTIG!

Die Kosten- und Leistungsrechnung wird systematisch in das gesamte Haushalts- und Rechnungswesen eingebunden und ist untrennbar mit dem Haushalt verknüpft.

Eine so verstandene Leistungsrechnung (i.w.S.) benötigt ein Produktinformationssystem, welches mit den Informationen zur Kosten- und Leistungsrechnung i.e.S. (Wertgrößen) verknüpft ist.

Hierbei gilt es, die Informationsvielfalt zu gestalten. Die – meist in großer Anzahl – vorhandenen Informationen über Produkte und Leistungen in der Kosten- und Leistungsrechnung sind für Zwecke der Haushaltssteuerung regelmäßig zu differenziert und mithin nicht ohne weiteres verwendbar. Auch bezüglich der Leistungen ist also ein durchgängiges, hierarchisch abgestuftes System aufzubauen, mit stärker aggregierten Informationen im Haushalt und differenzierteren Informationen in der Kosten- und Leistungsrechnung.

Im Zentrum der Leistungsrechnung stehen also die Produkte. Ihnen werden Finanz- und weitere (nichtmonetäre) Informationen zugeordnet. Manche Verwaltungen haben ihre Budgets bis auf die Ebene von „Produkten" heruntergebrochen, um so bereits im Haushalt – und nicht erst in der Kosten- und Leistungsrechnung – die Produktkosten nachzuweisen. Bei näherem Hinsehen zeigt sich aber, dass dabei schon in kleineren Verwaltungen, z. B. kleineren Gemeinden, als „Produkt" bezeichnet wird, was bei anderen Systematisierungen eher als Produktgruppe oder gar Produktbereich bezeichnet würde. Geht man von dem hier vertretenen Begriff des Produktes als eines ökonomischen Gutes aus, so kommt man zu einem eher kleinteiligen Produktzuschnitt (siehe 4.1). Unter dieser Voraussetzung ist es schon in kleineren Verwaltungen, und erst recht in mittleren und großen, nicht möglich, alle Produkte mit ihren Kosten als Budgets im Haushalt abzubilden. Dies würde nicht nur einen hohen jährlichen Ermittlungsaufwand erfordern, sondern vor allem zu einer Informationsfülle führen, die im Rahmen der knapp bemessenen Zeit für die Haushaltsberatungen von den Entscheidungsträgern nicht sinnvoll verarbeitet werden kann.

8 Die Stellung der Kosten- und Leistungsrechnung

Der Haushaltsplan kann – und sollte – die Informationen über die Produkte und deren Kosten nur in aggregierter Form liefern.

Im Haushalt wird also in der Regel bis maximal auf die Produktgruppe herabgegangen, manchmal auch nur bis zum Produktbereich. Der Begriff Produktgruppe bezeichnet dabei eine mittlere Ebene in der Produkthierarchie, wobei die konkrete Abgrenzung in Abhängigkeit von der spezifischen Organisation und der Gliederung des Haushalts in der jeweiligen Verwaltung vorzunehmen ist.

Beispiel: Typische Produktgruppen bei Kommunen

> Einwohner- und Personenstandswesen, Grundschulen, Bibliothek(en), Schwimmbäder oder Gemeindestraßen
>
> Eine Detaillierung der Informationen im Haushalt über die vorgenannte Ebene hinaus kann zu Überinformation führen, die die Eignung des Haushalts als politisches Steuerungsinstrument wieder verringert.

Es ist selbstverständlich, dass Politiker und Öffentlichkeit bei Bedarf auch detailliertere Informationen erhalten müssen, also auch Informationen über die Kosten einzelner Produkte. Und selbstverständlich sollten auch die Budgetverantwortlichen in der Verwaltung die Kosten ihrer Produkte kennen, um besser steuern zu können. Dazu müssen geeignete Informationssysteme ergänzend zum und verknüpft mit dem Haushalt entwickelt werden, und zwar abgestellt auf die konkreten Informationsbedürfnisse vor Ort. Hier liegt vor allem die Aufgabe der Kosten- und Leistungsrechnung im engeren Sinne.

Im Neuen Steuerungsmodell erlangt die Kosten- und Leistungsrechnung vor diesem Hintergrund zentrale Bedeutung. Gleichwohl muss deutlich sein, dass die Kosten- und Leistungsrechnung zunächst „nur" ein Steuerungsinstrument ist. Dieses Instrument kann eine Wirkung nur entfalten, wenn es in einem entsprechenden Steuerungskontext eingesetzt wird. Dieser Kontext verlangt klare dezentrale Organisations- und Verantwortungsstrukturen.

Fazit zu Kapitel 8

- Die mit der Kostenrechnung erzeugten Informationen sollten das Entscheidungs*verhalten* beeinflussen. Entscheidungsträger in der öffentlichen Verwaltung sollten kostenbewusst(er) entscheiden. Die *konzeptionelle* Nutzung der Kostenrechnung steht im Vordergrund.
- Ein einheitlicher Rechnungsstoff in Haushalt und Kostenrechnung schafft eine klare Orientierung für Entscheidungsträger. Unterschiedliche Informationen aus dem Haushalt und der Kostenrech-

Die Stellung der Kosten- und Leistungsrechnung 8

nung zu identischen Sachverhalten führen zu einer kaum beherrschbaren Informationskomplexität.

- Der Differenzierungsgrad der Kostenrechnung sollte in Abhängigkeit von den Verwaltungsbereichen, in denen sie zum Einsatz kommen und den dortigen Informationsanforderungen entsprechend festgelegt werden. Keinesfalls sollte eine hoch differenzierte Kostenrechnung unreflektiert für die gesamte Verwaltung in allen ihren Bereichen zum Einsatz kommen.
- Eine Leistungsrechnung im Sinne eines umfassenden Produktinformationssystems ist wesentlicher Bestandteil der Kosten- und Leistungsrechnung der öffentlichen Verwaltung. Die Verknüpfung von Finanz- und Leistungsinformationen im Produkthaushalt steht im Zentrum des Reforminteresses. Die Kosten- und Leistungsrechnung ist hierauf auszurichten. Sie ist untrennbar verknüpft mit dem Produkthaushalt.

Literatur zu Kapitel 8:

Fischer, Edmund/Weber, Jürgen/Hunold, Claus (2002)
Fischer, Edmund/Sölva, Günter/Pittschieler, Brigitte (2011)
Hunold, Claus (2003)
Innenministerium Baden-Württemberg, Hrsg. (2002)
KGSt (2004)
Klümper, Bernd/Zimmermann, Ewald (2002)

9 Controlling und Berichtswesen

Leitfragen zu Kapitel 9
- Was bedeutet Controlling?
- Welche Rolle spielen Ziele und Kennzahlen im Rahmen von Controlling?
- Wie ist Controlling zu organisieren?
- Für welche Zeithorizonte wird Controlling ausgerichtet?
- Welche Rolle kommt dem Berichtswesen zu?

9.1 Begriff und Funktionen des Controllings

In der Verwaltungsreformdiskussion der letzten Jahre taucht der Begriff des Controllings immer häufiger auf. Eine als allgemeingültig anerkannte Definition liegt bis heute nicht vor. Dies gilt im Übrigen auch für den Begriff des Controllings in der Privatwirtschaft. Dies mag umso erstaunlicher sein, als dem Controlling seit Jahrzehnten in der betriebswirtschaftlichen Literatur und Praxis hohe Bedeutung beigemessen wird.

Sucht man nach Ansatzpunkten für eine Beschreibung dessen, was Controlling im Kern ausmacht, so trifft man immer wieder auf die folgenden Funktionen, die Controlling erfüllen soll:

- Informationsbeschaffungsfunktion
- Informationsbereitstellungsfunktion
- Koordinationsfunktion.

Einem in diesem Sinne verstandenen Controlling kommt die zentrale Aufgabe der Führungsunterstützung zu. Controlling sorgt für die Beschaffung der entscheidungsrelevanten Informationen, stellt diese bereit und unterstützt damit die Entscheidungsträger in Politik und Verwaltung bei deren Führungsaufgaben. Controlling schafft so die Grundlage für eine zielorientierte Planung und Kontrolle und koordiniert die damit einhergehenden Planungs- und Kontrollprozesse (Koordinationsfunktion).

Die Koordinationsfunktion des Controllings lässt sich mittels des folgenden Regelkreises beschreiben (siehe Abbildung 32). Er beinhaltet die wesentlichen Elemente von Controlling und deutet auf die dem Controlling innewohnende Dynamik hin. So ist Controlling ein ständiger Prozess von Planung, Realisation, Kontrolle und Gegensteuerung. Der Controller trägt Verantwortung für diesen Prozess und unterstützt damit die Entscheidungsträger.

9 Controlling und Berichtswesen

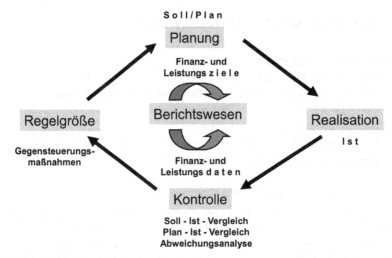

Abb. 32: Controlling-Regelkreis

Die Funktionen der Informationsbeschaffung und -bereitstellung konkretisieren sich im Berichtswesen. Das Berichtswesen informiert über angestrebte Ziele. Es liefert Informationen zum Stand der Zielerreichung, stellt Abweichungen fest und enthält Vorschläge für weitergehenden (Gegen-) Steuerungsmaßnahmen.

Ein funktionierendes und aussagefähiges Berichtswesen kann somit als „Dreh- und Angelpunkt" des Controllings angesehen werden.

9.2 Controlling braucht Ziele

Wer steuern will, braucht klare Ziele. Ein funktionsfähiges Controlling als Instrument der Steuerungsunterstützung setzt mithin voraus, dass die Führung über Ziele steuert. Ist dies nicht der Fall, bleibt Controlling wirkungslos. Eine Selbstverständlichkeit, könnte man einwenden. In der Praxis sind jedoch nicht wenige Fälle bekannt, in denen Controllingstellen geschaffen werden, ohne dass diese Voraussetzung gegeben ist. Das Controlling hat dann als erstes darauf hinzuwirken, dass Ziele diskutiert und festgelegt werden.

Zielfindung und -präzisierung sind im öffentlichen Sektor nicht trivial. Auch hierbei leistet Controlling im Rahmen der Koordinationsfunktion methodische Unterstützung. Hilfreich kann hierbei – vor allem aufgrund der Vielzahl von wirtschaftlichen (Finanzziele) und nichtwirtschaftlichen

Controlling und Berichtswesen 9

(Leistungsziele) Zielen im öffentlichen Sektor – die Analyse anhand von Zielfeldern sein. Diese können helfen, den Prozess der Zielfindung und -diskussion zu unterstützen. Die KGSt hat in der Vergangenheit in Anlehnung an das Konzept der „Balanced Scorecard" ein Konzept mit vier Zielfeldern entwickelt (Abbildung 33):

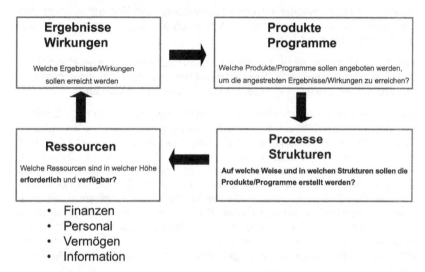

- Finanzen
- Personal
- Vermögen
- Information

Abb. 33: Zielfelder des strategischen Managements; KGSt (2001), S. 19

Wer anhand der Zielfelder vorgeht (siehe auch 4.5.3), wird feststellen, dass zahlreiche erforderliche Informationen weder vorliegen noch auf die Schnelle ermittelt werden können. Häufig fehlen die geeigneten Informationsgrundlagen. Wirkungsziele sind nicht definiert, Produkte sind nicht hinreichend konkret beschrieben, ein entsprechendes ProduktInformationssystem ist nicht aufgebaut. Die Prozesse sind nicht beschrieben oder es fehlen schlicht betriebswirtschaftliche Instrumente wie etwa eine aussagefähige Kosten- und Leistungsrechnung. Hier ist Aufbauarbeit angesagt. Ein weites Feld für Controlling.

Entscheidungsträger in Politik und Verwaltung, die Controlling nutzen, müssen formulieren, welche die relevanten Steuerungsgrößen sind. Es muss klar sein, was „unter Beobachtung" gehalten werden soll, welche – finanz- und leistungswirtschaftlichen – Ziele prioritär sind. Nur so kann etwa im Vollzug des Haushalts kontinuierlich eine Information zur Zielsetzung, Zielerfüllung und Prognose zum Jahresende erfolgen!

9 Controlling und Berichtswesen

Finanzwirtschaftliche Ziele (Budget- und Kostenziele) als Steuerungsgrößen fallen einem rasch ein, z. B. Zuschussbedarf oder Kostendeckungsgrad. Leistungsziele (auch als Produkt-oder Outputziele bezeichnet) lassen sich ebenfalls regelmäßig gut operationalisieren, z. B. Anzahl Besucher im Theater oder Wartezeiten im Einwohnermeldeamt.

Deutlich anspruchsvoller ist die Formulierung und Konkretisierung von Outcome- oder Wirkungszielen. Aus heutiger Sicht besteht hier der größte Entwicklungsbedarf.

Wichtig sind mithin nicht nur Informationen zur Budgetentwicklung. Hinweise zu Produktmengen, Produktqualitäten und letztlich zu angestrebten Wirkungen stellen wichtige, berichtsrelevante Inhalte dar.

Wohldefinierte und messbare Ziele (Steuerungsgrößen) sind die Erfolgsfaktoren für die Arbeit der Entscheidungsträger in Politik und Verwaltung. Ziele müssen spezifisch, messbar, aktiv beeinflussbar, realisierbar und terminiert sein. Diese unter dem Begriff des „SMART"-Prinzip bekannten Kriterien stellen Mindestansprüche an die Formulierung von Zielen. So erhalten Ziele Verbindlichkeit und nur so sind sie für Controllingzwecke nutzbar. Das Ziel etwa, „die in der Region für junge Familien attraktivste Stadt zu werden" entspricht diesen Kriterien nicht. Es bleibt unverbindlich und „uncontrollbar". Erst eine Konkretisierung wie etwa, „Wir wollen in unserer Stadt in den kommenden drei Jahren für 50 Prozent der ein- bis dreijährigen Kinder Betreuungsplätze schaffen" erfüllt die SMART-Kriterien.

Dieser Prozess des Herausarbeitens wichtiger Steuerungsgrößen ist für viele Führungskräfte und Gremien schwierig, aber nicht unmöglich. Controlling sollte in diesem Prozess Ideen liefern, beraten und gezielte Vorschläge unterbreiten, die mit den jeweils verantwortlichen Führungsebenen erörtert werden. So wird die Aufmerksamkeit allmählich auf die wichtigsten Steuerungsgrößen zugespitzt.

9.3 Controlling braucht Kennzahlen

Hierbei bedient sich Controlling regelmäßig des Instruments der Kennzahlen. Ziele müssen durch Kennzahlen „hinterlegt" werden. Kennzahlen machen Ziele greifbar. Der Grad der Zielerreichung kann so sichtbar und diskutierbar gemacht werden. Hinsichtlich der Vielzahl der anzutreffenden Kennzahlen in der Praxis ist Vorsicht geboten. Benötigt werden wenige, mit Blick auf die angestrebten Ziele, aussagefähige Kennzahlen. „Kennzahlenfriedhöfe" sind dringend zu vermeiden. Es sollte der Grundsatz gelten:

Controlling und Berichtswesen 9

 WICHTIG!

Kein Ziel ohne Kennzahl. Keine Kennzahl ohne Ziel!

Kennzahlen geben in verdichteter Form Auskunft über wirtschaftliche, technische, gesellschaftliche und politische Tatbestände, z. B. Aufwand pro Produkteinheit, durchschnittliche Wartezeit der Kunden, Auslastung des Theaters. Kennzahlen sollten prägnant, aktuell und klar sein. Der Erhebungsaufwand sollte gering sein.

Kennzahlen „leben" von Vergleichen. Zeitvergleiche stellen die Entwicklung von Kennzahlenwerten einer Kommune im Zeitablauf dar (z. B. mehrere Haushaltsjahre). Interkommunale Vergleiche basieren auf der Gegenüberstellung von Kennzahlenwerten mehrerer Kommunen. Intrakommunale Vergleiche stellen Kennzahlen mehrerer gleichartiger Einrichtungen etwa innerhalb einer Kommune oder eines Landes gegenüber (Bäder, Universitäten etc.). Alle genannten Vergleichsarten bergen vielfältige Erkenntnismöglichkeiten für die politische Steuerung und sollten in Zukunft stärker als bisher von den Entscheidungsträgern in Politik und Verwaltung genutzt werden (vgl. auch 6.8).

9.4 Organisation von Controlling

Die Organisation des Controllings ist nicht zuletzt abhängig von der Größe der Verwaltung. In sehr kleinen Verwaltungseinheiten (etwa Kommunen mit bis zu 5.000 Einwohnern) werden nicht selten Controllingaufgaben von der Führungskraft selber wahrgenommen. In etwas größeren Verwaltungen wird häufig eine eigenständige Stelle „Controlling" geschaffen. Diese ist meist an zentraler Stelle unmittelbar der obersten Führungsebene zugeordnet (Verwaltungsführung, Bürgermeister, Landrat). In großen Organisationen (Großstädte, Landesverwaltungen, Landeskirchen) bietet sich neben der Einrichtung einer zentralen Controllingstelle (für Oberbürgermeister, Minister etc.) die Schaffung von dezentralen Controllingstellen (für einzelne Fachbereiche oder etwa Landeseinrichtungen) an.

Die folgende Abbildung 34 veranschaulicht die Organisation von Controlling in großen Organisationseinheiten. Zentrales Controlling sorgt dafür, dass die Zielvorgaben von Politik und Verwaltungsführung klar und verbindlich werden. Auf dieser Basis erarbeiten die dezentralen Einheiten eigenständige, bereichsbezogene Controllingkonzepte, welche die Zielbeiträge der Einheiten konkretisieren. So entsteht ein Ziel- und Controllingsystem, welches auf eine „Steuerung aus einem Guss" abzielt.

Controllingsysteme sollten an die jeweilige Verwaltungsgröße angepasst sein. Wie bei jedem Managementinstrument ist auch bei der Umsetzung

9 Controlling und Berichtswesen

von Controlling „Augenmaß" wichtig. Vor allem muss seitens der Führung Controlling gewollt sein. Controlling sollte keine Alibifunktion haben.

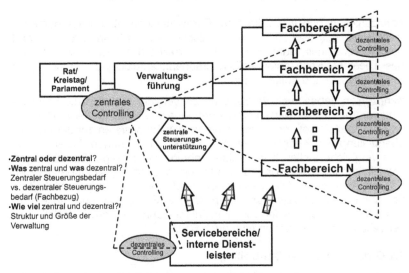

Abb. 34: Organisation des Controllings – dezentral und zentral

9.5 Zeithorizonte und Inhalte von Controlling

Regelmäßig wird zwischen strategischem und operativem Controlling unterschieden. Operatives Controlling ist eher kurzfrist- und effizienzorientiert. Es bedient sich vorwiegend der Instrumente des betrieblichen Rechnungswesens und der Betriebsstatistik (Produkt- und Prozessinformationen). Im Blickfeld der öffentlichen Verwaltung steht hier vor allem der jährliche produktorientierte Haushalt.

Strategisches Controlling wird dagegen als effektivitäts- und mittel- bis langfristorientiert charakterisiert. Es bedient sich primär der Instrumente des „strategischen Managements" (z. B. Zielfeldersystematik der KGSt, sog. Stärken-Schwächen-Analysen, auch SWOT-Analysen genannt: **S**trength, **W**eaknesses, **O**pportunities, **T**hreats). Der strategischen Planung und Kontrolle haftet nicht selten die Aura des Geheimnisvollen an. Leitbilder werden – zum Teil mit erheblichem Aufwand – entwickelt und bleiben danach nicht selten unbeachtet. Hier kann strategisches Controlling ansetzen: die als Leitbild formulierten Aussagen sind weitergehend zu konkretisieren. Sie sind verbindlich, messbar und handhabbar zu machen. Sie müssen so formuliert sein, dass sie für alle Bereiche der Ver-

Controlling und Berichtswesen 9

waltung handlungsleitend sein können. Bereichsziele müssen sich aus übergeordneten strategischen Zielen der Gesamtverwaltung ableiten lassen. Ein für die Praxis hoher Anspruch.

Als starkes Indiz für den Willen, strategische Ziele verbindlich zu machen wird der Ansatz gewertet, strategische Ziele in den jährlichen Haushaltsplan aufzunehmen und diese bis auf die Ebene der Teilhaushalte zu konkretisieren.

 WICHTIG!

Strategische Ziele gehören in den Haushalt!

Nicht selten fehlt zwischen strategischem und operativem Controlling das geeignete Bindeglied. In den Überlegungen speziell für Controlling im öffentlichen Sektor sollte deshalb diese Lücke stärker Beachtung finden. Es soll diesbezüglich hier von dem sog. „taktischen Controlling" die Rede sein.

Die zunehmende Bedeutung des taktischen Controlling ergibt sich schon alleine daraus, dass nach neuem Recht für die kommunalen Haushalte die mittelfristige Ergebnis- und Finanzplanung Bestandteil des jährlich zu erstellenden Haushalts ist. Die mittelfristige Ergebnis- und Finanzplanung bietet den Vorteil, dass die Entscheider ihre Entscheidungen konkret vor dem Hintergrund längerfristiger Auswirkungen und Entwicklungen treffen. Diese Planung ist entsprechend der eingetretenen und absehbaren Entwicklungen jährlich fortzuschreiben (rollierende Planung). Die systematische Verknüpfung zwischen Langfristplanung (strategische Planung) und Kurzfristplanung (operative Planung) ist hiermit angelegt. Die sich hieraus ergebenden Erkenntnisse wichtiger Planungszusammenhänge sollten genutzt werden. Die mittelfristige Ergebnis- und Finanzplanung darf nicht ein Anhängsel des jährlich zu erstellenden Haushaltsplans sein. An dieser Schnittstelle zwischen kurz- und langfristiger Planung sollte (taktisches) Controlling ansetzen.

Somit könnte sich folgende Sichtweise auf Controlling in öffentlichen Verwaltungen ergeben (Abbildung 35):

9 Controlling und Berichtswesen

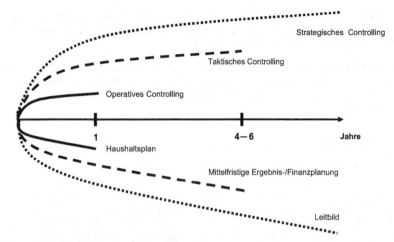

Abb. 35: Zeithorizonte des Controllings

Einzelheiten zur strategischen Steuerung siehe auch in Kapitel 10.
Die Inhalte und Blickrichtungen von Controlling sind vielfältig. In der öffentlichen Verwaltung sind dies im Besonderen die folgenden Bereiche:
- Finanzcontrolling
- Personalcontrolling
- Investitionscontrolling.

Im Folgenden wird auf einige ausgewählte Aspekte des Finanzcontrollings einzugehen sein. Aufgrund der starken Output- oder Produktfokussierung in den letzten Jahren und deren Einzug in die Haushaltsrechtsgesetzgebung soll hier der Begriff des „Leistungs- und Finanzcontrollings" Verwendung finden.

9.6 Leistungs- und Finanzcontrolling zur Steuerung des budgetierten, outputorientierten Haushalts

Der Abbau der zentralen Ressourcenbewirtschaftung bei der Einführung der Budgetierung sowie die explizite Einbeziehung der Leistungsseite in den Haushalt schaffen einen guten Nährboden, auf dem Controlling wachsen und sich etablieren kann. Gleichzeitig machen diese Entwicklungen eine neue Art des Leistungs- und Finanzcontrollings erforderlich. Dessen Aufgabe ist es, das Gebaren aller Verwaltungseinheiten bezüglich Leistungen und Finanzen transparent zu machen, die Einhaltung der Vorgaben für die Teil- und Unterbudgets zu überwachen und bei Bedarf Maßnahmen zur Gegensteuerung vorzuschlagen.

Controlling und Berichtswesen 9

Damit unterstützt das Controlling sowohl Politik und Verwaltungsführung in ihren Steuerungsfunktionen gegenüber den dezentralen Geschäftsbereichen als auch die Budgetverantwortlichen (Dezernenten, Fachbereichsleiter usw.) bei der Umsetzung der Leistungsvorgaben und der Bewirtschaftung der Teil- und Unterbudgets.

9.7 Haushaltsberichtswesen

Wichtigstes Instrument des Leistungs- und Finanzcontrollings ist das (Haushalts-)Berichtswesen. In zahlreichen Kommunen werden deshalb gleichzeitig mit der Einführung der Budgetierung Berichtspflichten für die dezentralen Organisationseinheiten begründet.

Kern des Berichtswesens sind die Berichte über den Vollzug des Haushalts. Mit den erweiterten Funktionen des Haushalts nimmt die Bedeutung der Haushaltsberichte zu und ihr Inhalt und ihre Struktur ändern sich. Berichtet wird primär über die *Ergebnisse*, d. h. über die Entwicklung der Produkte und die Einhaltung der Budgets.

Zusätzlich zum **Jahresbericht**, der – mit neuen Inhalten und Strukturen – weiterhin obligatorisch ist, werden **unterjährige Berichte** erforderlich. Sie sind für die Sicherung der Haushaltswirtschaft wichtig. Die Anzahl der unterjährigen Berichte richtet sich nach

- dem Stand des Rechnungswesens: Können nach dem ersten Quartal schon verlässliche Daten geliefert werden, die eine Hochrechnung auf das Jahr zulassen?
- den örtlichen Planungszyklen: Wann wird der Haushalt eingebracht und verabschiedet?
- der Ferienzeit u. a.

Zu beobachten ist, dass gerade in der Einführungsphase eines unterjährigen Berichtswesens zunächst zwei unterjährige Berichte, z. B. jeweils zum 31. 5. und zum 30. 9. des Jahres erstellt werden. In anderen Fällen haben sich Verwaltungen im Dauerbetrieb auf ein sog. Quartalsberichtswesen eingerichtet. In der Praxis beobachtbare Berichtszeitpunkte sind der 31.3., der 31.7. und der 31.10. eines Jahres.

Da die Berichte ausgewertet werden sollen, hat es keinen Sinn, wenn ein Bericht z. B. in eine Zeit fällt, in der kein Ausschuss tagt.

Berichtet wird – über die Berichtszeiträume und die Bereiche hinweg – in standardisierter Form. Typische geforderte Berichtsinhalte sind:

- relevante Ergebnisse und Veränderungen
- neue Entwicklungen und Risiken (Frühwarnung)

9 Controlling und Berichtswesen

- Fortgang wichtiger Projekte
- Stand wichtiger Investitionsmaßnahmen
- Einhaltung des Budgets
- Prognose zum Jahresende
- erforderlichenfalls Korrekturvorschläge und Gegensteuerungsmaßnahmen.

Neben dem standardisierten Berichtswesen, welches zu festgelegten Terminen nach einem für alle Bereiche einheitlichen Muster und einheitlichen Berichtsinhalten aufgebaut ist, kann das sog. „Abweichungsberichtswesen" eine Rolle spielen. Berichtet wird nur, wenn Abweichungen von den angestrebten Zielen erkennbar werden und Entscheidungen neu getroffen werden müssen. Beide Arten des Berichtswesens können sich ergänzen. Je nach Berichtsadressat kann auch die alleinige Anwendung eines Abweichungsberichtswesens in Frage kommen. Von Ausschüssen des Stadtrates oder des Parlaments etwa ist der Wunsch nach einem ausschließlichen Abweichungsberichtswesen aufgrund der ohnehin hohen Informationsdichte bekannt.

Oberster Adressat der unterjährigen Berichte aus den Budgetbereichen sind die Verwaltungsführung und die korrespondierenden Fachausschüsse, die über eventuell notwendige Umschichtungen oder Anpassungen innerhalb des Bereichsbudgets zu befinden haben. Auf Anlage 1 Ziffer 6 und das Muster für einen unterjährigen Bericht wird verwiesen.

Zur Auswertung und zur Vorbereitung von Korrekturmaßnahmen kann es sich empfehlen, unverzüglich nach Vorlage der Berichte **Budgetkonferenzen** durchzuführen, die aus den Mitgliedern des Verwaltungsvorstands und den Fachbereichsleitern bestehen.

In derartigen Budgetkonferenzen sollen nicht unmittelbar Maßnahmen beschlossen werden; dies wird den Mitgliedern des Verwaltungsvorstands und des Fachausschusses bzw. den Weisungen des Verwaltungschefs vorbehalten bleiben. Es sollte jedoch angestrebt werden, bei Budgetüberschreitungen unmittelbar in den Budgetkonferenzen zu Vereinbarungen mit den betroffenen Führungskräften im Sinne eines Kontraktmanagements zu kommen.

Fazit zu Kapitel 9

- Controlling kommt in hohem Maße eine koordinierende Funktion zu. Controlling sorgt für zielgerichtete Planung. Es unterstützt die Führung bei der Formulierung von Zielen, initiiert eine regelmäßige Überprüfung der Zielerreichung, schlägt ggf. Gegensteuerungsmaßnahmen vor und koordiniert die Teilpläne innerhalb der Verwaltung.

Controlling und Berichtswesen 9

- Ziele und Kennzahlen sind unabdingbar für ein funktionierendes Controlling. Steuerung ohne Ziele bleibt beliebig. Ziele ohne Kennzahlen bleiben unkonkret; die Zielerreichung ist nicht überprüfbar.
- Controlling kann – in Abhängigkeit von der Verwaltungsgröße – zentral und/oder dezentral organisiert werden. Zentrales und dezentrales Controlling ergänzen sich.
- Controlling arbeitet mit unterschiedlichen Zeithorizonten. Operatives, taktisches und strategisches Controlling ergänzen sich und sind miteinander verknüpft.
- Im Rahmen des Controllings kommt dem Berichtswesen eine zentrale Rolle zu. Es informiert in regelmäßigen Abständen über den Stand der Zielerreichung, über Abweichungen und ggf. über geeignete Gegensteuerungsmaßnahmen.

Literatur zu Kapitel 9:

Brüggemeier, Martin/Schauer, Reinbert/Schedler, Kuno, Hrsg. (2007)

Fischer, Edmund/Pook, Manfred (2002)

Horvath, Peter (2011)

Kegelmann, Jürgen/Böhmer, Roland/Willmann, Heiko, Hrsg. (2013)

KGSt (2001)

KGSt/Bertelsmann-Stiftung (2012)

Pook, Manfred/Tebbe, Günter (2002)

Weber, Jürgen/Schäffer, Utz (2011)

10 Mit dem neuen Produkthaushalt zu strategischer Steuerung

Leitfragen zu Kapitel 10

- Warum benötigt die strategische Steuerung eine Anbindung an den Produkthaushalt?
- Wie erfolgt die Integration strategischer Ziele in den Produkthaushalt?
- Welche Bedeutung kommt der mittelfristigen Ergebnis- und Finanzsteuerung als Bindeglied zwischen strategischer und jährlicher Planung zu?
- Welchen Beitrag kann die strategische Steuerung zur Haushaltskonsolidierung leisten?

Der neue Produkthaushalt eröffnet nicht nur die Möglichkeit, die Haushaltswirtschaft einer öffentlichen Institution durch die Einbeziehung der Leistungsseite transparenter als bislang zu gestalten. Vielmehr bietet der Produkthaushalt in zweifacher Hinsicht die Möglichkeit, das „operative" Finanzgeschehen in eine „strategische" Dimension einzubetten.

Stellt man bei der Abgrenzung zwischen „operativ" und „strategisch"

- auf den Planungszeitraum ab,
  so ist festzustellen, dass über die Einbeziehung der mittelfristigen Ergebnis- und Finanzplanung in die jährliche Haushaltsplanung der Kommunen der Planungshorizont auf einen mehrjährigen Zeitraum erweitert wurde.

- auf die Planungsinhalte ab,
  so ist festzustellen, dass neben der Planung der Finanzdaten auch die Planung und explizite Festlegung von (nicht finanzwirtschaftlichen) Zielen Bestandteil der Produkthaushalte sind. Dies ist ein genuines Merkmal des „strategischen Managements".

Auf dem Weg, diese Möglichkeiten zu nutzen, befinden sich derzeit viele öffentliche Institutionen. Es ist ein anspruchsvoller Weg. Am Ende dieses Weges angekommen, das darf an dieser Stelle vorweggenommen werden, ist noch niemand. Der Weg wird auch von manchen nicht unkritisch gesehen. Die Zahl derer, die sich auf diesen Weg begeben, hat in den letzten Jahren aber zugenommen.

10 Neuer Produkthaushalt zur strategischen Steuerung

10.1 Integration der mittelfristigen Ergebnis- und Finanzplanung in den Haushalt

Die Integration der mittelfristigen Ergebnis- und Finanzplanung ist mit den neuen kommunalen Haushaltsrechten allgemein verbindlich: In jedem Teilhaushalt sind die Aufwendungen und Erträge nicht nur für das jeweilige Planjahr zu veranschlagen, sondern auch für die drei danach liegenden Jahre, und zwar in der gleichen Detailliertheit wie für das Planjahr (siehe auch Abbildung 18 in Kapitel 4). Im Gegensatz zu den Werten für das jeweilige Planjahr sind die für die mittelfristige Periode prognostizierten Werte zwar rechtlich nicht verbindlich. Die diesbezüglichen Vorschriften sind als Sollvorschriften definiert.

Faktisch sollten auch die mittelfristigen Werte im politischen Planungs- und Entscheidungsprozess eine hohe Verbindlichkeit erhalten. Die mittelfristige Finanz- und Ergebnisplanung sollte nicht nur eine unreflektierte Fortschreibung der Jahreswerte sein. Vielmehr sollten die jährlichen Haushaltsberatungen im Lichte der mittelfristigen Ergebnis- und Finanzziele stattfinden. Erst in dieser Weise findet die „strategische Komponente" ihren Niederschlag in der Planung.

10.2 Mittelfristige Zuschussplafonierung

Unabhängig davon haben einzelne Kommunen schon seit Längerem in ausgewählten Bereichen Budgetzusagen auf die mittelfristige Periode oder darüber hinaus ausgedehnt. Dem liegt die Idee der ergebnisorientierten Steuerung zugrunde. Wenn die dezentrale Fach- und Ressourcenverantwortung der Einrichtungen gestärkt werden soll, dann liegt es nahe, bei den Leistungs- und vor allem den Finanzvorgaben Planungssicherheit für mehr als gerade ein Jahr zu geben.

 WICHTIG!

Für ausgewählte Einrichtungen kann der Zuschuss für mehrere Jahre im Vorhinein durch Beschluss des Rates bzw. des Kreistages verbindlich festgelegt werden (Zuschussplafonierung).

Durchweg handelt es sich dabei um Einrichtungen, denen eine gewisse Verwaltungsferne eigentümlich ist, z. B. Opernhäuser, Orchester und Theater, aber auch Volkshochschulen oder Musikschulen. Konsequenterweise ist das Prinzip erst recht auf verselbstständigte Einrichtungen anzuwenden, z. B. Verkehrsbetriebe.

Anlass für die Einführung der Zuschussplafonierung – wie für die Budgetierung allgemein – ist meist die Notwendigkeit der Haushaltskonsolidierung. Auch wenn bei der Plafonierung Zuschusskürzungen vereinbart werden, so bietet die mittelfristige Planungssicherheit doch für die Einrichtungen eine bessere Basis für längerfristig angelegte Politik und vielleicht sogar für strategische Neuausrichtungen. Die Alternative, von Jahr zu Jahr mit neuen, unbekannten Kürzungen fertig werden zu müssen, leistet sicher kurzfristig orientierter und kurzatmiger Politik Vorschub.

 WICHTIG!
Mittelfristige Zuschussplafonierung verringert den Spielraum für evtl. notwendige Anpassungen im Gesamthaushalt.

Mittelfristig verbindliche Haushaltsvorgaben vergrößern zwar für die unmittelbar Betroffenen die Voraussetzungen für eine stetige und auch strategisch gut ausgerichtete Politik, für den übrigen Haushalt verringern sie aber die Möglichkeit flexibler Anpassung, etwa an neue Konsolidierungserfordernisse, aber auch an neue, die Gesamtverwaltung erfassende strategische Zielsetzungen. Notwendig sind deshalb Verfahren, die die Herausforderungen und die Potentiale *insgesamt* ins Visier nehmen.

10.3 Von linearen Sparmaßnahmen zu Strategischem Sparen

Bei defizitären Haushalten sind strategische Veränderungen ungleich schwieriger als bei ausgeglichenen Budgets. Statt um Entwicklungsstrategien geht es dann primär um Sparstrategien. Im Vordergrund steht die Frage, wie die Körperschaft finanziell überleben kann. Die nachstehende Abbildung 36 soll die Grundstruktur des Problems strategischer Steuerung in Zeiten defizitärer Haushalte verdeutlichen.

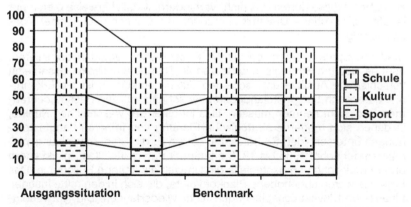

Abb. 36: Sparstrategien

10 Neuer Produkthaushalt zur strategischen Steuerung

Das Schema geht davon aus, dass mittelfristig in einem (Teil-)Budget die Aufwendungen oder Zuschüsse von 100 auf 80 gesenkt werden müssen. Das Bild soll dreierlei verdeutlichen:

- Nach der Devise: „Langfristig ist alles disponibel" sind die Einsparungen theoretisch erzielbar.
- Es stehen im Prinzip 3 Sparstrategien zur Verfügung: Kürzung aller Budgets um 20 Prozent (Rasenmäher), unterschiedliche Kürzung der Budgets und Anpassung an die Budgetrelationen bei Vergleichskommunen (Benchmarks) und differenzierte Veränderungen entsprechend einer strategischen Planung, was bei einzelnen Budgets auch Zuwachs bedeuten kann.
- Die Methoden sind kombinierbar und die Übergänge fließend. Strategische Überlegungen können zu einer Differenzierung von pauschalen Kürzungsvorgaben führen. Interkommunale Vergleiche können bei einer strategischen Neuausrichtung Anhaltspunkte geben.
- Alle Strategien setzen voraus, dass am Anfang des Prozesses der Ressourcenrahmen festgelegt wird.

In der alltäglichen Praxis der Haushaltskonsolidierung überwiegen Rasenmähermethoden. Sparpakete, bei denen alle Opfer bringen müssen, sind in den demokratischen Entscheidungsprozeduren noch am ehesten durchzusetzen (siehe auch 3.6.2). Gute Politik (Good Governance) verlangt aber, dass jeder Haushalt in geeigneten Intervallen daraufhin überprüft wird, ob die Ressourcen noch optimal eingesetzt werden, und zwar auch im Hinblick auf die mittel- und langfristige Entwicklung. Akute Sparzwänge und die Suche nach Mehrheiten für die Kürzungsbeschlüsse dürfen das nicht verhindern. Möglicherweise bieten nur langfristig orientierte Umstrukturierungen die Chance nachhaltiger Konsolidierung.

Statt um Sparstrategien, bei denen Rasenmähermethoden dominieren, geht es also um Strategisches Sparen. In Theorie und Praxis lassen sich verschiedene Ansätze unterscheiden. Allen gemeinsam ist die Erkenntnis, dass auch Langfristplanungen ausreichend auf den Ressourcenrahmen Rücksicht nehmen müssen. Das ist einer der wesentlichen Punkte, in denen sich moderne strategische Planung von früheren Langfristplanungen unterscheidet. So befassten sich z. B. die Stadtentwicklungsplanungen der Jahre 1965 bis 1975 primär mit den materiellen Politikfeldern und berücksichtigten bestenfalls die Umwelt als knappe Ressource. Das Ergebnis waren abgehobene Plankonvolute, die sich in den mittelfristigen Finanz- und Investitionsplanungen nicht wiederfanden. Die Notwendigkeit, die schönen Pläne auch finanzieren zu müssen, darf nicht nur als

Neuer Produkthaushalt zur strategischen Steuerung 10

eine lästige Nebenbedingung strategischer Planung gesehen werden. Stattdessen muss bei den Planungen von Anfang an berücksichtigt werden, welche finanziellen Ressourcen mittel- und langfristig mobilisiert werden können. Das heißt konkret:

WICHTIG!

Strategische Planung und Haushalt müssen ausreichend verknüpft sein.

Das betrifft die Methodik, aber auch die Organisation. Bei der Methodik geht es darum, strategische Ideen in konkrete Projekte zu transformieren und die strategischen Pläne mit den operativen Jahreshaushaltsplänen zu verkoppeln. Bei der Organisation geht es darum, die meist in unterschiedlichen Organisationseinheiten entstehenden Planungen zu koordinieren.

10.4 Methoden der Produktkritik

Als Jahresplan dient der Produkthaushalt zunächst dem operativen Management des gesamten Leistungsprozesses sowie der Steuerung der damit verbundenen Ressourcenströme. Mit der Erweiterung der Planungsperspektive auf den Zeitraum der mittelfristigen Finanzplanung ist ein erster Schritt in Richtung auf eine längerfristig orientierte Politik getan. Vor allem aber die stärkere Berücksichtigung von Zielen und Leistungen im Produkthaushalt bietet eine bessere Plattform für Produktkritik.

WICHTIG!

Die flächendeckende Information über Ziele und Produkte in den Jahreshaushalten bietet wesentlich verbesserte Grundlagen für produktkritische Analysen.

Dass bei den Haushaltsplanberatungen alle Produkte auf den Tisch kommen, ist aber nur eine notwendige Bedingung dafür, dass eine vollständige und systematische Überprüfung auch tatsächlich stattfindet. Die Erfahrungen mit den neueren Produktplänen und den Produkthaushalten zeigen, dass anfängliche produktkritische Diskussionen meist bald erlöschen. Stattdessen macht sich der übliche Strukturkonservatismus breit. Einmal gefundene Strukturen, die zu erstellenden Produkte und der Ressourcenbedarf werden kontinuierlich fortgeschrieben.

Wie lässt sich die Fortschreibungsmentalität brechen? Zunächst ist an besondere Kampagnen der Produktkritik zu denken. Als Vorbild können die Verfahren der Aufgabenkritik oder des Zero-Base-Budgeting dienen. Die Produkte bieten dafür theoretisch geeignete Anknüpfungspunkte.

10 Neuer Produkthaushalt zur strategischen Steuerung

Aber was zur produktbasierten Haushaltsplanaufstellung bereits gesagt wurde (siehe 3.5.2) gilt auch hier: Die Verfahren sind aufwendig, komplex und schwierig für die Entscheider.

Aufwand und Komplexität ließen sich verringern, wenn die vertieften Analysen nur in größeren Zeitabständen und jeweils nur für ausgewählte Budgets oder Produkte erfolgten. Die Auswahl könnte nach der Methode der ABC-Analyse erfolgen. Zu den vordringlich zu untersuchenden A-Budgets bzw. A-Produkten würden nicht nur die kostenmäßig größten gehören, sondern auch die politisch besonders brisanten Projekte. Praktische Erfahrungen gibt es bisher nur mit aufgabenkritischen Verfahren.

 WICHTIG!

Erfolge lassen sich mit aufgabenkritischen Kampagnen nur erzielen, wenn diese ganz eng (maßnahmenscharf) und in einem strengen Paketcharakter (zur Erzielung eines bestimmten Einsparvolumens) mit dem Haushalt verknüpft werden (siehe auch 3.6.2).

Produktkritik ist ein pragmatisches Verfahren, indem es an den tatsächlich erstellten Produkten ansetzt. Darin liegen aber auch seine Grenzen. Es wird zwar auch nach Zielen und strategischen Alternativen gefragt, aber statt einer Totalanalyse finden nur (viele) Teilanalysen statt. Demgegenüber stehen die abschließend skizzierten Versuche des Strategischen Managments, im Rahmen einer Totalanalyse alle Aktivitäten aus Oberzielen abzuleiten bzw. anhand von Zielsystemen zu bewerten.

10.5 Strategisches Management

Strategisches Management geht von den Zielen aus. Dabei stehen zunächst nicht die Produkte und die produktbezogenen Ziele im Vordergrund, sondern Ergebnis- oder Wirkungsziele und dies oft quer zur etablierten Produkt- und Haushaltsgliederung. Die am Beginn einer Debatte über Zukunftsstrategien notwendige ganzheitliche Herangehensweise und die Bereitschaft für Veränderungen und Neuerungen führen erfahrungsgemäß schnell zu einer nicht mehr handhabbaren Komplexität und/oder Abstraktheit. Und es besteht die Gefahr, dass die finanziellen Möglichkeiten der Kommune nicht ausreichend berücksichtigt werden. Um dem zu begegnen werden drei Kernempfehlungen gegeben:

- Die Zieldiskussionen werden durch Bildung von Zielfeldern geordnet.
- Die Anzahl der Planungsstufen wird begrenzt.
- Die strategische Planung wird mit dem Produkthaushalt über den Eckwertebeschluss verknüpft.

10.5.1 Die Zieldiskussionen werden durch die Bildung von Zielfeldern geordnet

Die Ordnung der Zieldiskussion durch die Bildung von Zielfeldern in Anlehnung an die Systematik der KGSt wie weiter oben bereits dargestellt (siehe 4.5.3 und 9.2), dient vor allem der methodischen Koordination. Sie basiert auf der ursprünglich aus dem angelsächsischen Raum bekannten sog. „Balanced Scorecard". Durch die Transformationsfunktion der Zielfelder und die entsprechenden Leitfragen des Strategischen Managements (siehe folgende Abbildung 37) werden strategische Ideen in konkrete Aktionen übertragen und eine strategieorientierte Ressourcenverteilung vorbereitet.

	Zielfelder	Leitfrage
Bürger/Kunden	Ergebnisse/Wirkungen	„Was soll für wen/für welche Zielgruppe wann erreicht werden?"
	Programme/Produkte	„Was soll der jeweiligen Zielgruppe angeboten (oder auferlegt) werden, womit soll die jeweilige Zielgruppe unterstützt (oder belastet) werden, um die angestrebte Wirkung zu erreichen?"
Prozesse/ Strukturen	Prozesse	„Wie muss der Leistungserstellungsprozess organisiert werden?"
	Strukturen	„Welche Struktur/welche Aufbauorganisation ist – mit Blick auf die Leistungserstellung – optimal?"
Ressourcen	Finanzen	„Wie viel Finanzmittel sind verfügbar?" und „Wie viel Finanzmittel sind für die vom Rat/Kreistag gewünschten Leistungen erforderlich?"
	Personal Vermögen Vermögen	„Wie viel Personal mit welcher Qualifikation, welcher Einsatz von Vermögen, welche Informationen sind erforderlich, um die Leistung zu erstellen?"

Abb. 37: *Zielfelder und Leitfragen des strategischen Managements; KGSt (2001)*

Auf diese Weise werden die Daten der Produkthaushalte aus strategisch angelegten Planwerken abgeleitet, die einerseits den mittelfristig verfügbaren Ressourcenrahmen abstecken und andererseits die politisch-strategisch gewollten Leistungen und Programme festlegen.

10.5.2 Die Anzahl der Planungsstufen wird begrenzt

Das Verfahren ist stark top-down angelegt. Die Planung durchläuft maximal drei Stufen. Grundlage sind **mittelfristige Entwicklungsziele,** mit denen die strategischen Schwerpunkte und die Entwicklungsziele in einer Mehr-

10 Neuer Produkthaushalt zur strategischen Steuerung

jahresperspektive (z. B. für eine Wahlperiode) festlegt werden. Die mittelfristigen Entwicklungsziele können aus unterschiedlichen Quellen gespeist werden. Erste Festlegungen können ggf. aus einer Koalitionsvereinbarung kommen. Zwischen den Wahlterminen werden die konkreten Politikziele überprüft bzw. überarbeitet. Dazu haben sich strategische Klausuren bewährt. Den folgenden Beispielen liegt ein erfolgreich in einer Kreisverwaltung eingeführtes Strategisches Steuerungsverfahren zugrunde.

Beispiel: Mittelfristige Entwicklungsziele (MEZ)

1. Zukunftsfähige Arbeitsplätze
2. Bedarfsorientierte Bildung
3. Neue Chancen für Kinder, Jugendliche und Benachteiligte
4. Nachhaltiger Umgang mit unseren Lebensgrundlagen
5. Ausbau und Sicherung der Standortqualitäten
6. Bürger- und unternehmensorientierte Verwaltungsmodernisierung.

In einer zweiten Stufe werden in der Strategieklausur aus den mittelfristigen Entwicklungszielen **Handlungsschwerpunkte (HSP)** entwickelt.

Beispiel: Handlungsschwerpunkte zum MEZ 5

1. Standortqualitäten für die Nahrungsmittelindustrie ausbauen
2. Ausbau der überregionalen Verkehrsinfrastruktur (Straße und Schiene) vorantreiben
3. Verkehrssicherheit auf den Kreisstraßen verbessern.

Im dritten Schritt entwickeln die Fachbereiche ihre **Beiträge zu den Handlungsschwerpunkten.**

Beispiel: Beiträge des Fachbereichs Planen und Bauen zum Handlungsschwerpunkt 3

1. Bauliche Veränderung von Gefahrenstellen an den Kreisstraßen
2. Forcierung des Radwegeneubaus an Kreisstraßen
3. Verringerung des Anteils von Kreisstraßen mit unzulänglichem Bauzustand.

Die Beiträge der Fachbereiche sind produkt(gruppen)scharf zu konkretisieren und die Auswirkungen auf den Haushalt sind zu benennen.

Beispiel: Konkretisierung

Die Verringerung des Anteils der Kreisstraßen mit unzulänglichem Bauzustand betrifft das Produkt „Sanierung von Verkehrsflächen".

Ist-Zustand: Von 640 km Kreisstraßen sind 108 km (= 17 %) in einem sehr schlechten Bauzustand. Jährlich kommen zzt. rund 3 km hinzu.

Ziel: Sanierung von jährlich 10 km Kreisstraßen. Nach 5 Jahren ergibt sich eine Reduzierung auf 73 km (= 11,5 %).

Neuer Produkthaushalt zur strategischen Steuerung 10

Die von den Fachbereichen vorgeschlagenen Beiträge werden von den Fachausschüssen bewertet und ggf. eingeplant. Die folgende Abbildung 38 veranschaulicht den Prozess.

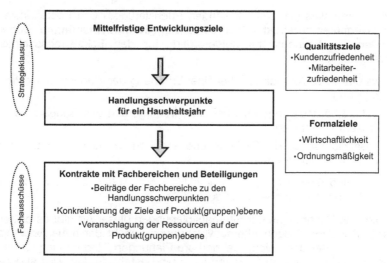

Abb. 38: *Strategischer Managementprozess*

10.5.3 Die strategische Planung wird mit dem Produkthaushalt verknüpft

Neuralgischer Punkt aller strategischen Steuerung ist die Frage: Wie gelingt die Verknüpfung mit dem Haushalt. Bezüglich Zeitpunkt und Ort bietet sich der **Eckwertebeschluss** an (siehe auch 3.6.3). Zwei Varianten kommen in Frage:

- Variante 1: Der Eckwertebeschluss wird gefasst, bevor die Fachbereiche ihre Beiträge zu den Handlungsschwerpunkten machen. Das führt zu klaren Rahmenvorgaben für die Fachbereiche und gewährleistet am ehesten ein stabiles, durchhaltbares Verfahren. Es setzt aber auch voraus, dass die Eckwerte mehr oder weniger pauschal fortgeschrieben werden können, sollen oder müssen: Sie können relativ unverändert bleiben, wenn in allen Budgets genügend Spielraum für Veränderungen ist. Möglicherweise ist die Beibehaltung des Status Quo politisch vereinbart, oder (relative) Veränderungen sind nicht möglich, weil in allen Budgets die gleiche extreme Knappheit herrscht.

10 Neuer Produkthaushalt zur strategischen Steuerung

- Variante 2: Anspruchsvoller, aber auch anstrengender und weniger verfahrensstabil ist es, auf der Grundlage der erarbeiteten Handlungsschwerpunkte und der von den Fachbereichen vorgeschlagenen Beiträge differenzierte Eckwerte zu beschließen.

Ein anderer Versuch, die schwierigen Priorisierungs- und Posteriorisierungsverfahren zu strukturieren, besteht in **Alternativplanungen**. Dabei werden die Fachbereiche aufgefordert, für den Eckwertebeschluss jeweils anzugeben,

- welche Veränderungen sie bei einer Erhöhung des Budgets um x Prozent und
- welche Veränderungen sie bei einer Verringerung des Budgets um x Prozent vorschlagen.
- Zusätzlich sollen die Fachbereiche angeben, wo kein Spielraum für Veränderungen besteht.

Ähnlich sind **Szenarien** mit z. B. + 20 %, + 5 %, 0 %, – 5 % und – 20 % Veränderung der Fachbereichshaushalte.

Praktische Erfahrungen mit Alternativplanungen dieser Art gibt es bisher nur in Ansätzen. Gegen Alternativplanungen spricht der hohe Aufwand für dann später doch nicht realisierbare Planungen. Und danach zu fragen, wo kein Spielraum für Veränderungen besteht, fördert alles andere als kreatives Nachdenken über neue Wege (siehe auch die Ausführungen zu den Vorabdotierungen unter 3.6.2).

 WICHTIG!

Trotz aller Schwierigkeiten ist der Eckwertebeschluss am ehesten für eine Verknüpfung von strategischer Planung und Jahreshaushaltsplanung geeignet.

Sehr anschaulich wird die Verknüpfung strategischer Ziele mit dem Produkthaushalt am praktischen Beispiel des Haushalts des Landkreises Lörrach deutlich. Bei der folgenden Abbildung 39 handelt es sich um den Teilhaushalt „Jugend und Familie". Auffällig ist die systematische Verknüpfung von „Wirkungszielen" (strategischen Zielen), „Leistungszielen" (operativen Zielen), „Maßnahmen" und „Finanzen".

Neuer Produkthaushalt zur strategischen Steuerung 10

Allgemeine Förderung junger Menschen

FBL Jugend & Familie – Jugendhilfeausschuss

C - Ziele & Kennzahlen

		Wirkungsziele	Zielgruppe	Messgröße
Was wollen wir erreichen?	A	Kinder und Jugendliche werden in ihrer individuellen und sozialen Entwicklung gefördert und unterstützt	Kinder, Jugendliche, Eltern, Multiplikator/-innen, Vereine, Verbände, Kommunen	
	B	Die Beteiligung und Interessenvertretung am Leben im Landkreis von Kindern und Jugendlichen ist unter besonderer Berücksichtigung des demographischen Wandels gewährleistet	Kinder und Jugendliche	
	C	Der Landkreis Lörrach als kinder- und lebensfreundlicher Lebensraum hält ein passgenaues Angebot von Einrichtungen der Jugendarbeit vor	Kinder, Jugendliche	

		Leistungsziele	Messgröße
Was müssen wir dafür tun?	A 1	Förderung der verbandlichen Kinder und Jugendarbeit durch Unterstützungs- und Schulungsangebote.	A 1 k1
	A 2	Größere Teilhabe von Kindern und Jugendlichen an lebenswelt- und lebensraumorientierten Angeboten unabhängig von Herkunft, Geschlecht, Nationalität, Religion und Behinderung erreichen.	
	B 1	Dezentrale Jugendarbeit. Die Möglichkeiten der Jugendlichen vor allem im ländlichen Raum sollen gestärkt werden	B 1 k1
	B 2	Es sollen zukunftssichere Modelle und Projekte zur Beteiligung und Interessenvertretung von Jugendlichen entwickelt werden	B 2 k1
	B 3	Durch die Teilnahme an Arbeitsgruppen soll eine Sensibilisierung für den demographischen Wandel stattfinden	
	C 1	Kommunen werden dafür sensibilisiert Orte und Plätze für Kinder und Jugendliche im öffentlichen Raum anzubieten	C 1 k1
	C 2	Weiterentwicklung des grenzüberschreitenden Austausches durch verschiedene Projekte	

		Maßnahmen	Messgröße
Wie müssen wir es tun?	A 1.1	Laufende Durchführung von Jugendleiter/innen-Seminare (JuLeica).	
	A 2.1	Initzierung, Begleitung und Beatung von Multiplikatoren in der Jugendarbeit zum Ausbau und Anpassung von Angeboten für Kinder mit Migationshintergrund	
	A 2.2	Schaffen von mehr Freizeitmöglichkeiten für Kinder mit und ohne Handicap durch verstärkte Netzwerkarbeit.	
	B 1.1	Umsetzen der Ergebnisse aus der Zukunftskonferenz.	
	B 2.1	Beteiligung von Kindern und Jugendlichen über neue Medien entwickeln und unterstützen	
	B 3.1	Mitwirken in der Arbeitsgruppe „LEADER-Gruppe Südschwarzwald".	
	C 1.1	Konzeption und Durchführung eines Modellprojektes mit einer Kommune.(aus 2012).	
	C 1.2	Abstimmung. Entwicklung von bedarfsgerechten Maßnahmen im Rahmen der interkommunalen Zusammenarbeit(AG Jugend).	
	C 2.1	Beteiligung an der Durchführung eines grenzüberschreitenden Kinder und Jugendlichen-Filmprojektes	

		Ressourcen	2011 IST	2012 Budget	2013 Budget	2014 Budget	2015 Budget	2016 Budget
Was müssen wir einsetzen?	A	Personalaufwand	125.300	128.800	131.133	132.700	133.200	135.000
		Sachaufwand	12.650	12.800	13.100	13.200	13.300	13.500
		Kalk. Aufwand	18.500	18.500	19.000	19.100	19.250	20.000
	B	Personalaufwand	17.000	17.200	17.300	17.600	17.900	18.000
		Sachaufwand	1.700	1.700	1.750	1.750	1.750	1.800
		Kalk. Aufwand	2.500	2.500	2.500	2.600	2.600	2.700
	C	Personalaufwand	27.000	23.000	13.000	16.400	20.000	23.000
		Sachaufwand	4.300	4.300	4.300	4.400	4.400	4.500
		Kalk. Aufwand	6.200	6.200	6.300	6.400	6.400	6.500

		Kennzahlen der Zielerreichung	2011 IST	2012 Ziel	2013 Ziel	2014 Ziel	2015 Ziel	2016 Ziel
Messgrößen & Kennzahlen	A 1 k1	Erfolgreiche TN Jugendleiter/innen Schulungen (JuLeica)	916	900	900	900	900	900
	B 1 k1	Umsetzung der Ergebnisse der Zukunftswerkstatt 2012 (Ja/Nein)		Nein	Ja	Ja	Ja	Ja
	B 2 k1	Teilnahme an allen LEADER Terminen (Ja/Nein)		Ja	Ja	Ja	Ja	Ja
	C 1 k1	Durchführen eines Modellprojektes 2013 (Ja/Nein)	Nein	Ja	-	-	-	-

		Allg. Kosten- und Leistungskennzahlen	2011 IST	2012 Ziel	2013 Ziel	2014 Ziel	2015 Ziel	2016 Ziel
		Zugriffe Internetseite www.jugendagenturen.de	115.000	120.000	120.000	120.000	120.000	120.000

Abb. 39: Produkthaushalt Landkreis Lörrach (www.loerrach-landkreis.de)

10 Neuer Produkthaushalt zur strategischen Steuerung

Fazit zu Kapitel 10

- Strategische Steuerung braucht die konsequente Anbindung an den jährlichen Produkthaushalt. Ohne die Verknüpfung der strategisch formulierten und ausgerichteten Ziele an die jährliche Planung bleiben strategische Ziele unklar und unverbindlich.
- Das „Herunterbrechen" der strategischen Ziele auf das operative Handeln in einzelnen Produktbereichen/Produktgruppen oder zu einzelnen Produkten erfolgt durch die Einbeziehung der Zielfelder in den Produkthaushalt. Nur so werden die Zielerreichungsbeiträge einzelner Produktbereiche, Produktgruppen oder gar einzelner Produkte sichtbar und für die Entscheidungsträger erlebbar.
- Die Brücke zwischen den strategischen Zielen und dem jährlichen Produkthaushalt schlägt die mittelfristige Ergebnis- und Finanzplanung. Sie kann als Bindeglied zwischen der langfristigen, strategischen Perspektive mit der kurzfristigen, jährlichen Perspektive genutzt werden.
- Die Einbeziehung der strategischen Ziele in den jährlichen Haushaltsplan kann helfen, Haushaltskonsolidierungsprozesse stärker an langfristigen Zielen auszurichten. An die Stelle kurzfristig, linearer Sparrunden (Rasenmäher) können langfristig ausgewogene, differenzierte Konsolidierungsstrategien treten.

Literatur zu Kapitel 10

Hoffjan, Andreas (2000)
KGSt (2000c)
KGSt (2000d)
KGSt (2001)

Anlage 1

Anlage 1 (zu Kapitel 3.7)

Muster
Richtlinien [Dienstanweisung] zur Aufstellung und Ausführung des Haushalts [der Gemeinde/der Stadt/des Kreises ...] (Haushaltsrichtlinien)

1. Grundsätze der Haushaltswirtschaft

1.1 Sicherung der Leistungsfähigkeit

Ziel der Finanzwirtschaft [der Gemeinde/der Stadt/des Kreises ...] ist es, die gestellten Aufgaben wirtschaftlich den Erfordernissen entsprechend zu lösen und die dauerhafte Leistungsfähigkeit zu erhalten. Solange ein defizitärer Ergebnishaushalt besteht, müssen alle Beteiligten zum Abbau beitragen. In welcher Höhe die Einzelbudgets [Teilergebnispläne] betroffen sind, entscheidet der [Rat/Kreistag] im Rahmen der Haushaltsberatungen.

1.2 Steuerung mit Finanz- und Leistungsvorgaben

Den Organisationseinheiten der Verwaltung werden die Ressourcen (betriebswirtschaftliche Aufwendungen und Erträge) als Budget zugewiesen. Im Rahmen der Budgets (= Finanzvorgaben) und ergänzender zentraler Regelungen erfüllen die Organisationseinheiten die ihnen vorgegebenen Leistungs- bzw. Produktaufträge (= Leistungsvorgaben). Die Budgetierung bildet die Basis für die Zusammenfassung von Sach- und Finanzverantwortung in den dezentralen Organisationseinheiten. Sie schafft damit die integrale Managementverantwortung der Führungskräfte und ermöglicht die ergebnisorientierte Steuerung der Leistungs- und Verantwortungszentren des Dienstleistungsunternehmens [Gemeinde/Stadt/Kreis ...].

1.3 Produktinformationen

Die mit den beantragten bzw. zugewiesenen Haushaltmitteln zu erbringenden Leistungen sind in geeigneter Weise zu beschreiben und um Informationen (Kennzahlen) zu ergänzen, die der politischen Entscheidungsfindung, der Information der Bürger und der Führung der Organisationseinheiten dienen („Produkthaushalt").

Anlage 1

Einzelheiten zu Inhalt und Format der Produktinformationen ergeben sich aus dem anliegenden Muster und sind in diesem Rahmen mit [der Abteilung Finanzen] abzustimmen.

1.4 Ziele der produktorientierten Budgetierung

Mit der Budgetierung und den Produktinformationen werden im Einzelnen folgende Ziele verfolgt:

- Verbesserung der Transparenz für [Rat/Kreistag] und Öffentlichkeit
- Erleichterung einer frühzeitigen Prioritätensetzung durch Politik und Verwaltungsführung
- Konzentration von Politik und Verwaltungsführung auf strategische Entscheidungen und Entlastung von administrativen Detailentscheidungen
- Stärkung der Eigenverantwortlichkeit und Kompetenz, Vergrößerung der Entscheidungsspielräume und Erhöhung der Flexibilität der Organisationseinheiten
- Förderung der Motivation von Führungskräften und Mitarbeitern
- Stärkung der Verantwortlichkeit der Organisationseinheiten für Leistungen, Kosten und Qualität und damit für Kundenorientierung
- Schaffung von Anreizen für die Aufdeckung von Einsparpotentialen und die Ausschöpfung von Einnahmeerhöhungsspielräumen
- Bessere Durchsetzung der Haushaltskonsolidierungsziele.

2. Struktur des Haushalts

2.1 Zuschuss- oder Überschussbudgets

Die im Ergebnishaushalt gebildeten Budgets sind entweder Über- oder Zuschussbudgets. Dazu werden zunächst die Aufwendungen den Erträgen gegenübergestellt. Bei einem negativen Saldo wird dieser als Zuschussbedarf festgeschrieben und der Organisationseinheit zur Verfügung gestellt. Dies bedeutet u. a., dass eine Organisationseinheit ihre Aufwendungen einschränken muss, wenn ihre Erträge hinter der Kalkulation zurückbleiben. Beim Überschussbudget ist der festgeschriebene Überschuss vom Budgetverantwortlichen zu erwirtschaften.

2.2 Budgethierarchie

Die Budgetstruktur folgt der Organisationsstruktur der Verwaltung. Daraus ergeben sich die folgenden Budgetebenen [bei einer Gliederung der Verwaltung in Fachbereiche, Abteilungen, Einrichtungen usw.]:

Anlage 1

1. Ebene: Gesamtbudget
2. Ebene: Fachbereichsbudgets
3. Ebene: Abteilungsbudgets
4. Ebene: Unterbudgets für Einrichtungen, Institute usw.

Die Budgets werden durch den [Rat/Kreistag] festgelegt. Entsprechend dem Dezentralisierungsgrad innerhalb eines [Fachbereiches] kann dessen Leiter zusammen mit dem Fachausschuss die Verantwortung für Teile des Budgets weiter delegieren, z. B. an die Leiter und Leiterinnen von Einrichtungen (Schulen, Kindergärten, Bücherei usw.) oder an die Verantwortlichen für bestimmte Projekte, Maßnahmen o. Ä., ohne dass die Gesamtverantwortung des [Fachbereichsleiters] für das [Fachbereichsbudget] gegenüber dem [Rat/Kreistag] berührt wird.

2.3 Budgetbezogene Stellenplanauszüge

Zu jedem Budget sind die dort dotierten Stellen nachzuweisen (Teilstellenplan). Inhalt und Format der Teilstellenpläne ergeben sich aus dem Muster in der Anlage.

2.4 Teilinvestitionspläne

Zu jedem Budget wird der entsprechende Teilinvestitionsplan im Zusammenhang mit dem Teilergebnisplan (und dem Teilstellenplan) dargestellt. Inhalt und Format ergeben sich aus dem Muster in der Anlage.

3. Aufstellungsverfahren

3.1 Haushaltssatzung

Es ist Aufgabe des [Rates/Kreistages], durch den Erlass der Haushaltssatzung die jährlich verfügbaren Budgets festzulegen.

3.2 Budget „Allgemeine Finanzwirtschaft"

Am Beginn des Aufstellungsverfahrens für den Haushalt wird im Rahmen des Budgets „Allgemeine Finanzwirtschaft" durch [die Abteilung für Finanzen] ermittelt, welche Mittel für die Dotierung der Aufgaben der Fachbereiche im Planjahr voraussichtlich zur Verfügung stehen werden („Kassensturz").

3.3 Eckwertebeschluss

Unter Berücksichtigung dieses Rahmens, der bisherigen Höhe der Budgets, sich abzeichnender unabweisbarer größerer Veränderungen und geplanter größerer Veränderungen von Prioritäten bereitet die Verwaltung

Anlage 1

einen Vorschlag dafür vor, wie die zur Verfügung stehenden Finanzmittel auf die [Fachbereiche und evtl. weiter auf die Abteilungen] verteilt werden sollen. Auf dieser Basis fasst der [Rat/Kreistag] den Eckwertebeschluss, durch den die Zuschuss- bzw. Überschussbudgets für die einzelnen [Fachbereiche bzw. Abteilungen] festgelegt werden (Budgetrahmen).

3.4 Aufstellung der Budgets

Anschließend stellen die [Fachbereiche] im Rahmen des Eckwertebeschlusses die [Abteilungsbudgets und ggf. die Unterbudgets für einzelne Einrichtungen] auf und bringen diese in die korrespondierenden Fachausschüsse ein.

3.5 Festlegung der Budgets durch Fachausschüsse

Die Fachausschüsse entscheiden im Rahmen des Eckwertebeschlusses über die Verwaltungsvorschläge.

3.6 Beschlussfassung durch [Rat/Kreistag]

Die von den Fachausschüssen genehmigten und ggf. modifizierten Budgets werden anschließend von [der Abteilung Finanzen] zusammengefasst und dem [Rat/Kreistag] zur endgültigen Beschlussfassung vorgelegt.

4. Haushaltsvollzug

Die Fachbereiche führen die ihnen zugewiesenen Budgets im Rahmen dieser Leitlinien, der haushaltsrechtlichen Bestimmungen und der Zuständigkeitsregeln der Gemeindeordnung in Verbindung mit denen der Hauptsatzung [der Stadt/des Kreises] aus.

4.1 Ergebnishaushalt [Verwaltungshaushalt]

4.1.1 Erfüllung der Leistungsvorgaben

Die Mittel im Ergebnishaushalt sind entsprechend den Leistungsvorgaben zu verwenden. Umschichtungen innerhalb eines Budgets, die zu einer Veränderung der vereinbarten Leistungen führen, sind nur im Benehmen mit dem zuständigen Fachausschuss zulässig. Soweit der Haushalt keine eindeutigen Leistungsvorgaben oder Zweckbindungen enthält, sind die Mittel entsprechend den Produktinformationen zu verwenden.

4.1.2 Budgetverantwortung

Der/Die Verantwortliche für die jeweilige Budgetebene hat sicherzustellen, dass das Budget seiner/ihrer Budgetebene im Falle eines Zuschuss-

Anlage 1

budgets nicht überschritten und im Falle eines Überschussbudgets nicht unterschritten wird. Die Sachbearbeiterinnen und Sachbearbeiter sind verantwortlich für einen effektiven und wirtschaftlichen Einsatz der ihnen anvertrauten Ressourcen.

Zur besseren Orientierung werden im Haushaltsplan bei jedem Budget der/die Budgetverantwortliche namentlich genannt.

4.1.3 Weitere Untergliederung von Budgets

Die weitere Untergliederung eines Budgets im Laufe des Haushaltsjahres ist zulässig, wenn dadurch ein wirtschaftlicherer Umgang mit den Ressourcen erreicht wird. Einzelheiten sind mit [der Abteilung für Finanzen] zu regeln.

4.1.4 Deckungsfähigkeit innerhalb der Budgets

Die einem Budget zugeteilten Mittel sind im rechtlich zulässigen Rahmen gegenseitig deckungsfähig.

Die dauerhafte Umwandlung von Sachaufwand in Personalaufwand ist nur mit Zustimmung der [Abteilung Personal und Organisation] zulässig.

Zuweisungen und Zuschüsse an Dritte sind entsprechend ihrer politischen und/oder gesetzlichen Zweckbestimmung zu verwenden. Abweichungen von den Ansätzen bedürfen der Zustimmung des Fachausschusses. [Alternative für eine restriktivere, aber möglicherweise kontraproduktive Regelung: Nicht ausgeschöpfte Ansätze für Zuschüsse dürfen nicht für andere Zwecke im Fachbereich verwendet werden.]

Sonstige Einzelausnahmen vom Grundsatz der gegenseitigen Deckungsfähigkeit werden im jeweiligen Haushaltsplan durch Vermerke besonders festgelegt.

4.1.5 Budgetüberschreitungen

Bleiben in einem Budget die Erträge hinter den Ansätzen zurück oder übersteigen die Aufwendungen die Ansätze und kommt es dadurch zu einer Überschreitung des festgelegten Zuschussbedarfs, so ist dieser Mehrbedarf innerhalb der nächsthöheren Budgets [Abteilungsbudget bzw. Fachbereichsbudget] zu decken. Ein Verfahren zur Bewilligung über- oder außerplanmäßiger Ausgaben nach den Vorschriften der Gemeindeordnung ist nur erforderlich, wenn eine Deckung im Rahmen des [Fachbereichsbudgets] nicht möglich ist.

In Höhe der Überschreitung des Budgets erfolgt im nachfolgenden Jahr eine entsprechende Kürzung des Zuschusses („Nachsparen").

Anlage 1

4.1.6 Managementbedingte Mehrerträge

Zusätzliche Erträge, die („managementbedingt") durch die Budgetverantwortlichen erzielt wurden, dürfen für Mehraufwand innerhalb des Budgets verwendet werden.

4.1.7 Nicht managementbedingte Mehrerträge

Zusätzliche Erträge, die („nicht managementbedingt") auf exogene Faktoren (z. B. Gesetzesänderungen) zurückgehen, dürfen nur nach Zustimmung [der Abteilung Finanzen] innerhalb des Budgets verwendet werden.

4.1.8 Managementbedingte Minderaufwendungen

Einsparungen bei den Aufwendungen, die („managementbedingt") durch die Budgetverantwortlichen erzielt wurden, dürfen für Mehraufwand innerhalb des Budgets verwendet werden.

4.1.9 Nicht managementbedingte Minderaufwendungen

Einsparungen bei den Aufwendungen, die („nicht managementbedingt") auf exogene Faktoren (z. B. Gesetzesänderungen) zurückgehen, dürfen nur nach Zustimmung [der Abteilung Finanzen] innerhalb des Budgets verwendet werden.

4.1.10 Umschichtung für Investitionen

Werden in einem Budget durch die Budgetverantwortlichen („managementbedingt") zusätzliche Erträge erzielt oder die Aufwendungen gemindert und kommt es dadurch voraussichtlich im Falle des Zuschussbudgets zu einer Unterschreitung des zugestandenen Zuschussbedarfs bzw. im Falle des Überschussbudgets zu einer Überschreitung des erwarteten Überschusses, so dürfen die Mittel zum Erwerb von beweglichem Vermögen umgeschichtet werden. Dies bedarf der vorherigen Zustimmung [der Abteilung Finanzen], wobei insbesondere etwaige Folgekosten zu berücksichtigen sind.

4.2 Investitionen

Mittel für Investitionen sind nur für den veranschlagten Zweck zu verwenden. Sie dürfen mit Zustimmung des Fachausschusses zur Deckung anderer veranschlagter Maßnahmen herangezogen werden, wenn ihr ursprünglicher Zweck weiterhin voll finanzierbar bleibt. Anträge auf Umschichtung von Mitteln sind über [die Haushaltsabteilung] zu stellen.

Anlage 1

5. Haushaltswirtschaftliche Sperre und Nachtragshaushalt

5.1 Haushaltswirtschaftliche Sperre

Wenn die Entwicklung der Erträge und Aufwendungen es erfordert, kann der Hauptverwaltungsbeamte die Inanspruchnahme von Aufwandspositionen und Verpflichtungsermächtigungen von seiner Einwilligung abhängig machen.

5.2 Nachtragshaushalt

Zeichnet sich im Laufe eines Haushaltsjahres ab, dass der Ausgleich des Haushaltes [um mehr als 5 %] verfehlt wird oder dass sich das Haushaltsdefizit [um mehr als 5 %] vergrößert, dann muss [entsprechend den Regelungen der GO] eine Nachtragssatzung erlassen werden. Dies kann zu einer Kürzung von Zuschussbudgets bzw. einer Erhöhung von Überschussbudgets führen. Dabei sollen Mehrerträge bzw. Minderaufwendungen, die durch die Budgetverantwortlichen („managementbedingt") erzielt wurden, nach Möglichkeit nicht abgeschöpft werden.

6. Berichterstattung

6.1 Zwischenberichte

Die budgetverantwortlichen [Fachbereichs-] Leiter berichten jeweils zum [31. 5.] und zum [30. 9.] eines Jahres gemäß Anlage 2 an die Verwaltungsführung und den zuständigen Fachausschuss über die Entwicklung in ihrem Bereich, und zwar insbesondere über

- relevante Ergebnisse und Veränderungen
- neue Entwicklungen und Risiken (Frühwarnung)
- Fortgang wichtiger Projekte
- Stand wichtiger Investitionsmaßnahmen
- Einhaltung des Budgets
- Prognose zum Jahresende
- erforderlichenfalls Korrekturvorschläge und Gegensteuerungsmaßnahmen.

Auf der Basis der Berichte der Budgetverantwortlichen berichtet die Verwaltungsführung zweimal jährlich dem [Rat/Kreistag] in zusammengefasster Weise über die Ergebnisse der Arbeit aller Fachbereiche.

6.2 Budgetkonferenzen

Unverzüglich nach Vorlage der Berichte finden Budgetkonferenzen statt, die aus den Mitgliedern des Verwaltungsvorstands und den Fachbe-

Anlage 1

reichsleitern bestehen. Bei Budgetüberschreitungen sollen in der Budgetkonferenz mit den betroffenen Führungskräften Gegensteuerungsmaßnahmen vereinbart werden.

6.3 Jahresbericht

Nach Abschluss des Haushaltsjahres erstellt jeder budgetverantwortliche [Fachbereichs-] Leiter einen Jahresbericht über die wesentlichen Ergebnisse, der als Bestandteil des Rechenschaftsberichts dem [Rat/Kreistag] vorgelegt wird und auch zur Information der Öffentlichkeit geeignet sein soll.

6.4 Sonderberichte

Ist abzusehen, dass bei den für eine Maßnahme im Investitionsplan [Vermögenshaushalt] veranschlagten Mitteln eine Erhöhung von mehr als [10 %] unabweisbar ist, so ist unter Vorlage eines Finanzierungsplanes und von Kosteneinsparungsvorschlägen im Fachausschuss mit dem Ziel zu berichten, einen Ausgleich im Budget [der Abteilung bzw. des Fachbereichs] zu erreichen. Die Änderung ist zu begründen. Der Bericht hat so rechtzeitig zu erfolgen, dass noch Gegenmaßnahmen ergriffen werden können.

Im Ergebnishaushalt [Verwaltungshaushalt] gilt dies analog für den Fall, dass sich die unabweisbare Überschreitung eines Einzelbudgets um mehr als [10 %] abzeichnet.

7. Mittelübertragungen ins nächste Jahr

7.1 Übertragungen im Ergebnishaushalt

Wurden in einem Budget durch die Budgetverantwortlichen („managementbedingt") zusätzliche Erträge erzielt oder die Aufwendungen gemindert und ist es dadurch im Falle des Zuschussbudgets zu einer Unterschreitung des zugestandenen Zuschussbedarfs bzw. im Falle des Überschussbudgets zu einer Überschreitung des erwarteten Überschusses gekommen, so können diese Mittel [zu 50 %] in das nächste Haushaltsjahr übertragen werden [alternativ: einer Budgetrücklage zugeführt werden].

Über die Haushaltsreste des Ergebnishaushalts muss bis zum Ende des folgenden Jahres verfügt werden, ansonsten gehen diese Mittel unter.

7.2 Übertragungen im Investitionshaushalt

Im Investitionshaushalt können Haushaltsreste in folgenden Fällen gebildet werden:

1. bei Mehrjahresmaßnahmen, für die jährliche Teilbeträge in Höhe des erwarteten Jahresvolumens eingesetzt wurden
2. bei Maßnahmen, für die Mittel „angespart" werden

Anlage 1

3. bei nachweislich begonnenen Maßnahmen in Höhe des Restbetrages des noch verfügbaren Haushaltsansatzes. Dabei gilt eine Maßnahme nur dann als nachweislich begonnen, wenn ein Auftrag hierfür vergeben worden ist. Interne Vorbereitungsmaßnahmen zählen nicht hierzu.

7.3 Zuständigkeiten

Alle Übertragungen sind so rechtzeitig zu beantragen, dass sie in den Jahresabschluss des laufenden Haushaltsjahres aufgenommen werden können.

Über die Zulässigkeit der beantragten Haushaltsreste entscheidet der [Hauptverwaltungsbeamte/der für das Finanzwesen zuständige Beamte] im Benehmen mit dem jeweiligen [Fachbereich].

Der jeweilige Ausschuss ist zu unterrichten.

8. Mittelfristige Planung

8.1 Produkt- und Projektplanung

Jeder [Fachbereich] ist verpflichtet, für seinen Aufgabenbereich im Rahmen der strategischen Planung [der Gemeinde/der Stadt/des Kreises] eine wirklichkeitsnahe mittelfristige Produkt- und Projektplanung zu erstellen, um daraus die voraussichtlichen Erträge und Aufwendungen und die voraussichtlichen Einzahlungen und Auszahlungen im Zusammenhang mit Investitionen und Investitionsförderungsmaßnahmen ermitteln zu können. Diese Planung muss sich mindestens auf die nächsten 3 Jahre erstrecken, die auf das jeweilige Haushaltsplanjahr folgen.

8.2 Mittelfristiger Investitionsplan

Die geplanten Einzahlungen und Auszahlungen im Zusammenhang mit Investitionen und Investitionsförderungsmaßnahmen für die mittelfristige Periode werden im Haushalt im Zusammenhang mit den Investitionsbudgets des jeweiligen Haushaltsplanjahres dargestellt und gemeinsam mit diesen beschlossen (mittelfristiger Investitionsplan).

8.3 Mittelfristige Ertrags- und Aufwandsplanung

Die voraussichtlichen Erträge und Aufwendungen für die mittelfristige Periode werden im Haushalt im Zusammenhang mit den Budgets des Ergebnishaushalts des jeweiligen Haushaltsplanjahres dargestellt. Sie haben zunächst nur nachrichtlichen Charakter. Der [Rat/Kreistag] kann in geeigneten Fällen [widerrufbar] den Zuschussbedarf mittelfristig festschreiben, um den betroffenen Einrichtungen größere Planungssicherheit zu geben (Zuschussplafonierung).

Anlage 1

Anlage A
zu den Richtlinien zur Aufstellung und Ausführung des Haushalts

Produktübersicht

Produktgruppen		Produkte	
x.x.1.	Produktgruppe 1	x.x.1.1.	Produkt X
		x.x.1.2.	Produkt Y
		x.x.1.3.	Produkt Z
		...	...
x.x.2.	Produktgruppe 2	x.x.2.1.	Produkt 1
		x.x.2.2.	Produkt 2
		x.x.2.3.	Produkt 3
		...	...

Produktinformationen
Produkt x.x.1.1.

Kurzbeschreibung:

Auftragsgrundlage:

Zielgruppen:

Ziele / Wirkungen:

Leistungsumfang/Leistungsdaten:

Ergebnis	Haushaltsplan	mittelfr. Planung		
2010	2011	2012	2013	2014	2015

Kennzahlen:

Dezernat / Fachbereich: x: ...
Amt / Abteilung: x.x: ...
Budgetverantwortlicher N. N

	Ergebnis	Haushaltsplan	mittelfristiger Ergebnisplan		
	2010	2011	2012	2013	2014	2015

Teilergebnisplan
Erträge
Aufwendungen
Zuschuss/ Überschuss

Teilfinanzplan
Einzahlungen
Auszahlungen
Zuschuss/ Überschuss

Stellenplanauszug
Stellen insgesamt
davon:
Höherer Dienst
Gehobener Dienst
Mittlerer Dienst
Einfacher Dienst
Praktikanten u. a.

Abb. 40: Teilhaushalt – Aufbau des Informationssystems

Anlage 1

Anlage B
zu den Richtlinien zur Aufstellung und Ausführung des Haushalts
Zwischenbericht zum [30.9.2012]
gem. Ziffer [6.1] der Richtlinien zur Aufstellung und Ausführung des Haushalts

Ergebnishaushalt

Fachbereich [Dezernat] ...
Abteilung [Amt] ...
Einrichtung (Budget Nr.) ...

	Haushaltssoll [2012]	Haushaltsreste	Summe [2012]	Anordnungssoll Stand [30.9.2012]	Prognose Anordnungssoll zum [31.12.2012]
Erträge insgesamt					
Aufwendungen insgesamt					
Zuschuss					

Erläuterungen:

Entwicklung wesentlicher Ertrags- und Aufwandspositionen, insbesondere Abweichungen von den Ansätzen:

Neue Entwicklungen und Risiken (Frühwarnung):

Fortgang wichtiger Projekte:

Prognose zum Jahresende insbes. zur Einhaltung des Budgets:

Korrekturvorschläge und Gegensteuerungsmaßnahmen (erforderlichenfalls):

Anlage 2

Anlage 2 (zu Kapitel 3.8)

Muster
Richtlinien [Dienstanweisung] für die PERSONALKOSTENBUDGETIERUNG
[der Gemeinde/der Stadt/des Kreises ...]

1. Zielsetzungen

Seit dem Haushaltsjahr ... werden den Organisationseinheiten die Ressourcen als Budgets zugewiesen. Ab dem Haushaltsjahr ... werden auch die Personalkosten[1] in die Budgetierung einbezogen (Personalkostenbudgetierung)[2]. Soweit nachstehend nichts Abweichendes bestimmt wird, entsprechen die Zielsetzungen, die Grundsätze und die Funktionsweise der Personalkostenbudgetierung den allgemeinen Budgetierungsregeln (siehe insbesondere die Ziffer [1.4] der „Richtlinien zur Aufstellung und Ausführung des Haushalts ...")[3]. Danach sind Ziele der Personalkostenbudgetierung insbesondere:

- Kostentransparenz:
  Die budgetierten Bereiche erkennen erstmals ihre Personalkosten.

- Kostenverantwortung:
  Dezentrale Verantwortung für das Personal und Kostenverantwortung werden zur Deckung gebracht; Motto: Wer bestellt, muss auch bezahlen.

- Kostenbewusstsein:
  Durch Begrenzung des Budgets wird jeder Aufwand kritisch hinterfragt.

- Personalkostensenkung:
  Personalkosten, die nicht unbedingt erforderlich sind, werden vermieden.

---

1) Im Muster wird der Begriff „Personalkosten" verwendet. Dem entspricht im neuen kommunalen Haushalts- und Rechnungswesen (weitestgehend) der Personalaufwand. Die Regelungen gelten aber auch dann, wenn nach dem bisherigen Haushaltsrecht nur die Personal*ausgaben* veranschlagt werden.

2) Im Textteil des Buches wird strenger zwischen der „Einbeziehung der Personalkosten in die Budgetierung" als dem Grundmodell einerseits und speziell auf die Personalkosten gerichteten Verfahren der Begrenzung oder der Senkung andererseits unterschieden. Für beide – in der Praxis meist kombinierten Verfahren – wird in dieser Musterrichtlinie der Begriff „Personalkostenbudgetierung" verwandt.

3) Es wird davon ausgegangen, dass örtliche Richtlinien (Dienstanweisung, Rundverfügung o. Ä.) existieren, die das Budgetierungsverfahren regeln. Siehe dazu auch das Muster in Anlage 1 zu diesem Buch.

Anlage 2

Bei der Aufstellung und Bewirtschaftung der Budgets sind die vom [Rat / Kreistag] beschlossenen Rahmenregelungen zu beachten.[1] Danach dürfen die Personalausgaben im Haushaltsjahr ... insgesamt ... Mio. Euro nicht übersteigen („Personalkostendeckelung"). In den Folgejahren sind die Personalkosten jährlich um [1 %] abzubauen.

2. Ermittlung der Ansätze und Umfang der dezentralen Kostenverantwortung

2.1 Erstmalige Ermittlung

Die Personalkostenansätze der Fachbereiche[2] werden von der Personalabteilung unter Berücksichtigung der zum Stichtag [...] tatsächlich besetzten Stellen[3] mitarbeiterbezogen ermittelt und den Fachbereichen zugewiesen. Die Aufteilung der Personalkosten des Fachbereichs auf die Unterbudgets

- wird entweder im Fachbereich vorgenommen
- oder kann auf Wunsch des Fachbereichs von der Personalabteilung ermittelt und als Vorschlag dem Fachbereich unterbreitet werden.

In beiden Fällen gilt, dass innerhalb des jeweiligen Fachbereichs ein Konsens unter Beteiligung der Abteilungsleiter/innen über die Verteilung der Mittel auf die Unterbudgets angestrebt wird. Kommt dieser Konsens nicht zustande, entscheidet die Fachbereichsleitung.

Aus Steuerungsgründen (Ziel: Deckung von Budget- und Personalverantwortung) sollen Personalausgaben für ein und dieselbe Person nicht auf mehrere Budgets aufgeteilt werden. Das kann durch die Bildung von Gemeinkostenbudgets oder interne Leistungsverrechnung weitgehend vermieden werden.

---

1) Die allgemeinen Ziele, die mit der Einbeziehung der Personalkosten in die Budgetierung verfolgt werden, können durch weitere personal- oder finanzwirtschaftliche Ziele ergänzt, modifiziert oder überlagert werden. In das Muster wurden zwei Vorgaben aufgenommen, die bei Haushaltskonsolidierungen häufig sind: Eine Personalkostendeckelung für das aktuelle Planjahr und eine Sparvorgabe für die Folgejahre. Bei anderen Vorgaben sind die Regelungen entsprechend anzupassen.

2) Das Muster geht davon aus, dass die Verwaltung in Fachbereiche, Abteilungen und Einrichtungen gegliedert ist.

3) Es wird davon ausgegangen, dass für das Planjahr nur die zum 1. Januar des Planjahres voraussichtlich besetzten Stellen dotiert werden, nicht dagegen unbesetzte Stellen. Der Stellenplan ist also im Haushalt nicht ausfinanziert. Bei einer anderen örtlichen Vorgehensweise sind die Regelungen entsprechend anzupassen.

Anlage 2

2.2 Umfang der dezentralen Kostenverantwortung

Die Fachbereiche müssen folgende Personalkostenbestandteile aus ihren Ansätzen bestreiten:

- Löhne, Vergütungen, Gehälter (einschl. „Saisonverträge" u. Ä.)
- Arbeitgeberanteile zur Sozialversicherung
- Überstundenvergütungen
- Honorare, Vergütungen für Werkverträge etc.
- Entgelte für Auszubildende, Beamtenanwärter, Praktikanten, kurzzeitig Beschäftigte u. Ä.
- Abfindungsregelungen oder ähnliche, durch Arbeitsgerichtsurteile erstrittene Zahlungen
- Kosten der Altersteilzeit, und zwar auch für den sog. inaktiven Teil der Altersteilzeit.[1]

Aus den zugewiesenen Personalkostenansätzen sind auch alle exogenen Kostensteigerungen des jeweiligen Haushaltsjahres (Besoldungs- und Tarifsteigerungen, Erhöhung von Beiträgen zur Sozialversicherung, zur VBL usw., Erhöhungen der Versorgungsumlagen usw.) sowie strukturelle Veränderungen (Änderung von Dienstaltersstufen usw.) zu finanzieren. Eine zentrale Deckungsreserve für Personalausgaben wird nicht vorgehalten.

2.3 Zentral bewirtschafteter Personalaufwand

Nur in wenigen Ausnahmefällen werden Personalkosten zentral finanziert und/oder bewirtschaftet:

- Versorgung und Beihilfen werden zentral bewirtschaftet, jedoch monatsscharf durch Umlagen auf die Personalkostenbudgets der Organisationseinheiten verteilt, und zwar anteilig nach der Gehaltshöhe der Beamten (für die Versorgung) bzw. der Beihilfeempfänger (für die Beihilfe). Diese Personalkosten sind Bestandteile der Personalkostenbudgets der Einrichtungen, Abteilungen und Fachbereiche.
- Nur Auszubildende, Beamtenanwärter, Praktikanten usw., die nicht zugeordnet werden können, werden aus einem eigenen Budget finanziert und zentral bewirtschaftet.

---

1) Die dezentrale Veranschlagung hat den Vorteil, dass bei einer sauberen KLR während der aktiven Zeit Rückstellungen für die Verpflichtungen während der inaktiven Zeit gebildet werden können. Bei Gebührenhaushalten müssen diese Kosten dann von den Gebührenzahlern und nicht vom allgemeinen Haushalt getragen werden. Außerdem erhöht dieses Verfahren die dezentrale Kostentransparenz bei teuren Abfindungs- und Vorruhestandsregelungen.

Anlage 2

2.4 Ansatzermittlung in den Folgejahren

Ausgangspunkt für die Ermittlung der Personalkostenansätze in den Folgejahren sind die für das laufende Haushaltsjahr in den einzelnen Unterbudgets erwarteten Ist-Personalkosten. Diese – um [1 %] gekürzt – ergeben den Ansatz für das Planjahr.[1]

Aus den so gebildeten Budgets sind auch die Tarifsteigerungen zu erwirtschaften.

Auch Personalkostensteigerungen, die aus sogenannten strukturellen Veränderungen (steigende Dienstaltersstufen u. Ä.) resultieren, sind in den Budgets zu erwirtschaften.

Personalkosteneinsparungen auf Grund struktureller Veränderungen (niedrigere Dienstaltersstufe eines neuen Mitarbeiters u. Ä.) führen nicht zu einer Reduzierung der Personalkostenbudgets.

Leistungsausweitungen führen in der Regel nicht zu Erhöhungen der Personalkostenbudgets, sondern müssen durch geeignete organisatorische Maßnahmen/Einsparungen innerhalb der (Fachbereichs-)Budgets erwirtschaftet werden. Von diesem Grundsatz kann in begründeten Ausnahmefällen abgewichen werden – etwa bei erheblichen und anders nicht zu kompensierenden neuen Aufgaben. Darüber entscheidet [der Verwaltungsvorstand].

2.5 Budgetverantwortliche

Für die Einhaltung der Personalkostenbudgets der Abteilungen und Einrichtungen sind deren Leiter/Leiterinnen gegenüber der Fachbereichsleitung verantwortlich. Für die Fachbereichsbudgets sind die Leiter/Leiterinnen der Fachbereiche gegenüber dem Verwaltungsvorstand verantwortlich. Der Verwaltungsvorstand verantwortet die Einhaltung des Gesamtansatzes gegenüber dem [Rat/Kreistag].

3. Personalkostensenkungen

3.1 Deckungsfähigkeit mit Sachkosten

Einsparungen bei den Personalkosten, die durch die Budgetverantwortlichen erzielt werden (managementbedingte Personalkosteneinsparun-

---

1) Die Verringerung der Personalkosten [um 1 %] wird in den einzelnen Budgets auf unterschiedlich große Schwierigkeiten stoßen. Beispielsweise können Organisationseinheiten, in denen Stellen altersbedingt frei werden, die Sparvorgabe – jedenfalls rechnerisch – leicht (über)erfüllen, während sie andernfalls nur schwer zu erfüllen ist. Ob dies bereits bei der Ansatzbildung – durch *differenzierte* Kürzungen der Personalkostenbudgets – oder erst bei der Bewirtschaftung – gemäß Ziff. 6 – berücksichtigt werden soll, ist örtlich zu entscheiden.

Anlage 2

gen), dürfen für Mehraufwand bei anderen Aufwandsarten innerhalb des Budgets verwandt werden. Dies gilt grundsätzlich auch bei Personalkosteneinsparungen, die dadurch erzielt werden, dass – vorübergehend oder auf Dauer – eine frei werdende Stelle nicht wieder besetzt oder dass eine Vollzeitstelle mit einer Teilzeitkraft besetzt wird. Ausnahmen zu diesen Grundsatzregeln ergeben sich aus Ziff. 5.

Die Budgetverantwortlichen können auch Stellenumwandlungen in der Weise vorschlagen, dass aus zwei Stellen (des mittl. Dienstes) eine Stelle (des gehobenen Dienstes) gebildet wird (u. Ä.). Auch auf diese Weise erzielte Einsparungen werden als managementbedingte Einsparungen behandelt. Sollten hierfür Veränderungen des Stellenplans notwendig sein, wird die Personalabteilung nach den Wünschen des Fachbereichs tätig, soweit es nicht zu Kollisionen mit übergeordneten Vorschriften kommt (Stellenobergrenzenverordnung, Stellenbewertungsregeln für Beamte bzw. Eingruppierungsregeln entsprechend des Tarifvertrages des öffentlichen Dienstes etc.). Der [Rat/Kreistag] ist zu beteiligen, wenn die erforderliche neue Stelle nicht durch Umschichtung innerhalb der Verwaltung geschaffen werden kann.

3.2 Berücksichtigung von Refinanzierungen

Refinanzierungen von Personalkosten (z. B. auf Grund von Erstattungsansprüchen gegenüber anderen Gebietskörperschaften) sind stets zu berücksichtigen. So gilt bei Personalkosten, denen Einnahmen gegenüberstehen, nur der Nettobetrag als Personalkosteneinsparung, die zu Mehrausgaben im Sinne von 3.1 berechtigt.

3.3 Übertragung von Resten

Wenn managementbedingte Einsparungen bei den Personalkosten am Ende des Haushaltsjahres zu einer Unterschreitung des Zuschussbudgets führen, können [50 %] der noch verfügbaren Haushaltsmittel übertragen werden (s. Ziffer [7.1] der „Richtlinien zur Aufstellung und Ausführung des Haushalts [der Gemeinde/der Stadt/der Kreises ...").[1]

3.4 Keine Veränderungen des Stellenplans

Ganz oder teilweise frei bleibende Stellen führen bis auf Weiteres nicht zu Veränderungen des Stellenplans, d. h. die ursprünglichen Stellen(werte) werden weiter geführt. Bei künftigen Personalmaßnahmen (Umbesetzun-

---

1) Als Anteil der dem Budgetbereich verbleibenden Mittel („Interessensquote") ist hier der Prozentsatz einzusetzen, der generell für managementbedingte Budgetverbesserungen gilt. Meist liegen die den Fachbudgets zugestandenen Interessensquoten bei 40 % bis 60 %.

Anlage 2

gen, Höhergruppierungen/Beförderungen, Umwandlungen etc.) muss nicht jedes Mal der Stellenplan angepasst werden, sondern die erforderliche Stelle steht ggf. innerhalb des Fachbereichs bereits zur Verfügung. Das schafft dezentral mehr Flexibilität bei organisatorischen und personellen Maßnahmen.

Der entstehende Stellenüberhang berechtigt die Fachbereiche in der Zukunft ausdrücklich nicht zu Nachforderungen bei der Personalkostenbudgetierung. Sollte dies dennoch geschehen, wird der Stellenplan ggf. angepasst, die freien Stellen(anteile) werden gestrichen.

Der Stellenplan behält als (maximaler) Rahmen seine formale Bedeutung gemäß GO und GemHVO. Für die Steuerung sind aber in Zukunft die Personalkostenbudgets maßgeblich.

4. Überschreitungen von Personalkostenansätzen

Die Umwandlung von Sachkosten in Personalkosten für befristete Beschäftigungsverhältnisse, Honorar- oder Werkverträge usw. ist zulässig. Vorher ist das Benehmen mit der Personalabteilung herzustellen.

Die Umwandlung von Sachkosten in Personalkosten für unbefristete neue Stellen ist nur mit Zustimmung der Personalabteilung und der Finanzabteilung zulässig. Die Zuständigkeit des [Rates/Kreistages] bei neuen Stellen ist zu beachten.

Auf Antrag des Fachbereichs können Personalkostenüberschreitungen als Verlustvortrag in das Folgejahr übernommen werden. Voraussetzung ist, dass der Fachbereich deutlich machen kann, warum im Folgejahr die Einhaltung eines – nochmals reduzierten – Budgets gelingen kann (z. B. wegen anstehender Altersfluktuation im erforderlichen Umfang) und dass die globale Personalkostendeckelung trotzdem eingehalten werden kann.

5. Globale Personalkostendeckelung[1]

Um sicherzustellen, dass die Personalkostendeckelung für das Haushaltsjahr ... gemäß Ziffer 1 Abs. 2 dieser Richtlinie eingehalten werden kann, gilt

---

1) Es wird davon ausgegangen, dass im Jahr des Einstiegs in die Personalkostenbudgetierung die zum 1.1. dieses Jahres nicht besetzten Stellen *nicht* dotiert werden. Davon sind die Fachbereiche und insbesondere die Abteilungen und Einrichtungen unterschiedlich betroffen. Diese Ausgangssituation muss aber wegen der Deckelung der Gesamtpersonalkosten (s. Ziff. 1) in Kauf genommen werden. Erst durch das *zusätzliche* Freiwerden von Stellen im Laufe des Jahres entsteht Spielraum im Gesamtpersonalbudget. Dieser Spielraum darf durch die Einbeziehung der Personalkosten in die Budgetierung nicht wieder verloren gehen. Dafür sorgen die Regelungen unter Ziff. 5. Im Einzelfall kann dann geprüft werden, welche Stellen als erste wieder besetzt werden müssen.

Anlage 2

abweichend von den unter 3 und 4 getroffenen Grundsatzregeln bis auf Weiteres:

5.1 Einstellungsstopp

Neueinstellungen (von außen) sind bis auf Weiteres nicht zulässig. Über Ausnahmen entscheidet der [Ausschuss/Rat/Kreistag].

5.2 Interne Wiederbesetzung

Interne Wiederbesetzungen sind grundsätzlich zulässig, wenn es der jeweilige Personalkostenansatz erlaubt und sich geeignete interne Bewerber finden. Die interne Wiederbesetzung ist allerdings nur mit vorheriger Zustimmung der Personalabteilung zulässig. Die Personalabteilung prüft insbesondere, ob nicht statt der Wiederbesetzung einer nach dem Stichtag [...] frei werdenden Stelle dringender die Besetzung einer bereits vor dem Stichtag freien, und deshalb nicht finanzierten Stelle erforderlich ist. In diesem Fall ist zusätzlich die Zustimmung des [Ausschusses/Rates/Kreistages] erforderlich.

5.3 Einsparungen bei Nichtwiederbesetzung frei werdender Stellen

Einsparungen, die dadurch erzielt werden, dass eine frei werdende Stelle nicht wiederbesetzt oder dass eine Vollzeitstelle mit einer Teilzeitkraft besetzt wird, dürfen nur mit Zustimmung der Haushaltsabteilung und der Personalabteilung für Mehraufwand bei anderen Aufwandsarten innerhalb des Budgets verwandt werden. Haushalts- und Personalabteilung prüfen insbesondere, ob nicht stattdessen die Besetzung einer bereits vor dem Stichtag freien, und deshalb nicht finanzierten Stelle finanziert werden muss. In diesem Fall ist zusätzlich die Zustimmung des [Ausschusses/Rates/Kreistages] erforderlich.

5.4 Überschreitung eines Personalkostenbudgets

Zeichnet sich in einem Unterbudget eine Überschreitung des Personalkostenansatzes ab, so ist diese durch die Einsparung von Personalkosten in anderen Budgets der Abteilung bzw. des Fachbereichs auszugleichen.

Die Umwandlung von Sachkosten in Personalkosten gemäß Ziffer 3.1 dieser Richtlinie in einem Unterbudget ist nur zulässig, wenn sie durch eine Einsparung von Personalkosten in anderen Budgets der Abteilung bzw. des Fachbereichs ausgeglichen wird.

Anlage 2

6. Verfahrensfragen

6.1 Schaffung anerkannter Budgetgrundlagen, Begleitung durch Projektgruppe

Die Einführung der Personalkostenbudgetierung wird von einer Projektgruppe begleitet. Dabei sollen systematische Fehler aufgearbeitet und Problemfälle geklärt werden, bis die Personalkostenbudgets auf festen, d. h. von den betroffenen Organisationseinheiten anerkannten Grundlagen stehen.

6.2 Personalkostenbewirtschaftung

Personalkostenansätze werden ggf. für alle Budgets gebildet, wobei die Einhaltung auf Fachbereichsebene erwartet wird. Für die Haushaltsabteilung ist das Fachbereichsbudget also die relevante Steuerungsgröße. Da die Abteilungen und Einrichtungen ihre eigenen Personalkostenbudgets jedoch ebenfalls kennen müssen und da innerhalb des Fachbereichs (= Deckungsring) auf deren Einhaltung geachtet werden muss, sind die Einzelbudgets für die Steuerung auf Fachbereichsebene und vor allem für die Selbststeuerung der Abteilungen und Einrichtungen relevant.

Bei der gegenseitigen Deckungsfähigkeit innerhalb der Fachbereiche ist die besondere Stellung der Kostenrechnenden Einrichtungen i. e. S. zu beachten.

Die Personalkosten werden folgendermaßen bewirtschaftet: Die Einzelbudgets weisen einen Ansatz „Personalaufwand" auf, und alle entsprechenden Aufwandspositionen eines Fachbereichs bilden einen Personalkosten-Sammelnachweis. Ein alle Personalkosten erfassender Sammelnachweis auf Gesamtverwaltungsebene wird nicht mehr gebildet.

Zusätzlich wird ein Sammelnachweis für Personalkosten gebildet, die nicht einzelnen Fachbudgets zugeordnet werden können, z. B. Ausbildung (s. o. Ziff. 2.3).

Die „technische" Bewirtschaftung der Personalkosten kann bis auf Weiteres nur gemeinsam mit der Gehaltsabrechnung erfolgen und verbleibt deshalb in der Personalabteilung. Die Personalabteilung wird jedoch die Vorgaben aus den verantwortlichen Budgetbereichen nur noch nachvollziehen, sodass die „sachliche" Bewirtschaftung in den Einrichtungen/Abteilungen/Fachbereichen liegt. Die Personalabteilung hat so lange keine eigenen Bewirtschaftungsrechte über Personalkostenansätze, wie die Verwaltungsleitung dies nicht beschließt (z. B. als Reaktion auf gravierende Budgetüberschreitungen). Sie hat jedoch im Zusammenhang mit der technischen Budgetbewirtschaftung die Pflicht, auf Rechtmäßigkeit und Plausibilität zu achten und die Fachbereiche ggf. auf Verstöße, Probleme etc. hinzuweisen.

Anlage 2

6.3 Monatsübersichten, Berichtswesen

Die Budgetverantwortlichen erhalten von der Personalabteilung Monatsübersichten über den Mittelabfluss aus ihren Budgets, die Fachbereiche erhalten Monatsübersichten für ihre zugehörigen Abteilungen und das konsolidierte Fachbereichsbudget. Diese enthalten den jeweiligen Stand der Personalkosten zum letzten Monatsende, aber auch eine Hochrechnung, wie sich die Personalkosten bis zum Jahresende voraussichtlich entwickeln werden. Hier können die Fachbereiche, Abteilungen und Einrichtungen einerseits ihren finanziellen Handlungsspielraum ablesen, andererseits aufkommende Budgetprobleme frühzeitig erkennen.

Die Monatsübersichten enthalten keine personenbezogenen Informationen zu den Personalkosten, sondern nur die Gesamtsummen. Auf Anfrage erhalten die Organisationseinheiten eine Übersicht, bei der für alle Abbuchungen aus dem Personalkostenansatz das sog. „Arbeitgeber-Brutto" ausgewiesen ist, also das Bruttogehalt zzgl. Arbeitgeberanteile zur Sozialversicherung. Eine solche Liste ermöglicht den Organisationseinheiten zu kontrollieren, ob auch wirklich nur die eigenen Beschäftigten auf der Liste stehen oder ob ggf. Zuordnungs- oder Buchungsfehler gemacht wurden.

Die budgetverantwortlichen Fachbereichsleiter berichten jeweils zum [31.5.] und zum [30.9.] eines Jahres an die Verwaltungsführung und den zuständigen Fachausschuss über den Stand der Personalkostenbudgets (vgl. Ziff. [6.1] der „Richtlinien zur Aufstellung und Ausführung des Haushalts").[1] Die Berichte enthalten Informationen zu gravierenden Abweichungen – sowohl Über- wie Unterschreitungen – von den Personalkostenansätzen in den Einzelbudgets und den Fachbereichsbudgets.

In den unverzüglich nach Vorlage der Berichte stattfindenden Budgetkonferenzen sind erforderlichenfalls Maßnahmen zur Gegensteuerung zu erarbeiten.

6.4 Budgetausgleich im Deckungsring

Es ist Aufgabe der Fachbereichsleiter dafür zu sorgen, dass die Abteilungen und Einrichtungen ihre Budgetgrenzen einhalten. Dazu gehören Regeln für den Umgang mit den Problemen, die entstehen, wenn diszipliniert wirtschaftende Ämter einen Teil ihres Personalkostenansatzes zugunsten anderer, weniger disziplinierter abgeben müssen.

---

1) Die Berichterstattung sollte Bestandteil der allgemeinen (Finanz-)Berichterstattung sein. Im Muster wird von zwei unterjährigen Berichtsterminen ausgegangen; in vielen Kommunen wird dreimal unterjährig oder noch häufiger berichtet.

Anlage 3

Anlage 3 (zu Kapitel 5.2.7)

Aufgaben und Organisation des Baubetriebshofes Dienstanweisung Baubetriebshof Örtliches Beispiel

Der Rat der Stadt .... hat am .... beschlossen, die Verwaltung auf der Grundlage des von der KGSt entwickelten Neuen Steuerungsmodells zu modernisieren. Die Verwaltung soll „besser und billiger" werden. Ein wesentlicher Punkt auf dem Weg zu diesem Ziel ist die Schaffung eines gesteigerten Kostenbewusstseins durch mehr Kostentransparenz. Kosten für die Erbringung von Leistungen sind dort auszuweisen, wo die jeweiligen Leistungen in Anspruch genommen werden.

Dazu werden die Leistungsbeziehungen zwischen dem Baubetriebshof und den Fachbereichen neu geordnet. Als interner Dienstleister erbringt der Baubetriebshof Leistungen nur noch im Auftrag der Fachbereiche. Er ist gehalten, diese Leistungen eigenverantwortlich, selbstständig, wirtschaftlich und wettbewerbsorientiert anzubieten. Dabei sind die besonderen sozialen Zusatzlasten des Baubetriebshofes zu berücksichtigen. Die nachstehenden Grundsätze bilden die Grundlage für die Zusammenarbeit von Auftraggebern und Baubetriebshof.

1. Rechts- und Organisationsform

Der Baubetriebshof wird innerhalb des Fachbereiches [Planen, Bauen, Umwelt und Verkehr] als Regiebetrieb auf der Ebene der Abteilungen geführt.

2. Aufgaben des Betriebsleiters

Voraussetzung für ein wirtschaftliches Handeln im Baubetriebshof sind Flexibilität und weitgehende Befugnisse. Der Baubetriebshof muss im Prinzip handeln können wie ein Unternehmer. Aus diesem Grunde werden dem Betriebsleiter folgende Befugnisse eingeräumt:

2.1 Personalwirtschaftliche Maßnahmen:
- Regelung der Personaleinsatzzeiten einschl. Winterdienst
- Urlaubs- und Überstundenregelungen
- Bereitschaftsdienst
- Aus- und Fortbildung

Anlage 3

- Anordnungen im Bereich des Arbeits- und Gesundheitsschutzes
- Vorschlagsrecht zu allen personellen Maßnahmen (Einstellung, Abmahnung, Kündigung, Umsetzung, Übertragung höherwertiger Tätigkeiten, Einstellung von Aushilfskräften)
- Einstellung von Ersatzkräften für einen vorübergehenden Zeitraum, wenn dadurch die Gesamtsumme der bereitgestellten Personalkosten des Baubetriebshofes nicht überschritten wird.

2.2 Entscheidungen über Auftragsvergaben bis zur Höhe von 10.000,00 € im Einzelfall.

2.3 Verfügungen über Gemeindevermögen im Rahmen der Richtlinien über die Abgrenzung der Geschäfte der laufenden Verwaltung.

2.4 Anordnungsbefugnis

- Die Anordnungsbefugnis für Annahmeanordnungen gilt unbegrenzt.
- Die Anordnungsbefugnis für Auszahlungsanordnungen gilt in Höhe der Auftragsvollmacht entsprechend der Dienstanweisung über das Auftrags- und Vergabewesen als erteilt.

2.5 Für Entscheidungen, die über den vorstehenden Katalog hinausgehen, ist das Einvernehmen mit der Fachbereichsleitung herzustellen.

2.6 Beteiligung an Sitzungen der städt. Gremien

Der Betriebsleiter des Baubetriebshofes ist berechtigt und verpflichtet, Belange des Baubetriebshofs in den Sitzungen der städt. Gremien selbst zu vertreten.

3. Aufgaben des Baubetriebshofs

3.1 Aufgabe des Baubetriebshofs ist die Erbringung von (Vor-)Leistungen für die Aufgabenerfüllung der Verwaltung.

3.2 Der Baubetriebshof ist für folgende Leistungen eingerichtet:

- Unterhaltung der städtischen Grünanlagen einschl. Straßenbäume und Straßenbegleitgrün, Spielplätze, Sportanlagen, Außenanlagen bei Liegenschaften, Badeteiche, Denkmäler, Gruftaushub auf Friedhöfen
- Stadtreinigung
  a. Reinigung der Gossen- und Verkehrsflächen vor städtischen Grundstücken entsprechend der Satzung
  b. Reinigung der Straßen, Wege, Plätze (Marktplätze, Parkplätze, Buswartehäuschen) im Bedarfsfall
  c. Durchführung des Winterdienstes

Anlage 3

- Unterhaltung der Straßen, Wege, Plätze einschl. Wirtschaftswege
- Erfüllung der Verkehrssicherungspflicht auf allen städtischen Straßen, Wegen, Plätzen
- Unterhaltung und Ergänzung der Verkehrszeichen und Fahrbahnmarkierungen
- Reinigung und Unterhaltung von Schmutz- und Regenwasserkanälen, Kanalschächten, Regenwassereinläufen und Schachtabdeckungen, Reinigung von Pumpwerken
- Ausführung von Elektro-, Tischler- und Maurerarbeiten sowie Arbeiten an Heizungs-, Wasser- und Abwasseranlagen
- Sonstige Hilfeleistungen, z. B. Transportleistungen.

3.3 Der Baubetriebshof kann bei Bedarf weitere Aufgaben übernehmen. Er kann ferner Leistungen für andere Kommunen gegen Vollkostenerstattung ausführen, soweit dadurch die Arbeiten für die eigene Verwaltung nicht gefährdet werden. Ebenso kann der Baubetriebshof Leistungen von anderen Kommunen für die Erfüllung seiner Aufträge einkaufen, soweit dies wirtschaftlich sinnvoll ist.

3.4 Der Baubetriebshof kann für die Erfüllung seiner Aufträge Subunternehmer heranziehen.

3.5 Der Baubetriebshof ist zentrale Einkaufsstelle für Waren und Dienstleistungen des Baubetriebshofes gemäß Dienstanweisung für das Auftrags- und Vergabewesen. Dabei gilt vorläufig Folgendes:

- Materialien, die nicht unmittelbar für die Auftragserfüllung verwendet und deshalb auf dem Baubetriebshof gelagert werden, sind aus dem Budget des Baubetriebshofes zu bezahlen und in die Leistungsverrechnung mit dem Auftraggeber einzubeziehen.
- Materialien, die für eine bestimmte Verwendungsstelle beschafft werden, sind grundsätzlich nach Abstimmung zwischen Auftragnehmer und Auftraggeber aus dem Budget des Auftraggebers zu bezahlen. Der Baubetriebshof hat die Beschaffung selbst vorzunehmen, wenn der Auftraggeber dieses wünscht und im Auftrag die dafür benötigten Mittel aus seinem Budget bereitstellt (Summe und Haushaltsstelle). Der Feststellungsvermerk ist in diesem Fall vom Baubetriebshof auf der Lieferantenrechnung anzubringen.

4. Haushaltsplan/Budgetverantwortung/Finanzierung

4.1 Für die Erträge und Aufwendungen des Baubetriebshofes wird ein eigenes Budget (Abteilungsbudget) eingerichtet. Der Baubetriebshof hat

Anlage 3

sein Budget auszugleichen, d. h. die Gesamtkosten einschließlich der kalkulatorischen Kosten sind durch kostendeckende Leistungsentgelte zu decken. Budgetverantwortlicher ist der Betriebsleiter des Baubetriebshofs gegenüber der Fachbereichsleitung.

4.2 Die Deckung von überplanmäßigen/außerplanmäßigen Aufwendungen zugunsten oder zulasten anderer Budgets ist nicht zulässig.

4.3 Im Übrigen sind die Leitlinien zur Aufstellung und Ausführung des Haushalts anzuwenden.

5. Auftragserteilung und Leistungsverrechnung

5.1 Der Baubetriebshof ist Auftragnehmer.

- Er wird nur aufgrund eines schriftlichen Auftrages tätig.
- Notmaßnahmen werden auf telefonische/mündliche Beauftragung sofort ausgeführt. Der Auftrag ist am nächsten Arbeitstag schriftlich zu bestätigen.
- Der Auftraggeber hat eigenverantwortlich die für ihn geltenden Dienstanweisungen für das Auftrags- und Vergabewesen sowie die haushaltsrechtlichen Vorschriften zu beachten.
- Es entspricht der Dienstleistungsorientierung des Baubetriebshofes, dass er auf Wunsch des Auftraggebers vor Auftragserteilung ein Angebot unterbreitet. Das setzt voraus, dass der Auftraggeber die Leistung ausreichend beschreibt.

5.2 Auftragsarten

5.2.1 Einzelaufträge

Einzelaufträge sind grundsätzlich mindestens eine Woche vor Beginn der Ausführung auf der Grundlage des beigefügten Vordrucks zu erteilen.

5.2.2 Einzelbeauftragung auf der Basis von Rahmenverträgen

Einzelaufträge können auf der Grundlage von Rahmenverträgen erteilt werden. In diesen Fällen ist die Leistungsbeschreibung katalogmäßig vorzugeben; der Baubetriebshof ermittelt hierzu Verrechnungssätze auf der Basis von Leistungseinheiten oder nach Stundensätzen. Bei der Einzelbeauftragung ist in diesen Fällen eine Angebotserstellung nicht erforderlich.

Anlage 3

5.3 Daueraufträge

5.3.1 Für wiederkehrende Leistungen können Daueraufträge mit zeitlicher Befristung erteilt werden. Im Auftrag sind Zeitpunkt der Ausführung, Zeitpunkt der Abrechnung und die Art und Weise des Leistungsnachweises zu regeln.

5.3.2 Von den auftraggebenden Fachbereichen sind erforderlichenfalls Aufgabenkataster zu führen, z. B. Grünflächen-, Straßen-, Baum-, Kanalkataster. Die Fachbereiche können mit der Aufstellung und Pflege der Kataster den Baubetriebshof beauftragen.

5.3.3 Beabsichtigt der Auftraggeber, Daueraufträge nach Beendigung der Abnahmeverpflichtung (Ziff. 5.5) ganz oder teilweise nicht mehr in Anspruch zu nehmen oder anderweitig zu vergeben, so ist dieses dem Baubetriebshof unter Einhaltung der vereinbarten Kündigungsfrist und unter Angabe der Gründe mitzuteilen. Soll die Leistung einem externen Anbieter übertragen werden, ist der Kündigungsmitteilung eine Wirtschaftlichkeitsberechnung beizufügen und dem Baubetriebshof die Möglichkeit anzubieten, sein Angebot zu überarbeiten. Ist der Baubetriebshof nicht in der Lage, sein Angebot anzupassen oder auf den Auftrag aus betriebswirtschaftlichen Gründen zu verzichten, so ist der Auftraggeber berechtigt, die Abrechnung der Leistungen auf der Basis des günstigeren Angebotes des externen Anbieters zu verlangen.

5.4 Leistungsbeschreibung

Die Auftraggeber sind verpflichtet, grundsätzlich alle Aufträge auf der Basis von Leistungsbeschreibungen zu erteilen, sodass Vergleiche mit privaten Anbietern oder mit Baubetriebshöfen anderer Gemeinden möglich sind. Sofern der Auftraggeber keine Leistungsbeschreibung für eine Angebotsermittlung vorlegt, wird der Auftrag nach Stundenverrechnungssätzen abgerechnet.

5.5 Abnahmeverpflichtung

- Alle bisher vom Baubetriebshof erbrachten Leistungen werden auch künftig im gleichen Umfang wie bisher abgenommen.
- Die Abnahmeverpflichtung endet mit Ablauf des Jahres ... (z. B. nach 5 Jahren).
- Die Abnahmeverpflichtung gilt nicht, wenn der zuständige Fachbereich künftig auf die Leistung verzichtet oder sie selbst erbringt. Die Beauftragung Dritter für dieselbe Leistung ist nicht zulässig.

Anlage 3

- In besonderen Fällen kann die Abnahmeverpflichtung für einzelne Leistungen innerhalb des genannten Zeitraumes aufgehoben werden, wenn Kostenberechnungen zeigen, dass diese Leistungen offensichtlich nach Rationalisierung und Optimierung auf Dauer unwirtschaftlich sind und Kapazitäten dafür abgebaut werden können.
- Probleme sind grundsätzlich zwischen den Auftraggebern und dem Auftragnehmer zu lösen. Ist eine Einigung nicht zu erreichen, entscheidet die Verwaltungsleitung.

5.6 Leistungsabrechnung

5.6.1 Einheitspreise

Der Baubetriebshof stellt sich darauf ein, auf der Basis der Leistungsbeschreibungen Einheitspreise zu kalkulieren und anzubieten. In einer Übergangsphase können die Leistungen auf der Basis von Zeitnachweisen (Stundenverrechnungssätze) abgerechnet werden. Unabhängig hiervon sind Leistungen geringen Umfangs, für die eine Kalkulation von Einheitspreisen unwirtschaftlich ist, sowie Leistungen, die nicht vollständig und erschöpfend beschrieben werden können, nach Stundenverrechnungssätzen zu vergüten. Für wiederkehrende Leistungen sind Preislisten mit vorkalkulierten Einheitspreisen herauszugeben. Bei einer Leistung geringen Umfangs soll auf eine Angebotskalkulation verzichtet werden. Von einer solchen Leistung ist auszugehen, wenn die geschätzte Auftragssumme nicht mehr als 500,00 € beträgt.

5.6.2 Stundenverrechnungssätze

Der Baubetriebshof stellt den Auftraggebern für Leistungen, die nicht nach Einheitspreisen abgerechnet werden, Preislisten mit den Stundenverrechnungssätzen (und Kilometerverrechnungssätzen) zur Verfügung. Die Preislisten sind so rechtzeitig herauszugeben, dass sich die Auftraggeber in ihrer Haushaltsplanung darauf einstellen können.

5.6.3 Abnahme der Leistung

Bei erbrachten Leistungen ist vom Auftraggeber grundsätzlich eine Abnahme vorzunehmen. Dabei sind Erkenntnisse über Qualitätsverbesserungen und Kostenminimierungen unter den Beteiligten auszutauschen.

5.6.4 Die Leistungen des Baubetriebshofs werden monatlich abgerechnet. Der Baubetriebshof erteilt dazu die Annahmeanordnungen. Die Einnahmeüberwachung obliegt dem Baubetriebshof.

Anlage 3

6. Controlling und Berichtswesen

Zum [31. Mai und 30. September] eines jeden Jahres ist der Verwaltungsführung sowie dem Ausschuss für [Planen, Bauen, Umwelt und Verkehr] über die Auftrags- und Finanzlage des Baubetriebshofs zu berichten. Das Jahresergebnis ist zu erläutern und auszuwerten. Möglichkeiten zur Verbesserung des Kosten-Leistungs-Verhältnisses sind besonders zu untersuchen und darzustellen. Im Übrigen sind die Budgetrichtlinien anzuwenden.

7. Inkrafttreten

Diese Dienstanweisung tritt am .... in Kraft.

Anlage 4

Anlage 4 (zu Kapitel 7.11)

Eckpunkte für die Grundsätze ordnungsmäßiger Buchführung im öffentlichen Haushalts- und Rechnungswesen auf Basis der Integrierten Verbundrechnung (IVR)[1)2)]

von: Arbeitskreis Integrierte Verbundrechnung (2005)

Dem wissenschaftlichen Arbeitskreis „IVR" gehören an:

Prof. Dr. Wolfgang Berens, Westfälische Wilhelms-Universität Münster;

Prof. Dr. Dietrich Budäus, Universität für Wirtschaft und Politik Hamburg;

Prof. Dr. Ernst Buschor, Eidgenössische Technische Hochschule Zürich;

Prof. Edmund Fischer, Hochschule für öffentliche Verwaltung Kehl;

Prof. Dr. Dr. h.c. Klaus Lüder, Deutsche Universität für Verwaltungswissenschaften, Speyer;

Prof. Dr. Hannes Streim, Ruhr-Universität Bochum.

Eckpunkte

1. Die Steuerungs- und Rechnungslegungszwecke von Gebietskörperschaften erfordern eine Integrierte Verbundrechnung auf Basis der Doppik. Sie besteht aus

   - dem finanziellen Rechnungswesen mit den Komponenten Vermögensrechnung, Ergebnisrechnung und Finanzrechnung, die

---

1) Die hier formulierten Überlegungen zu einem Eckwertepapier für GoöB beziehen sich in erster Linie auf die Rechnungslegung. Sie basieren ganz wesentlich auf den Arbeiten von K .Lüder (vgl. etwa Neues öffentliches Haushalts- und Rechnungswesen. Anforderungen, Konzept, Perspektiven, Berlin 2001, insbesondere S. 34 ff.) sowie auf den bisherigen nationalen und internationalen Erfahrungen und Diskussionen zur Reform des öffentlichen Haushalts- und Rechnungswesens vgl. hierzu Lüder, K., Jones, R. (Eds.), Reforming governmental accounting and budgeting in Europe, Frankfurt/Main 2003; vgl. außerdem Schedler, K., Knechtenhofer, B., Lüder, K., Projektbericht der Universität St. Gallen, Grundsätze zur Buchführung und zur Rechnungslegung beim Bund der Schweiz, unveröffentlichtes Manuskript, St. Gallen 2002; IDW Stellungnahme zur Rechnungslegung: Rechnungslegung der öffentlichen Verwaltung nach den Grundsätzen der doppelten Buchführung (IDW ERS ÖFA 1); Baetge,J., Kirsch H.-J., Thiele S., Bilanzen, 7. überarbeitete Auflage, Düsseldorf 2003, insbesondere S. 81 ff.

2) Erschienen in: Die Wirtschaftsprüfung, WPg 16/2005, S. 887–890.

Anlage 4

Informationen über Vermögen, Schulden, Erträge, Aufwendungen, Einzahlungen und Auszahlungen liefern (3-Komponenten-Rechnungssystem);
- der mit dem finanziellen Rechnungswesen verbundenen Kosten- und Leistungsrechnung, die neben Kosteninformationen auf der Leistungsseite Informationen über Erlöse und nichtmonetäre Leistungen liefert;
- der auf das finanzielle Rechnungswesen und die Kosten- und Leistungsrechnung zurückgreifenden laufenden Haushaltsplanung (Output- und ressourcenorientierte Budgetierung) mit den Komponenten, Ergebnishaushalt, Finanzhaushalt und gegebenenfalls Planvermögensrechnung, die Informationen über die für die nächste Haushaltsperiode geplanten Erträge, Aufwendungen, Einzahlungen, Auszahlungen, gegebenenfalls Vermögen, Schulden sowie geplante nichtmonetäre Leistungen liefern.

2. Ergebnishaushalt, Finanzhaushalt und Planvermögensrechnung müssen in Form, Ausweis, Ansatz und Bewertung der Ergebnisrechnung, Finanzrechnung und Vermögensrechnung entsprechen.

3. Die Integrierte Verbundrechnung hat allgemein eine **Informationsfunktion** für interne und externe Adressaten sowie eine **Schutzfunktion** für Institutionen und Individuen.

4. Die Erfüllung der **Informationsfunktion** erfordert die Bereitstellung von zuverlässigen und den tatsächlichen Verhältnissen entsprechenden Informationen über die Vermögens-, Ertrags- und Finanzlage durch eine Integrierte Verbundrechnung (Informationszweck). Diese auf der Doppik und dem Ressourcenverbrauchskonzept basierende Integrierte Verbundrechnung erfordert ein hohes Maß an Standardisierung zwecks zeitlicher Vergleiche (Zeitvergleich), aber vor allem zwecks Vergleiche von Einheiten innerhalb einer Gebietskörperschaft und zwischen Gebietskörperschaften (Verwaltungs-/Betriebsvergleich). Die notwendige Standardisierung stellt einen „Wert an sich" dar und erfordert Grundsätze ordnungsmäßiger Buchführung, welche die Besonderheiten des öffentlichen Haushalts- und Rechnungswesens berücksichtigen – Grundsätze ordnungsmäßiger öffentlicher Buchführung.

5. Die **Schutzfunktion** des öffentlichen Haushalts- und Rechnungswesens bezieht sich in erster Linie auf die Sicherung der intergenerativen Gerechtigkeit (Individualschutz) und die Sicherung der treuhänderischen Ressourcenverwendung zur Wahrnehmung kollektiver (öffentlicher) Aufgaben (Institutionenschutz). Auch hierfür bedarf es standardisierter Regeln in Form von GoöB.

Anlage 4

6. Die GoöB sind auf Gebietskörperschaften ausgerichtete Erweiterungen und Modifikationen der GoB. Diese Erweiterungen und Modifikationen beziehen sich insbesondere auf die materiellen Grundsätze/Konzeptionsgrundsätze.

7. Viele der GoB sind im HGB kodifiziert. Eine generelle und unmodifizierte Übernahme der handelsrechtlichen Vorschriften auf die Integrierte Verbundrechnung verbietet sich jedoch aus folgenden Gründen:

    - Die im HGB kodifizierten Einzelregelungen und die Generalklausel des § 264 Abs. 2 Satz 1 (Informationsfunktion) sind nicht in allen Fällen widerspruchsfrei;
    - das Handelsrecht ist durch eine Vielzahl von Wahlrechten und durch die faktische Prägung der Handelsbilanz durch die Steuerbilanz (umgekehrtes Maßgeblichkeitsprinzip) gekennzeichnet;
    - die handelsrechtlichen Regelungen sind primär auf Gläubigerschutz und Ausschüttungsbemessung ausgerichtet;
    - die Zweckmäßigkeit der erwähnten besonderen Stellung der Interessen der Gläubiger im deutschen Handels- und Gesellschaftsrecht wird zunehmend in Theorie und Praxis in Frage gestellt, mit der Konsequenz, dass möglicherweise in absehbarer Zeit das HGB wesentlichen Änderungen ausgesetzt sein wird.

8. Die aus den IAS/IFRS für den öffentlichen Sektor entwickelten IPSAS sind noch nicht hinreichend konzeptgeleitet und auf die Erfordernisse des öffentlichen Haushalts- und Rechnungswesens ausgerichtet.

9. Nicht alle GoB nach HGB zur Abbildung der den tatsächlichen Verhältnissen entsprechenden Vermögens-, Ertrags- und Finanzlage sind sinnvoll für den öffentlichen Sektor anwendbar. Umgekehrt sind alle sinnvollerweise auch auf den öffentlichen Sektor als GoöB anwendbaren GoB nach HGB konsequent in der Praxis umzusetzen, eine Forderung, die bisher – zumindest teilweise – auch dort nicht befolgt wird, wo ausdrücklich das HGB als Referenzmodell für das öffentliche Rechnungswesen zugrunde gelegt wird. Letzteres gilt etwa für Ansatz und Bewertung von Naturgütern, die nach den Grundsätzen der Pagatorik nicht anzusetzen bzw. zu bewerten sind.

10. Um die notwendigen Modifikationen und Anpassungsmaßnahmen einheitlich als Standards zu entwickeln und als GoöB verbindlich werden zu lassen, ist ein Standard Setting Committee für das öffentliche Haushalts- und Rechnungswesen in Analogie zur handelsrechtlichen Regelung einzurichten.

Anlage 4

11. Ohne besondere Modifikationen sind die formalen GoB als GoöB zu übernehmen. Hierbei handelt es sich um die Dokumentations- und Rahmengrundsätze im Sinne von Baetge. Gleiches gilt hingegen nicht für die materiellen Grundsätze/Konzeptionsgrundsätze. Sie sind grundsätzlich als GoöB zu modifizieren bzw. konsequenter anzuwenden. Das bedeutet konkret: Es bedarf von den handelsrechtlichen GoB abweichender GoöB zur Sicherung der Schutzfunktion der Integrierten Verbundrechnung und zur Sicherung der Informationsfunktion, soweit die im Handelsrecht kodifizierten Regelungen mit diesen Funktionen nicht kompatibel sind.

12. Aus dem Prinzip der intergenerativen Gerechtigkeit folgt – im Gegensatz zur handelsrechtlichen Regelung –, dass der **Periodisierungsgrundsatz** (accrual principle) eine dominante Stellung einnimmt. Dem **Abgrenzungsgrundsatz der Zeit nach** kommt demnach eine besondere Bedeutung zu. Dem gegenüber hat auf Grund des in der Regel nicht gegebenen kausalen Zusammenhangs von Aufwendungen und Erträgen – wiederum im Gegensatz zum privatwirtschaftlichen Bereich – der **Abgrenzungsgrundsatz der Sache nach** (matching principle) nur eine nachgeordnete Bedeutung.

13. Wie Zahlungen zu periodisieren sind, regelt das **Realisationsprinzip:**

    - Positive Ergebnisbeiträge müssen realisiert oder im Falle veräußerbaren Vermögens realisierbar sein. Erträge, die auf einer Austauschbeziehung beruhen (z. B. Gebühren), gelten in der Leistungsperiode als realisiert. Erträge von Gebietskörperschaften sind jedoch zum überwiegenden Teil Erträge, die nicht auf einer Austauschbeziehung (insbesondere Steuern) beruhen. Sie sind der Periode zuzurechnen, in der ein rechtswirksamer Anspruch darauf entsteht. Die Berücksichtigung von Mehrungen des veräußerbaren Vermögens erfordert nur die Möglichkeit der Umwandlung in Zahlungsmittel, nicht dessen tatsächliche Veräußerung. Positive Ergebnisbestandteile, die lediglich realisierbar, aber noch nicht realisiert sind, dürfen nicht in den Ergebnisausgleich einbezogen werden.

    - Negative Ergebnisbeiträge müssen realisiert oder im Falle veräußerbaren Vermögens realisierbar sein. Aufwendungen, die unmittelbar mit Erträgen zusammenhängen, sind derselben Periode zuzurechnen wie die Erträge. Aufwendungen von Gebietskörperschaften sind jedoch zu einem erheblichen Teil Aufwendungen, die nicht auf einer Austauschbeziehung beruhen und die demzufolge in keiner kausalen Beziehung zu den Erträgen stehen. Sie

Anlage 4

sind der Periode zuzurechnen, in der der Ressourcenverbrauch erfolgt. Dies ist grundsätzlich die Periode, für die ein rechtswirksamer Anspruch eines Dritten auf Ressourcen der Gebietskörperschaft entsteht. Beruht der Anspruch auf einem Gesetz oder einer untergesetzlichen Rechtsvorschrift, dann ist der Ressourcenverbrauch der Periode zuzurechnen, in der die Anspruchsvoraussetzungen erfüllt sind. Die Berücksichtigung von Minderungen des veräußerbaren Vermögens erfordert ebenso wie dessen Mehrungen lediglich die Möglichkeit seiner Veräußerung.

14. **Zum Imparitätsprinzip:** Das **Imparitätsprinzip** soll im Interesse der Kapitalerhaltung und des Gläubigerschutzes die Ausschüttung von Gewinnen verhindern, die möglicherweise zur Deckung künftiger, am Bilanzstichtag noch nicht realisierter Verluste benötigt werden. Da die öffentliche Hand weder Gewinne ausschüttet noch insolvenzfähig ist, besteht anders als im privatwirtschaftlichen Bereich kaum die Notwendigkeit, das Realisationsprinzip asymmetrisch anzuwenden, d. h. das Imparitätsprinzip besitzt für das öffentliche Haushalts- und Rechnungswesen allenfalls eingeschränkte Gültigkeit. Gegen die Beachtung des Imparitätsprinzips spricht, dass es einer willkürfreien Information der Rechnungsadressaten eher entgegensteht. Hinzu kommt, dass das öffentliche Rechnungswesen eine Planungskomponente besitzt (Haushaltsplan und mittelfristiger Finanzplan), die die Bedeutung der Verlustantizipation im Rechnungswesen als Mittel der Risikovorsorge mindert.

15. Das aus dem Prinzip der intergenerativen Gerechtigkeit abgeleitete **Prinzip der interperiodischen Gerechtigkeit** erfordert grundsätzlich den Ausgleich von Ressourcenaufkommen (Ertrag) und Ressourcenverbrauch (Aufwand), d. h. eine ausgeglichene Ergebnisrechnung und auf den Haushalt bezogen einen ausgeglichenen Ergebnishaushalt. Dies folgt der Überlegung, dass sich intergenerative Gerechtigkeit operabel überprüfbar nur als Perioden- bzw. Interperiodengerechtigkeit definieren lässt.

16. Alle selbstständig verwertbaren und bewertbaren Güter, die sich mindestens im wirtschaftlichen Eigentum einer Gebietskörperschaft befinden, sind zu aktivieren (Aktivierungsgrundsatz).

17. Der Grundsatz der Pagatorik, der fordert, nur solche Vermögensteile anzusetzen, deren Bewertung „auf tatsächlichen bzw. künftigen Zahlungen basiert" (Baetge), bedarf der Erweiterung. Anzusetzen ist auch unentgeltlich erworbenes und nicht zur Veräußerung vorgesehenes Vermögen, insbesondere das Kraft Rechtsstatus im

Anlage 4

Eigentum einer Gebietskörperschaft befindliche Vermögen. Im Unterschied zur Privatwirtschaft spielt derartiges Vermögen im öffentlichen Bereich eine erhebliche Rolle.

18. Nach dem Passivierungsgrundsatz sind sämtliche Verpflichtungen zu passivieren, die eine wirtschaftliche Belastung darstellen und quantifizierbar sind. Dies bedeutet, dass nicht nur sichere Schulden (Verbindlichkeiten) auszuweisen sind, sondern auch im Hinblick auf Grund, Höhe und/oder Fälligkeitszeitpunkt unsichere Schulden (Rückstellungen).

19. Das Prinzip der intergenerativen Gerechtigkeit ebenso wie der Grundsatz der „fairen" Lagedarstellung erfordern Informationen darüber, inwieweit das öffentliche Vermögen fremdfinanziert ist, wie sich dieser Fremdfinanzierungsanteil ändert und welches Schuldendeckungspotenzial verfügbar ist.

Es ist zwischen dem mit Zeitwerten zu bewertenden realisierbaren öffentlichen Vermögen und dem mit Anschaffungswerten zu bewertenden nicht veräußerbaren öffentlichen Vermögen zu unterscheiden. Eine derartige Vermögensstrukturierung verbessert den Informationswert hinsichtlich des tatsächlichen Bildes der finanziellen Lage einer Gebietskörperschaft.

20. Die Zuordnung von veräußerbarem zu nicht veräußerbarem Vermögen kann durchaus entscheidungsabhängig sein und eine strategische Ausrichtung einer Gebietskörperschaft – auch ganz gezielt informationsmäßig – zum Ausdruck bringen, etwa derart, dass die mit dem zuzuordnenden Vermögen wahrgenommene Aufgabe auf Dauer als (nicht) zu privatisieren angesehen wird.

21. Der Grundsatz der Einzelbewertung gilt auch für das öffentliche Haushalts- und Rechnungswesen. Bewertungsvereinfachungsverfahren sind in definierten Ausnahmefällen zugelassen.

22. Bei der Bewertung ist analog zur Fortführung der Unternehmenstätigkeit (going concern principle) von der Fortführung der Verwaltungstätigkeit auszugehen.

23. Die Erstbewertung[1] des Vermögens (Verwaltungsvermögen und veräußerbares Vermögen) erfolgt zu Anschaffungs- oder Herstellungskosten.

24. Die Folgebewertung des Verwaltungsvermögens erfolgt zu fortgeführten Anschaffungs- oder Herstellungskosten. Fortgeführte Anschaffungs- oder Herstellungskosten des abnutzbaren Sachanla-

---

[1] Grundsätze der Erstellung einer Eröffnungsbilanz sind nicht Gegenstand dieses Eckwertepapiers.

Anlage 4

gevermögens sind die um den Verbrauch an Nutzungspotenzialen (planmäßige und ggf. außerplanmäßige Abschreibungen) geminderten Anschaffungs- oder Herstellungskosten. Das veräußerbare Vermögen ist mit dem Zeitwert (Verkehrswert, Kurswert, Marktwert usw.) am Bilanzstichtag zu bewerten.

25. Bei Erst- und Folgebewertung sind die Verbindlichkeiten mit ihren Rückzahlungs- bzw. Auszahlungswerten (Transferverbindlichkeiten) anzusetzen. Wirtschaftlich belastende Verpflichtungen in Form von Rückstellungen sind mit dem besten Schätzwert der bis zum Bilanzstichtag zu verrechnenden Aufwendungen anzusetzen.

Anlage 5

Anlage 5 (zu Kapitel 8.1)

Erfolgsfaktoren für die Gestaltung von Reformprojekten[1)2)]

von: Arbeitskreis „Integrierte Verbundrechnung" (2007)

Dem wissenschaftlichen Arbeitskreis „IVR" gehören an:

Prof. Dr. Wolfgang Berens, Westfälische Wilhelms-Universität Münster;

Prof. Dr. Dietrich Budäus, Universität für Wirtschaft und Politik Hamburg;

Prof. Dr. Ernst Buschor, Eidgenössische Technische Hochschule Zürich;

Prof. Edmund Fischer, Hochschule für öffentliche Verwaltung Kehl;

Prof. Dr. Dr. h.c. Klaus Lüder, Deutsche Universität für Verwaltungswissenschaften, Speyer;

Prof. Dr. Hannes Streim, Ruhr-Universität Bochum

1. Erfolgsfaktoren für eine Verwaltungsreform

Vor allem im kommunalen Bereich aber auch auf Länderebene gibt es langjährige Erfahrungen mit Projekten zur Verwaltungsreform. Die Notwendigkeit, öffentliche Verwaltungen zukünftig stärker ergebnis- und wirkungsorientiert zu steuern, ist seit vielen Jahren unter Fachleuten unbestritten. Diesbezügliche Erfahrungen liegen in zahlreichen Fällen vor. Dies ist nicht nur in Deutschland, sondern auch in anderen europäischen Staaten zu belegen. Dabei ist zu beachten, dass der Erfolg von Verwaltungsreformen stark variiert und im Wesentlichen von folgenden Faktoren abhängig ist:

Ganzheitlicher Ansatz: Verwaltungsleistungen werden in einem komplexen Zusammenwirken von Bürgern, Unternehmen, Politik, Bediensteten (Reformbeteiligten) und Sachmittelausstattungen erbracht. Für die Reformbeteiligten muss eine „win-win-Situation" erzeugt werden. Alle sollen aus der Reform zumindest längerfristig Vorteile erhalten. Dies kann nur in einem anspruchsvollen, offenen Kommunikationsprozess glaubhaft gemacht werden. Dabei ist zu beachten, dass es leichter ist, eine Reform zu Fall zu bringen, als sie durchzusetzen.

---

1) Basis der Ausführungen: Rechnungshof Baden-Württemberg, Wirtschaftlichkeit des Projektes NSI in der Landesverwaltung, Beratende Äußerung nach § 88 Abs. 2 der Landeshaushaltsordnung, März 2007.

2) Erschienen in: Innovative Verwaltung, Heft 7–8/2007, S. 11–14.

Anlage 5

Bereitschaft aller wesentlichen Gruppen zum Tragen der Reform: Reformen, die nicht getragen werden, sterben oder drohen ins Leere zu laufen. Wichtig ist vor allem eine klare Unterstützung durch die Regierung. Dieser Wille zum Mittragen muss auch eine maßvolle Fehlertoleranz einschließen.

Klare Zielsetzungen und realistischer Einsatz von Instrumenten und Mitteln: Während bezüglich der Ziele in der Regel noch leichter ein Einvernehmen erzielt werden kann, bestehen über die geeigneten Instrumente und insbesondere über den erforderlichen Kommunikations- und Ausbildungsbedarf oft erhebliche Differenzen. Wesentlich ist, dass diesbezüglich Klarheit herrscht und die erforderlichen Instrumente, personellen und finanziellen Mittel eingeplant werden.

Sorgfältige Abstimmung der Instrumente: Größere Reformen erfordern in der Regel den Einsatz oder die Anpassung mehrerer Instrumente. Eine Haushaltsreform muss in einen oft neu zu gestaltenden Kontext der Informatik integriert oder aus ihm gestaltet werden. Prozesse sind neu zu definieren und erfordern Anpassungen der Führungsstrukturen. Regelungen müssen neu optimiert werden.

Incentives ausschöpfen: Eine „win-win-Situation" für die Beteiligten entsteht letztlich durch positive Anreize, die als Reformincentives wirken. Es muss geklärt sein, was für wen Anreize schafft und wie sie genutzt werden können. Eine Haushaltsreform, welche die Verfügbarkeit über die Mittel auf den einzelnen Führungsstufen nicht erhöht oder die Abläufe ohne sichtliche Vorteile erschwert und verteuert, wird kaum getragen werden. Der Umgang mit neuen Führungsinstrumenten muss gelernt und neue Spielräume müssen bekannt sein. Dabei ist die Gefahr groß, dass „alte" Instrumente (z. B. Stellenpläne oder Haushaltstitel) beibehalten werden. Es ist sorgfältig darauf zu achten, dass neue Freiräume tatsächlich genutzt werden können. Die Nutzung von neuen Gestaltungsmöglichkeiten im Personalbereich dürfen nicht durch die Haushaltsordnung oder Genehmigungsverfahren faktisch ausgeschaltet werden.

Eigenverantwortung erhöhen: Verwaltungsreformen müssen sowohl vom eigenverantwortlicheren Bürger als auch Bediensteten ausgehen und fördern. Freiräume erhöhen die Motivation, auch wenn sie teilweise im Team genutzt werden müssen. Unabdingbare Korrelate der Autonomie sind jedoch Verantwortungsbereitschaft und Transparenz.

Wirkung steigern und verbessern: New Public Management orientiert sich am Konzept der Wirkungsverbesserung und -steigerung. Es geht sowohl um Quantität als auch Qualität, deren Verbesserung erzielt und

Anlage 5

sichtbar gemacht werden soll. Der Umgang mit dieser Steuerungsform bedarf entsprechender Ausbildung auf allen Führungsstufen.

Klare, vernetzte (Teil-)projekt- und Etappenstruktur: Bei aller Innovation braucht ein erfolgreiches Projekt auch eine gewisse Konstanz und Überschaubarkeit. Häufige Widerrufe oder Änderungen von Projektteilen sind ebenso nachteilig und teuer wie bei Bauprojekten. Der sorgfältigen und professionellen Planung ist daher ein hohes Gewicht beizumessen. Dies erfordert eine kompetente und starke Projektleitung.

2. Zentrale Einschätzungen des Landesrechnungshofs

Der LRH BaWü kommt zu dem Ergebnis, dass eine unveränderte Weiterführung des Projektes NSI in der Landesverwaltung nicht vertretbar sei. Das Projekt NSI soll neu ausgerichtet und optimiert werden. Der LRH BaWü verbindet dies mit der generellen Einschätzung, dass „unterschiedliche Strukturen von Markt und Staat einer **unangepassten** Implementierung marktwirtschaftlicher Instrumente in den öffentlichen Sektor entgegenstehen".

Als Ursachen für die Notwendigkeit einer Neuausrichtung nennt der LRH BaWü

- den flächendeckenden Projektansatz
- die fehlende Akzeptanz bei den Bediensteten (keine zielorientierten Schulungen)
- die fehlende Nutzung der Informationen aus der Kosten- und Leistungsrechnung (KLR) durch die Entscheidungsträger (fehlendes Berichtswesen)
- die fehlende Abstimmung zwischen NSI und Verwaltungsstrukturreform in BaWü.

Der LRH BaWü macht zur Neuausrichtung der NSI mindestens die folgenden Vorschläge:

- NSI nur in den Bereichen der Landesverwaltung weiterführen und optimieren, die eine durchgängige Behördenstruktur aufweisen (Innen, Justiz, Finanzen)
- In anderen Ministerien ggf. die KLR in reduziertem Umfang weiterführen
- Ergänzend könnten NSI auf freiwilliger Basis in Dienststellen und Einrichtungen mit betriebswirtschaftlichen Aufgabenfeldern oder Strukturen weitergeführt werden.

Anlage 5

3. Ziel und Gegenstand des Thesenpapiers

Das Thesenpapier will dem Eindruck entgegentreten, dass aus der – projektspezifischen – Kritik des LRH BaWü am Projekt NSI der Landesverwaltung Baden-Württemberg verallgemeinernde, falsche Schlüsse gezogen werden. Der Diskussionsstand zu dem Projekt NSI soll damit in einen allgemeinen Reformkontext gestellt werden.

Aus der Kritik seitens des Landesrechnungshofs des Landes Baden-Württemberg (LRH BaWü) können keinesfalls Rückschlüsse auf das Scheitern der Reformbestrebungen des öffentlichen Sektors schlechthin gezogen werden. In besonderer Weise fehlgeleitet sind Einschätzungen, die etwa durch den Titel „Geldverschwendung durch Betriebswirtschaft", wie die FAZ vom 4.4.2007 titelt, zum Ausdruck gebracht werden. Es ist differenziert zu prüfen, wo Fehler im Projektdesign oder -management gemacht worden sind.

Schlagzeilen wie „Verwaltungsreform wird zum Millionengrab" (Handelsblatt vom 30.3.2007) sind nicht geeignet, das Projekt NSI einer kritischen Würdigung zu unterziehen. Die durch den LRH BaWü aufgedeckten Schwachstellen des Projektes NSI sind projektspezifisch. Sie lassen keine generellen Rückschlüsse auf andere Projekte zur Verwaltungsreform (Neue Steuerung, New Public Management) zu, wie sie derzeit vor allem im kommunalen Bereich und auf Länderebene zu beobachten sind.

Mit den folgenden Thesen werden Einschätzungen formuliert, die als Erfolgsfaktoren für Verwaltungsreform gesehen werden. Vor diesem Hintergrund wird auf mögliche Schwachstellen des Projektes NSI hingewiesen, soweit diese aus der zugrunde liegenden beratenden Äußerung des LRH BaWü, einem externen Gutachten „Szenario der landesweiten Einführung der Kosten- und Leistungsrechnung" v. 21.7.1997[1] sowie dem Bericht des Finanzministeriums „Pilotprojekt dezentrale Budgetverantwortung und Kosten- und Leistungsrechnung und kosten- und kennzahlenorientierte Informationssysteme" vom 3.11.1997[1] erkennbar sind.

Das Thesenpapier will damit Hinweise und Anregungen für laufende und zukünftige Reformprozesse geben. Es will Misserfolgsfaktoren erkennbar machen und auf wesentliche Faktoren für eine erfolgreiche Verwaltungsreform hinweisen.

---

1) Unveröffentlicht.

Anlage 5

4. Erfolgsfaktoren für eine erfolgreiche Haushaltsreform

These 1: Integrierte Verbundrechnung als tragendes Element

Die Integrierte Verbundrechnung stellt den geeigneten Rahmen für ein neues Rechnungskonzept dar. Die in diesem Rahmen generierten Informationen sind systematisch mit dem Haushalt verknüpft. Die Integrierte Verbundrechnung löst das kamerale Haushalts- und Rechnungswesen ab.

Die Integrierte Verbundrechnung verbindet systematisch Ressourcenverbrauchs- (Ergebnisrechnung) mit Finanzinformationen (Finanzrechnung) und Informationen zum Vermögens- und Schuldenstand (Bilanz) einer Gebietskörperschaft. Als weitere für Haushaltsansatz und Steuerungszwecke notwendige Informationsquelle in diesem Rechnungsverbund steht die Kostenrechnung zur Verfügung.

Nur wenn diese Instrumente in einem systematischen Rechnungsverbund stehen, können sie eine Wirkung entfalten. Andernfalls stehen sie als „Insellösungen" weitestgehend losgelöst nebeneinander. Die Beachtung und Verwendung der generierten Informationen kann dann „nach Belieben" erfolgen.

Steuerungsinstrumente entfalten nur dann Wirkung, wenn die hiermit gewonnenen Informationen für die Steuerungsebene und damit für das Treffen von Entscheidungen relevant sind. Oberste Steuerungsebene sind Parlament und Regierung.

Alle Informationen, die als Grundlage von Haushaltsentscheidungen herangezogen werden (relevant sind), müssen Bestandteil des Haushalts sein. Alle Informationen, die nicht Bestandteil des Haushalts sind, sind nicht (zwingend) relevant.

Die Reform des Haushalts muss im Mittelpunkt stehen! Im Haushalt sind die wesentlichen Grundlagen und Konsequenzen für politische Entscheidungen darzustellen. Der neue produktorientierte Haushalt enthält Informationen zu Produkten, Produktgruppen, Produktbereichen. Auf der Basis geeigneter Kennzahlen- und Indikatorensysteme werden Produkt- oder Wirkungsziele verbindlich vereinbart. Der Haushalt wird so zur Grundlage für alle Kontrakte zwischen Regierung und Verwaltung.

These 2: Verbund der Instrumente

Neue Steuerungsinstrumente sind aus der Perspektive des Haushalts und des Gesamtkonzeptes der Integrierten Verbundrechnung (top-down) zu konzipieren und zu implementieren.

Anlage 5

Aus der Perspektive des Haushalts entscheidet sich zu einem erheblichen Teil, mit welchen Informationen zukünftig politisch-administrativ gesteuert werden soll. Hieraus leiten sich dann die Anforderungen an die konkrete Ausgestaltung neuer Steuerungsinstrumente ab.

Nur wenn zwischen Parlament und Regierung auf Ebene des Haushalts mit zwar höher aggregierten, aber inhaltlich identischen Informationen wie auf anderen Entscheidungsebenen – etwa mittels der Kosten- und Leistungsrechnung – entschieden wird, ist konsistentes Entscheidungsverhalten auf allen Entscheidungsebenen zu erreichen.

Diese Entwicklungsperspektive richtet von Beginn an den Blick auf den konkreten Informationsbedarf der Entscheidungsträger. Damit kann eine nicht bedarfsgerechte Komplexität und Vielfalt neuer Steuerungsinstrumente vermieden werden.

These 3: Bedarfsorientierung der Informationssysteme

Die zu entwickelnden Informationssysteme müssen dem Informationsbedarf der Entscheidungsträger folgen.

Entscheidungsträger benötigen zielgerichtete Informationen, die für unterschiedliche Entscheidungszwecke in unterschiedlichen Bereichen der Verwaltung herangezogen werden können. Hinsichtlich der Akzeptanz und Nutzung dieser Informationen kommt neben der Anzahl der Informationen in besonderer Weise dem Differenzierungsgrad eine wesentliche Bedeutung zu.

Für unterschiedliche Bereiche können unterschiedliche Informationen in unterschiedlichen Differenzierungsgraden von Bedeutung sein. Der Ansatz etwa, flächendeckend eine Kostenrechnung über alle Bereiche der Verwaltung zu legen, berücksichtigt im Allgemeinen nicht die unterschiedlichen Informationsbedarfe in unterschiedlichen Bereichen. Auch hat sich die Definition von Produkten in unterschiedlichen Bereichen an den jeweiligen Bedingungen und dem spezifischen Entscheidungsbedarf auszurichten.

These 4: Dezentralisierung von Verantwortung und Zusammenführung von Fach- und Ressourcenverantwortung

Ein wesentlicher Eckpfeiler der neuen Steuerung besteht in der konsequenten Dezentralisierung von Verantwortung. Voraussetzung hierfür ist die konsequente Zusammenführung von Fach- und Ressourcenverantwortung.

Anlage 5

Für den Erfolg von Reformprozessen ist deshalb die Budgetierung als „finanzwirtschaftliche Flanke" einer neuen Steuerung frühzeitig einzuführen. Informationen zu Produkten und Ressourcen bleiben wirkungslos, wenn sie nicht in ein funktionierendes Budgetsystem mit koordinierten Anreiz- und Sanktionsmechanismen in den Kerndimensionen der Verwaltungsführung (neben finanzieller auch personelle und leistungsorientierte Führung) eingebettet sind. Das Projekt in Baden-Württemberg weist wohl erhebliche Designmängel auf (fehlende Incentives in Globalbudgets mit der Möglichkeit, Reserven zu bilden, ungenügende Ausbildung, mangelnde Abstimmung mit personalrechtlichen Maßnahmen usw.).

These 5: Controlling und Berichtswesen

Die einzelnen Bausteine des Informationssystems sind für Controllingzwecke inhaltlich zu verzahnen.

Die Einführung von **Controlling** setzt das Vorliegen von Zielen zwingend voraus. Ohne Kostenziele kann es kein Kostencontrolling geben. Kostencontrolling setzt wiederum eine funktionierende Kostenrechnung voraus. Ohne Produktziele (Kennzahlen, Indikatoren, Qualitätsvorgaben) kann es kein Produktcontrolling geben. Dies wiederum setzt ein funktionierendes Produktinformationssystem voraus.

Ein funktionierendes, adressatengerechtes Berichtswesen informiert zeitnah die Entscheidungsträger in Parlament, Regierung und Verwaltung über den Stand der Zielerreichung. Es kann frühzeitig Informationen über voraussichtliche Abweichungen in Bezug auf die Zielerreichung geben und ggf. auf Notwendigkeiten für Gegensteuerungsmaßnahmen hinweisen.

These 6: Akzeptanz und Fehlertoleranz des Reformprozesses

Verwaltungsreform braucht Akzeptanz bei Führungskräften und Mitarbeitern. Je frühzeitiger Erfolge von Reformaktivitäten spürbar werden, desto höher ist die zu erwartende Akzeptanz.

Verwaltungsreform muss fehlertolerant und lernprozessorientiert sein. Fehlentwicklungen im Laufe des Reformprozesses müssen Korrekturen nicht nur zulassen, sondern fordern.

Auch diese These spricht – gerade in großen Organisationsgebilden wie einer Landesverwaltung – für eine gestaffelte Umsetzung von zentralen Reformelementen zunächst in ausgewählten Pilotbereichen.

Anlage 5

5. Kritische Faktoren des Projektes NSI

These 7: Fehlende Ziele

Zu Beginn des Reformprozesses muss der explizite politische Wille zu einer transparenten, ergebnis- und wirkungsorientierten Steuerung stehen.

Die Einbettung der Reformaktivitäten in eine grundlegende Reform des bestehenden Rechtsrahmens, also des Haushaltsrechts kann als ein Indiz für den politischen Reformwillen gewertet werden.

Aus den generellen Zielsetzungen des Projektes NSI ist zwar zu entnehmen, dass die landesweite Einführung neuer Steuerungsinstrumente (dezentrale Budgetverantwortung, KLR, Controlling) erfolgen soll. Auch wird auf die „Erneuerung der kameralen Systeme" abgestellt. Dies bleibt jedoch unkonkret. Eine klare Entscheidung zu einer Reform des Haushaltsrechts ist damit nicht erkennbar.

Die grundlegenden Ziele des Projektes NSI, nämlich kurzfristige finanzielle Konsolidierung und langfristig permanente Gewährleistung eines effizienteren Verwaltungshandelns, werden nicht ausreichend deutlich gemacht. Insbesondere wird die Frage ihrer Kompatibilität im Sinne der gleichzeitigen Erreichbarkeit nicht diskutiert.

These 8: Unverbundene Instrumente

Die drei (ursprünglichen) instrumentellen Komponenten des Konzepts – KLR, Budgetierung und Controlling – stehen weitgehend unverbunden nebeneinander.

Die Absicht, die Instrumente in einen neuen Rechnungsverbund zu stellen, ist nicht erkennbar. Der Hinweis auf die Einführung „einzelner Instrumente" in der beratenden Äußerung erhärtet diesen Eindruck.

Die zur Erreichung der Ziele vorgesehenen Instrumente sind die Budgetierung des Haushalts, eine flächendeckende KLR und ein Controlling, das u. a. eine „konzernorientierte Gesamtsteuerung" ermöglichen soll. In einer späteren Phase spielt dann auch die Outputorientierung des Haushalts eine gewisse Rolle. Die allgemeine, dem Konzept zugrunde liegende Vorstellung vom Zusammenhang der Komponenten (KLR als Voraussetzung sowohl für die Budgetierung als auch für das Controlling) wird nicht konkretisiert.

Darüber hinaus wird die Eignung des kameralen Rechnungswesens als Basis-Rechnungssystem für das Reformkonzept offenbar als evident vorausgesetzt.

Anlage 5

Eine zu große Instrumentenvielfalt und ein überhöhter Differenzierungsgrad der Informationen haben sich in zahlreichen Reformprojekten als kritische Erfolgsfaktoren erwiesen. Indizien für diesbezügliche Fehlentwicklungen im Reformprozess NSI sind dem Text an vielen Stellen zu entnehmen. So wird auf flächendeckende Zeitaufschreibungen verwiesen, die eine geringe Beteiligungsquote aufweisen. Dies kann ein Hinweis auf eine zu differenzierte KLR sein.

Zu nennen ist daneben der Hinweis auf ein sogenanntes „Regierungsprodukt". Hier stellt sich die Frage, welcher Steuerungsansatz sich hinter einem solchen Produkt verbirgt. Möglicherweise deutet dieses Produkt stellvertretend darauf hin, dass die Produktdefinition nicht konsequent unter dem Gesichtspunkt der Steuerungsrelevanz erfolgte.

These 9: Zersplitterte IuK-Technik

Der Einsatz neuer Steuerungsinstrumente bedingt eine Neuausrichtung der IuK-Technik. Anzustreben sind integrierte Lösungen.

Nicht oder wenig integrierte IuK-Lösungen führen zu komplexen und damit kostenintensiven Schnittstellenlösungen.

Ein deutliches Indiz für die wenig integrierte Software-Landschaft liefert der Bericht des Finanzministeriums. Neben dem kameralen HKR-Verfahren wurden oder werden Produkte mehrerer Firmen eingesetzt. Ob und gegebenenfalls wie auf dieser Basis die „konzernorientierte Gesamtsteuerung" implementiert werden soll, bleibt in der konzeptionellen Phase des Projektes offen.

These 10: Fehlerbehaftete methodische und prognostische Analysen

Ex-ante-Analysen der Wirtschaftlichkeit von Reformprojekten machen nur dann einen Sinn, wenn sie methodisch einwandfrei sind und auf realistischen Prognosen beruhen.

Diese Voraussetzungen erfüllen weder das externe Gutachten noch der Bericht des Finanzministeriums. Vielmehr wecken sie unrealistische Erwartungen.

Im externen Gutachten werden für einen Planungszeitraum von 10 Jahren für die Einführung (nur der KLR) und drei alternative Szenarien interne Zinssätze zwischen 50 % und 82 % auf das Investitionsvolumen (einmalige Projektausgaben) errechnet. Die nach Behörden differenzierten internen Zinssätze betragen bis zu 223 % !

Anlage 5

Methodische und prognostische Mängel:

- Verglichen wird der Status quo mit der Situation nach Einführung der KLR. Das bedeutet u. a., dass alle künftig erzielbaren Einsparungen der Einführung der KLR zugerechnet werden. Nicht berücksichtigt wird dabei, dass auch ohne Einführung der KLR eine Haushaltskonsolidierung mit den traditionellen Methoden wie Wiederbesetzungssperren, „globale Minderausgaben" und „kw-Vermerken" erfolgt wäre.

- Da von einem unbegrenzten Fortbestand des Status quo ausgegangen wird, lassen sich durch Ausdehnung des Planungszeitraums nahezu beliebig hohe interne Zinssätze errechnen.

An diesen Mängeln des externen Gutachtens haben weder der Rechnungshof noch das Finanzministerium Anstoß genommen. Vielmehr war das Finanzministerium ausweislich seines Berichtes über die Pilotprojekte der Ansicht, die Wirtschaftlichkeit des Projektes sei im externen Gutachten eher noch zu vorsichtig geschätzt.

These 11: Implementationsmängel

Zu den Mängeln in der Planungsphase gesellen sich beim NSI-Projekt Mängel bei der Umsetzung.

Zu diesen Mängeln gehören

- die Vorab-Einrichtung von mehr als 200 Controller-Stellen ohne klare Aufgabenbeschreibung,
- eine unzureichende zentrale und damit einheitliche Anleitung bei der Umsetzung des Konzeptes,
- die fehlende systematische Einbeziehung von KLR-Informationen in den Haushaltsprozess,
- die einerseits offenbar für das KLR-Verfahren hohe Bedeutung der Zeitaufschreibung zusammen mit der geringen Durchführungsquote dieser Aufschreibungen,
- die fehlende Akzeptanz bei den Mitarbeitern: Bereits auf den ersten Seiten der „Beratenden Äußerung" wird die weitgehend fehlende Akzeptanz seitens der Mitarbeiter bzw. das mangelnde Verständnis dafür, dass die Umsetzung von NSI Führungsaufgabe sei, herausgestellt; hier hätte bei 1200 Dienststellen und 110.000 Beschäftigten eine Umsetzung in Pilotbereichen gegenüber der flächendeckenden Umsetzung deutliche Vorteile gehabt,
- die Änderung des Reformschwerpunktes durch die Landesregierung während der Implementation des NSI-Projektes.

Anlage 5

6. Fazit

Der vorliegende Beitrag nennt Erfolgsfaktoren für eine Verwaltungs- und Haushaltsreform. Der Versuch des Landes Baden-Württemberg, sein Haushalts- und Rechnungswesen im Sinne der „erweiterten Kameralistik" zu reformieren, hatte die hier diskutierten Erfolgsfaktoren zu wenig im Fokus. Der Versuch kann als fehlgeschlagen angesehen werden.

Die erzielten Erfolge im Bereich der Haushaltskonsolidierung sind im Wesentlichen auf das Instrument der Budgetierung zurückzuführen. Demgegenüber haben KLR und Controlling bisher keine nennenswerten Wirkungen entfaltet. Die Reform ist zu wenig in ein Erfolg versprechendes Gesamtkonzept einer integrierten Verbundrechnung (als Basis einer integrierten Verwaltungsführung) eingebettet.

Dies ist auch von der vom LRH BaWü präferierten Handlungsalternative für die Zukunft (Beschränkung auf geeignete Aufgabenfelder in geeigneten Ressorts bei „reduzierten Anforderungen") nicht zu erwarten.

Rückschlüsse auf ein generelles Scheitern von Reformbestrebungen des öffentlichen Sektors können aus diesem fehlgeschlagenen Versuch keinesfalls gezogen werden.

Literaturverzeichnis

Adam, Berit (2013): Einführung in IPSAS – Grundlagen und Fallstudie, Berlin 2013.

Arbeitskreis „Integrierte Verbundrechnung" (2005): Eckpunkte für die Grundsätze ordnungsgemäßer Buchführung im öffentlichen Haushalts- und Rechnungswesen auf der Basis der Integrierten Verbundrechnung, (dem Arbeitskreis gehörten an: Wolfgang Berens, Dietrich Budäus, Ernst Buschor, Edmund Fischer, Hannes Streim) in: Die Wirtschaftsprüfung, WPg 16/2005, S. 887–890.

Arbeitskreis „Integrierte Verbundrechnung" (2007): Erfolgsfaktoren für die Gestaltung von Reformprojekten, (dem Arbeitskreis gehörten an: Wolfgang Berens, Dietrich Budäus, Ernst Buschor, Edmund Fischer, Hannes Streim), in: Innovative Verwaltung, Heft 7-8/2007, S. 11–14.

Arbeitskreis „Integrierte Verbundrechnung" (2008): Zum nicht mehr vertretbaren kameralen Haushalts- und Rechnungswesen in einem demokratischen Gemeinwesen – Hamburger Thesen zum notwendigen Wechsel von der Kameralistik zur integrierten Verbundrechnung mit outputorientierter Budgetierung, (dem Arbeitskreis gehörten an: Wolfgang Berens, Dietrich Budäus, Ernst Buschor, Edmund Fischer, Hannes Streim), in: Innovative Verwaltung, Heft 1-2/2008, S. 10–13.

Baier, Horst (2002): Operative Planung in Kommunen – Neukonzeption auf der Basis einer Kosten- und Leistungsrechnung, Lohmar/Köln 2002.

Bals, Hansjürgen (1996): Der ehrliche Haushalt: Ziel der kommunalen Haushaltsrechtsreform. In: Zeitschrift für Kommunalfinanzen (ZKF) 46. Jg. (1996), S. 194–200.

Bals, Hansjürgen (1998): Die zentrale Rolle des Haushalts- und Rechnungswesens für Verwaltungsreform und Haushaltskonsolidierung. In: Der Städtetag, 51 (1998), S. 785–791.

Bals, Hansjürgen (2003): Der Produkthaushalt – Wege zur Integration von Finanz- und Leistungssteuerung. In: Zeitschrift für Kommunalfinanzen (ZKF) 53. Jg. (2003) Heft 12, S. 321–329.

Bals, Hansjürgen (2004): Neue Haushaltssteuerung. In: Blanke, Bernhard/von Bandemer, Stephan/Nullmeier, Frank/Wewer, Göttrik (Hrsg.): Handbuch zur Verwaltungsreform. 3. Aufl. Opladen 2004.

Bals, Hansjürgen/Reichard, Christoph (2000): Das neue kommunale Haushalts- und Rechnungswesen. In: Budäus, Dietrich; Küpper, Willi; Streitferdt, Lothar (Hrsg.): Neues öffentliches Rechnungswesen – Stand

Literaturverzeichnis

und Perspektiven. Klaus Lüder zum 65. Geburtstag, Wiesbaden 2000, S. 203–233.

Bals, Hansjürgen/Hack, Hans (2002): Verwaltungsreform: Warum und wie. Leitfaden und Lexikon. Heidelberg/München/Berlin, 2. Auflage 2002.

Banner, Gerhard (1991): Von der Behörde zum Dienstleistungsunternehmen – Die Kommunen brauchen ein neues Steuerungsmodell. In: Verwaltung – Organisation – Personal (VOP) 1991, S. 6–11.

Banner, Gerhard/Reichard, Christoph Hrsg. (1993): Kommunale Managementkonzepte in Europa. Köln 1993.

Barthel, Jürgen (2000): Was Sparen mit Reform zu tun hat – Haushaltskonsolidierung in einer strukturschwachen Großstadt. In: Demokratische Gemeinde 8/2000, S. 20–21.

Bauer, Helfried/Biwald, Peter Hrsg. (1997): Neue Ansätze im öffentlichen Haushalts- und Rechnungswesen. Wien 1997.

Beck, Stefanie/Benecke Miriam/Felten, Marcus/Lipske, Ulf/Schuster, Ferdinand (2013): Risikomanagement in Kommunen, in: Public Governance, Sommer 2013, S. 12–15.

Bertelsmann Stiftung/Saarländisches Ministerium des Innern, Hrsg. (1997): Kommunales Management in der Praxis; Bd. 4: Budgetierung und dezentrale Ressourcenverantwortung. Gütersloh 1997.

Bräunig, Dietmar (1994): Pretiale Steuerung von Kommunalverwaltungen. Baden-Baden 1994 (Diss. Universität Mannheim 1994).

Brixner, Helge C./Harms, Jens/Noe, Heinz W. (2003): Verwaltungs-Kontenrahmen, München 2003.

Brüggemeier, Martin/Schauer, Reinbert/Schedler, Kuno, Hrsg. (2007): Controlling und Performance Management im öffentlichen Sektor, Bern/Stuttgart/Wien 2007.

Budäus, Dietrich (2000): Aktuelle Bestrebungen um Leistungserfassung und leistungsorientierte Ressourcensteuerung in öffentlichen Verwaltungen. In: Budäus, D. (Hrsg.): Leistungserfassung und Leistungsmessung in öffentlichen Verwaltungen. Wiesbaden 2000, S. 11–21.

Budäus, Dietrich/Finger, Stefanie (2001): Grundlagen eines strategischen Managements auf kommunaler Ebene. In: Eichhorn, Peter/Wiechers, Matthias (Hrsg.) im Auftrag des Schmalenbach-Arbeitskreises New Public Management: Strategisches Management für Kommunalverwaltungen. Baden-Baden 2001, S. 40–50.

Literaturverzeichnis

Budäus, Dietrich/Hilgers, Dennis (2009): Reform des öffentlichen Haushalts- und Rechnungswesens in Deutschland, in: Zeitschrift für Planung und Unternehmenssteuerung 2009, S. 377–396.

Budäus, Dietrich/Hilgers, Dennis (2010): Reform des öffentlichen Haushalts- und Rechnungswesens zwischen Finanzkrise und Handlungsdruck, Berlin 2010.

Bühler, Bernd M. (2002): Von Outputs zu Outcomes – Internationale Erfahrungen mit outcome-orientierter Steuerung. In: Verwaltung und Management, 8. Jg. (2002), Heft 5, S. 273–278.

Busch, Manfred/Lasarzik, Maik/Heiling, Jens (2009): Steuerungspotenziale des kommunalen Konzernabschlusses, in: Zeitschrift für Planung und Unternehmenssteuerung 2009, S. 377–396.

Christmann, Kurt/Huland, Dieter/Meißner, Barbara (2004): Einkaufen für Kommune, Heidelberg/ München/Berlin 2004.

Deubel, Ingolf (2000): Budgetierung in Rheinland-Pfalz – eine Zwischenbilanz. In: Magiera, Siegfried/Kremp, Werner/Lüder, Klaus (Hrsg.): Haushaltsplanung/Budgeting in Deutschland und in den USA. Trier 2000, S. 14–28.

Deutscher Städtetag/PricewaterhouseCoopers (2011): Evaluierung der Reform des kommunalen Haushalts- und Rechnungswesens, Berlin 2011.

Dott, Beatrice (2003): Neues Haushalts- und Rechnungswesen – Anforderungen an die Gestaltung von Gliederung und Gruppierung – ein Diskussionsbeitrag. In: der gemeindehaushalt 2/2003, S. 25–29.

Dressler, Sören/Northoff, Thomas, Hrsg. (2006): Die Bundesbilanz – Erläuterungen zu Ansatz und Bewertung sowie zu einzelnen Bilanzpositionen, Freiburg/Berlin/München/Würzburg 2006.

Engels, Dieter/Eibelshäuser, Manfred, Hrsg. (2010): Öffentliche Rechnungslegung – Von der Kameralistik zur Doppik, Köln 2010.

Feddersen, Heinrich (2000): Der Weg von der Kameralistik über den outputorientierten Produkthaushalt zur Leistungsvereinbarung und -dokumentation. In: Budäus, Dietrich (Hrsg.): Leistungserfassung und Leistungsmessung in öffentlichen Verwaltungen. Wiesbaden 2000, S. 135–148.

Fischer, Edmund (1998): Die Bedeutung der kommunalen Bilanz, in: Verwaltung – Organisation – Personal (VOP), Heft 3/1998, S. 25–27.

Literaturverzeichnis

Fischer, Edmund (1999): Ehrlicher Haushalt, in: der gemeinderat, Heft 1/ 1999, S. 38–39.

Fischer, Edmund (2001): Die Kommunen erhalten ein neues Rechnungswesen: es geht um den Haushalt, in: der gemeindehaushalt, Heft 9/2001, S. 211–214.

Fischer, Edmund (2005): Reform des Haushalts- und Finanzmanagements aus Sicht der KGSt, in: Bestandsaufnahme und Perspektiven des Haushalts- und Finanzmanagements, hrsg. von H. Hill, Band 3 der Schriftenreihe Verwaltungsressourcen und Verwaltungsstrukturen, Baden-Baden 2005.

Fischer, Edmund (2007):) Reform des Gemeindehaushaltsrechts: Ein Beitrag zu einer nachhaltigen Kommunalpolitik?!, in: Verwaltung und Politik, Festschrift für Hans-Jürgen Sperling, hrsg. von H.J. Peters und P. Witt, Stuttgart 2007, S. 86–96.

Fischer, Edmund (2008a): Einheitliches Haushalts- und Rechnungswesen nicht in Sicht, in: innovative Verwaltung, Heft 12/2008, S. 13–15.

Fischer, Edmund (2008b): Neues Haushalts- und Rechnungswesen in der Diskussion – Stand und Perspektiven – Eine nicht ganz unkritische Würdigung, in: Zeitschrift für Kommunalfinanzen (ZKF), Heft 1/2008 S. 1–8.

Fischer, Edmund (2008c): Doppischer Gemeindefinanzbericht, Projekt der Bertelsmann Stiftung, http://www.wegweiser-kommune.de/themenkonzepte/finanzen/download/pdf/Gemeindefinanzbericht.pdf, Gütersloh 2008.

Fischer, Edmund (2009): Zielvereinbarungen und Doppik: Vom IMK-Beschluss bis heute ... und weiter?, in: Zielvereinbarungen und Doppik an der Schnittstelle von Politik und Verwaltung, hrsg. von D. Bräunig und J. Meier, Tagungsband zum Schmalenbach-Symposium, Köln 2009.

Fischer, Edmund (2010): Verwaltungs-Controlling in neuem Licht – eine Momentaufnahme, in: Rechnungswesen und Controlling in der öffentlichen Verwaltung, Loseblattwerk, Heft 7 2009, hrsg. von Meurer/Stephan, Freiburg 2010, Gruppe 3, S. 93–102.

Fischer, Edmund (2010): ABC Neues Haushaltsrecht – Ein (kleines) politisches Wörterbuch, hrsg. von Bertelsmann-Stiftung und KGSt, Gütersloh und Köln 2010.
Abrufbar unter: http://www.wegweiser-kommune.de/themenkonzepte/finanzen/download/pdf/ABC_Neues_Haushaltsrecht.pdf

Literaturverzeichnis

Fischer, Edmund (2012): Neues Haushalts- und Rechnungswesen und Neue Steuerung: Funktioniert es und wenn ja, warum nicht, in: Verwaltung und Management, Heft 3/2012, S. 147–150.

Fischer, Edmund (2013): Europäische Standards zur Rechnungslegung des öffentlichen Sektors, in: Rechnungswesen und Controlling in der öffentlichen Verwaltung, Loseblattwerk, hrsg. von Kegelmann, J./Böhmer, R./Willmann, H., Freiburg 2013.

Fischer, Edmund/Sölva, Günter/Pittschieler, Brigitte (2011): Kosten- und Leistungsrechnung der Berufs- und Fachschulen in der Südtiroler Landesverwaltung – eine Wegbeschreibung in: Rechnungswesen und Controlling in der öffentlichen Verwaltung, Loseblattwerk, hrsg. von Kegelmann, J./Böhmer, R./Willmann, H., Freiburg 2011, Heft 1/2011, Gruppe 5, S. 19–33.

Fischer, Edmund/Gnädinger, Marc (2009a): Generationengerechte Haushaltswirtschaft – Schuldenverbot, HGrGModG und Ergebnisausgleich, (gemeinsam mit Marc Gnädinger), in: Verwaltung und Management, Zeitschrift für moderne Verwaltung, Heft 6/2009, S. 283–292.

Fischer, Edmund/Gnädinger, Marc (2009b): Kommunales Frühwarnsystem auf Basis doppischer Kennzahlen, in Rechnungswesen und Controlling in der öffentlichen Verwaltung, Loseblattwerk, Heft 6 2009, hrsg. von Meurer/Stephan, Freiburg 2009, Gruppe 4, S. 21–60.

Fischer, Edmund/Gnädinger, Marc (2010): Generationengerechte Haushaltspolitik, (gemeinsam mit Marc Gnädinger), in: Kommunalpolitische Blätter, 1/2010, S. 37–39.

Fischer, Edmund/Gnädinger, Marc (2012): Finanzrisiken erkennen und generationengerecht wirtschaften (gemeinsam mit Marc Gnädinger), in Handbuch Kommunalpolitik, hrsg. von Osner, A. und Markus, W., 7. Ergänzungslieferung, Berlin 2009, I7, S. 1–22.

Fischer, Edmund/Pook, Manfred (2002): Controlling in der öffentlichen Verwaltung: Entwicklungsstand und Perspektiven für die Kommunalverwaltung, in: Kostenrechnungspraxis (KRP), Sonderheft 2/2002 – „Dienstleistungscontrolling", S. 43–53.

Fischer, Edmund/Weber, Jürgen/Hunold, Claus (2002): Wie erfolgreich ist die Kostenrechnung in Kommunen, in: innovative Verwaltung, Heft 1–2/2002, S. 50–54.

Fischer, Edmund/Lasar, Andreas (2010): Der konsolidierte Gesamtabschluss als Informations- und Steuerungsinstrument, in: Zeitschrift für Kommunalfinanzen (ZKF), Heft 7/ 2010, S. 145–150.

Literaturverzeichnis

Fischer, Johannes/Unger, Walter (2001): Führung und Organisation, Heidelberg/München/Berlin 2001.

Freie und Hansestadt Hamburg – Behörde für Bildung und Sport, Hrsg. (2006): „Budgetierung macht Schule", Leitfaden zur Verwaltung der Schulbudgets, Hamburg 2006.

Freytag, Dieter/Hamacher, Klaus/Wohland, Andreas/Dott, Beatrice (2009): Neues Kommunales Finanzmanagement Nordrhein-Westfalen, 2. Auflage, Stuttgart 2009.

Frischmuth, Birgit u. a. (2001): Budgetierung in der Stadtverwaltung. Difu-Arbeitshilfe, Berlin 2001.

Frischmuth, Birgit (2004): Kommunale Pilotprojekte in Deutschland im Überblick (Städtische Projekte zur Einführung der Budgetierung – DST-Umfrage 2002). In: Bayerische Verwaltungsschule (Hrsg.): Doppik – Modernes Finanzmanagement für die öffentliche Verwaltung. Stuttgart 2004.

Fudalla, Mark/Schwarting, Gunnar (2009): Der Rechenschaftsbericht in der kommunalen Doppik, Berlin 2009.

Haßenkamp, Werner (1998): Zusammenwirken von Politik und Verwaltung bei der Aufstellung des Haushaltsplanes und seiner Durchführung. In: Die Neue Verwaltung 1998, S. 14–16.

Hebeler, Timo (2002): Die Budgetierung und das Budgetrecht – Unzulässige Kompetenzverschiebungen zu Lasten der Parlamente durch neue Haushaltsinstrumente? In: Verwaltungsrundschau 3/2002, S. 76–80.

Henneke, Hans-Günter/Strobl, Heinz/Diemert, Dörte (2008): Recht der kommunalen Haushaltswirtschaft, München 2008.

Hilgers, Dennis/Schauer, Reinbert/Thom, Norbert, Hrsg. (2012): Public Management im Paradigmenwechsel, Linz 2012.

Hill, Hermann (2001): Zur Sicherung des parlamentarischen Budgetrechts im Neuen Steuerungsmodell. In: DÖV Die Öffentliche Verwaltung 54. Jg. (2001), S. 141–152.

Hill, Hermann (2004): Bestandsaufnahme und Perspektiven des Haushalts- und Finanzmanagements. Baden-Baden 2004.

Hille, Dietmar (1999): Das Neue Steuerungsmodell erfordert auch neue Organisationsformen. In: Verwaltung und Management, 5. Jg. (1999), Heft 6, S. 352–355.

Hille, Dietmar (2002): Konkurrieren statt Privatisieren: Kommunale Einrichtungen im Wettbewerb, KWI-Arbeitsheft 3, Potsdam 2002.

Literaturverzeichnis

Hille, Dietmar (2003): Grundlagen des kommunalen Beteiligungsmanagements, Heidelberg/München/Berlin 2003.

Hirsch, Bernhard/Weber, Jürgen u. a. (2012): Controlling in öffentlichen Institutionen: Rollen – Handlungsfelder – Erfolgsfaktoren, Berlin 2012.

Hock, Gudrun (2000): Anforderungen an Produkte und Produktkataloge als Grundlage der Leistungserfassung öffentlicher Verwaltungen. In: Budäus, Dietrich (Hrsg.): Leistungserfassung und Leistungsmessung in öffentlichen Verwaltungen. Wiesbaden 2000, S. 119–134.

Hoffjan, Andreas (2000): Budgetierung in der öffentlichen Verwaltung: Planfortschreibung – Zero Base Budgeting – Produktbudgetierung. In: Finanzwirtschaft, 2/2000, S. 25–28

Horvath, Peter (2011): Controlling, 12. Auflage, München 2011.

Hunold, Claus (2003): Kommunale Kostenrechnung – Gestaltung, Nutzung, Erfolgsfaktoren (Diss. WHU Vallendar 2003), Wiesbaden 2003.

Innenministerium Baden-Württemberg, Hrsg. (1996): Kommunaler Produktplan Baden-Württemberg. Schriftenreihe des Innenministeriums Baden-Württemberg zum kommunalen Haushalts- und Rechnungswesen, Heft 2, Stuttgart 1996.

Innenministerium Baden-Württemberg, Hrsg. (2002): Leitlinien zur kommunalen Kostenrechnung in Baden-Württemberg. Schriftenreihe des Innenministeriums Baden-Württemberg zum kommunalen Haushalts- und Rechnungswesen, Heft 8, 2., überarbeitete Auflage, Stuttgart 2002.

Innenministerium des Landes Nordrhein-Westfalen (1999): Neues kommunales Finanzmanagement. Eckpunkte einer Reform. Düsseldorf 1999.

Institut für den öffentlichen Sektor, Hrsg. (2009): Kommunaler Gesamtabschluss – die Gestaltung des „Konzerns Kommune", Berlin 2009.

Institut für den öffentlichen Sektor, Hrsg. (2012): Haushaltsmodernisierung in den Bundesländern – Vielfältige Reformpfade, Berlin 2012.

Katz, Alfred (2001): Ansätze eines kommunalen Kontraktmanagements. In: Eichhorn, Peter/Wiechers, Matthias (Hrsg.) im Auftrag des Schmalenbach-Arbeitskreises New Public Management: Strategisches Management für Kommunalverwaltungen, Baden-Baden 2001, S. 146–152.

Kegelmann, Jürgen/Böhmer, Roland/Willmann, Heiko, Hrsg. (2013): Rechnungswesen und Controlling in der öffentlichen Verwaltung, Loseblattwerk, Freiburg 2013.

Literaturverzeichnis

KGSt (1993a): Budgetierung: Ein neues Verfahren der Steuerung kommunaler Haushalte. KGSt-Bericht Nr. 6/1993, Köln.

KGSt (1993b): Das Neue Steuerungsmodell. Begründung, Konturen, Umsetzung. KGSt-Bericht Nr. 5/1993, Köln.

KGSt (1994a): Das Neue Steuerungsmodell – Definition und Beschreibung von Produkten. KGSt-Bericht Nr. 8/1994, Köln.

KGSt (1994b): Verwaltungscontrolling im Neuen Steuerungsmodell. KGSt-Bericht Nr. 15/1994, Köln.

KGSt (1995a): Vom Geldverbrauchs- zum Ressourcenverbrauchskonzept: Leitlinien für ein neues kommunales Haushalts- und Rechnungsmodell auf doppischer Grundlage. KGSt-Bericht Nr. 1/1995, Köln.

KGSt (1995b): Personalkostenmanagement – Einbeziehung der Personalkosten in die Budgetierung. KGSt-Bericht Nr. 13/1995, Köln.

KGSt (1997a): Der Haushaltsplan: Ansätze zur entscheidungs- und verhaltensorientierten Neugestaltung. KGSt-Materialien Nr. 3, Bd. 1 und 2, Köln 1997.

KGSt (1997b) KGSt-Produktbuch für Gemeinden, Städte und Kreise. KGSt-Bericht Nr. 5/1997, Köln.

KGSt 1997c): Steuerung kommunaler Haushalte: Budgetierung und Finanzcontrolling in der Praxis. KGSt-Bericht Nr. 9/1997, Köln.

KGSt (1997d): Auf dem Weg in das Ressourcenverbrauchskonzept: Die kommunale Bilanz. Erste Überlegungen und Empfehlungen. KGSt-Bericht Nr. 7/1997, Köln.

KGSt (1997e): Organisation des Einkaufs. KGST-Bericht Nr. 1/1997, Köln.

KGSt (1998a): Kontraktmanagement: Steuerung über Zielvereinbarungen. KGSt-Bericht Nr. 4/1998, Köln.

KGSt (1998b): Verwaltungsinterne Leistungsverrechnung. KGSt-Bericht Nr. 6/1998, Köln.

KGSt (1999): Das neue KGSt-Politikerhandbuch zur Verwaltungsreform, Köln 1999.

KGSt (2000a): Kommunale Leistungen im Wettbewerb – Leistungsvergleich, Markttest und Vergabeverfahren. KGSt-Bericht Nr. 12/2000, Köln.

KGSt (2000b): Rahmenregeln bei dezentraler Ressourcen- und Ergebnisverantwortung. KGSt-Bericht Nr. 4/2000, Köln.

Literaturverzeichnis

KGSt (2000c): Strategisches Management I: Leitbericht für Politik und Verwaltungsführung. KGSt-Bericht Nr. 8/2000, Köln.

KGSt (2000d): Strategisches Management III: Zielbezogene Budgetierung. KGSt-Bericht Nr. 10/2000, Köln.

KGSt (2001): Steuern mit Zielen: Ziele entwickeln und präzisieren. KGSt-Bericht Nr.3/2001, Köln.

KGSt (2003): Kommunen im Wettbewerb – Wettbewerb gestalten, Leistungen verbessern. Materialien 1/2003, Köln.

KGSt (2004): Kommunale Kostenrechnung – Entwicklungstendenzen und Gestaltungsaspekte, KGSt-Bericht Nr. 6/2004, Köln.

KGSt (2006): Vergleichen, Lernen, Handeln: Ergebnisse aus 10 Jahren Vergleichsringarbeit des IKO-Netzes der KGSt. KGSt-Bericht Nr. 10/2006, Köln.

KGSt (2010): Stand der Einführung des neuen Haushalts- und Rechnungswesens – Ergebnisse einer bundesweiten Umfrage 2010. KGSt-Bericht Nr. 6/2010; Köln.

KGSt (2011a): Jahresabschlussanalyse im neuen Haushalts- und Rechnungswesen. KGSt-Bericht Nr. 1/2011, Köln.

KGSt (2011b): Kosten eines Arbeitsplatzes. KGSt-Materialie Nr 4/2011, Köln.

KGSt (2011c): Bündelung von Verwaltungsdienstleistungen. KGSt-Materialie Nr. 3/2011, Köln.

KGSt (2012): Steuerung kommunaler Beteiligungen. KGSt-Bericht Nr. 3/2012, Köln.

KGSt/Bertelsmann-Stiftung, Hrsg. (2009): Manifest zum öffentlichen Haushalts- und Rechnungswesen in Deutschland, Köln und Gütersloh 2009.

KGSt/Bertelsmann-Stiftung (2012): Steuerung mit Kennzahlen in den kreisfreien Städten – Ergebnisse einer empirischen Studie, Köln und Gütersloh 2012.

Klümper, Bernd/Zimmermann, Ewald (2002): Die produktorientierte Kosten- und Leistungsrechnung, Heidelberg/München/Berlin, 2002.

KPMG, Hrsg. (2004): Haushaltskonsolidierung und Doppik, Köln 2004.

KPMG, Hrsg. (2012): IPSAS. Autorisierte Übersetzung der IPSAS Standards Ausgabe 2011, Zürich – Basel – Genf 2012.

Literaturverzeichnis

Kuban, Monika (1996): Budgetierung als Einstiegsstrategie in das „Neue Steuerungsmodell", in: H. Hill; H. Klages (Hrsg.), Wege in die neue Steuerung. Stuttgart 1996, S. 13–24.

Lüder, Klaus (1998): Konzeptionelle Grundlagen des Neuen Kommunalen Haushaltswesens. Schriftenreihe des Innenministeriums Baden-Württemberg zum kommunalen Haushalts- und Rechnungswesen, Heft 5. Stuttgart 1998.

Lüder, Klaus (1999a): Konzeptionelle Grundlagen des Neuen Kommunalen Rechnungswesens (Speyerer Verfahren). 2. Aufl., Schriftenreihe des Innenministeriums Baden-Württemberg zum kommunalen Haushalts- und Rechnungswesen, Heft 6. Stuttgart 1999.

Lüder, Klaus (1999b): Developments in Public Sector Accounting. Speyerer Arbeitshefte 125, 1999.

Lüder, Klaus (2001): Neues öffentliches Haushalts- und Rechnungswesen – Anforderungen, Konzept, Perspektive, Berlin 2001.

Mäding, Heinrich (1997): Die Budgethoheit der Räte/Kreistage im Spannungsverhältnis zur dezentralen Ressourcenverantwortung. In: Zeitschrift für Kommunalfinanzen (ZKF), 47. Jg. (1997), S. 98–104.

Mäding, Heinrich (2001): Haushaltswirtschaft im Spannungsverhältnis zwischen Haushaltskonsolidierung und Reform. In: Schröter, Eckhard (Hrsg.): Empirische Policy- und Verwaltungsforschung – Lokale, nationale und internationale Perspektiven, Opladen 2001, S. 359–370.

Mäding, Heinrich (2004): Verwaltungsreform, Haushalt und Demokratie. In: Blanke, Bernhard/von Bandemer, Stephan/Nullmeier, Frank/Wewer, Göttrik (Hrsg.): Handbuch zur Verwaltungsreform. 3. Aufl. Opladen 2004.

Magiera, Siegfried/Kremp, Werner/Lüder, Klaus, Hrsg. (2000): Haushaltsplanung/Budgeting in Deutschland und in den USA. Trier 2000.

Mühlenkamp, Holger/Glöckner, Andreas (2009): Rechtsvergleich Kommunale Doppik, Speyerer Forschungsberichte 260, Speyer 2009.

Mühlenkamp, Holger (2011a): Die Steuerungswirkung der Doppik, in: der städtetag 3/2011, S. 14–18.

Mühlenkamp, Holger (2011b): Zu den Steuerungswirkungen öffentlichen Haushalts- und Rechnungswesens und seiner Akzeptanz, Speyerer Arbeitsheft 203, Speyer 2011.

Müskens, Egon (2001): Flexibilisierung, Globalisierung und Budgetierung im staatlichen Haushaltsrecht, in: Finanzwirtschaft 11/2001, S. 294–301.

Literaturverzeichnis

Naschold, Frieder u. a. (1996): Leistungstiefe im öffentlichen Sektor – Erfahrungen, Konzepte, Methoden. Berlin 1996.

OECD PUMA, Hrsg. (1999): Integrating Financial Management and Performance Management, Paris 1999.

Österreichischer Städtebund/Bundesministerium für Finanzen/KDZ, Hrsg. (1999): Leistungsorientiertes Kommunalmanagement. Leitfaden Kennzahlen. Leitfaden Produkte. Wien 1999.

Osborne, D./Gaebler, T. (1997): Der innovative Staat. Mit Unternehmergeist zur Verwaltung der Zukunft. Wiesbaden 1997.

Osner, Andreas (2000): Kommunale Organisations-, Haushalts- und Politikreform – Ökonomische Effizienz und politische Steuerung. Berlin 2001 (Diss. Würzburg 2000).

Osner, Andreas/Markus, Wolfram (2008): Handbuch Kommunalpolitik, Loseblattwerk, Stuttgart 2008.

Plazek, Michael/Weber, David/Schuster, Ferdinand (2012): Public Corporate Governance Kodizes im Vergleich, in: Public Governance, Winter 2012, S. 6–11.

Pook, Manfred/Tebbe, Günter (2002): Berichtswesen und Controlling. Heidelberg/München/Berlin 2002.

Pröhl, Marga/Osner, Andreas, Hrsg. (2002): Ratsarbeit besser machen. Gütersloh 2002.

PWC, Hrsg. (2011): Zeitschrift für öffentliche und gemeinnützige Unternehmen (ZögU), Der Kommunale Gesamtabschluss, Beiheft 40, 2011.

Redmann, Reinhard (2000): Gebäudemanagement: Transparenz schaffen, Kosten optimieren. Heidelberg/München/Berlin 2000.

Reichard, Christoph (1996): Umdenken im Rathaus. Neue Steuerungsmodelle in der deutschen Kommunalverwaltung. 5. Aufl. Berlin 1996.

Reichard, Christoph (1997): Deutsche Trends der kommunalen Verwaltungsmodernisierung. In: Naschold, F./Oppen, M./Wegener, A. (Hrsg.): Innovative Kommunen. Internationale Trends und deutsche Erfahrungen. Stuttgart – Berlin – Köln 1997, S. 49–73.

Reichard, Christoph (1998): Der Produktansatz im „Neuen Steuerungsmodell" – Von der Euphorie zur Ernüchterung. In: D. Grunow; H. Wollmann (Hrsg.), Lokale Verwaltungsreform in Aktion: Fortschritte und Fallstricke. Basel/Boston/Berlin 1998, S. 85–102.

Literaturverzeichnis

Reichard, Christoph (2001): Strategisches Management in der Kernverwaltung. In: Eichhorn, Peter/Wiechers, Matthias (Hrsg.) im Auftrag des Schmalenbach-Arbeitskreises New Public Management: Strategisches Management für Kommunalverwaltungen. Baden-Baden 2001, S. 80–91.

Richter, Martin (2012): Doppik Quo Vadis? Eine kritische Bestandsaufnahme, in: Public Management im Paradigmenwechsel – Staat und Verwaltung im Spannungsfeld von New Public Management, Open Government und bürokratischer Restauration, S. 49–62, Linz 2012.

Rürup, Bert/Winter, Christian (1996): Notwendigkeiten und Probleme effizienzorientierter Budgetreformen. In Verwaltung und Management, 2. Jg. (1996), Heft 6, S. 324–329.

Ruter, Rudolf X./Sahr, Karin/Waldersee, Georg Graf (2005): Public Corporate Governance – Ein Kodex für die öffentliche Verwaltung, Wiesbaden 2005.

Sarrazin, Thilo (1996): Finanzpolitik als schöpferische Zerstörung – Gestaltungschancen der Budgetierung im Zeichen der Finanzkrise. In: Verwaltung und Management, 2. Jg. (1996), Heft 5, S. 260–265.

Schäffer, Michael (1999): Kommunale Kostenmanagementsysteme – Ein Beitrag zum neuen öffentlichen Rechnungswesen, Stuttgart, Berlin, Köln 1999.

Schauer, Reinbert (2000): Output-orientierte Steuerung öffentlicher Verwaltungen – Ansätze und Erfahrungen in Österreich. In: Budäus, Dietrich (Hrsg.): Leistungserfassung und Leistungsmessung in öffentlichen Verwaltungen. Wiesbaden 2000, S. 59–70.

Schedler, Kuno (1996): Ansätze einer wirkungsorientierten Verwaltungsführung. Bern – Stuttgart – Wien, 2. Auflage 1996.

Spraul, Katharina/Scheefer, Anna/Helmig, Bernd/Eckstein, Bernd (2012): Doppik und Produkthaushalte als Instrumente strategischen Managements in Kommunen – Eine vergleichende Fallstudie, in Zeitschrift für Betriebswirtschaft Nr. 9, 2012, S. 935–968.

Srocke, Isabell (2004): Konzernrechnungslegung in Gebietskörperschaften unter Berücksichtigung von HGB, IAS/IFRS und IPSAS, Düsseldorf 2004.

Schuster, Ferdinand (2002): Der interkommunale Leistungsvergleich als Wettbewerbssurrogat. Berlin 2003 (Diss. Potsdam 2002).

Schwarting, Gunnar (2002): Das Budget hält Einzug – Zur Novellierung des Gemeindehaushaltsrechts in Rheinland-Pfalz. In: der gemeindehaushalt 3/2002, S. 49–50.

Literaturverzeichnis

Schwarting, Gunnar (2003): Haushaltskonsolidierung in Kommunen – Leitfaden für Rat und Verwaltung. Berlin 2003.

Schwarting, Gunnar (2005): Effizienz in der Kommunalverwaltung. Dezentrale Verantwortung, Produkte, Budgets und Controlling. Finanzwesen der Gemeinden Band 7, 2. überarbeitete Aufl., Berlin 2005.

Strobl, Heinz (1997): Umgestaltung des kommunalen Haushalts- und Rechnungswesens. In: Die Neue Verwaltung 5/1997, S. 10–12.

Vernau, Katrin (2000): Der Produkthaushalt als Meilenstein einer politisch-administrativen Steuerung – Der Stand produktorientierter Datensammlungen in deutschen Großstädten und Anregungen zu ihrer Weiterentwicklung. In: Verwaltung und Management, 6. Jg. (2000), Heft 6, S. 352–357.

Vernau, Katrin (2002): Effektive politisch-administrative Steuerung in Stadtverwaltungen. Wiesbaden 2002 (Diss. Potsdam 2001).

Vierheilig, Otto (2001): Budgetierung in der Kommunalverwaltung. Kronach 2001.

Weber, Jürgen/Schäffer, Utz (2011): Einführung in das Controlling, 13. Auflage, Stuttgart 2011.

Wollmann, Hellmut (1999): Politik- und Verwaltungsmodernisierung in den Kommunen: Zwischen Managementlehre und Demokratiegebot. In: Die Verwaltung 1999, S. 345–375.

Autorenverzeichnis

Die Autoren:

Dr. rer. pol. Hansjürgen Bals, Stadtkämmerer a. D., ehemaliger Hauptgutachter bei der KGSt

und

Professor Edmund Fischer, Diplomkaufmann, ehemaliger Programmbereichsleiter Finanzmanagement und stellvertretender Vorstand der KGSt

Beide Autoren haben sich in Praxis und Wissenschaft durch zahlreiche Gutachten, Aufsätze und Vorträge als Experten im kommunalen Haushalts- und Rechnungswesen ausgewiesen.

Zurzeit ist Hansjürgen Bals als Berater und freier Mitarbeiter am Kommunalwissenschaftlichen Institut der Universität Potsdam tätig.

Edmund Fischer ist Inhaber einer Professur für öffentliche Betriebswirtschaftslehre an der Hochschule für öffentliche Verwaltung, Kehl.

Stichwortverzeichnis

Die Zahlen beziehen sich auf die Seiten.

A

ABC-Analyse 230
Abfallbeseitigung 103, 106, 174
Abfallwirtschaft 152
Abnahmezwang 133
Abschreibungen 54, 162, 166, 169, 183, 203
Abwasserbeseitigung 106
Abweichungsberichtswesen 222
Adoptionsvermittlung 30
Allgemeine Finanzwirtschaft 26, 45
Alternativplanungen 234
Anbieter 134
Anbieter-/Nachfrager-Beziehung 108
Anbieter-Nachfrager-Trennung 152
Anlagenrechnung 204
Anlagevermögen 54, 162, 166
Anpassungszeitraum 134
Anreize 21, 22, 56
Anreizwirkungen 67
Anschaffungs- oder Herstellungskosten 178
Anschaffungs- und Herstellungskosten 169
Anschaffungskosten 180
Anschaffungswert 169, 203
Ansparen 60
Arbeitssicherheitstechnischer Dienst 127

Aufbauorganisation 11
Aufgabenkataster 131, 145, 148
Aufgabenkritik 80, 137, 141, 229
Auftraggeber 105, 109, 117, 122, 132, 143
Auftraggeber-/Auftragnehmer-Beziehung 106, 146
Auftraggeber-Auftragnehmer-Trennung 146, 149
Auftraggeberfunktionen 147, 148
Auftragnehmer 109, 143
Auftragnehmerfunktionen 147
Auftragsgrundlage 93
Aus- und Fortbildung 21
Ausbildung 154
Ausbildungsförderung 82
Ausführung des Haushalts 52
Ausgleichsrücklagen 184
Ausgliederung 21, 192
Ausgründung 158
Auslastungsgrad 94
Ausschreibung 149, 151
Ausschreibungswettbewerb 157
Ausschüsse 6
– s. auch Fachausschüsse 221
Ausschussstruktur 6, 84
Außerplanmäßige Aufwendungen 55
Auszubildende 64

Stichwortverzeichnis

B

Bäder 24, 106, 117
Balanced Scorecard 86, 95, 215, 231
Baubetriebshof 21, 54, 76, 106, 109, 110, 112, 119, 132, 134, 146, 147, 155, 167, 259
Baugenehmigung 115, 117
Bauhof 103, 105, 139
Baukontrolle 48
Bauordnungsamt 116
Bauunterhaltung 20, 130, 162
Beamtenanwärter 64
Behavioral Accounting 165
Beihilferückstellungen 172
Beihilfezahlungen 64, 172
Benchmarking 158
Benchmarks 228
Beratungsstellen 145
Berichtsinhalte 221
Berichtspflichten 221
Berichtswesen 213, 214, 221
Berichtszeitpunkte 221
Berufsschulen 95
Beschaffung 131
Bestandsrechnung 188
Besteller 105, 134
Beteiligungen 6, 76, 104
Beteiligungssteuerung 193
Betriebsärztlicher Dienst 127
Betriebstankstelle 104
Betriebsvergleich 158
Bewertung 169
Bewertungswahlrechte 185
Bewirtschaftung 52

Bewirtschaftung der Personalkosten 70
Bewirtschaftungsvorbehalte 65
Bewirtschaftungszuständigkeiten 29
Bibliothek 210
Bilanz 165, 166, 176, 203
Bilanzgliederung 177
Bildungsbereich 95
Binnensteuerung VII
Bonus-Malus-Regelungen 23
Bonus-Regelungen 22
Bottom-up 43
Budget 19, 221, 222
Budget Allgemeine Finanzwirtschaft 26, 45
Budgetbereich 28
Budgetgliederung 26, 83
Budgethierarchie 10, 26, 28, 29
Budgetierung 13, 19, 36, 83, 115, 122, 123, 131, 135, 136, 141, 160, 161, 168
Budgetierungsebenen 28
Budgetkonferenzen 222
Budgetrücklage 22, 59
Budgetüberschreitungen 222
Budgetverantwortliche 210, 221
Budgetverantwortung 52
Budgetzusagen 226
Bühnen 168
Bürger VII, 22
Bürgerbefragung 80

C

Controlling 213

D

Datenzentrale 170
Daueraufträge 122
Dauerkontrakt 92
Deckelung 75
Deckelungsinstrument 75
Deckungsbeitragsrechnung 120, 205
Deckungsfähigkeit 22, 53
Deckungsgrundsatz des Ressourcenverbrauchskonzepts 182
Deckungsregeln 182, 183
Deckungsreserve für Personalaufwand 63
Deckungsringe 25
Definition von Produkten 81
Defizit 183
Deponierung 174
Dezemberfieber 22
Dezentrale Personal(kosten)verantwortung 75
Dezentrale Ressourcenverantwortung 61, 113, 131, 161
Dezentralisierung 9, 28, 52, 109
Dezentralisierung von Personalzuständigkeiten 61
Dienstanweisung 121, 237
Dienstanweisung Baubetriebshof 259
Dienstanweisung für die Personalkostenbudgetierung 249
Dienstleistungsorientierung 113
Disponibilitätsgrad 48
Divisionale Führungsstruktur 5
Doppik 163, 164, 188
Dritter Sektor 142, 145, 159

Druckerei 102, 105
Durchgehender Rechnungsstoff 111

E

Eckwertebeschluss 6, 11, 44, 45, 46, 49, 230, 233
Effektivität 163
Effektivzinsen 171
Effizienzdividende 22
Effizienzreserven 22
Ehrlicher Haushalt 185
Eigen- oder Fremderstellung 139, 142
Eigenbetrieb 77
Eigenerstellung 148
Eigenkapital 176
Eigenreinigung 140, 158
Eigentümer-Modell 168
Einbringung des Haushalts 51
Einheitlicher Rechnungsstoff 202, 204
Einheitspreise 118
Einkauf 106, 107, 114, 131
Einmalkostenrechnung 207
Einstellungsstopp 68
Einwohner- und Personenstandswesen 210
Einzelaufträge 122
Einzelveranschlagung 25
Entfeinerung der Kostenrechnung 204
Entgeltbereiche 200
Entscheidungsprozeduren 228
Entscheidungsrelevanz 93
Entsorgung 143

Stichwortverzeichnis

Entwicklungsstrategien 227
Erfolgsrechnung 188
Ergebnisbudgetierung 19, 20
Ergebnishaushalt 167, 168, 181
Ergebnisorientierte Steuerung 2, 6, 19, 35, 226
Ergebnisse/Wirkungen 96
Ergebniszentrum 148
Ergebnisziele 230
Ermittlung der Budgetvorgaben 47
Eröffnungsbilanz 169, 180
Ertrags- und Aufwandsbudgetierung 19
Exogene Kostensteigerungen 63
Externe Dienstleister 145
Externes Rechnungswesen 188

F

Fach- und Ressourcenverantwortung 13, 21, 109, 226
Fachausschüsse 6, 32, 46, 50, 51, 52, 86, 222, 233
Fachbereiche 6, 51, 86, 93, 233
Fachbereichshaushalte 32
Fachbereichsleiter 203, 222
Fachpolitiker 50
Fahrzeugpark 54
Fair Value 170, 189
Familienberatung 143
Familienersetzende Hilfen 30
Feuerwehr 109
Finanzcontrolling 220
Finanzdeckung 175
Finanzhaushalt 181
Finanzierungsstruktur 183

Finanzstatistik 9, 12, 16
Finanzvorgabe 19, 82
Flexibilität 157
Forst 83
Fortschreibungsmentalität 229
Fremdenverkehr 83
Friedhof 54, 106, 117
Frühwarnung 221
Fuhrpark 102
Führungsstruktur 83

G

Garten- und Friedhofsamt 104, 146
Gärtnerei 104
Gebaren 87
Gebäudekosten 168
Gebäudemanagement 122
Gebäudereinigung 158
Gebäudewirtschaft 83, 85, 105, 112, 128, 147, 168
Gebühren 117, 171
Gebührenbedarfsberechnung 205
Gebührenbereiche 200
Gebührenhaushalt 20, 119, 161
Gebührenordnung 121
Gegenseitige Deckungsfähigkeit 20, 48, 54, 67, 160
Gegensteuerung 213, 222
Gegenstromverfahren 42
Geldverbrauchskonzept 164
Gemeindestraßen 210
Gemeinkosten 125, 127
Gemeinkostenbereiche 104, 126
Gemeinkostenbudgets 26, 125
Gemeinkostenerstattungen 136

Stichwortverzeichnis

Gemeinkostenmanagement 105
Gemeinkostenumlagen 154
Gemeinkosten-Wert-Analyse 137
Gemeinsame Einrichtungen 3, 104, 125, 127
Gesamtabschluss 191
Gesamthaushalt 32
Geschäftsbereiche 221
Geschäftseinheiten 3
Geschäftsplan 13
Geschäftsverteilung 86
Gesetz zur Kontrolle und Transparenz im Unternehmensbereich (KonTraG) 189
Gesundheitsamt 106
Gewährleistungsmodell 141, 142, 143
Gewinnabführung EVU 27
Gläubigerschutzprinzip 188
Gleichstellungsstelle 127
Gliederung der Fachbudgets 28
Gliederung des Haushalts 12, 26, 99, 210
Gliederung des Schulbudgets 29
Globalsummenbudgetierung 20
Good Governance 2, 228
Größenklassen 76
Grundkontrakt 92
Grundmiete 130, 168
Grundsätze ordnungsmäßiger öffentlicher Buchführung 179
Grundschulen 210
Grundstücks- und Gebäudebewirtschaftung 146
Grundstücks- und Gebäudekosten 170

Grundstücks- und Gebäudewirtschaft 5, 130, 168
Grundstücksmanagement 83
Grünflächen 109
Grünflächenamt 106
Grünflächenkataster 148
Grünflächenpflege 106
Grünflächenunterhaltung 146

H

Handelsgesetzbuch 169
Handelsrecht 170, 188, 189
Handlungsschwerpunkte 232
Hauptkontrakt 9, 83
Hausdruckerei 106, 116
Haushalt 9, 12, 99, 110, 164, 169, 189, 209, 221, 226, 229, 230
Haushalts- und Rechnungskonzept 165
Haushalts- und Rechnungswesen 9, 98, 164, 186, 195
Haushaltsaufstellungsverfahren 45
Haushaltsausgleich 183
Haushaltsberichtswesen 221
Haushaltsgliederung 13, 14, 33, 81
– s. auch Gliederung des Haushalts 230
Haushaltskonsolidierung 47, 50, 52, 62, 73, 75, 77, 139, 226, 228
Haushaltsplan 121
Haushaltsplanberatungen 86, 93, 97, 229
Haushaltsplanung 206

Stichwortverzeichnis

Haushaltsrecht **93, 97, 117, 165, 169, 226**
Haushaltsrechtsreform 1974 **161**
Haushaltsrichtlinien **237**
Haushaltswirtschaft **237**
Haushaltswirtschaftliche Sperre **74, 134**
Heimerziehung **30, 48**
Herstellungskosten **180**
HGB **188**
Hilfe zum Lebensunterhalt **48**
Hilfsbetriebe **112**
HOAI **119, 121**
Hochschule für Verwaltungswissenschaften in Speyer **165**
Hochschulen **76**
Hoheitsbereiche **200**

I

IAS **170, 189**
IFRS **170, 189**
Immobilienwirtschaft **85**
Impact **87, 94**
Indikatoren zur Zielerreichung **91**
Informationsbedarf **86**
Informationskosten **88**
Informationsnutzen **88**
Informationsstrukturierung **95**
Informationssystem **30**
Innenministerkonferenz **97, 165**
Innerbetriebliche Leistung **104**
Inputorientierte Budgetierung **79**
Inputorientierung **99**
Instandhaltungsrückstellungen **173**

Instrumentelle Nutzung **196**
Interessensquoten **59**
Intergenerative Gerechtigkeit **161, 163, 172, 179, 182**
Interkommunale Vergleichbarkeit **9, 12**
Interkommunale Vergleiche **141, 171, 217, 228**
Interkommunale Vergleichsringe **97, 159**
Interkommunale Zusammenarbeit **156**
International Accounting Standards Committee **189**
International Public Sector Accounting Standards **170, 189**
Interne Dienstleister **3, 20, 77, 83, 106, 112, 127, 143, 145, 167, 205**
Interne Dienstleistungen **104, 105**
Interne Leistungen **54**
Interne Leistungsbeziehungen **101**
Interne Leistungsverrechnung **25**
Internes Rechnungswesen **188**
Intrakommunale Vergleiche **217**
Investitionscontrolling **220**
Investitionshaushalt **181**
Investitionsrücklage **59**
Ist-Kostenrechnung **205**
IT-Abteilung **105**
IT-Betrieb **104**
IT-Service **114**

Stichwortverzeichnis

J

Jahresbericht 221
Jahreskontrakt 92
Jugendzentren 144

K

Kalkulatorische Zinsen 162, 171
Kameraler Haushalt 10, 39, 166, 203
Kameralistik 161, 164, 169, 186
Kämmerer 147
Kanalspülung 167
Kantine 127
Kapitalaufnahmegesetz (KapAEG) 189
Kapitalkosten 167
Kapitalkostenbudgetierung 72
Kassensturz 45, 73
Kassenwirksamkeitsprinzip 162
Kennzahlen 93, 94, 97, 180, 216
Kernhaushalt 192
Kernkennzahlen 34
KGSt 36, 76, 165, 168, V
KGSt-Produktkatalog 85
Kindergärten 76, 132, 144, 145
Kinderhort 170
Kita-Budgetierung 62
Kita-Personal 62
Koalitionsvereinbarung 232
Kommunalabgabenrecht 119, 171
Kommunalaufsicht 12
Kommunalmarketing 80
Kompostierungsanlage 117
Konkurrenz 140

Konkurrenzfähigkeit 140
Konkurrenzmodell 141, 142
Konsolidierte Bilanz 193
Konsolidierte Ergebnisrechnung 193
Kontrahierungszwang 21, 108, 112, 113, 133, 135, 147, 155
Kontrakt 133
Kontrakthierarchie 10
Kontraktmanagement 2, 10, 15, 97, 136, 149, 222
Kontraktsystem 134
Kontrolle 213
Konzeptionelle Nutzung 196
Konzern 6, 148
Konzernkosten 126
Koordinationsfunktion 213
Kosten 99
Kosten- und Ergebniszentren 124
Kosten- und Leistungsrechnung 5, 39, 80, 100, 120, 140, 182, 189, 195
Kosten- und Leistungsrechnung als Verbundrechnung 208
Kostenartenrechnung 204
Kostenbewusstsein 62, 199
Kostendeckungsgrad 94
Kostenermittlungen 121
Kostenpreise 119, 153
Kostenrechnende Einrichtungen 117, 127, 161, 171, 186, 201
Kostenrechner 99, 203
Kostenrechnung 111, 195
Kostenrechnungsbereich 201
Kostenrechnungsreport 99
Kostenrechnungssystem 205

Stichwortverzeichnis

Kostenremanenz **119, 132, 133, 160**
Kostensenkung **62**
Kostensteuerung **198, 199**
Kostentransparenz **61**
Kostenverantwortlichkeit **201**
Kostenverantwortung **61**
Kostenvergleich **170, 174**
Kreistag **10, 49, 160, 169, 226**
Kreisverwaltung **232**
Kultur und Bildung **91**
Kulturveranstaltungen **102**
Kundenorientierung **79**
Kundenzufriedenheit **93**
Kündigungsfrist **134**

L

Lagerhaltung **114**
Landesverwaltungen **76**
Langfristplanungen **228**
Leerkosten **133**
Leistungen **79, 82**
Leistungen interner Dienstleister **112**
Leistungs- oder Produktziele **10**
Leistungsabhängige Entlohnung **80**
Leistungsbeschreibungen **131**
Leistungscontrolling **220**
Leistungsdaten **93**
Leistungsgeminderte **154**
Leistungskontrakte **97**
Leistungsrechnung **208**
Leistungstiefe **105, 106**
Leistungsumfang **93**
Leistungsverflechtungen **102**

Leistungsverrechnung **10, 101, 102, 157**
Leistungsverzeichnis **118**
Leistungsvorgabe **82**
Leistungsziele **234**
Leitbildentwicklung **86**
Leitbilder **218**
Leitfragen des Strategischen Managements **231**
Leittexte **93, 165**
Liegenschaftsamt **83**
Lineare Sparstrategien **227**
Liquiditätssaldo **182**

M

Malus-Regelungen **22**
Management Accounting **165**
Management Approach **12**
Management Budgeting and Accounting **204**
Managementbedingt **22, 56**
Managementbedingte Mehrerträge **57**
Managementbedingte Minderaufwendungen **58**
Managementbedingte Verbesserungen **56**
Markt **140**
Marktpreise **119, 153**
Marktpreisgebundener Kontrahierungszwang **135, 153**
Marktwettbewerb **141**
Maßgeblichkeitsprinzip **189**
Mehraufwendungen **55**
Mindererträge **55**
Mittelanmeldeverfahren **73**

Stichwortverzeichnis

Mittelfristige Entwicklungsziele 231
Mittelfristige Ergebnis- und Finanzplanung 219, 226
Mittelfristige Finanzplanung 229
Mittelfristige Planungssicherheit 227
Modernisierungsfelder V
Musikschulen 91, 94, 226

N

Nachkalkulation 120
Nachsparen 60
Naherholung 83
Nahverkehrsunternehmen 163
Nebenleistungen 114
Neues Steuerungsmodell 36, 79, 102, 130, 140, 148, 157, 164, 167, 195, V
New Public Management 94
Nicht managementbedingt 56
Nicht managementbedingte Mehrerträge 58
Nicht managementbedingte Minderaufwendungen 58
Nicht managementbedingte Verbesserungen 56

O

Oberstufenzentrum 95
Oberziele 230
Objektverwaltung 168
Öffentliche Einrichtungen 145
Öffentlichkeit 32, 210
Öffentlichkeitsarbeit 80
Operative Planung 99
Operative Ziele 96

Operatives Controlling 218
Operatives Management 229
Opernhäuser 226
Opportunitätskosten 171
Orchester 226
Ordnungsamt 134
Organisation 210
Organisation des Controllings 218
Organisationsberatung 107
Organisationseinheiten 4
Organisationsprivatisierung 141
Organische Haushaltsgliederung 11, 12, 14, 85, 99
Organisierte Unverantwortlichkeit 22, 25
Österreich 94
Outcome 87, 94, 216

P

Paketcharakter 230
Pensions- und Beihilfeverpflichtungen 166
Pensionslastfinanzierungsquote 180
Pensionsrückstellungen 172, 180
Pensionsverpflichtungen 172
Pensionszahlungen 64
Pensionszusage 162
Performance 87
Periodenabgrenzung 163, 188
Personalbetreuung 35
Personalcontrolling 220
Personalkosten 54, 60
Personalkostenansätze 61
Personalkostenbegrenzung 61

Stichwortverzeichnis

Personalkostenbudgetierung 60
Personalkostenbudgets 60, 61
Personalkostendeckelung 61, 62
Personalkostenreduzierung 62
Personalrat 127
Personalverwaltung 113
Personalwirtschaft 9
Personennahverkehr 158
Pflegefamilien 30
Pflichtaufgaben 48
Pilotbereich 76
Plafonierung 75, 227
Planen und Bauen 232
Plankostenrechnung 41, 205, 206
Planning-Programming-and-Budgeting 42
Planung 213
Planungs- und Kontrollprozesse 213
Planungsamt 116
Planungssicherheit 226
Planungsstufen 230, 231
Planvermögen 174
Politik 6, 21, 24, 48, 49, 50, 74, 82, 98, 99, 120, 140, 142, 143, 163, 188, 199, 203, 221
Politik und Verwaltung 51, 83
Politiker VII, 9, 31, 40, 41, 87, 92, 128, 162, 164, 210
Politikfelder 228
Politikstrukturen 5
Politische Gremien 127
Preis- und Leistungskatalog 118
Preisabfragen 150
Preisuntergrenze 120

Presseabteilung 106
Pretiale Betriebslenkung 108
Pretiale Steuerung 105
Primärkontrakt 10
Prinzip der relativen Einzelkosten 26, 130
Privatisierung 105, 141, 143, 151, 160
Privatisierungsmodell 141
Produkt- und Budgethierarchie 88
Produktbasierte Haushaltsplanung 41, 49
Produktbereiche 16, 79, 209
Produktbereichsbudget 34, 80
Produktbildung 5, 85
Produktbuch 39, 164
Produktbudgets 80
Produkte 16, 34, 36, 79, 209, 230
Produktgliederung 12, 33
Produktgruppen 16, 79, 209, 210
Produktgruppenbudgets 31, 34, 80
Produkthaushalt 79, 98, 99, 182, 185, 225, 229
Produkthierarchie 210
Produktinformationen 31, 87, 98
Produktinformationssystem 209
Produktionskosten 33, 48
Produktionsprozesse 83
Produktkalkulation 42
Produktkatalog 39, 79, 103
Produktkatalog Baden-Württemberg 85
Produktkritik 137, 229

Stichwortverzeichnis

Produktleistungen **106, 117**
Produktmengen **93**
Produktorientierte Steuerung **1**
Produktorientierter Wirtschaftsplan **6**
Produktpläne **229**
Produktsystematik **83**
Prognose zum Jahresende **222**
Projekte **87**
Proxi-Indikatoren **97**
Prozesskostenrechnung **206**
Prozessoptimierung **79**
Public-Corporate-Governance **7**

Q

Qualität **93**
Qualitätsmanagement **80**
Quasi-Wettbewerb **4, 141, 158**

R

Rahmenplanung **45**
Rahmenregeln **20, 108, 116, 160**
Rahmenverträge **122, 131**
Rasenmähermethode **47, 228**
Rat **10, 49, 160, 169, 226**
Realisierbares Vermögen **169, 177**
Rechnungskonzept **161**
Rechnungsprüfungsamt **127, 140**
Rechnungsstil **163**
Rechnungsstoff **100, 111, 163, 188**
Rechtsabteilung **106**
Regelkreis **214**
Regiebetriebe **143**
Ressourcenaufkommen **10, 182**

Ressourcenbestände **165**
Ressourcenerträge **165**
Ressourcenplanung **165**
Ressourcenverantwortung **22**
Ressourcenverbrauch **10, 165, 182, 198**
Ressourcenverbrauchskonzept **99, 164, 183, 188, 189**
Risiken **221**
Risikomanagement **175**
Rückstellungen **166, 172**
Rückstellungen für Beihilfezahlungen **172**
Rückstellungen für Pensionszusagen **172**
Rückstellungen für unterlassene Instandhaltung **173**

S

Sammelnachweise **25, 130**
Sanktionen **56**
Schätzpreise **120**
Schleier des Unwissens **45, 50**
Schlüsselindikatoren **97**
Schlüsselprodukte **93**
Schulbereich **49**
Schulbudget **29**
Schuldendeckungspotenzial **177**
Schulen **117, 147, 169, 210**
Schulverwaltung **115**
Schweiz **94**
Schwimmbäder **210**
Segmentberichterstattung **13**
Selbstkostenkalkulation **205**
Selbstständigkeit **157**
Senkung der Personalkosten **62**

Stichwortverzeichnis

Servicebereiche 200
Serviceeinrichtungen 3
Shared Service Center 124, 147, 159
„SMART"-Prinzip 216
Sonderlasten 154
Sozialleistungen 48
Sparanreiz 22
Sparstrategien 227
Spezialität der Aufwands- und Ertragsansätze 32
Sportstätten 162
Sprachförderung 49
Sprachkurs 94
Stadtentwässerung 167
Stadtentwicklungsplanung 228
Stadtgärtnerei 146
Standardkosten 41
Standardleistungsprogramm 92
Stellenplan 62, 64, 69
Steuern mit Budgets 36
Steuern mit Produkten 36
Steuerung 1, 82, 98
Steuerung der Beteiligungen 76
Steuerungsgremien 32
Steuerungsnutzen VII, 102, 117
Steuerungsobjekte 80
Steuerungsplattform 99
Stille Lasten 178
Stille Reserven 178
Straßen 169
Straßenkataster 148
Straßenreinigung 106
Strategische Klausur 232

Strategische Planung 49, 86, 96, 99, 230
Strategische Steuerung 50, 225, 227
Strategische Ziele 34, 87, 91, 96
Strategisches Controlling 218
Strategisches Management 96, 230
Strategisches Sparen 227, 228
Strukturelle Veränderungen 63
Strukturkonservatismus 229
Stückkosten 94
Stückkostenvergleichswert 94
Stundung 162
Substanz 183
Substanzerhaltung 182
Substanzerhaltungslücken 168
Summenbudgetierung 19
Symbolische Nutzung 196
Szenarien 234

T

Tageswert 203
Taktisches Controlling 219
Target Costing 43, 206
Tarifrecht 158
Tarifwechsel 158
Technische Betriebe 123
Teilanalyse 230
Teilhaushalte 15, 51, 99, 201
Teilkosten 119
Teilkostenkalkulation 120
Teilkostenrechnung 205
Telefonkosten 130
Theater 226
Tiefbauamt 139

Stichwortverzeichnis

Top-down **42, 231**
Top-down-Perspektive **199**
Top-down-Prinzip **44**
Totalanalyse **230**
Transaktionskosten **145**
Transferaufwendungen **55**
Trennung von Auftraggeber- und Auftragnehmerfunktionen **145**

U

Überplanmäßige Aufwendungen **29, 55**
Überschussbudgetierung **19**
Übertragung **59**
Übertragung von Resten **68**
Unterausschuss Reform des Gemeindehaushaltsrechts **97**
Unterhaltungsarbeiten an Straßen **109**
Unterjährige Berichte **221**
Unterlassene Instandhaltungen **166**
Unternehmen **188**

V

Veranschlagung der Leistungsverrechnung **111, 122**
Veranschlagungsregeln **25, 125**
Verantwortungsstruktur **201**
Vergabe **147**
Vergaberecht **149, 150, 155**
Vergabeverfahren **149**
Vergabewettbewerb **149**
Vergeblichkeitsfalle **24, 76**
Vergleichsstörende Faktoren **153**
Vergleichswettbewerb **141**

Verhaltensbeeinflussung **165**
Verhaltenssteuerung **75**
Verhandlungslösungen **57**
Verkehrsbetriebe **226**
Vermieter-Mieter-Modell **112, 168**
Vermögen **165, 203**
Verrechnung **102**
Verrechnung der internen Dienstleistungen **109**
Verrechnungspreise **117**
Verschlechterungen **56**
Verselbstständigte Einrichtungen **226**
Verselbstständigung **21, 149, 157**
Verwaltungsführung **21, 87, 98, 99, 127, 203, 221, 222**
Verwaltungsgliederung **33, 83**
Verwaltungshaushalt **169**
Verwaltungskostenerstattungen (VKE) **113**
Verwaltungsmodernisierung **75**
Verwaltungsorganisation **5, 13, 99**
Verwaltungsreform **75**
Verwaltungsstruktur **2, 3, 6**
Verwaltungsvermögen **169, 177**
Verwaltungsvorstand **222**
Volkshochschulen **94, 226**
Vollkosten **119, 129**
Vorabdotierungen **45, 47, 49**
Vorkalkulierte Verrechnungspreise **117**
Vorläufige Haushaltsführung **74, 134**
Vorleistungen **101**
Vorsichtsprinzip **189**

Stichwortverzeichnis

W

Werteverzehr **165**

Wertezuwachs **165**

Wettbewerb **2, 139, 140, 143, 145, 152**

Wettbewerbsfähigkeit **157**

Wettbewerbsrecht **155**

Wettbewerbsstrukturen **145**

Wiederbeschaffungszeitwert **169**

Wiederbesetzung **68**

Wirkungen **79, 87, 94, 95**

Wirkungsorientierte Budgetierung **95**

Wirkungsorientierte Verwaltungsführung **94**

Wirkungsziele **215, 216, 230, 234**

Wirtschaftlichkeit **94, 99, 163**

Wirtschaftlichkeitsberechnung **139**

Z

Zeitwert **170, 178, 179**

Zero-Base-Budgeting **41, 229**

Zieldiskussion **230**

Ziele **50, 79, 87, 94, 95, 214, 229, 230**

Zielfelder **96, 215, 230**

Zielgruppen **94**

Zielkostenrechnung **43, 206**

Zielsysteme **230**

Zielvereinbarungen **97**

Zinsen **54**

Zuführungen zu Rückstellungen **172**

Zukunftsstrategien **230**

Zuschussbudgetierung **19**

Zuschüsse **55**

Zuschussplafonierung **226**

Zuweisungen **55**

Zweckbindungen **52**

Zweckkritik **141**